感謝表現の発想法と歴史

田島　優　著

武蔵野書院

目　次

はじめに

挨拶は、人間関係を円滑に進める上で重要な言語行動である。本書で取り扱っていく感謝もその挨拶の一つである。感謝の表現に興味を持ったのは、現代という共時態において、アリガトウの他にも、スミマセン、モッタイナイ、オソレイリマス、ドウモなど、様々な表現が併用されていることにある。これは、他の語における語形交替とは大きく異なっている。語の交替は、一般的には新旧による語形の交替である。すなわち、新しい語形が取り入れられると、古い語形は消滅していくのである。感謝表現においては、古いものがそのまま使い続けられていることも稀ではなく、また「すみまでんでした、ありがとうございます」のように、複数の感謝表現が同時に使用されることも多い。感謝表現において古い語形が残存して併用されているのは、後に述べる感謝についての考え方、すなわち感謝の発想法が変化していることによる。ただし、その変化は、以前の発想法にとって替わるような大きな変化ではなく、これまでの感謝の発想法を基盤にして、そこに更に新しい発想法が積み重なっているのである。つまり、日本における感謝というものの幅が広がったのである。感謝に対する考え方が広がれば、感謝が様々な場合において行われるようになる。そのため、一つの感謝表現では、それらをカバーできなかったり、また相手に対して感謝の意を十分に尽くせなかったりする。そのことによって、現在では様々な表現が使い分けられているのである。例えば、一番新しい発想法によるスミマセンについて言えば、それを使用するとおかしく感じられる場合があるし、感謝表現としてスミマセンが使用できない状況も存在する。そのような時には、人々は他の表現を用いて感謝を表しているのである。

感謝表現を歴史的に眺めていくと、カタジケナシ、ミョウガナイ、モッタイナイ、アリガタイ、スミマセンなどは、単純語ではなさそうである。つまり、複数の形態素によって形成されている合成語である。また、それらの語構成においては、ナシ（無シ）、カタイ（難い）、ン（ん）といった、打消や否定的な意味を持つ形態素が結合している。これらの点から、感謝表現として使用されている語は、もともとは感謝表現として生み出されてきたものではなく、既存の語が用法を変えて感謝の意を表すようになったものだと言えよう。それも良い意味の語ではなさそうである。それらの語は、柳田国男が述べているように、「相手方には、こちらが非常に悦んで居るといふ意味に取られる言葉でも、それ自身を単独で聴いて、ちつとも有難くないものがよく用ゐられて居る」（『毎日の言葉』「モッタイナイ」）のが感謝表現なのである。相手の厚意に対してその語が使用されていくうちに、それが慣用化して感謝表現として定着したのである。つまり、語用論的なものなのである。

感謝表現を共時的に眺めていくと、ある時代には同じような意味を原義として持つ感謝表現が併用されていることがわかる。わかりやすく説明すると、現代においてスミマセンと同じような感謝の意味用法を持つ表現としては、ワルイ（ネ）、ゴメン（ネ）、モウシワケナイなどがある。これらはいずれも謝罪的な用法を持つ語である。このように、時代時代によって感謝の発想法が変化しているのである。そのような感謝表現の発想法の変化の変遷を辿るのが本書の目的である。それによって、日本人の感謝に対するあり方についての歴史的な変化が明らかになってこよう。

先に、本書における第一部についての結論的なことを図示しておく。

感謝表現の大まかな変遷

古代　　中世後期　　近世後期

〈発想法〉　困惑・恐縮　批評・評価　配慮・気遣い
〈代表的な表現〉　カタジケナシ　アリガタイ　スミマセン
〈システム〉　下からの単一方向　双方向　その場での立場
（発想法の共通の基盤に〈困惑・恐縮〉がある）

感謝表現の歴史を見ていくと、カタジケナシからアリガタイへ、そしてアリガタイからスミマセンへといった大きな流れがある。カタジケナシのもともとの意味は、「恥ずかしい」である。カタジケナシの使用が主であった時代の感謝は、相手側からの厚意に対して話し手側が恥ずかしさを示すことであった。つまり、〈困惑・恐縮〉による発想である。

その次のアリガタイは、漢字で「有難い」と書くように、有ることがむずかしい、すなわちめったにないという意味である。それを用いて相手に感謝をするのであるから、相手からの厚意に対する〈批評・評価〉と言えよう。

そして、一番新しいスミマセンは謝罪表現としても使用される。スミマセンは感謝表現というより謝罪表現だという意識の方が強い。スミマセンは「すむ」（「澄む・済む」）の否定の丁寧形である。謝罪表現や感謝表現になる以前の意味は、ある物事がうまくいかないために、自分の心が晴れ晴れしない、気が治まらないということであった。謝罪の場合であれば、ある物事がある人に対して迷惑をかけている（かける）ために、自分の気持ちが治まらないことを表明することであった。一方感謝の場合は、謝罪の用法を基にしており、相手からの厚意に対して、自分が相手に迷惑や負担をかけていると意識している。すなわち、そこには相手に対しての〈配慮・気遣い〉が存在しているのである。

アリガトウが「めったにない」という〈批評・評価〉の発想によるものだといっても、自分には不相応であるという〈困惑・恐縮〉に基づいた上での〈批評・評価〉である。同様に、スミマセンにおいても「心がすまない」というのであるから、そこには相手への〈恐縮〉や、相手からの厚意に対する〈困惑〉が存在している。感謝表現は相手との身分関係やその場での立場が関わっている〈困惑〉に基づいた上での〈配慮・気遣い〉である。つまり日本における感謝は、どの時代においても、話者による〈困惑・恐縮〉という意識によってなされているのである。

先に述べたように、感謝表現はもともと感謝のために生み出されたものではない。したがって、同じような意味を持つ語はその時代の感謝の発想法に基づいて、感謝の意を表すようになり、感謝表現として活用されていくことになる。その結果として、多くの感謝表現が形成されたり、また地方によって異なる表現が感謝表現として定着したりしているのである。

現代ではスミマセンが一般的であるが、スミマセンを感謝表現として使用することに違和感を抱く人もいる。しかし、江戸時代末期や明治時代の資料を眺めていると、既に謝罪と感謝の両用法において使用されていることがわかる。スミマセンばかりでなく、カタジケナシにしても、また第二部で詳しく扱っていくミョウガナイにしても、感謝の用法以外に謝罪（お詫び）的な用法も共存していたのである。

しかし、感謝と謝罪とはあくまでも使用される場面が明確に異なっている。両者の違いは次のように説明されよう。

感謝とは、話し手側に対しての相手側の厚意ある行為に対するものである。

謝罪とは、相手側に対しての話し手側の良くない行為に対するものである。

すなわち、感謝と謝罪とにおいてはその問題になっている行為の出所が異なるのである。相手側から話し手側へであれば感謝であり、話し手側から相手側へであれば謝罪である。スミマセンに対しては謝罪表現という意識があることによって、先に述べたようにワルイネ、ゴメンネ、モウシワケナイなどの謝罪表現も、〈配慮・気遣い〉という発想によって感謝表現として使用されるのである。

現代の感謝が〈配慮・気遣い〉に基づくことは、方言の感謝表現についての人々の意識から窺える。例えば、土井八枝の『仙台方言集』（一九一九）や、森川信夫の『面白くて為になる山口弁よもやま話（増補版）』（二〇〇二）には次のようにある。

・お・しょ・しい（形）恥ずかしい（笑止）
お・しょ・しさんでござります（句）お気の毒でござります、痛み入ります
「これはつまらぬ物ですがさし上げます」
「まづ〳〵おしょしさんでございますこと」

（『仙台方言集』12〜13頁）

・相手の厚意に対し済まなく思う、申し訳ない、恐縮である、ありがたいという気持ちを表現するとき、伝統的な山口弁では「たぇーがたぇー（堪え難い）」という形容詞を使います。「こねーなことまでせてもろーて、たぇーがとーあります（こんなことまでしてもらって、申し訳ありません）」などと言うのです。（中略）
山口県ではほかに、気恥ずかしいという気持ちを表す場合にも「たぇーがたぇー（堪え難い）」を使っていましたが、最近では、そういう意味で用いる人は非常に少なくなってきています。

（『面白くて為になる山口弁よもやま話（増補版）』5頁）

オショシイには「恥ずかしい」の意味があり、またタエガタイには「気恥ずかしい」という意味があることから、これらの語は〈困惑・恐縮〉の発想の下で感謝表現として使用されるようになったことがわかる。その語を「お気の毒でござります」とか、「相手の厚意に対し済まなく思う」・「申し訳ない」と解するのは、現代の感謝の発想法であ

る〈配慮・気遣い〉が影響しているのである。オショシサンのように、感謝表現に接尾語サンやサマが施されているのは、その表現が〈配慮・気遣い〉になっている指標である。これらの例のように、以前から使用されていた感謝表現は、その時代の感謝の発想法によって再解釈が行われるのである。また、このように再解釈が可能なのは、感謝の根底に〈困惑・恐縮〉という共通の基盤を持っているからである。このことは、方言に限らず文献においても生じていることである。

最後に、感謝の言語行動におけるシテテムの変化について説明しておく。感謝は、中世後期までは、身分の下から上への言語行動であった。つまり、身分の上の人からの厚意に対する身分の下からのお礼であった。身分の下から上への厚意は当然のことであったから、感謝の言語行動は取られなかった。まれに、労りやお誉めの表現が用いられたり、話し手の喜びの表現で示されていた。感謝という言語行動はあくまでも下から上への単一方向であった。

近世に入ると、身分の上の人も、身分の下の人に対して感謝表現を用いるようになってきた。社会のシステムに変化が生じ、身分の上から下に対しても感謝が必要になってきたのである。システム的には、感謝の言語行動が双方向化してきたのである。上の人がこれまで下の人が使用していた表現を使用したことによって、両者が同じ表現を用いることに抵抗が感じられ、下から上に対しては新しい表現が求められるようになった。そのために感謝表現が複雑になってきた。近世後期になると、双方向のシステムには変更は生じていないが、これまでの身分の上下関係よりも、その状況における立場の上下関係が重要になってきた。これは、身分の差が縮まったことによるものと思われる。

ことばは長期にわたって多用されると敬意度に逓減が生じてくる。そのために新しい表現が求められる。また、社会のシステムに変化が生じてくると、感謝の発想法においても変化が生じてくる。新しい表現が受容され定着するかどうかは社会の変化に大きく関わっている。

このように感謝表現の歴史を眺めることによって、そこに見られる日本人の感謝についての発想法の変化や、感謝という言語行動の変化、さらには社会の変化を読み取ることが可能なのである。

第二部の内容についても簡略に触れておこう。第二部は「「冥加」系感謝表現とその周辺」となっている。ここではミョウガナイとそれに関わる語について扱っている。ミョウガナイについては、辞書において、意味ブランチによって語構成の扱いが異なっていたり、また同じ用例が辞書によって異なった意味ブランチに配置されたりしている。なおその語構成については、江戸時代初期の安原貞室の『かたこと』において既に理解できなくなっていた。そして、現代においてもまだ共通理解がなく解明されていない語である。例えば、『日本国語大辞典　第二版』第十二巻（小学館　二〇〇一）における「みょうがなし（冥加無）」の意味ブランチを示すと、次のように二つにわかれている。

①神仏の加護がない。神仏からみはなされる。

②冥加にあまるさまである。恐れ多い。

神仏の加護の点から言えば、①と②とはまったく正反対であるから、「ナイ（ナシ）」に関して①と②とでは別の扱いをしたくなるのは当然である。①については非存在の形容詞であることは問題ないであろう。②に関して異なる語構成とする多くの辞書では、これを強意の接尾辞（形容詞を作る接尾辞）として解釈しようとしている。しかし②の用法については、『日葡辞書』（一六〇三）に、

この語は、時には、ある人が自分に相応した程度以上に、あるいは、予期した以上に恩恵や厚誼を受けたのに対して、深く感謝する場合にも用いられる。

と記されているように、あくまでも語用論的なものなのである。したがって、②の用法も①の用法の延長線上にあると考えられる。①は、ある人（自分を含む）の行為について神仏の加護がないと〈批評・評価〉するものである。そ

して②の場合は、当時の感謝であるから、『日葡辞書』の記述を参考にすると、高貴な人が私の予期した以上に恩恵や厚誼を施して下さった時に発する表現なのである。したがって、①の延長線上で考えれば、

高貴なあなたが私のようなものにそのようなことをなさると、あなたは神仏の加護に見放されますとなろう。現代の我々からすると、このような感謝の発想法は奇妙なものに感じられるであろう。しかし、既に柳田国男が『毎日の言葉』（創元社　一九四六）の「有難ウ」において次のように述べている。

北陸地方から岐阜県、滋賀県などで物を貰つてウタテイだのオトマシイだのといふのは、それから又一歩を進めて、そんな必要も無いのにあなたは無益なことをなされるといふ、批評のやうな形を取つた言葉ですが、

このように考えていけば、①と②とは同じ語構成の語であるとして処理できよう。さらに、辞書において意味ブランチに揺れの生じている用例については、その使用されている状況を明らかにすることによって、それぞれの用例について①か②のどちらに適しているのか結論づけてみた。

また、モッタイナイのナイについても、中世の『下学集』において既に理解できなくなっていた。そこでは「勿」と「無」という否定が二つあることが問題になっていた。新村出の「「勿体ない」といふこと」（『静坐』一九三五年一月号）で指摘されているように『伊呂波字類抄』には「物体」という表記が登載されていること、また東寺百合文書など中世の古文書では「無物体」と書かれていることから、もともとの表記は「物体」であり、「物」が省画されて「勿」になったのである。近世の研究者は、中国の文献を参考にして、「勿」が「物」の省画であることに気づき、近世中期以降「物体」という表記も使用されるようになった。そして、明治時代以降の辞書もそれを受け継ぎ「物体」と「勿体」の二表記並列をとっていた。しかし、昭和三十年代以降は「物体」を見出し表記として挙げる辞書は少なくなり、その存在が忘れられ、今また無駄な語源詮索が行われているのである。

ミョウリニツキル（冥利に尽きる）は、「この上もなく仕合わせがよいことに思う」（『新選国語辞典　第十版』小学館二〇二二）のように、現代においては良い意味で使用されている。このミョウリニツキルは、もともとはミョウガニツキル（冥加に尽きる）であった。武士冥加とか、女郎冥加のように、ミョウガの前に職業などを付すことが普通であった。しかし、ミョウガに関わる語が次第に衰退してきたことにより、誓言に使用されていたミョウリへと受け継がれ、現在に至っているのである。ミョウガニツキルまたミョウリニツキルの場合においても、もともとは神仏の恵みが終わるというマイナスの意味であった。それが現在のようなプラスの意味へと変化したのは、昭和に入ってからのようである。そのようになったのは、「ニツキル」が極限に達する・きわまるという意味を派生したことによる。

この二部では、ミョウガ系の語の歴史を辿ることによって、これらの語の国語辞書での誤りを訂正することを目的としている。ここで明らかになったことが、今後の辞書編纂において反映されることを望んでいる。

なお、付章として別れの挨拶を扱っている。別れの挨拶においても、感謝表現と同じく一方向から双方向へといったシステム変化が生じている。別れの挨拶においては、双方向化したことによって、両者が同じ表現が呼び交わすような現象が生じている。また、挨拶表現の特徴である後略も行われている。感謝や別れなど挨拶表現においては、そのために作られた語や表現はない。いずれも、既存の語がある場面でよく使用されるようになり、挨拶表現として定着したのである。いわゆる語用論なのである。したがって、挨拶表現は語用論、また歴史語用論研究において格好のテーマになると思われる。

本書にはこのようなことが書いてある。最初から順番に読んでいくと、途中で飽きてしまうかもしれない。そうならないためにも、自分の興味や関心のあるところから読み進めてほしい。

第一部　感謝表現の歴史

第一章　感謝表現研究の先覚者

第一節　柳田国男と感謝表現研究（『毎日の言葉』）

感謝表現など挨拶表現に注目して幅広く研究を行ったのは、柳田国男（明治八年〈一八七五〉七月～昭和三十七年〈一九六二〉八月）が最初であろう。平成二十四年〈二〇一二〉十一月二日に富山大学で開催された日本方言研究会第95回大会では、午後の部を柳田国男没後50周年記念シンポジウム「あいさつ表現の方言学―『毎日の言葉』を読む―」にあてた。これは小林隆の企画によるものであった。パネリストは次の四名である。司会は小林隆が担当した。

あいさつ表現の体系……………………………町　博光
あいさつ表現の運用―日中のあいさつ―　………中西太郎
あいさつ表現の変遷―感謝のあいさつ―　………田島　優
あいさつの表現の発想―買い物言葉―　…………小林　隆

柳田の挨拶表現研究における方言の面での継承者は藤原与一である。町博光は、師である藤原与一の挨拶表現研究について扱った。中西太郎は、『毎日の言葉』の「あいさつの言葉」の項を対象とした。『方言文法全国地図』第349図「朝の出会い場面」並びに地図化されていない質問項目238「日中の出会いのあいさつ」の回答形を地図化することによって、柳田の「あいさつの言葉」の内容の検証と、あいさつ表現研究の発展の可能性を示唆した。田島は、『毎日の言葉』における感謝表現の項目「アリガトウ」「スミマセン」「モッタイナイ」の各項目の要約と意義、並びに文献から見た感謝表現の発想法の変遷について触れた。小林隆は、『毎日の言葉』の「買物言葉」の項の考察と、全国二〇〇〇地点を対象とした通信調査「消滅する方言語彙の緊急調査研究」の資料をもとに、表現意図の観点から分類を行い、その表現意図に基づく変遷を明らかにした。さらに発想法から見た方言形成論を展開した。それぞれの内容については、小林隆の編集による『柳田方言学の現代的意義　—あいさつ表現と方言形成論—』（ひつじ書房　二〇一四）に収載されているので参照されたい。なお、この本はサブタイトルにあるように、「あいさつ」に関わる三編と「方言形成論」との二部から成っている。先の四編は、瀬戸口修、灰谷謙二、沖裕子による「あいさつ表現」と三編と併せて「第一部　あいさつ表現」を構成している。「第二部　方言形成論」は、柳田の著名な「方言周圏論」に関わる十編の論文を所収している。

このシンポジウムで扱った柳田の『毎日の言葉』は、昭和二十一年〈一九四六〉七月に、創元社から創元選書の一冊として刊行されている。そして、十年後の昭和三十一年〈一九五六〉七月には、創元社から『新版　毎日の言葉』として新たに刊行されている。この新版では、「新版自序」を「旧版自序」の前に置いて、初版の「緒言」を省略して、「どうもありがたう」「人の名に様を附けること」「ボクとワタクシ」の三編を新たに付け加えている。

初版の『毎日の言葉』には、『婦人公論』の昭和十七年九月から十八年八月まで連載した「オ礼ヲスル」「有難ウ」「スミマセン」「モッタイナイ」「イタダキマス」「タベルとクフ」「オイシイとウマイ」「クダサイとオクレ」「モラヒマス」「イル・イラナイ」「モシモシ」「コソコソ話」「ゴモットモ」「ナルホド」「左様シカラバ」「知ラナイワ」「ヨス・ヨサウ」「ヨマヒゴト」「オ、コハイとオッカナイ」「ミトムナイ其他」「モヨウを見る」「よいアンバイに」「「毎日の言葉」の終りに」から成る「毎日の言葉」と、その他に雑誌に発表した「買物言葉」「あいさつの言葉」、そして「女の名」「うばも敬語」「御方の推移」「上臈」から成る「女の名」とによって構成されている。

なお、『婦人公論』の連載は毎回二ページに収まるように執筆されている。十二回の連載は次のようになっている。

十七年九月（二十八巻九号）	毎日の言葉	緒言・お礼・有難う
十月（十号）	毎日の言葉（一）	スミマセン　モッタイナイ
十一月（十一号）	毎日の言葉（三）	イタダキマス　タベルとクフ　オイシイ
十二月（十二号）	毎日の言葉（四）	クダサイとオクレ　モラヒマス　イル・イラナイ
十八年一月（二十九巻一号）	毎日の言葉（五）	モシモシ
二月（二号）	毎日の言葉（六）	こそこそ話　ごもつとも
三月（三号）	毎日の言葉（七）	なるほど　左様しからば
四月（四号）	毎日の言葉（八）	知らないわ
五月（五号）	毎日の言葉（九）	ヨス・ヨサウ　ヨマヒゴト
六月（六号）	毎日の言葉（十）	オ、コハイとオッカナイ　ミトムナイ・其他
七月（七号）	毎日の言葉（十一）	モヨウを見る　よいアンバイに
八月（八号）	「毎日の言葉」の終りに	

書名の『毎日の言葉』は『婦人公論』に連載した「毎日の言葉」によっている。『毎日の言葉』は、初版の「自序」に「この一冊は、専ら若い女性を読者に予想して、書いて見たものであります」とあるように、わかりやすく、また女性が興味を持つようなことばを選んでいる。それに対して、「買物言葉」「あいさつの言葉」「女の名」は雑誌『民

間伝承』に掲載したものや掲載予定のものであった。『民間伝承』は日本民俗学会の前身である「民間伝承の会」の機関誌であり、いわゆる学会誌である。したがって、婦人公論に連載した「毎日の言葉」とは異なり、方言形とその使用地域が示されており、資料性の強いものである。中西が扱った「あいさつの言葉」と小林の「買物言葉」はこの『民間伝承』に掲載されたものである。そのことによって、中西による『方言文法全国地図』の資料や、小林の行った通信調査の結果との対比が可能だったのである。

『新版　毎日の言葉』には、先に述べたように、『毎日の言葉』に新しく「どうもありがたう」「人の名に様を附けること」「ボクとワタクシ」の三編を追加している。「どうもありがたう」は、「あいさつの言葉」と「女の名」の間に配置して、他の二編は『毎日の言葉』の最後であった「上臈」の後ろに置いている。「どうもありがたう」は『言語生活』七号（筑摩書房　昭和二十七年〈一九五二〉四月号）、「人の名に様を附けること」は『言語生活』八号（昭和二十七年五月号）、「ボクとワタクシ」は『赤とんぼ』昭和二十一年八月号）にそれぞれ掲載されたものである。『言語生活』は、筑摩書房から発行されていた雑誌であり、国立国語研究所が監修しており、編集も国立国語研究所内「言語生活編集部」となっている。国立国語研究所が関わっていることや雑誌のタイトルと関わるように、「どうもありがたう」は「どうもありがとう　―家々の言語生活―」と現代仮名遣になっており、「人の名に様を附けること」もサブタイトルとして同じく「家々の言語生活」が付されている。初出の『言語生活』では現代仮名遣い・新字体になっているものを、単行本に所収する際に歴史的仮名遣い・旧字体に直している。『赤とんぼ』は戦前の児童雑誌『赤い鳥』の後継雑誌として実業之日本社から昭和二十一年四月から刊行されていた。『新版　毎日の言葉』の「ボクとワタクシ」の最後に「昭和二十一年五月」とあるが、これは執筆した時期であろう。実際は八月号に「生れた言葉」として掲載されている。この単行本に所収するにあたり、内容がわかるように題名を変更したのであろう。

第二節　新村出と柳田国男

挨拶研究全般に関しては柳田が先駆者であるが、挨拶表現の中の特に感謝表現に限定すれば新村出の研究の方が早い。新村は、岡田式静坐法を普及させるための雑誌『静坐』の昭和九年〈一九三四〉一月号に「「ありがたい」といふこと」を、そして翌年の昭和十年一月号には「「勿体ない」といふこと」を執筆している。「「ありがたい」といふこと」では、カタジケナイからアリガタイへの移行の時期や移行過程について文献を博捜して証明を試みている。また「「勿体ない」といふこと」においては、物を粗末にすることについて最初の方に書かれており、直接感謝の意についてはは触れられていないが、前年のアリガタイとの関連で取り上げられている。このエッセーの主題は、「勿体」の「勿」が「物」の省画であることを、近世における漢字研究や、十巻本『伊呂葉字類抄』のモの部に「物体」という語が登載されていることなどによって、明らかにしようとしたものである。これらの論考は、日本語学における重要な研究であり、『静坐』という雑誌に掲載したことは大変惜しいことである。後に、いずれも、昭和十八年〈一九四三〉十一月に一條書房から刊行された『国語学叢録』に収載されている。この『国語学叢録』は、柳田の「毎日の言葉」の連載完結後の刊行ということになる。もし柳田が新村の文章を読んだとすれば、雑誌の段階になろう。

雑誌『静坐』は、岡田虎二郎（明治五年〈一八七二〉～大正九年〈一九二〇〉）が始めた心身修養法を普及させるための広報雑誌である。岡田の始めた静坐法は大正時代に広く流行した。この『静坐』という雑誌を発行したのは、京都の済世病院の院長で岡田式静坐法を実践していた小林参三郎の、妻である小林信子である。小林信子は、夫の死後岡田式静坐法を普及させるために静坐社を設立し、雑誌の刊行にあたっていた。その雑誌に、新村が執筆したのである。

新村は、昭和七年〈一九三二〉から十八年〈一九四三〉まで、毎年この雑誌の一月号に寄稿している。

柳田が『静坐』という特殊な雑誌を読む機会があったのかというと、その可能性もありうるのである。柳田の家族が岡田式静坐法を実践していたので、柳田もこの『静坐』を読んでいたかもしれない。柳田の『木綿以前の事』に所収されている「昔風と当世風」四（昭和三年〈一九二八〉三月、彰風会講演）に、岡田虎二郎の名前が出てくる。

> 腹式呼吸法を始めた岡田虎次《ママ》郎さんは、生前久しく私の家へも来て、老人や女たちを集めてよく静坐の講釈をせられた。

この記事によると、岡田虎二郎と柳田家との関わりが見られる。ただし岡田は大正九年に亡くなっているから、その後も柳田家の人々が岡田式静坐法を行っていたかはわからない。また、雑誌『静坐』が柳田家に届いていたかも不明である。柳田の蔵書を保管している成城大学の民俗研究所には雑誌「静坐」はないようである。また、慶應義塾大学言語文化研究所による『柳田国男方言文献目録』にも掲載されていない。柳田の蔵書は他に飯田市立美術博物館や全国農業協同組合中央会図書資料センターに分蔵されているが、それらについては未確認である。

あるいは新村から柳田に直接送られていたとも考えられる。というのも、新村と柳田とは仲の良い友人であった。ともに著書を寄贈しあっていたことは、菊地暁による「ツバメ、カモメなどの展望車にてよみあぢはいしことありけり：新村出旧蔵柳田国男著作の書入を読む」（『人文学報』一〇一号　京都大学人文科学研究所　二〇一一）に詳しく論じられている。

新村と柳田は、仲の良い生涯を通じての友であった。新村は、柳田の追悼文で次のように述べている。

> 柳田君と私のつき合いは一高時代にはじまった。彼は法科、私は文科に在籍していたが、そのころから彼の方言や風習に関する歴史的な研究がはじまっていた。

（「柳田国男氏を悼む」『大阪毎日新聞』昭和三十七年〈一九六二〉八月九日）

国男君が、養家の姓を継ぐまで、一高予科の第一部（法文二科、その頃は経済科は大学や高校には未設）の同級生であつたさいは、松岡国男の氏名を以て知つたのであつた。

（「柳田国男君を追憶して」『心』昭和三十七年十月）

新村出は、明治九年〈一八七六〉十月に生まれて、昭和四十二年〈一九六七〉八月に亡くなっている。一方柳田は、明治八年七月に生まれ、昭和三十七年に亡くなっている。新村は、柳田より一歳若いが、柳田よりも一年早く明治二十五年九月に第一高等中学校に入学している。先の新村の柳田追悼記事に一高予科で同級生だったと述べているのは、学制の改革によって同級生になったのである。新村や柳田が入学した当時の第一高等中学校は、予科三年本科二年の制度であった。明治二十七年六月に高等学校令が公布され、第一高等中学校は第一高等学校になり、帝国大学の予科と位置づけられ、三年制となった。これによって、第一高等中学校の予科を二年終えた新村も一年終えた柳田も明治二十七年九月からは第一高等学校の予科の一年生になり、同級生になったのである。新村は、第一高等学校を二年で終え、明治二十九年〈一八九六〉九月に東京帝国大学文科大学博言学科に入学する。一方柳田は、明治三十年七月に第一高等学校を卒業し、九月に東京大学法科大学政治学科に入学している。そして、新村は三十二年七月に卒業し、九月からは東京帝国大学大学院に進学し国語学を専攻する。一方、柳田は三十三年七月に卒業し、大学院に籍を置き、農商務省農務局に勤務する。そして、十一月に文官高等試験に合格する。

柳田と新村との仲の良さについては、柳田の農商務省時代の役人としての旅日記である「美濃越前往復―明治四十四年―」（『北国紀行』所収　実業之日本社　昭和二十三年〈一九四八〉）においても見て取れる。サブタイトルにあるように、明治四十四年〈一九一一〉のことであり、三十代半ばである。七月七日の夕方に新橋を出発し、岐阜から郡上八幡、白鳥、そこから越前に移り、大野郡、福井、また大野に戻る。そこから、岐阜の根尾に入り、大垣から京都に行き、そこで新村たちとの出会いを楽しむ。そして奈良、三重を通り、七月二十六日に東京に戻るまでが記されている。この日記の七月十八日十九日の記事に新村の名前が出てくる。また、その京都滞在中の記事を読むと、柳田の性格や、彼の交際範囲、そしてその当時の同期や同窓によるつながりの強さが窺える。柳田の交際範囲を知ることができるので、長くなるが引用しておきたい。

七月十八日、火よう
大垣の町に在り。（中略）
正午の汽車にて京都へ。
桑木厳翼氏の家に行きて泊めてもらふ。夜新村出君を訪ふ。藤井紫影君に逢へり。
七月十九日、水よう
朝京都府庁に行き、知事その他の人々に面会、又小林区署に行き打ち合せ。
今村幸男君に逢ひ昼食を共にし、又その家に行きて子供の大きくなつたのを見る。
内藤湖南氏と河上肇君とを訪ふ。桑木家に帰つて見ると、新村君が来て待つて居たり。

柳田が宿代わりに泊まっていたのは桑木厳翼（明治七年〈一八七四〉六月〜昭和二十一年〈一九四六〉二月）の家である。桑木は哲学者で当時京都帝国大学文科大学の教授であった。明治二十九年〈一八九六〉に東京帝国大学文科大学哲学科を卒業している。柳田とは年齢も学年も一年上である。柳田は到着した日に新村を訪ねている。藤井紫影とは、藤井乙男（慶応四年〈一八六八〉〜昭和二十一年〈一九四六〉）のことである。藤井は、辞任した幸田露伴の後任として、明治四十二年十一月から京都帝国大学文科大学の国文学講座の講師として勤務していた。明治四十四年九月から教授に昇任する。「逢へり」とあるので偶然に出会ったのであろう。藤井の方がかなり年長であり、柳田とは学生時代の接点はない。ただ、紫影と表記していることから、俳句でのつながりがあったのであろう。昼食を伴にした今村幸男とは、住友銀行京都支店の支配人などを経て、住友信託銀行の会長などを歴任した銀行家である。今村は、明治七年〈一八七四〉十一月生まれであり、八年七月生まれの柳田とは同級生であり、第一高等中学校入学時に寄宿舎で同室であった。明治三十三年（一九〇〇）に東京帝国大学法科大学を一緒に卒業している。

翌日は内藤湖南（慶応二年〈一八六六〉〜昭和九年〈一九三四〉）と河上肇（明治十二年〈一八七九〉〜昭和二十一年〈一九四六〉）を京都帝国大学に訪問している。内藤とは大学での接点はないが、内藤の専門が東洋史ということで、柳田にとっては興味のある学者であったのであろう。休みの二十二日（土曜）の午後に、内藤は桑木家へ柳田を訪ねて来ている。そして瓢亭で夕食をともにしている。瓢亭は南禅寺の近くにある有名な懐石料理店である。一方河上は、柳田と同じく東京帝国大学法科大学政治学科を卒業している。しかし山口高等学校の卒業であり、また明治三十一年〈一八九八〉年に大学に入学している。したがって、柳田とは同時期に大学に在学していたわけではないが、川上の専門が柳田と同じく農政学であったからだと思われる。内藤とともに学問的なつながりがあったのであろう。そして、大学から帰ってみると、新村が桑木の家で柳田の帰宅するのを待っていた。

新村から話が逸れるが、京都滞在時には、東京帝国大学法科大学を卒業して京都帝国大学に在職している教員による歓迎会が行われている。二十日のことである。

夜瓢亭へ夕食に招かる。田島錦治戸田海市財部河上神戸の五君。

田島錦治と戸田海市は柳田よりも年長である。河上肇は先に述べたように後輩である。神戸正雄は明治十年〈一八七七〉四月生まれで、柳田と今村と同じ年に東京帝国大学法科大学政治学科を卒業している。財部静治は、第二高等学校、京都帝国大学の卒業であるから、柳田とは縁がないが、田島や戸田などから誘われて参加したのであろう。

柳田は、京都滞在最終日に、農商務省の先輩であり、その時京都帝国大学の教授をしていた小川琢治を訪問しているが、不在であった。翌朝、柳田が出発するところに小川が訪ねて来た。小川琢治（明治三年〈一八七〇〉～昭和十六年〈一九四一〉）は、明治三十年〈一八九七〉に東京帝国大学理科大学地質学科を卒業し、農商務省に勤務する。そして、明治四十一年〈一九〇八〉に退職して、京都帝国大学文科大学地理学講座の教授に就任していた。ちなみに、小川の長男の小川芳樹は冶金学者、次男の貝塚茂樹は東洋史学者、三男の湯川秀樹は物理学者、四男の小川環樹は中国文学者である。柳田は京都での役人としての公務の間に、このように旧友に会ったり、同窓生との宴会、また学問的につながりのある人々を訪問したりして、慌ただしい日々であった。京都に来て、その多くの人々の中で最初に訪ねたのが新村であった。

話を新村に戻すと、柳田と新村との付き合いは、先に述べたように、終生にわたるものであった。新村の書簡には柳田が登場してくる。

・東上中去ル十三日柳田氏をたずね候処
（昭和八年〈一九三三〉七月十九日　和辻哲郎宛書簡）

・去る廿九日の夜ニハ柳翁をこの地にむかへ方言民俗の会をにぎ〳〵しく開き申候。
（昭和十年〈一九三五〉十一月二日　金田一京助宛書簡）

・柳田翁ハ十月二十五日来訪、懇話数時、翌々廿七日、民族学会、廿八日晩餐会などニて、ゆっくり学事談、清閑談をかはし申候。翁の元気たゞ嘆服の至ニ候。
（昭和二十六年〈一九五一〉十一月二十四日　森豊宛書簡）

また、新村には柳田を読んだ短歌も見られる。

おもしろう松のちちりをたたへつつゑみかはしたる柳田の叟《をぢ》

（「愛老依々」松毬《まつかさ》を掌弄して『牡丹の園』昭和二十七年〈一九五二〉）

長袖の信綱国男出らに颯爽比なし土岐の善磨

（「昭和三十一年」『白芙蓉』昭和四十三年〈一九六八〉）

NHKラジオの放送番組「ことばの研究室」において、「ことばの生い立ち」というテーマで、昭和三十年〈一九五五〉十一月から翌三十一年四月までの二十六回にわたって放送された。その内容は、「中国から来た言葉」（奥野信太郎）「西洋から来た言葉」（楳垣実）「訳語あれこれ」（広田栄太郎）「アイヌから来た言葉」（金田一京助）「インドから来た言葉」（辻直四郎）、そして新村が「やまと言葉」を担当している。新村は、その中で感謝表現の「かたじけない」と「ありがとう」を扱っているが、その最初のところで柳田を親友の一人だとして紹介している。

　やまと言葉の中で、私ども少し老人株の側から始終念頭にあります感謝の言葉でありますが、それがやまと言葉で残っておるのを非常に愉快に思っております。それは、「ありがとう」という平凡な日常の言葉にありますが、この言葉については、今から十年ほど前に、私の親友の一人であるところの柳田国男君が、「毎日の言葉」という表題で、これらの言葉、日常の言葉を二十余り拾って、それに大へん興味のある、行届いたいい話をしておられるのをもらって見たことがあります。その初めに、お礼の言葉、感謝の言葉を二、三あげております。

新村は、自らを老人株と述べているが、この時七十九歳であった。ここで話していることは「「ありがたい」ということ」に書いたことを中心に述べている。放送の内容は、『ことばの生い立ち　―ことばの研究室―』（日本放送協会編　大日本雄弁会講談社　昭和三十一年〈一九五六〉）として刊行されている。

新村の文章と柳田の「毎日の言葉」の記事とを後で対照するが、その内容からは柳田は新村の文章を読んでいたとは言い切れない。もし見たとしても、柳田が「毎日の言葉」の原稿を執筆するために座右においていたとは考えられない。柳田と新村の仲であるから、雑談の際に感謝表現が話題に上がることがあったとも考えられる。あるいは、偶然に両者が同じことに関心が向いたのかもしれない。新村の感謝表現研究は文献に基づく実証的なものであり、一方柳田のは方言や人々の日常の生活に重点を置いたものであり、両者はまったく研究方法が異なっている。このような研究の方法の異なる二人が感謝表現の研究に関心を抱いたのは興味深い。二人の研究方法は異なるが、関心の方向に共通性が認められる。ともに日常語の語源に関心があり、日本の周辺の言語にも目を配っている。新村は、後に国語調査委員会の主査となる指導教授である上田万年の命令で、大学院並びに助手時代に、飛騨白川村や、静岡県伊豆西海岸及び天城山中一部、静岡・愛知両県下の中西駿遠参尾両地方の方言採集調査を行っている。そして、明治三十七年には『東西語法境界線概略』を作成している。また柳田については、その著書を読めばわかるように、文献に精通していて、それをきちんと整理して適切に利用している。

第三節　新村出の感謝表現研究と柳田国男の感謝表現研究

新村出の感謝表現に関する文章と柳田国男の『毎日の言葉』とを読み比べていくと、そこには直接的な影響を見ることはできない。新村の感謝表現研究は、先に挙げた二つの論文において、カタジケナイ、アリガタイ、モッタイナイを扱っている。『ことばの生い立ち』においても、このカタジケナイとアリガトウを対象として感謝表現の話をしている。「「ありがたい」といふこと」においては、アリガタシの本来の意味、そしてアリガタシが感謝の意を持つようになった時期、そしてカタジケナイからアリガタイへの交替の時期などを文献を用いて説明している。この論文と柳田の「有難ウ」との間には共通するような内容が見られる。しかし、それらは当時の学者においてはごくあたり前のことだったのであろう。当時の学者は西洋語についての知識もあり、またアリガタイの意味の変化についても、柳田の述べているように、辞書を参考にすればおおよその時期が推測できる。

共通性が見られるまず一点は、神の恩恵についてフランス語のメルシとイタリア語のグラチエを挙げている点である。ただし、アリガトウの扱いについては少し異なっている。

新村　欧州語のうちにも、仏語のメルシ伊太利語のグラチエ等の如く、恩恵とか恩寵とかいふ意義、日本でいふオ蔭デとかオカゲサマデとかの如き意味を経由したらしい語もないではありませんが、日本語のアリガタウの語の深奥な意味に比べると、一段聞き劣りがするやうに思はれます。これも主観的な考察かも知れませんが。

柳田　外国にも之によく似た例は、たとへば仏蘭西人のメルシ、伊太利人のグラチエなどがあり、この二つの語は共にもと「神の恵みよ」といふ意味でありました。有難うも之と同様に、楽しいにつけうれしいにつけて、神又は仏を讃へたのであります。

勿論物を与へる人が尊いわけでは無く、さういふ幸福を授けたまふ神の思召しが尊いのであつたことは、西洋のメルシ・グラチエも、又今日のアリガタウも同様であります。

もう一点はアリガタイが人に対して感謝の意味を持つようになった時期である。

新村　アリガタイが感謝の意を段々持つやうになつたのは、足利時代のやうでありますが、カタジケナイの方がむしろ普通であります。即ち通俗の社交的意味での感謝の意はカタジケナイの方が行はれ、法悦といふやうな宗教的感激の方は、同じ中世末期には、アリガタイの方に現はれてゐるかと思ひます。（中略）むろん松風の謡曲の中に、「御ン志ありがたう候」とあります挨拶の言葉は社交上のお礼の辞であつて、必ずしも宗教的な深い意味あひとまで解せずともよろしいと思ひます。申さば語意の漸次の変化には、その折々における此種の臨機的意義が見うけられるのであります。

面白いことには慶長の吉利支丹学林の大辞書には、アリガタイを稀有とか有り難し起り難しといふ旧来の意義の外に、第一義として宗教的意味をもつ様に説明してあります。而してカタジケナイの方に普通の感謝の意を認めてゐます。

柳田　一方には神仏を尊む場合にも、アリガタイと謂つて居りながら、他の一方には毎日の小さな事にも、女は殊にアリガタウを連発して居ります。双方とも感謝を表するのだから、差支無いぢやないかといふかも知れませんが、それでは神様の方へ少し失礼になるのであります。この二つの用ゐ方のうち、どちらが古くからあつたものかを知りたい人は辞書を御覧なさい。最初は言葉通り有り得ないもの、有るのがふしぎなものといふ意味で、人間わざを越えた神の御徳御力をたたへてさう言つて居たのが、いつから又人と人との間の御礼の言葉になつたものか、少なくとも後の方は中世以前の記録には無いやうです。

柳田は人へのお礼としてのアリガタイの記録が中世以前にはないと述べている。一方、新村はアリガタイが感謝の意を持ってくるのは足利時代であるが、中世末期においてもアリガタイが法悦などの宗教的感激の意味で使用されていたことを、『日葡辞書』の意味記述を用いて論じている。柳田は、「辞書を御覧なさい」と書いているが、その当時歴史的な変遷が示されているような辞書（辞書の発行年はアリガタシが所収されている巻による）としては、大正四年〈一九一五〉の『大日本国語辞典』、大正十年（一九二一）の『改修言泉』、昭和七年〈一九三二〉の『大言海』、昭和九年〈一九三四〉の『大辞典』がある。『大日本国語辞典』では㈢の意味として「かたじけなし。畏れ多し。もったいなし」とあり、その用例として『竹取物語』を挙げている。『改修言泉』では㈡の意味として「勿体（モッタイ）なし。恐れ多し。かしこし」とあり『源氏物語』を挙げ、㈢の意味を「人より恩を受けて、悦ばし、ありがたし」としているが用例は挙げていない。『大辞典』では「㊂賞讃尊重の意をも含めて、感謝の心を表す語。かたじけない。もったいない。ありがたい」とあり、用例は『竹取物語』と『金葉和歌集』である。『竹取物語』の用例は『大日本国語辞典』と同じ箇所である。この三つの辞書を見ても、柳田の説明は証明されない。柳田の考えに近いのは『大言海』である。『大言海』では、「㈡後ニハ、感謝ノ心ヲ表スル語トナリテ、カタジケナシ。アリガタイ」とあり、『史記抄（文明）』の二つの例が上がっている。

十「疽ヲ吮《ス》ハレタレバ、ありがたいと云テ、一命ヲ棄テ」

十四「コレハ、漢ヲありがたいト、思ハセジトテゾ」

なお、新村が挙げた「松風」の例は、『大日本国語大辞典』や『大言海』、『大辞典』のいずれの辞書にも「ありがたう（アリガトー）」の項に掲載されている。

モッタイナイに関しては、新村と柳田の考えはまったく異なっており、柳田は新村の文章を読んでいないことがはっきりわかる。新村はこの語の語源を次のように述べている。

この語の語源は、元と物の体を得ざることを云ふ所から起つたらしい。物の体なしといふ義であつて勿の字は物の字の省略だといふことである。勿の字でも通じないことはない。さうすると、勿体は無体の義で、従つてナイは無イの意ではなくて、ナリといふ動詞に対する形容詞的な接尾辞のたぐひだとしてよからう。無の意をもたぬナイの語尾を含む形容詞がいくつも存するが、勿体ナイは無体ナといふのと、意味は相違しても組織は似てくるわけである。然し物体ナシ、即ち物の正体に違フとか物ノ本体を失スルとかいふ様に解して、ナイはやはり無イの義と考へる方がよいと思はれる。

モッタイナイが「物体無い」であることは一部の人にしか知られていなかったようである

柳田の「モッタイナイ」では、それとは異なる考え方を示している。柳田の考えは、新村が否定しているものの方であり、後で扱う金田一京助の『国語音韻論』（刀江書院　昭和十年〈一九三五〉）の影響が見られる。

先づ第一モッタイは「モッタイを付ける」、「モッタイぶる」といふやうな使ひ方もあつて、それ自身が元は好ましいこと又尊い事でありました。従つてモッタイナシを無勿体など丶書き、又はモッタイナクモなど丶謂つて居たのは誤りで、この語尾のナイは打消しではなかつたやうであります。今日行はれる形容詞にも其例が幾らもあります。つまりはモッタイが元は形容詞だつたことを忘れて、それに又ナを附けて使つて居るうちに、ちやうど「せつな」がセツナイとなり、「黄イな」がキナイとなつた如く、多くある形容詞の形に同化したもので、それ故に「勿体ある」といふ言葉が無かつたのだと私は思ひます。

「ない」の扱いによって、柳田は新村の「「勿体ない」といふこと」を読んでいないことがわかる。「「ありがたい」といふこと」についても読んでいないであろう。親友である新村と柳田とが同じことばを扱っているのは興味深く、新村のそれぞれの論考は本書の中心である感謝表現の歴史を考察する上で欠かせないものである。一方の柳田の『毎日の言葉』は、感謝表現の発想法の地理的な広がりや、また感謝表現の変遷を考える上で示唆的な多くのことが記されている。新村の論考の指摘はついては感謝表現の交替を扱う際に説明することにして、次節（第四節）では柳田の『毎日の言葉』が与えてくれる感謝表現の発想法に関わるヒントを見ていくことにする。

第四節　『毎日の言葉』における感謝表現についての記述

四・一　「オ礼ヲスル」

『毎日の言葉』の最初の方に「オ礼ヲスル」「有難ウ」「スミマセン」「モッタイナイ」の四項目が並んでいる。このことから、柳田が感謝表現が日常生活において特に重要な役割を担っていることばであると認識していたことがわかる。先に述べたように、この本には感謝表現を研究するにあたっての多くのヒントが提供されている。ただし、女性向けに書かれた随筆であるため、そこに網羅的また体系的な記述を求めるのは無理である。その点を考慮しながら順番に見ていこう。

最初の「オ礼ヲスル」は、これに続く「有難ウ」「スミマセン」「モッタイナイ」の序論的なものである。ここでは、日本語においては、「礼」の意味が狭く、「お礼をする」や「お礼を言ふ」という意味になっていることを示している。さらにそのような表現が定着してきた背景についても述べている。

> オレイは礼といふ漢語の採用ですが、その意味が日本では少しちがつて、世話になつた人に物を贈ることをお礼をする、又はたゞ有難うといふことを御礼を言ふと、謂つて居る場合が多いです。

このような狭い意味になった原因は、目上に挨拶に行くという「礼」の場において贈り物を持参したことによるのだとしている。

> 日本でこの狭い意味のオレイ即ち有難うといひ物を贈ることが主となつたわけは、昔これだけが非常に重要であつた時代が、久しく続いて居たからであります。（中略）元は一般に本家とか出入先、又は村の頭《かしら》立《だ》つた人の家へ、この日（田島注：盆節供の日）訪問することが礼であつて、そこには必ず何か礼の物といふ贈り物を、持参したらしいのであります。正月の年始も年始礼ですが、是だけは対等の者が互ひに行くやうな社交が始まつて、礼といふ意味がはつきりしなくなりました。しかし本来はすべて目下の者が、目上に対して従属を誓ひ、同時に保護の永続を願ふ厳重な式でありました。（中略）やはり一番やかましかつたのは武家の主従、殿と被官《ひくわん》との間との間柄であつて、中世の社会は是だけで維持して居たと謂つてもよいのです。

日本での「礼」というのは、もともとは目下の者から目上の者へに対しての行為であった。それが中世までは保たれていたのである。本書でも見ていくが、確かに中世まではお礼を述べるのは目下の行為であった。

近世になると、上下の関係を問わずに進物を贈り合うようになったことによって、「お礼をする」や「お礼を言ふ」の意味が定着したと、柳田は考えている。すなわち、社会構造の変化に伴って、すべての人に「お礼をする」ことや「お礼を言ふ」ことが広まってきたのである。感謝の言語行動が、中世までの目下から目上への単一方向から、双方向になったことによって、「お礼をする」や「お礼を言ふ」という表現が定着してきたとしている。

それが後世段々と拡張して、すべての世話になつた人へ進物をするのを御礼をするといひ、人に向つて有難うといふのを、御礼を言ふといふやうになつたもとかと思ひます。

単行本化の過程で（追記）が施されている。雑誌掲載後に考えが整理できたのであろう。そこでは、「礼をする」も「お礼を言ふ」も、ともに良い表現ではないとしている。「礼をする」については、二義性があることを問題としている。

礼ヲスルといふ言葉が、殊に今日はまちがひ易く、いつも我々は音声以外のもの、即ち其場の様子とか相手の顔つきとかによつて、二つの意味を汲み分けなければならぬのであります。本でも読んで居る人ならば、並んで身を正し顔を下げ、たゞ敬意を表することを礼ヲスルだと思ひますが、それでもうつかりすると何かくれるのかと思つて、手もとを見るやうなことも無いとは限りません。

「礼」の意味に、中国語に基づく意味（頭を下げ、敬意を示す）と、日本で変化した意味（物を贈る）とが併存している。そのことによって、「礼をする」という意味がわかりにくくなっており、その場の状況によって判断するしかないのである。また「礼を言ふ」ということばについては、その定着過程が複雑であり、新しい表現であるとしている。

つまりは「礼」の特別なものだけに、何か新らしい名を付けようとしたのですが、それでも其折に必ず持つて行つた贈り物は、なほ昔のまゝに礼の物と謂つて居りました。人に世話になつた嬉しさのしるしに、物を贈ることを礼といふ様になつたのは、この「礼の物」の略語だらうと思ひます。礼ヲイフと云ふ言葉に至つては、それから又一つ変つて来たもので、昔の日本人にはそれと聴かせても、恐らくは其感じが通じまいと思ひます。

中世から近世への端境期である一六〇三・〇四年に刊行された『日葡辞書』には、「礼」は次のように記載されている。

・レイ（Rei）敬礼、礼儀。☞また、感謝、あるいは、感謝の意などを述べる言葉。☞レイヲ　スル、または、イタス（Reiuo suru, l, itasu）頭を下げるとか、腰をかがめるとかして、敬礼をする。☞レイヲ　ユウ、または、マウス（Reiuo yu, l, mõsu）人に挨拶する、または、感謝の意を述べる。

これによると、「礼をする」は、頭を下げて敬意を示すことであり、まだ物を贈る意味にはなっていないことがわかる。ただし、『日葡辞書』の「返礼」の説明から物を贈ることが行われていたことがわかる。『文明本節用集』にも掲出されている。

・ヘンレイ（Fenrei）Reigayexi.（礼返し）訪問の答礼、または、贈物に対するお返し（返礼の品）。（『日葡辞書』）

・返礼《ヘンレイ》　（『文明本節用集』へ「態芸門」）

また、「返礼」には仕返しという意味があり、軍記物語に見られる。

・酒田の渡りは、この幼き人の父、坂田次郎殿の知行なり。只今この返礼すべきものを」とぞ脅しける　（『義経記』七）

・是又道誉面目を失ふ事なれば、是《これ》程の返礼をば致さんずる也とて　（『太平記』三九　諸大名讒道朝事）

また「礼返し」という表現もあり、「返礼」同様に、『文明本節用集』や『日葡辞書』に記載がある。

・礼返《レイカヘシ》　（『文明本節用集』れ「態芸門」）

・レイガヘシ（Reigayexi）　訪問に対する答礼、または、何か贈物の返礼。　（『日葡辞書』補遺）

何かの「謝礼」とし物を贈ることを「お礼」と言うことは、『天草本伊曽保物語』にその用例がある。

・トバウズル　ヤウヲ　ヲシエサセラレイ　ヲレイニハ　メイシュヲ　タテマツラウズル　（亀と鷲のこと）

この「ヲレイ」は、柳田の言う「礼の物」や、「礼物《レイモツ》」（『文明本節用集』）であろう。お金であれば「礼銭《レイセン》」（『文明本節用集』）ということになろう。近世になると「礼銀」や「礼金」となってくる。

一方の「礼を言ふ」は、『日葡辞書』に記述されており、当時既に定着していた表現である。「礼を言ふ」という表現は、柳田が言う程には困難なく生まれたと思われる。頭を下げて謝意を表す「礼をする」という表現が存在していることにより、「する」も「言ふ」も基本的な動詞であるから、頭を下げる動作の際に声を伴えばよいのである。

・猿引「さて〳〵それはかたじけなひ事で御ざる、さらばお礼を申させまらせう　へさるに礼をさせる　猿引「太郎くわじや殿へも急度御礼を申せ　（『大蔵虎明本狂言集』靫猿　一六四二）

・これも情けにて乗せければ、出家・侍二人共に、数々のお礼を申し尽くし、広き所に自由に仮枕《かりまくら》を喜ぶ。　（『武家義理物語』三・一　一六八八）

四・二「有難ウ」

ここからが感謝表現についての本題となる。最初の「有難ウ」の項には、感謝表現についての多くの興味深い記述が見られる。

　最初は今日の子供のやうに、多分顔で喜びを表はし、又はたゞ「好いな」とか「うれしいな」とか言つて居たものと思ひますが、それに定まつた形の文句が出来たのは礼儀であります。

まずここでは、「態度↓言語化（感情の表明）↓定型化」という感謝表現の発生並びにその発達・定着過程について述べられている。そして、ダンダン・オオキニ・ドウモといった、表現の粗略化が行われていること。また、感謝表現の発想についても、『蝸牛考』のような周圏分布の観点からその解釈を試み、「神の威徳の賞賛↓行為の批評・評価による悦び↓相手への批評」といった変遷を考えている。

『蝸牛考』において示された「周圏分布」は、方言分布の解釈において重要な考えなので少し補足しておく。この「周圏分布」の提唱によって、民俗学者である柳田国男が方言学と結びつけられているのである。「蝸牛」とは漢字からわかるように「かたつむり」のことである。柳田は、「蝸牛考」を発表した当時客員として所属していた朝日新聞の力を借りて、方言の通信調査を行った。その調査項目の中の一つがこの「かたつむり」であった。「かたつむり」の各地の方言を、地図に示して全国的な分布図を作成すると、興味深い結果が現れたのである。

北東北　　　　　　　　　　　　　　　　　　京

ナメクジ　↑　ツブリ　↑　カタツムリ　↑　マイマイ　↑　デ（ン）デ（ン）ムシ

京　　　　　　　　　　　　　　　　　　九州

デ（ン）デ（ン）ムシ　↓　マイマイ　↓　カタツムリ　↓　ツブリ　↓　ナメクジ

京を中心として、その周辺に同じ語形が分布している。池に小石を投げた時にできる波紋のように、同心円上に同じ語形が広がっているのである。つまり、周辺部の語が古く、中心部にある語が一番新しいのである。このような同心円的な分布を「周圏分布」と言い、この考え方を「方言周圏論」と言う。ことばは、都から地方に広がっていき、周辺部には古いことばが残っていると言うものである。このような現象については、江戸時代の随筆、例えば荻生徂徠の『南留別志』（一七六二）や本居宣長の『玉勝間』（一八一二）などにも、東北や九州など地方に古語が残っているという記事が見られる。すなわち、「かたつむり」の日本語における歴史は次のように解釈できる。

（古）ナメクジ→ツブリ→カタツムリ→マイマイ→デ（ン）デ（ン）ムシ（新）

この考えを、柳田は『人類学雑誌』四二巻四〜七号（昭和二年〈一九二七〉）に「蝸牛考」と題して発表した。この論文を含む単行本が昭和五年（一九三〇）に発刊された『蝸牛考』（刀江書院）である。この「（方言）周圏論」は、柳田の民俗学においても根幹をなすものであり、様々なところにこの考え方が活用されている。先に進めよう。

北陸地方から岐阜県、滋賀県などで物を貰つてウタテイだのオトマシイだのといふのは、それ（田島注：カブンなどの思ひのよらぬ悦び）から又一歩を進めて、そんな必要も無いのにあなたは無益なことをなされるといふ、批評のやうな形をとつた言葉ですが、是も後には自分でも意味を知らずに使ふやうになりました。

この文章の最後のところに述べられているように、そのことばや表現が使用されていくうちに、そのような意味を表すようになった発想法が次第に忘れられていくのである。例えば、「富山県方言番付」でキノドクナが横綱（第一位）になっているのも、その語が感謝表現として使用されている発想法が忘れられてしまったことによって、その表現が感謝表現として用いられていることを奇異に感じているからである。さらに、柳田は感謝という行為のシステムに変化が生じたことについても触れている。

是等は何れも自分より目上の人に対して、我身をへりくだつていふ言葉であつたのが、後には対等の人どうし、又時には低い地位の者にも之を使ふやうになつて、もとの感じが無くなりました。

近世になると、これまでの下の者から上の者への言語行動であった感謝という行為が、上位者から下位者へも行われるようになり、感謝が双方向による言語行動のシステムへと変化したのである。なお、このようなシステムの変化が生じる以前は、上の者からは感謝ではなくヨクシタやヨウヤのような褒めことばによる労りがなされていたことも述べられている。

四・三　「スミマセン」

「スミマセン」の項では、まず近世における感謝の言語行動の双方向化に伴い、感謝表現においても双方向化が生じたことを述べている。同じ表現を、下の者から上の者に対しても、また上の者から下の者へも使用した。そのことによって、下の者においては新たな表現の必要性が生じてきたことや、表現の粗略化による敬意度の逓減についても言及している。

　御礼に「ありがたう」といふ言葉は元は使はなかつたと、伊勢貞丈翁なども断言して居ります。さういふ場合には目上の人に対しても、皆カタジケナウゴザルと謂つて居たものださうであります。ところが近世は上から下に向つて、カタジケナイ又は唯オカタジケといふ語のみが残つて、身分の低い者が高い人に感謝するには、専ら「有難う存じます」を用ゐるやうになつて居たのですが、それが又最近には簡略なアリガトウ《ママ》に変つて、同輩以上に対してさういふのは、何だか失礼なやうな感じがするやうになつて来ました。

アリガトウゾンジマスが略されてアリガトウになったことによって、目上への感謝には使用できなくなったことが書かれている。挨拶表現は、手早く言うために、下略されることが多い。しかし簡略化されると敬意度の逓減が生じる。

　それ（田島注：アリガトウやカタジケナイ）が普通の礼の言葉となると、上の人は勝手にそれを粗末にして使つてもよいが、下の者は別に又一段と鄭重なものを考へ出さなければならなかつたのであります。アリガタウが幾分か威張つたやうに聴え始めると、下から上に向つて礼をいふとき、殊に女たちは同輩の間にも、之を避けてよくスミマセンをいふやうになつたのは、同じ法則の現はれだらうと思ひます。

アリガトウに対して失礼に感じるのは、上の者が下の者の使用していたアリガトウを使用するになったことが大きい。そして、下の者はより丁寧な表現としてスミマセンを使用するようになってくる。つまり、スミマセンは、目上の人がアリガトウを使用したために、目下の人がアリガトウを使用できなくなった結果、生じてきた新しい表現だと述べている。

あなたにこの様なことをしていたゞいては、私の心が安らかでありませんといふのが、このスミマセンの最初の感覚でありました。前に例に引いた過分のカンブンヤの外に、地方によつてはウタテヤと歎息して見たり、又オショウシナとかメイワクイタシマスとか、言つたりするのもそれであります。若い娘たちがコマルワといふのも、至つて自然でありますがこの感じを表はして居ります。東北の端の方に行くと、有難うの代りにホンニヤクテと謂ひ、又ホジネヤだのホンネアだのといふのも、起りは「本意ない」であつて、やはりまた物を貰つて「困つてしまふ」ことであります。

スミマセンのような困惑を表すような表現が、各地の方言や人々のことばの中にさまざま見られることを指摘している。スミマセンの発想法についてはさておき、この指摘は日本語の感謝の発想の根底に〈困惑〉という共通の基盤が認められるという、重要な示唆である。

東京でもつい近頃まで、オヒカエナサイマシだの、オヨシナサレバヨイノニだのといふ、御礼の挨拶がよく聴かれました。まさかさうですかと持つて還へる人は有りませんが、つまりはさうでも言わぬと気が澄まぬほど、予期せざる大きな幸福だといふことを示すのであります。スミマセンなどもその色々ある形の一つですが、是ではまだ幾分か物足らぬので、少しでも丁寧に言はうとして「相すみません」といふ者もあります。

ここで「つい近頃まで」と書いているのは、この文章が書かれた昭和十八年（一九四三）の人々の生活状況を察すると納得がいこう。この時期は、第二次世界大戦の真っ只中であり、物資の欠乏してきた時期である。したがって、お土産などを人に渡すことも少なくなってきたのであろう。相手の厚意を一旦拒否するような断りの表現を用いて感謝を表す方法は、江戸時代後期に既に出現してきている。これは相手への〈配慮・気遣い〉に基づくものだと考えられる。スミマセンが感謝の定型的な表現としての使用が多くなると、さらにより丁寧な表現として、他の謝罪表現が利用されるようになってきたのである。そのことを、柳田は面白くないことだと感じている。

私は先年東海道の或駅の茶店で、茶代を置いておかみさんから、「申しわけございません」と言はれて喫驚したことがあります、申しわけは弁解のことで、是は御詫をする必要が無い場合であります。つまりは是もスミマセンを、もう一段と念入りに言はうとした、新工夫であつたので、言葉は段々と古くさくなる故に、いつでも此様な改良が試みられ、それが時としては面白くないことも有るのであります。

柳田はこの文章でこの「スミマセン」の項を閉じている。感謝表現の交替から、人々の感謝に対する考え方（発想法）やその変化を窺うことができ、日本語における感謝のあり方の変化の歴史が明らかになってくる。そして、それぞれの新しい発想法がその当時の日本の社会構造と結びついているのである。

四・四　「モッタイナイ」

この項では、感謝表現は初めから感謝を表すために作られた語ではなく既存の語を利用したものであることが述べられている。これは、感謝表現というものの性格を考える上で大変重要なことである。

有難いを御礼の言葉にしたのが新らしいことであるやうに、カタジケナイも亦最初から、人に対する感謝の語では無かつたやうであります。

そして、感謝表現は既存の語が状況によって感謝の意と解される語用論的なものであることを指摘している。

即ち相手方には、こちらが非常に悦んで居るといふ意味に取られる言葉でも、それ自身を単独に聴いて、ちつとも有難くないものがよく用ゐられて居るのは其為であります。

感謝表現として定型化するまでは、それらの語は使用される状況によって意味の異なる多義的な語であった。柳田が例として挙げているアリガタイのもとのアリガタシは、例えば『大言海』では二つ、そして『大辞典』では三つの意味ブランチになっている。（ただし用例は省略した。）

・〔世ニあるコト難しノ義、（二）ナルハ、稀ナル恩ニ感ズトノ意ニ移リタルナリ〕（一）世ニ稀《マレ》ナリ。比類《タグヒ》少《スクナ》シ。希有《ケウ》ナリ。マタトアルマイ。（二）後ニハ、感謝ノ心ヲ表スル語トナリテ、カタジケナシ。アリガタイ。辱‖。忝‖
（『大言海』）

・㈠在ること難し。めったにない。稀である。㈡ありにくい。存在する事が困難である。㈢賞讃尊重の意を含めて、感謝の心を表す語。かたじけない。もったいない。ありがたい。
（『大辞典』）

またカタジケナイのもとのカタジケナシについても、『大言海』と『大辞典』では次のようになっている。

・〔勝たじ気甚《な》しノ義（負けじ心ノ反、なしハ、おほけなし、あらけなしノなし）恐るる意多しノ意（以下略）〕（一）恐レ多シ。カシコシ。モッタイナシ。（二）恐《カシコ》ミ憚ル意ヨリ転ジテ、恥《ハヅカ》シ。羞‖（三）恐《カシコ》キ恵ミヲ受ケテ、ウレシ。アリガタシ。拝謝‖
（『大言海』）

・㈠恩恵を蒙って、うれしい、ありがたい。感謝に堪へない。㈡勿体ない。おそれおほい。㈢はづかしい。面目ない。（『大辞典』）

このように、既存の語がある状況で多用されることによって、次第に感謝を表すようになり定型化したのである。もともとはいわゆる語用論的な用法であった。そのため、その語の初出の時期と感謝表現としての使用されるようになった時期との間には、かなりの時間的な差が生じている。また状況に依存しているために、慣用化されていないと、感謝表現かどうかの判断が困難な場合が出てくる。それは、感謝の意もあくまでも本来の意味の派生であり、またその状況をどのように解釈するのかによるからである。

次節（第五節）では、中世末期の日本語について意味を記述している『日葡辞書』（一六〇三～〇四）を用いて、感謝を表していると思われる語を抜き出してみる。この『日葡辞書』については、新村がその当時のアリガタイとカタジケナイの意味を知るのに用いているように、中世末期において感謝を表す語にどのような語や表現があったのかを確認するのに都合がよい。

第五節　『日葡辞書』における感謝を表す語（表現）

『日葡辞書』は、中世末期に日本に来日した、イエズス会の宣教師たちによって作成された。本編が一六〇三年、補遺が〇四年の刊行である。現存しているものは世界に数冊しかない。「日葡」という名称からわかるように、見出し語は日本語であり、意味説明はポルトガル語である。ポルトガル人の宣教師が日本語の意味を知るために作られた辞書である。その頃の日本の辞書にはほとんど意味が記されていない。その時代に生きている人にとっては語の意味説明は必要なかった。意味が少し施してある『和漢通用集』においても、意味に関する注記があるのは本義から変化したものだけである。当時の日本の人々が知りたいのは、語の漢字表記や、漢字の音や訓であった。『日葡辞書』のポルトガル語で記された意味説明をフランス語に訳した、レオン・パジェス（一八一四〜八六）による『日仏辞書』が一八六八年に完成している。日本には、ポルトガル語、それも中世ポルトガル語が読める人はほとんどいなかったので、この『日仏辞書』は国語学や国文学の世界で活用され、中世や近世の文学作品の注釈に活用されていた。昭和五十五年（一九八〇）に岩波書店から『邦訳日葡辞書』が刊行されたことによって、その内容を理解しやすくなった。この『邦訳日葡辞書』が刊行されるまでは、大学の国文学科では『日仏辞書』が利用できるようにと第二外国語はフランス語が推奨されていた。

筆者（田島）は、中世ポルトガル語が読めないので、本書ではこの『邦訳日葡辞書』を利用していく。ただし、引用にあたっては、本書の体裁に合わせて縦書きにし、読みやすいようにローマ字表記の箇所を片仮名にして、その後にローマ字表記を示すことにする。意味説明が漢字表記についての場合には〈 〉にその表記を示す。

この『日葡辞書』において、感謝を表す語らしきものを抜き出すと、次のような語を拾うことができる。

・アリガタイ（Arigatai）神聖な（もの）、または、感謝や尊敬に値するような（もの）。¶また、珍しくて手に入れにくい（もの）。　アリガタサ（Arigatasa）アリガタウ（Arigatǒ）

・アリガタヤ（Arigataya）尊敬、崇敬、感謝の意味を示す語。例、アラ　アリガタヤ、タウトヤ（Ara arigataya, tǒtoya./）なんと神聖な、崇め尊ぶべきことだろう。

・カタジケナイ（Catajiqenai）お礼の言葉、あるいは、ある事に対して謝意を表する言葉。

・カタジケナサ（Catajiqenasa）ありがたさ。例、アマリノ　カタジケナサニ　ナミダニ　ムセビ、云々（Amarino catajiqenasani namidani muxebi, &c）物語（Mon）恩恵に対してあまりにありがたく感じたので、さめざめと泣いて。

・カタジケナウ（Catajiqenǒ）ありがたく〔感謝の念をもって〕。例、カタジケナウ　ゾンズル（Catajiqeno zonzu-ru）感謝する、または、謝意を表する。

・カシコマリゾンジ、ズル、ジタ（Caxicomari zonji, zuru, ita）謝意を表する、または、相手を尊敬し自分を謙遜する気持ちをあらわす。

（参考）カシコマリ、ル、ッタ（Caxicomari, u, atta）うずくまりしゃがむ。☛カシコマッタ（Caxicomatta）この語の過去形では、ある人に対して、その人の言うことに同意し、その言うとおりにしよう、という意味を謙遜して示す。☛カシコマッテ　イル（Caxicomatte iru）人の面前に、両手を地面についてうやうやしく坐っている。

・チンチョウ（Chinchô）メヅラシュウ　カサヌル（Mezzuraxu casanurù）〈珍重〉おもに年頭の喜びを表わす言葉。例、チンチョウ　チンチョウ（Chinchô chinchô）新年おめでとう、祝日おめでとうございます。☛チンチョウニ　ゾンズル（Chinchôni zonzuru）感謝し喜ぶ、あるいは、おめでとうの意。

・マンゾク（Manzocu）満ち足りること、十分であること、あるいは、満足であること。例、マンゾクシタ（Manzocu xita）私は喜ばしく満ち足りている。☛また、これはある人が、ある物事に対する喜びとか感謝とかの心をあらわすのに用いる言葉である。

・ミャウガ（Miǒga）よい運命。例、ミャウガモナイ　ヒト（Miǒgamonai fito）不運な人。または、不仕合せな人。☛ミャウガノ　ツキタ　ヒト（Miǒgano tçuqita fito）同上。この語は、時には、ある人が自分に相応した程度以上に、あるいは、予期した以上に恩恵や厚誼を受けたのに対して、深く感謝する場合にも用いられる。

例、ミヤウガモナイコト（Miŏgamonai coto）

・クヮブンナ（Quabunna）豊富な（もの）、または、沢山な（もの）。☞また。比喩。ありがたく思って謝意を表わす言葉。

・クヮブンニ（Quabunni）副詞。豊富に、あるいは、沢山に。☞クヮブンニ　ゾンズル（Quabunni zonzuru）深く感謝する、あるいは、非常にありがたく思う。

（参考）クヮブン（Quabun）ブンニ　スグル〈過分〉（Bunni suguru）豊富なこと、あるいは沢山なこと。

・クヮタウ（Quatŏ）すなわち、クヮブンナ　コト（Quabunna coto）。感謝の意を表わす言葉で、私はそれを過分に思います、というような意味。☞ゴジャウ　クヮタウノ　イタリ（Gojŏ quatŏno itari）あなたの送って下さった手紙に対して深く感謝します。文章語。

・レイ（Rei）敬礼、礼儀。☞また、感謝、あるいは、感謝の意などを述べる言葉。☞レイヲ　スル、または、イタス（Reiuo suru, l. itasu）頭を下げるとか、腰をかがめるとかして、敬礼をする。☞レイヲ　ユウ、または、マウス（Reiuo yu ,l .mŏsu）人に挨拶する、または、感謝の意を述べる。

・ウレシイ（Vrexij）喜ぶ、あるいは、嬉しがる。または、自分が喜ぶような（こと）、あるいは、感謝するような（こと）。

・エッキ（Yecqi）ヨコロビ（Yorocobi）。喜ぶ。☞エッキ　スル、または、マウス（Yecqi suru, l. mŏsu）喜ぶ。これはまた、訪問や贈物を受けたのに対して謝意を述べるのにも使う語で、上位の者から下位の者に用いる。

レイ（礼）の説明にある「敬礼、礼儀」が中国語に基づく意味であり、☞以下に書かれている感謝の意味が、柳田の言う日本的な意味である。新村が「「ありがたい」といふこと」で述べているように、その当時カタジケナイがごく一般的な感謝表現であったことがわかる。そして、アリガタイの項では宗教的な意味が最初に上がっており、それに続いて崇敬や感謝が記されている。

このように抜き出してみると、珍重、満足、冥加ない、過分、過当、礼、悦喜といった漢語による表現が多いことに気づく。これらの漢語は、「過当」に文書語と注記されているように、当初は文書で使用されていたが、次第に口語化したのだと思われる。「冥加ない」については、「時には、ある人が自分に相応した程度以上に、あるいは、予期した以上に恩恵や厚誼を受けたのに対して、深く感謝する場合にも用いられる」という興味深い記述が見られる。「時には」とあり、これはある状況において感謝表現として用いられるという、語用論的なものである。その後に書かれている「自分に相応した程度以上に、あるいは、予期した以上に」については、意味的に「過分」や「過当」にも当てはまろう。この「冥加ない」において、さらに興味深いのは、もともとの意味が不運や不仕合せというマイナス的なものであり、そのような意味の語が感謝表現として用いられていることである。「冥利」は、現在では「冥利」の形で、「教師冥利に尽きる」のような表現で使用されている。この「冥利に尽きる」は、現代においては良い意味で使用されているが、『日葡辞書』に「冥加の尽きた人」の意味説明に「不運な人。または、不仕合せな人」とあるように、意味が全く逆である。これは「尽きる」の意の解釈について時代的な違いが生じているからである。この「冥加」や「冥利」に関わる表現については、第二部「「冥加」系感謝表現とその周辺」において詳しく扱うことにする。

この『日葡辞書』からは、辞書という性格上、それらの語がどのように使用されていたのかわからない。そこで、時期的に近い、大蔵虎明本（一六四二年書写）を利用して考えてみたい。詳しくは、第三章第三節「狂言の感謝表現」

において扱う。狂言は、大名と太郎冠者といったように、身分差がある人物が登場し会話を交わすことによって、それぞれの語について、どちら側が使用する表現か知ることができる。

まず、話し手が下位、聞き手が上位の場合に使用されているもの。

カタジケナイ、アリガタイ、カシコマル、クヮブンナ、クヮタウ、ミャウガナイ、レイ

次に、話し手が上位、聞き手が下位の場合に使用されるもの。

ウレシイ、エッキ、マンゾク

この『日葡辞書』の記述からは、感謝表現について二種類あることがわかる。一つは、下から上に使用されるもので、相手を尊敬して自分を謙遜するものである。もう一つは、エッキの項に書かれていたように上位から下位に対して用いるものであり、話し手の喜びを表現するものである。

身分社会において、感謝という行為は下の者から上の者に対して行われるものであった。下の者にとって、上の者からの厚意に対して、そのお礼を言うのが感謝の言語行動であった。下の者は上位からの厚意に対して感謝を述べるが、その厚意が逆に迷惑（困惑）になっている場合も多い。いわゆるありがた迷惑である。沢庵は徳川家光に懇遇（厚意）を受けていたが、それは沢庵にとっては苦痛であり迷惑（困惑）であったことを、友人である故郷の出石藩主小出吉英に書簡で伝えている。

忝故ニ、病も出来申候。忝故ニ出来シタル病ヲ、此病ニ付テ、御懇ナルヲ、又忝ト申程ニ、忝ガ付テマワリ〳〵申候。忝事ガナケレバ、病モ出来セズ。病出来セネバ、後ノ忝モ不入候へ共（中略）つなぎ猿之様ニ罷成、致迷惑候。

（寛永十九年〈一六四二〉十二月十二日）

このような身分社会においては、上の者にとっては下からの厚意は当然のことであった。その厚意の中で、特に良

いと感じたことに対しては、喜びやお褒めのことばを用いていた。狂言における主人からのマンゾクシタやデカシタはそのようなものであった。平安時代の話になるが、藤原行成の『権記』には、一条院が亡くなる直前に、行成が水を差し上げると、一条院は「最宇礼之（最もうれし）」と言ったと記されている。平安貴族の漢文日記の中に、真仮名でわざわざ「宇礼之」と書いている。天皇の生のことばを伝えるために、このような方法を採ったのであろう。このような喜びによって感謝を表す表現は、各地の方言に多く見られる。それらは身分の差を意識せずに使用されているようである。

『日葡辞書』において、このような喜びの表現までも感謝の表現として扱っているのは、日本とポルトガルとの文化の違いによるものであると考えられる。柳田征司は「大蔵流狂言に見える、お礼のことば『有難い』と『忝い』について」（『国語学』六七　国語学会　一九六六、後に『室町時代語資料による基本語詞の研究』所収　武蔵野書院　一九九一）において、上位から下位へのお礼の表現として使用されているのは唯一「満足した（致す）」だけであることを記している。それは次のようなものである。

猿引「私がやうな者に御用はござるまひ○（トハ存レトモ云）けれ共、にあわしき御用ならはきゝまらせうと仰せられひ　〈其通いふ　大名「只今ははじめて無心を云所に、同心あつて満足致た　猿引「けつこうな御礼でござる

（虎明本　靫猿）

大名が「満足致た」と述べたことに対して、猿引が「けつこうな御礼でござる」と返答していることから、「満足いたす」がお礼の表現であったことがわかる。『日葡辞書』では、マンゾクは「これはある人が、ある物事に対する喜びとか感謝とかの心をあらわすのに用いる言葉である」と記述されていた。その他のウレシイやエッキについては、柳田は感謝表現として認めていない。柳田は、イエズス会の宣教師たちとは異なり同時代人ではないためその当時の

人々の意識を把握できないが、中世語研究者の立場から判断しているのであろう。柳田征司が参考にしている柳田国男も『毎日の言葉』の中で次のように述べている。

・正月の年始も年始礼ですが、是だけは対等の者が互ひに行くやうな社交が始まつて、礼といふ意味がはつきりしなくなりました。しかし本来はすべて目下の者が、目上に対して従属を誓ひ、同時に保護の永続を願ふ厳重な式でありました。（オ礼ヲスル）

・是等（田島注：カンブンヤやウタテイ、オトマシイなど）は何れも自分よりも目上の人に対して、我身をへりくだっていふ言葉であつたのが、後には対等の人どうし、又時には低い地位の者にも之を使ふやうになつて、もとの感じが無くなりました。（有難ウ）

上位からの表現も感謝として認めるポルトガル人と、それを認めづらい日本人との感謝に対する認識の違いが現れているのである。

第二章　上代・中古のカタジケナシ

第一節　カタジケナシの語源

『日葡辞書』によると、中世末期頃の日本語においては、カタジケナイがごく一般的な感謝表現であった。『日葡辞書』にはカタジケナイは他の項目にも現れている。

・アメ（Ame）天、あるいは、空。☞アメヤマ　カタジケナイ（Ameyama catajiqenai）心からの謝意を表する。

・マイマイ（Maimai）頻繁なこと、あるいは、しばしばのこと。例、マイマイノ　ゴハウシ　カタジケナウ　ゾンズル（Maimaino gofŏxi catajiqenŏ zŏzuru）あなたの度々のおもてなしと御懇情に深く感謝します。

・ヲモイヨリ、ル、ッタ（Vomoiyori, ru, otta）念頭に浮かぶ、あるいは、思いつく。たとえば、人から頼まれてではなくて、自分自身何か事をしようと思いつく、など。☞ヲモイヨラセラレテ　コレヲ　クダサルル　カタジケナイ（Vomoiyoraxerarete coreuo cudasaruru catajiqenai）。あなたは私のことを思い起こされて、これを下さるとの厚意を示されました。あなたに対して厚く感謝します。

・シャウジャウ　セセ（Xŏjŏ xexe）霊魂の転生（輪廻《りんね》）に関する仏法（Buppô）の説による、転生して生存するすべての世々。☞シャウジャウ　セセ　カタジケナイ（Xŏjŏ xexe catajiqenai）。私は単に現在ばかりではなく、これから先に生まれ変わり、転生して生存するすべての世々を通じて、すなわち、永遠無窮に、この事をあなたに感謝します。

「アメヤマ（天山）」も「シャウジャウセセ（生生世世）」も、ともに程度の甚だしさを表す程度副詞として使用されている。「マイマイ（毎々）」において「御芳志」、また「ヲモイヨル（思いよる）」の例では「思いよらせられて」のように敬語が用いられているように、カタジケナイは下の者から上の者に対して使用されている。カタジケナイが一般的な感謝表現であるから、その当時の感謝は下位の者から上位の者への行為であったことがわかる。

カタジケナイに限らず、感謝表現において「ナイ」を持つ語については、その「ナイ」の解釈に揺れが生じている。先にモッタイナイについて少し触れたが、新村は否定（非存在）の形容詞として解釈するのに対して、柳田は形容動詞の活用語尾「なり」と関わりがあるものとしていた。その他に、強意の接尾辞「ない」と見る説がある。このことについては、改めて第二部「「冥加」系感謝表現とその周辺」において、ミョウガナイを扱う際に詳しく述べる。

カタジケナイについて、新村は「「ありがたい」といふこと」において、次のように説明している。

感謝の意のアリガタシの発達は、カタジケナシといふ語よりもかなり後れてをります。カタジケナシといふ語は、種々の語源説があつて一定してゐませんが、大槻博士の大言海には、勝タジ気ナシの義で勝ツマイ気ナリと云ふ意であると出てゐます。こゝでは最後のナシは無シの否定の意でなく、肯定の助語だとしてゐます。然し学者によりますと、カタジケナシのカタは、難シの意だと解する人もあります。ともかくも語原が曖昧になつてゐるだけアリガタイよりも遥に古い語だと思つてよいと思ひます。このカタジケナイの語は、色々の語形に於て、万葉集時代の言葉に数例出てゐます。万葉そのものにはありませんけれども、天皇の詔勅を宣した奈良朝の宣命の文章のうちにはよく出てきます。その他日本書紀の古訓にもあり、平安朝初期の弘仁時代に日本霊異記といふ漢文の伝説集がありますが、その中の漢字の訓にも出てゐます。歌には極少いので、アリガタシよりも更に遥かに少いのでありますが、平安朝の物語には非常に頻繁にあらはれます。（中略）字書の上にも、カタジケナシの訓をもつ忝や辱の字が、早くから載せられてをります。難有の字で字書に登録されたのは、ずツと後れます。

新村は、感謝表現としてアリガタシよりもカタジケナシの方が古いことを、語源が明確ではないこと、万葉集時代から使用例があること、字書にも古くから登載されていることによって、示そうとしている。

カタジケナシの語源は、新村が述べているようにはっきりしていない。新村は、『大言海』の説と、カタを難シとする説を紹介している。『大言海』には「勝たじ気甚《な》しの義（負けじ心ノ反、なしハおほけなし、あしけなしノなし）恐るる意多しノ意」と説明されている。カタを難シとする説は、江戸時代ではよく支持されていた説のようである。すなわち、「カタ（難）ンズル気ナシ」あるいは「カタ（難）シ気ナシ」とするものである。前者をとるのが『南留別志』・『倭訓栞』であり、後者は『貞丈雑記』・『燕居雑話』である。「難んず」とは「難みす」の変化形であり、「むずかしいとする。困難であると思う」という意味である。江戸時代におけるこれら二つの説はともに、「ナシ」に関しては『大言海』とは異なり「無」の意味で解釈している。

『南留別志』は荻生徂徠（一六六六〜一七二八）の随筆である。先に柳田の「方言周圏論」について触れた際に、本居宣長の『玉勝間』とともに書名だけを挙げた。そこで東北や九州など地方に古語が残っていることが書かれていることを述べた。ただし徂徠の言いたいのは、町の人は新しい流行語を好んでことばが次々に変わっていくが、田舎の人は古いことばを頑なに守って改めないという点にある。江戸時代の学者による古語が地方に残っているという発言の背後にはこのような意識も見られるのである。

一　古の詞は、多く田舎に残れり。都会の地には、時代のはやり詞といふ物、ひた物に出来て、ふるきは、みなかはりゆくに、田舎人は、かたくなに、むかしをあらためぬなり。

さて、徂徠はカタジケナシについては次のように説明している。

一めでたくは、愛すべきなり。かたじけなくは、かたんずるげもなきなり

『倭訓栞（和訓栞）』は、谷川士清（一七〇九～七六）の編纂した五十順の国語辞典である。没後、子孫によって編纂し直されて刊行された。カタジケナシは刊本では前編（一七七七）に収載されているが、自筆稿本とは異なっている。自筆稿本では「皃する」とあるからカタチと解釈するのであろう。これは、後で述べる貝原益軒の『日本釈名』の記述と通ずるものである。刊本では『南留別志』と同じ考えになっている。ただし、その意味説明は漢字の「忝」と「辱」の意味によっている。そこではモッタイナシについても触れているが、表記は「勿体なし」ではなく「物体なし」とある。なお、光仁紀の詔については次節（第二節）の「宣命におけるカタジケナシ」において扱い、また『日本書紀』の和訓と『日本霊異記』の訓釈については本節の最後の方で扱う。

かたじけなし　光仁紀の詔に見たり　辱を読めり　皃するの気なきをいふ也　俗語物体なしといふも通せり
（自筆稿本）

かたじけなし　光仁紀の詔に見えたり　常に忝辱をよめり　難んずるの気なきをいふ也　忝はけがす辱ははづかしむる義なれば　彼を崇め尊んで己を謙する詞也　俗語の物体なしといふに意通へり　霊異記に潜又添をよみ　日本紀には歓愧をかたじけなかるとよめり
（刊本　前編　巻六上）

次の説は「カタ（難）シケ（気）ナシ」である。伊勢貞丈（一七一八～八四）の『貞丈雑記』に見られる説である。

一　忝といふ詞を今時は貴人に対してはありがたしと云事古はなき事也　古は公方様へも忝と申たる也　武雑書札篇に就二何之儀一成下御内書候謹頂戴先以忝奉存候　又云去月廿八日御教書今月三日至来畏頂戴仕候尤以忝

奉存候など、云文言あり　御内書も御教書も公方様の御直書也　それを頂戴して忝といふ也　難有といふ詞は近代のならはしにて貴人に対して云也　忝と云詞はかたじとする気もなしと云事也　たとへば賤しき者は貴人へ御目にかゝる事はなり難き事なるに　めし出されて御目にかゝり難しとするけもなく　御目にかゝりしとて悦ぶ心也　又得がたき物をも得がたしとするけもなく　得たるとて悦ぶ心なり　難《カタ》し気《ケ》なきと云儀也

（巻十五　言語之部）

ここでは、昔は貴人（目上）に対してもカタジケナシを用いていたと記している。また、アリガタシはあくまでも貴人に対することばであり、これは最近のことであると記している。この説を参考にすると、その当時においては目下から目上に対してはアリガタシが、それに対して目上から目下へはカタジケナシを用いるのが一般的になっていたようである。ただし、アリガタシの使用は最近のことであることから、以前は目下から目上に、また目上から目下に対しても、ともにカタジケナシが使用されていたことが読み取れる。なお語源については、お目にかかることが困難だとする様子もなく、お目にかかって悦ぶということである。また、得がたいものを得がたいという様子もなく、得ることだとしている。先の「カタ（難）ンズルケ（気）ナシ」に通じており、語形をカタジケナシにより近づけた形にしたものと思われる。

『燕居雑話』は日尾荊山（一七八九〜一八五九）の随筆である。「はしたなし」の項の中で言及されており、「はしたなし」の「なし」が無の意味であることを示すために、カタジケナシを利用している。カタジケナシのナシに対して、「無」の意味ではないという説があり、それに反論している。カタジケナシの語源説としては『貞丈雑記』に近い。

かたじけなくも難んし気なくにて、むつかしげなく、ねむころにする意なり。いかで有無の無に非ずといはむ

（巻一「はしたなし」）

『倭訓栞』の自筆稿本では「㒵する」とあり、「かたち」との関係が見て取れた。カタジケナシと「かたち」とを結びつける考え方は、古いところでは一六九九年に成立し一七〇〇年に刊行された貝原益軒の『日本釈名』がある。

辱《カタジケナシ》　かたちも気もなく、尊貴《ソンキ》の身をへりくだり、屈《クツ》しはづかしめて、いやしき者にねんごろなるなり。しとちと通ず。（中　九人事）

カタチというために、「しとちと通ず」としている点は問題であるが、カタ（形）もキ（気）もないという解釈である。「屈しはづかしめて」というところは漢字の「辱」の意味に基づいていよう。「尊貴の身をへりくだり」「いやしき者にねんごろなるなり」と書いているが、これだと目上から目下への感謝表現となろう。益軒がこのように感じたのは、当時アリガタシが目下から目上への感謝表現であり、それに対して旧来のカタジケナシは目上から目下への感謝表現というように使い分けられていることによるのかもしれない。益軒は続けて次のように記している。

近来は、かたじけなしとはいはずして、有がたしと云人多し。古来云ならはせるよき言をやめて、あやしき言を用るは口おし。難有は仏書に出たり。

この記述からは、身分関係のことはわからないが、先に挙げた『貞丈雑記』や、後で扱う近松の浄瑠璃などによって、アリガタシは下位の者から上位の者へ使用されていたことが確認できる。このように見てくると、『大言海』の「カタ（勝）ジケ（気）ナシ（甚）」は、カタの解釈、またナシの解釈においても特殊であると言えよう。

筆者（田島）が一番信頼できる語源説と考えているのは、岡田希雄の説である。岡田は容貌と関わらせている。岡田は、『新訳華厳経音義私記倭訓攷』（京都大学国文学会　一九四一　もとは『国語国文』十一巻三号所収）において、和訓のカタジケナシについて考察を試みている。『新訳華厳経音義私記』は奈良時代末か平安時代初期頃に書写されたものであるが、その中に次のような記述がある。

○三四　醜陋（一四）　下猥也、謂容貌猥悪也、猥可多自気奈之《カタジケナシ》

「猥」の字に対して真仮名で「可多自気奈之（カタジケナシ）」と和訓が施されている。この記述から、カタジケナシは容貌の醜さと関係のあることがわかる。岡田は、この記事に着目して、カタジケナシについて次のように解釈している。

そこで臆測を逞しくするにカタジケナシのカタは貌《カタ》にてナシは無シであり［ジケは不明だがジはシシジモノなどのジか。ケも様子を示す語と見られれぬ事も無い。景行紀三年二月の形姿穢陋をカタナシと訓んで居る］元来容貌の猥悪を云ふ語であつたが、猥悪なるが故に恥ぢ憚る意味ともなり、さらに又転じて行つたのではあるまいか。（醜字に差《ママ》也の義があり、ハヅカシと云ふ訓がある［法華経単字］のを聯想する）ケの仮名総て一致するから気で可いのであらう。（23頁）（田島注：差は羞の誤りであろう）

後で示す『類聚名義抄』におけるカタジケナシの和訓を持つ漢字や、『色葉字類抄』におけるカタジケナシに対する漢字からも、この説は納得できるものである。ここで述べられているジモノとは、名詞について「〜のようなもの」、「〜であるもの」という意味を表して、比喩的に表現化するものである。このジモノは、形容詞語尾「ジ」と形式名詞「モノ」とから構成されている。岡田は、カタジケナシの「ジ」を名詞の「カタ（貌）」を形容詞にする形容詞語尾と見ているのである。この説によれば、カタジケナシは「カタ（貌）」＋「ジ（形容詞語尾）」＋「ケ（気）」＋「ナシ（無シ）」という語構成になる。注目してよいのは、カタを容貌と結びつけた点である。

岡田はカタナシとカタジケナシとの関係にも言及している。そこで、まず先にカタナシについて見ていきたい。カタナシは、辞書では、『新撰字鏡』の「唾」「靦」「魏」の字に対する和訓として登載されている。「唾」には「醜也　加多奈志」（巻一）、「忝也醜也」（巻二）、「靦」には「姤也羞也恥也唾也　加太奈志」（巻二）、「魏」には「醜也　加太

奈志」（巻九）とある。そこから、カタナシの意味が醜・忝・羞・恥であることがわかる。「忝」はカタジケナシの漢字表記でもあるから、両者の間に関係のあったことがわかる。観智院本『類聚名義抄』（以下単に『類聚名義抄』と記す）では「醜　カタナシ　ハヂ　モロ〳〵　ミニクシ　アシ」（僧下）とあり、「醜」と「カタナシ」との結び付きを確認できる。『色葉字類抄』にはカタナシは登載されていない。辞書以外では、『日本霊異記』において、下巻「法華経を写し奉る女人の過失を誹りて、現に口喎斜む縁第二十」に見られる「陋」の字の訓注として、「加多奈和」（真福寺本）「加多那□」（国会図書館本）とある。「和」は「私」の誤りと考えられる。

法華経云　謗受持此経者　諸根闇鈍　矬陋攣躄　盲聾傴　片仮名の振り仮名は訓釈による
（法華経に云はく「此の経を受持する者《ひと》を謗《そし》らば、諸根闇鈍《あんどん》に、矬《ヒキビト》陋《カタナシ》攣《テナヘ》躄《アシナヘ》盲《めしひ》聾《みみしひ》背傴《セナカクグセ》ニならむ」）

また、岡田の指摘している『日本書紀』と『法華経単字』を見ると、『日本書紀』の景行紀三年二月の記事は三年ではなく四年二月の記事に出てくる。八坂入彦皇子《やさかのいりひこのみこ》の娘である弟媛《おとひめ》の発言にある「亦形姿穢陋」に対して「亦《また》形姿《かほ》穢陋《かたな》し」と訓み習わしている。『法華経単字』は、保延二年（一一三六）に源実俊が書写したものであり、法華経に使用されている漢字に対する音や訓を施したものである。岡田の挙げた「醜」（序品）には「ミニクシ　ハツカシ　カタクナシ　コ、メ」とあり、「ハツカシ」の訓が見られる。カタクナシは融通がきかない、おろかという意味である。『類聚名義抄』には、「醜」の字には先に見たカタナシの他に、「醜　アシ　カタクナシ　モロ〳〵」（僧下）と、カタクナシを挙げている箇所もある。『類聚名義抄』において、カタクナシの和訓を持つ漢字には、他に「嚚」「頑」（以上仏中）「拙」（仏下本）「戇惷」「憨」（以上法中）「禿」「癡」（以上法下）があり、「オロカナリ」の和訓を持つものが多い。『色葉字類抄』では、先に述べたようにカタナシはなく、「醜」がカタクナシの辞字の一つとして上がっている。それらのことから判断すると、カタナシとカタクナシとの混同が生じたために、カタナシが使用されなくなったものと思われる。カタナシは容貌のマイナスを、カタクナシは性格や能力のマイナスを表す。両者は意味が近いために、混同が生じたのであろう。なおコ、メは、『類聚名義抄』などでは「醜女」の訓となっている。カタナシは「醜」と結び付いており、岡田が言うように、そこから恥と関わり、恥じ憚る意へと意味が広がっていったのであろう。

次に、本題であるカタジケナシについても辞書で確認すると、『類聚名義抄』では「辱」「忝」「昌」「叨」「天」の字の和訓として見られる。

辱　ハヅカシム　カタジケナシ　ハチ　マネク　ケガス（法下）

忝　カタシケナク　ハヅカシム（僧下）

昌　サカリ《ニ》ナリ　サカユ　ヨシ　アタル　カタシケナシ　アキラカナリ　ヒサシ　アサシ　ヲサム（仏中）

叨　カタシケナシ（仏中）

天　アメ　ハルカナリ　タカシ　イタヽク　カタシケナシ　ハチハラフ　ヒタヒキラル（仏下末）

『色葉字類抄』では、カタジケナシは「忝辱尊惶朕貴懼恐叨」の九字の漢字と結びついている。『色葉字類抄』においては最初の方に挙げられているものはよく使用される字である。最初の「忝」「辱」の二字は現代でも用いられている。『類聚名義抄』との関係を見ると、共通するのはこの「忝」「辱」の二字と一番最後の「叨」だけである。「叨」は『類聚名義抄』では「カタジケナシ」の和訓しかなかった。『色葉字類抄』に挙げられている漢字を見ると、恥ずかしさや、相手の高貴さ、また恐れに関わるものが上がっている。『法華経単字』では、「辱」（序品）の字にカタジケナクの形で登載されており、これは文脈による訓である。『類聚名義抄』の「忝」の和訓がカタジケナクとなっているのも同様であろう。

新村は『日本書紀』や『日本霊異記』にカタジケナシが見られることを指摘していた。また、先に見た『倭訓栞』の刊本では、『日本書紀』における熟字「歓愧」に対する和訓として、また『日本霊異記』の「潜」と「添」の訓釈としてカタジケナシがあることが述べられていた。それらについても確認していこう。

『日本書紀』では、例えば図書寮本では、熟字の「歓愧」や単字の「羞」に対して動詞のカタジケナガルの訓みが、「辱」に対しては形容詞のカタジケナシの訓みが施されている。図書寮本は永治二年（一一四二）頃の点と言われている。

・風寒之日、整餝船艘《ヨソヒフネ》を以て賜こと迎之、歓愧《カタシケナカル》也（巻二十三舒明紀四年）左訓「ヨロコビカシコマル」
・我其、羞《カタシケナマル》之（巻十五顕宗紀即位前紀）右訓には「ハツ」もある。左訓「カタシケナカル」
・何 辞命《イナヒタマハムオホコト》の辱を（巻十三安康紀元年）左訓 辱「カタシケナシ」 辞「イナヒマウサム」

『日本霊異記』の訓注では、「忝」の字は「添」になっている。

・拙黷浄紙　謬注口伝　瞻愧忝慮　顔酡耳熱〈中巻序〉訓釈「添　カタシケナク」
　拙く浄き紙を黷《ケガ》シ、口伝《くでん》を謬《あやま》り注《しる》す。瞻《かへり》みて媿《は》ぢ慮《こころ》に忝《カタジケナ》ク、顔酡《おもホテ》リシ耳熱し
・行者視之　而慚愧言　我　願似女　何忝天女専自交之　媿不語他人〈中巻　第十三〉訓釈「添」カタシケナク
　行者視て、慚愧して言はく「我、似たる女を願ひたるに、何ぞ忝《カタジケナ》ク天女専《もはらみづか》自ら交《まじは》りたまふ」といふ。媿《は》ぢて他人に語ら不《ず》

なお『倭訓栞』は、『日本霊異記』に「潜」の訓みとしてカタジケナシがあるとしているが、『日本霊異記』には「潜」の字の使用はなく、「添」を見誤ったのではないかと思われる。

以上見てきたことから、カタジケナシの意味は、『類聚名義抄』に「ハヅカシム」の和訓とともに登載されている

ように、羞じる行為と関わっていることがわかる。また、カタナシとカタジケナシとは密接な関係にあり、カタナシが直接的な表現であるのに対して、カタジケナシはそこに思いが込められた表現と言えよう。カタナシは顔が醜いために、そこから人に対して恥ずかしいという意味を派生していったのであろう。そしてカタジケナシは、さらにそこから恥ずかしくて身分の高い人に対して顔を合わせられないというような意味になったと思われる。

『日本書紀』と『日本霊異記』の用例を見ていくと、恥かしくて顔を合わせられないにも、二通りあることがわかる。『日本書紀』の場合は身分の高い人からの行為に対するものだけである。それに対して、『日本霊異記』の場合は、話し手側の行為についての場合と、身分の高い人からの行為の場合とがある。

『日本書紀』の舒明紀の例は、唐からの使いである高仁表の発言である。風の吹きすさぶ日に、高仁表らの停泊していた難波津まで、わざわざ船を飾って朝廷への迎えに来てくれたことに対して述べている。顕宗紀の記事は億計《おけのみこ》の発言である。白髪天皇（清寧天皇）が皇位を弟の弘計《をけのみこ》ではなく私が兄であることによって譲ろうとしたことに対して、カタジケナガルと述べているのである。安康紀の場合は、允恭天皇が大泊瀬皇子（後の雄略天皇）の為に大草《おおくさ》香皇子《かのみこ》の妹である幡梭皇女《はたびめのひめみこ》と結婚させるようにと依頼が来たことに対する、大草香皇子による発言である。

『日本霊異記』の例はいずれも連用形のカタジケナクであり、相手に直接訴えかけるような心情の吐露ではない。中巻の序の例は、序に見られる特有の謙遜の表現である。貴重な紙を稚拙な文章で汚し、また言い伝えを間違って記している。そのような自分の行為を振りかえって見ると、恥ずかしく申し訳なく、顔がほてり耳も熱くなってくる、と述べている。これは自分の行為についての場合である。中巻第十三は、寺にある吉祥天女の像を見て、優婆塞は天女のような顔の人を与えてほしいと祈っていた。そして、天女の像と交接した夢を見た。翌朝、天女の裳の裾のあたりに精液のあとが染みついていた。天女ご自身が交わってくださった行為に対して、優婆塞がカタジケナクと述べている。この場合は、天女の行為に対して用いている。相手側からの行為に対しては、相手に対して合わせる顔がないほど光栄であるという意味合いになろう。つまり、これは感謝の意を表すことになろう。それに対して、話し手側の行為の場合は、聞き手がいない時や、聞き手を特に意識しなければ、恥ずかしくて相手に合わせる顔をないという原義に近い用法である。もし聞き手を意識すれば、合わせる顔がないほど失礼なことであるという意味合いになろう。カタジケナシのような困惑に関わる語に、感謝と謝罪の両用法が存在できるのは、身分の高い人からの良い行為に対しても、また身分の高い人への自分の良くない行為に対しても、話し手が〈困惑・恐縮〉を感じているからである。感謝か謝罪かの違いは、その行為の根源が相手側からなのか、あるいは自分側からなのか違いによっている。

なおカタジケナシには、『日本霊異記』におけるカタジケナクのように、その行為に対して〈批評・評価〉を表すような副詞的な使用がある。物語類ではむしろこのような使用の方が多い。カタジケナシは、自分や相手の行為について批評・評価する用法を持つことから、中世になるとアリガタイなどの〈批評・評価〉を示す感謝表現が多く出現してくることになる。

第二節　宣命におけるカタジケナシ

先に見た新村の「「ありがたい」といふこと」には、「このカタジケナイの語は、色々の語形に於て、万葉集時代の言葉に数例出てゐます。（中略）奈良朝の宣命の文章のうちにはよく出てきます」と記されていた。また『倭訓栞』についても、「光仁紀の詔に見えたり」とある。『万葉集』では、歌には出てこないが、詞書に「辱」の字が見られる。その五例中四例が動詞での使用である。この動詞の例は、「伏辱来書〈伏して来書を辱《かたじけな》みし〉（新編日本古典全集本の訓みによる。以下同じ）」（巻五　八〇六・八〇七）、「忽辱芳音〈忽《たちま》ちに芳音《ほういん》を辱《かたじけな》みし〉」（巻十七　三九六七）、

「爰辱以藤続錦之言〈ここに藤《ふぢ》を以《もち》て錦に続《つ》ぐの言を辱《かたじけな》みし〉」（巻十七　三九六九）、「忽辱恩賜〈忽《たちまち》ちに恩賜《おんし》を辱《かたじけな》みし〉」（巻十八　四一二八～三二）である。一例だけ、「辱也以貺相招望野之歌〈辱《かたじけな》くも相招望野《さうせうばうや》の歌を貺《たま》ふ〉」（巻十七　三九七六）のように、副詞的に用いられている。動詞の場合、新編日本古典全集や新潮日本古典集成ではカタジケナミスと訓み、新日本古典文学大系ではカタジクナクスと訓んでいる。

動詞の用法は仏典にも見られ、大慈恩寺三蔵法師伝承徳三年点（一〇九九）では「書を辱（カタジケナクス）〈辱書〉」（巻七）、「晋帝の書を辱（カタジケナクシ）て〈辱晋帝之書〉」（巻九）のように、カタジケナクスと訓読している。この本では、「忝」の字も使用されており、「忝由成之造」「忝朝恩」「忝鴻恩」（以上　巻九）のように、「辱」と同じく動詞として用いられている。訓も同じくカタジケナクスとなっている。

さて、新村が指摘していた宣命でのカタジケナシについて見ていこう。『続日本紀』に所収されている宣命にはカタジケナシに関わるものが十例確認できる。その内、終止形が二例、語幹にミが接続したカタジケナミが八例である。なお、これから中心的に扱っていく本居宣長の『続紀歴朝詔詞解』（一八〇三）では、二十六詔の「辱止」の「止」を誤字だとして「辱彌」に改めている。これに従えば、終止形は一例、カタジケナミが九例となる。ここでは、『続日本紀宣命　校本・総索引』（北川和秀編　吉川弘文館　一九八二）や新日本古典文学大系『続日本紀』と同じく、写本通り終止形とする。終止形が正しいことについては、本章（第一章）第四節「宣命におけるミ形「カタジケナミ」（二）」で述べる。また、後で詳しく扱っていくが、カタジケナミのような形容詞のミ形には、引用の「と」とよく似た働きがある。表記については、漢字の「辱」が七例、真仮名が三例（可多自気奈彌、加多自気奈美、賀多自気奈志）である。真仮名の三例は、称徳天皇に一例、『倭訓栞』の指摘する光仁天皇に二例見られるものであり、これらは『続日本紀』では新しい方に属する宣命である。

宣命のカタジケナシについて、本居宣長は『続紀歴朝詔詞解』巻一の四詔において、次のように説明している。

○辱彌、四十一詔に、可多自気奈《カタジケナ》彌奈毛念須、五十二詔に、加多自気奈《カタジケナ》美、伊蘇志《イソシ》美思《シ》坐須、五十四詔に、恥《ハヅカ》志賀多《カタ》自気奈《ジケナ》志など、猶多し、此言は、恐れ憚る意にて、恥《ハヅ》る意をも帯《オビ》たり、俗言に、恐れおほい、物体《モッタイ》ない、などいふにあたれり、今俗にかたじけないといふは、意の転れるにて、雅言とは異《コト》也、但し廿六詔に、云々乎宇牟我《ウムガ》自彌 辱《カタジケナ》彌、又右に引る四十一詔五十二詔なる、又五十七詔に、辱奈美 歓《ヨロコボ》之美などあるは、俗言の意にも、おのづから通ひたるところありて聞ゆる也

先の岡田の発言は、この宣長のカタジケナシについての解釈に対するものであった。宣長の「恐れ憚る意にて、恥る意をも帯たり」「俗言の意にも、おのづから通ひたるところありて聞ゆる也」に対して、「だが是れらを音義私記の「猥、可多自気奈之」に比べると、かなり意味に於いて縁遠い気がするのではあるまいか」と述べている。すなわち、宣長の解釈は文脈的な意味であり、語形と結び付いていない。そのため岡田は、さらに踏み込んで、語形との関係によって、この語の語源を説明しようとしたのである。

宣長のこの文章では、宣命に使用されているカタジケナシには二つの意味があると述べている。一つは雅言で使用されているものであり、それは恐れ憚る意であって、恥じる意味をも付帯している。つまり、〈困惑・恐縮〉である。なお、モッタイナイについては「勿体ない」ではなく「物体ない」と表記されている。谷川士清の『倭訓栞』と共通しており興味深い。もう一つの意味は、雅言での用法が意味変化して、宣長の生きていた近世後期におけるカタジケナイの意味、つまり感謝の意である。この四詔並びに宣長がこの箇所で挙げている二十六詔、四十一詔、五十二詔、五十四詔、五十七詔について、宣長の分類に従えば、次のように分けられる。

雅言の用法　　四詔、五十四詔

転意（感謝）の用法　二十六詔、四十一詔、五十二詔、五十七詔

宣長がこの四詔においてカタジケナシの用法について言及しているのは、『続日本紀』に見られる宣命十例の内の六例だけである。ここで触れていない残りの四例は、いずれも聖武天皇によるものである。五詔、六詔、十三詔（二例）に見られるものである。この四例についても検討を行っていく。本文は漢字と真仮名とによる宣命書になっているが、文意を取りやすいように、岩波文庫本、倉野憲司編『続日本紀宣命』（一九三六年　ここでは一九八八年の四刷を使用）の訓み下し文を用いて示す。なお、岩波文庫本では「労し」の訓を「いとほし」としているが、最近の注釈書に従って「いたはし」に改めた。また、解釈上読点の位置を変えた箇所がある。

まず、宣長が雅言の用法として扱っている四詔と五十四詔を見ていこう。四詔は、宣長が「辱」について説明している詔であり、宣命において「辱」の字が初めて出現する箇所である。この詔は、和銅元年（七〇八）正月十一日の元明天皇によるものである。武蔵国の秩父郡から精錬を必要としない和銅が献じられた。そのことによって、元号を和銅に改元するという内容である。

如是《かく》治め賜ひ慈び賜ひ来る天つ日嗣の業と、今皇《いますめら》朕《わ》が御世に当りて坐せば、天地の心を労《いたは》しみ、重《いか》しみ、辱《かたじけな》み、恐《かしこ》み坐すに

ここは、天地の神々の心に対する元明天皇の態度について述べており、カシコシとともに使用されている。そのことからも、畏怖の意味であり、宣長が言うように「恐れ憚る」意になっている。

次は、五十四詔である。宝亀三年（七七二）五月二十七日の、光仁天皇による宣命である。皇太子であった他戸王の位を廃して庶人になすというものである。他戸王の母親である井上内親王が大逆の疑いで処罰された。そのため、その子である他戸王を皇太子のままにしておくことができないという内容である。

其《そ》れ高御座天の日嗣の座《くらゐ》は、吾《あれ》一人の私の座に非ずとなも思ほしめす。故《かれ》是を以て、天の日嗣と定め賜ひ儲《ま》け賜へる皇太子の位に、謀反《むほむ》大逆の人の子を治め賜へれば、卿等《まへつぎみたち》・百の官の人等・天の下の百姓の念へらくも恥しかたじけなし　（原文　恥志賀多自気奈志）

ここでは、ハヅカシとともに使用されている。不祥事を起こした人の子を皇太子としてそのままにしておいたのでは、あらゆる人々がそのことを恥ずかしいことだと思っているという内容である。ハヅカシとの併用からも、原義により近いものであり、宣長の分類でいえば雅言に属する。以上が、宣長が「恐れ憚る」という雅言の用法として挙げた例である。なお、五十四詔では「念へらくも」と、「念へらく」に「も」が接続しているが、「念へらく」と同じとみなし、ハヅカシ・カタジケナシの主語は「卿等・百官人等・天下百姓」とし、ハヅカシ・カタジケナシの向けられる対象を天地の神々として進めておく。

次の例からは、宣長が、カタジケナシの雅言的な意味が転移して、感謝の意を表していると解釈したものである。二十六詔は、天平宝字四年（七六〇）正月四日の、恵美押勝（藤原仲麻呂）を太政大臣（大師）に任ずるという孝謙上皇によるものである。かつて恵美押勝の祖父である藤原不比等に対して太政大臣の位を授けようとしたが、辞退されてしまったことを述べている箇所である。

又祖父大臣の明く浄き心を以て、御世累《かさ》ねて天の下申し給ひ、朝廷《みかど》助け仕へ奉りたぶ事を、うむがしみ、辱しと念ほしめして、掛けまくも畏き聖の天皇朝《すめらがみかど》、太政大臣として仕へ奉れと勅りたまへれど、数数《しば〳〵》辞び申したぶに依りて、受け賜はりたばず成りにし事も悔《くや》しと念ほすが故に

恵美押勝は、自分が太政大臣になることについて、祖父の不比等でさえなっていないことを理由にして拒んだ。しかし、孝謙上皇は次のような説明をして納得させた。不比等が代々の朝廷を助けてくれたことは喜ばしいことであっ

たので、そのことに対して代々の天皇たちは感謝していた。そして、元正天皇が不比等に対して太政大臣になるように命じたが何度も拒んで受けないままになってしまった。そのことを元正天皇は悔しかったであろうと、私（孝謙上皇）は思っている。そこで、押勝を太政大臣にする勅令を出すのだ、という内容である。

不比等が朝廷を助けてくれたことに対して「うむがしみ（喜ばしい）」と思い、不比等に感謝しているのは、代々の天皇たちであった。孝謙上皇がその天皇たちの気持ちを推測して代弁していると言えよう。次第に、このような高官による朝廷への貢献に対して感謝するカタジケナシの用例が見られるようになってくる。

四十一詔は、天平神護二年（七六六）十月二十日の、舎利を法華寺に請じた時のものである。後半に述べられている、道鏡を太政大臣に、藤原永手を左大臣に、吉備真備を右大臣に任命する詔の中の、真備に対して用いられている。称徳天皇（孝謙天皇の重祚）によるものである。

また吉備の朝臣は朕が太子《ひつぎのみこ》と坐しし時より、師《みふみよみ》として教へ悟しける多《あまた》の年経《へ》ぬ。今は身も敢《あ》へずあるらむものを、夜昼退《まか》らずして護り助け仕へ奉るを見れば、かたじけなみなも念ほす（原文　可多自気奈彌奈毛）

この例も先の二十六詔と同じく、高官の朝廷への永年にわたる奉仕に対する感謝である。ここでは称徳天皇から年老いた吉備真備への感謝の表現となっている。ここに記されているように、吉備真備は称徳天皇の師であった。

五十二詔は、宝亀二年（七七一）二月二十二日の、亡くなった藤原永手に太政大臣の位を贈るものであり、光仁天皇による。まず前の五十一詔で永手の死を悼み、そしてこの五十二詔で永手に対して太政大臣の追贈を行っている。

今大臣は、鈍《をぢな》き朕《あれ》を扶け奉り仕へ奉りましつ。賢臣《かしこきおみたち》等の世を累《かさ》ねて仕へ奉りまさへる事をなも、かたじけなみいそしみ思ほし坐す（原文　加多自気奈美伊蘇志美思坐須）

藤原不比等から続いている藤原氏代々の賢臣による朝廷への奉仕に対する、光仁天皇からの感謝と言えよう。感謝の意を表し、またその勤勉さ（いそしみ）を称えている。

五十七詔は、宝亀八年（七七七）四月二十二日の、渤海使に与えたものである。渤海使が産物を貢献し、また光仁天皇が天皇の位を継承したことを祝う渤海国王の文書を奏上したことへの返礼である。相手の国王（渤海王）に対して感謝と喜びを表している。光仁天皇による詔にはカタジケナシの使用が三例あるが、ここだけが漢字になっている。外国人を対象としているからであろうか。

又天津日嗣受け賜はれる事をさへ歓び奉出《たてまだせ》れば、辱み歓《よろこば》しみなも聞しめす

宣長が雅言が転じて感謝の意となったとする二十六詔、四十一詔、五十二詔、五十七詔は、宣長の述べていた通り感謝の意で解されるものである。この中で、二十六詔、四十一詔、五十二詔は永年仕えてくれた高官への天皇からの感謝の念であった。そして、五十七詔は帝位の継承を祝してくれた相手国の国王への感謝であった。

次は、宣長が四詔の「辱」の解釈の際に触れなかった聖武天皇の詔に見られる四例である。まず五詔は、神亀元年（七二四）二月四日の、聖武天皇の自分自身の即位に関するものである。

天つ日嗣高御座食国天の下の業を、吾《あ》が子みまし王《みこ》に授け賜ひ譲り賜ふと詔りたまふ天皇が大命を、頂《いただき》に受け賜はり恐《かしこ》み持ちて、辞《いな》び啓《まを》さば天皇が大命恐《かしこ》く、受け賜はり仕へ奉らば拙《つたな》く劣《をぢな》くて知れること無し。進むも知らに、退《しぞ》くも知らに、天地の心も労しく重しく、百の官の情《こゝろ》も辱《かたじけな》み愧《はづ》かしみなも神ながら念ほし坐す

元正天皇からの譲位の話を受けて、辞退することもできないし、引き受けても未熟なために国を治めることができない。進むことも退くこともできない私のことを見て、天地の神々は心を痛め、また多くの役人も心の中で恥ずかしいと思っているようである。ここでは聖武天皇が即位にあたっての自信の無さを語っている。先の四詔と同じくハヅカシとともに使用されている。

六詔は、神亀六年（七二九）八月五日の、天平への改元の詔である。

如是《かく》詔りたまふは、大命に坐《ま》せ、皇朕《すめらわ》が御世に当りては、皇《すめら》と坐す朕《われ》も、聞き持たる事乏《とも》しく、見持たる行少《おこなひすくな》み、朕が臣として供へ奉る人等も、一つ二つを漏らし落す事もあらむかと、辱《かたじけな》み愧《はづ》かしみ思ほし坐して、我が皇太上天皇《おほきみおほきすめらみこと》の大前に、恐《かし》こじもの進退《しじま》ひ匍匐《は》ひ回《もと》ほり、白し賜ひ受け賜はらくは

ここでもハヅカシとともに用いられている。この場合は、先帝である元正上皇に対しての思いである。聖武天皇は、元正上皇に意見を求めるのにも、「進退ひ匍匐ひ回ほ」るような気の弱さを示している。

十三詔は、天平勝宝元年（七四九）四月朔日の、陸奥国に黄金が出た時のものである。同日の盧舎那仏の前に白《もう》した宣命（十二詔）に次ぐものである。ここには二例見られる。

・かく治め賜ひ恵び賜ひ来る天つ日嗣の業と、今皇朕《すめらわ》が御世に当りて坐せば、天地の心を、労しみ、重しみ、辱み、恐み坐《いま》すに、聞し食《め》す食国の東の方、陸奥国《みちのくのくに》の小田の郡に金《くがね》出でたりと奏して進《たてまつ》れり

・受け賜はり歓び受け賜はり貴び、進むも知らに退《しぞ》くも知らに、夜日畏恐《よるひるかしこ》まり念ほせば、天の下を撫で恵び賜ふ事理《ことわり》に坐《いま》す君の御代に当りて在るべきものを、拙《をぢな》くたづがなき朕《わ》が時に、顕はし示し給へれば、辱み、愧しみなも念ほす

前者は天地の神々の思いについてであり、四詔とよく似た表現になっている。一方、後者は六詔とよく似た表現である。聖武天皇の宣命に見られるカタジケナシ四例すべてが、原義に近い、宣長の言うところの雅言、すなわち恥ずかしさを伴った恐れ憚るの意であり、感謝の意で使用されているものはない。

以上見てきたように、感謝を表すカタジケナシの使用は二十六詔以降であり、それらはおもに高官の朝廷への永年の奉仕に対して用いられている。その場合も、藤原不比等や、不比等から続く藤原氏代々の高官、並びに吉備真備に

対するものであった。一方、恐れ憚るの用法は、天地の神々の心に対するものが多かった。また聖武天皇による元正上皇に対するものがあった。その他に、自分の治世のあり方について、人々が天地の神々に対して耐えがたく恥ずかしく思っているようだと天皇が推測しているように思われる例が二例見られた（五詔、五十四詔）。

ちなみに、恐れ憚る意で使用しているのは、元明天皇（四詔）、聖武天皇（五詔、六詔、十三詔〈二例〉）、光仁天皇（五十四詔）である。そして感謝の意で用いているのは、元正天皇（孝謙上皇が推測して代弁〈＝孝謙上皇　四十一詔〉）、光仁天皇（五十四詔）である。聖武天皇の気の弱さは顕著であるが、元明天皇、元正天皇（孝謙上皇代弁）、称徳天皇（＝孝謙上皇）は女性天皇である。また、光仁天皇は六十二歳で即位した天皇である。なお称徳天皇は、四十一詔において、藤原永手に左大臣の位を与えると同時に、道鏡を太政大臣に、そして吉備真備を右大臣に任ずるという、これまでには考えられないような詔を下している。

第三節　宣命におけるミ形「カタジケナミ」（一）

宣命においては、先に述べたように、カタジケナシの使用が十例見られる。そのうち、終止形のカタジケナシは二例だけであり、他の八例はカタジケナミであり、宣命ではカタジケナミでの使用が中心である。したがって、ミ形であるカタジケナミの用法を明らかにしておく必要があろう。カタジケナミの場合、格助詞の「を」と呼応することが多く、いわゆるミ語法と言われるものである。宣命におけるカタジケナシの意味用法を明らかにするためには、このミ語法について触れずに進めることはできない。

宣命は、その性格上、同じような表現をとることが多い。類似表現を対照させることによって、宣命におけるカタジケナミの用法の特徴が現れてくると思われる。まずこの節では、宣長の言う恐れ憚るの意で使用されている例について扱っていく。この用法では、「天地の心」に関する例が多く見られるので、これらのものから考察していく。なお、この「天地の心」を扱ったものに、根来麻子「続日本紀宣命「天地の心を労み重み」「天地の心も労く重く」をめぐって」（『美夫君志』86号　二〇一三）がある。これに該当するのは、四詔、五詔、十三詔である。なお「辱（カタジケナミ）」は使用されていないが、よく似た表現をとるものに三詔がある。それも一緒に扱うことにする。

三詔　天地の心を労しみ重しみ畏み坐さくと詔りたまふ命を　（元明天皇）
四詔　天地の心を労しみ重しみ辱み恐み坐すに　（元明天皇）
五詔　天地の心も労しく重しく、百の官の情も辱み愧かしみなも神ながら念ほし坐す　（聖武天皇）
十三詔　天地の心を労しみ重しみ辱み恐み坐すに　（聖武天皇）

この四つの詔の中では五詔だけが他のものとは大きく異なっている。この五詔がカタジケナミなどの形容詞のミ形を考える上で重要な示唆を与えてくれる。他のものが「労しみ重しみ」とミ形になっているのに対して、「労しく重しく」とク形になっている。また他のものが「坐す」となっているのに対して、「念ほし坐す」と「念ほし」が入っている。すなわち、動詞の関係から言えば、五詔は天地の心や百官の情の状態について天皇が思惟しているようである。他の詔では、天地の心の状態に対しての天皇の態度を表明していると言えよう。

この四つの詔において「労・重」までは共通である。この「労・重」は、宣命において「天地の心」以外にも使用されており、労苦を表す慣用的な表現となっていたようである。例えば、二詔、二十三詔、五十二詔に次のようにある。

二詔　掛《か》けまくも畏《かしこ》き天皇《すめら》が御世御世仕へ奉りて、今も又朕《あ》が卿《まへつぎみ》として、明《あか》き浄《きよ》き心を以《もち》て、朕《あれ》を助け奉り仕へ奉る事の、重《いか》しき労《いたは》しき事を、念《おも》ほし坐《ま》す御意《みこころ》坐すに依りて、たりまひてや、み賜へ

ば、忌《い》み忍《しの》ぶ事に似る事をしなも、常《つね》労《いたは》しみ重《いか》しみ念《おも》ほし坐《ま》さくと宣りたまふ

二十三詔　然《さ》て皇《すめら》と坐して、天の下の政を聞し看す事は、労《いたは》しき重《いか》しき事にありけり

五十二詔　又朕《あ》が大臣の仕へ奉る状も、労《いたは》しみ重《いか》しみ、太政大臣の位に上げ賜ひ授け賜ふ時に

二詔は文武天皇による藤原不比等に食封を賜うものである。この宣命には二例見られる。前者の例は不比等の奉仕のさまについてである。後者は、文武天皇がそのことに対して常に心を痛めていることを述べている。天皇が自分の体力が衰え死期が近づいているのに、功臣である不比等に対して、その奉仕に報いることができないのを気にかけているのである。二十三詔は孝謙天皇の譲位に関わるものである。譲位する理由として、自分の現在の状況を「労・重」を用いて表現している。そして五十二詔は、光仁天皇による亡くなった藤原永手に対して太政大臣の位を追贈した宣命である。二詔と同じく臣下の奉仕のさまを表現したものであり、光仁天皇が永手の奉仕について「労・重」を用いて表している。

このように、「労・重」は、高官の朝廷への奉仕のさまを表す場合もあれば、天皇自らの心身の状況を示す表現でもあった。そして、この「労・重」に加えて、三詔では「畏」が、四詔と十三詔とでは「辱・恐」が加わっている。五詔にも「辱・愧」があるが、それは「百官の情」のさまである。この五詔は対句になっていることから、「労・重」は聖武天皇が即位することに対する天地の心のさまを、そして「辱・愧」はその即位に対する百官の情のさまを、聖武天皇がそのように推測しているのである。他の詔についても、「労・重」は天地の心のさまを表していると見るべきであろう。

五詔において、「労・重」は天地の心に関わることであり、そして「辱・愧」が百官の情に関わっていたように、他の詔においても「労・重」と「辱・恐」などとの間に断絶があるのではないかと思われる。また、「労・重」と

「辱・恐」との間には漢字の意味においても差が認められる。すなわち、次のように分けられる。

三詔　天地の心を労しみ重しみ　／　畏み坐さくと詔りたまふ命を

四詔　天地の心を労しみ重しみ　／　辱み恐み坐すに

十三詔　天地の心を労しみ重しみ　／　辱み恐み坐すに

佐佐木隆は、「散文と韻文のミ語法」（『上代日本語構文史論考』所収　おうふう　二〇一六）において、「恐み」に対して動詞の例があることから、三詔・四詔・十三詔の「畏」「恐」を動詞としている。そして、「辱み」は「労しみ重しみ」に重なった形式であるとする。すなわち、「労しみ重しみ辱み」までが天地の心情の描写であり、それを動詞「恐（畏）みます」が承けていると解釈している。しかし、「辱み」は意味的に「労しみ重しみ」よりも「恐み（畏み）」に近い。また先に見たように、「労・重」は他の宣命においてもまとまった形で使用されている。佐佐木は「辱み」に動詞の用法がないことから、「辱み」を「労しみ重しみ」と一緒にしたと思われる。あくまでも「恐み」を動詞として処理することにこだわるなら、「辱み」においても動詞のように使用している例がある。

府君、先生を媿（カタシケナミ）て、朝夕礼拝す　　（天理本金剛般若経集験記平安初期点）

直接的な資料ではないが、先に見た『日本書紀』や『万葉集』の詞書において、中国語的に「辱」を動詞として使用しているから、カタジケナミという動詞が存在していた可能性もあろう。

カシコミ（畏・恐）にしても、動詞としてはカシコムよりもカシコマルの方が一般的になっている。また動詞としてもカシコミという形しかないことから、「辱み」「恐み」も形容詞の連用形の一形態と見た方がよいと思われる。それらを一時的に動詞のように振る舞わせることもあったのであろう。そして、ここでは「辱み」「恐み」もともに存在動詞「坐す」を修飾する形容詞の補語的な用法と見ればよいと思われる。

この三詔、四詔、十三詔においては、「労しみ重しみ」は天地の神々の心情を、それに対して「辱み恐（畏）れ」は天地の神々の心情に対する天皇の態度と見るべきであろう。「天地の心を労しみ重しみ」までが原因理由を表す用法であり、そのことによって「辱み恐（畏）み坐す」のである。先に述べたように、「辱み」や「恐み」といったような形容詞のミ形は、その連用修飾用法によって、一部の語において動詞のような用法が派生したと思われる。このように、形容詞のミ形には、格助詞「を」とともに使用される原因理由を表す用法と、存在動詞「坐」を修飾するような連用修飾の用法がある。また、思考動詞を修飾するような用法も見られる。

五詔では、「天地の心」と「百官の情」とが対句になっている。「天地の心」の方はク形になっていて、一方「百官の情」の方はミ形になっている。先の三詔、四詔、十三詔で見たように、「労しみ重しみ」はあくまでも「天地の心」の状態であった。同様に考えれば、「辱み愧しみ」は「百官の情」の状態であろう。「神ながら念ほす（思ほす）」の場合、この例を除いた他のものはすべて「と」あるいは「となも」のように、引用の格助詞「と」を伴っている。「と」によって念う内容を提示しているのである。五詔の場合、このような働きをミ形が代行しているように思われる。すなわち、五詔のミ形は内容提示の用法であり、この場合は「天地の心」の内容と「百官の情」の内容について、天皇が自らそのように思っていると提示しているのである。このような内容提示の用法は、「神ながら念ほす」に限らず、単に「念ほす」だけの場合にも当てはまろう。なお、「神ながら思ほす」と「思ほす」と表記するのは一詔と九詔だけであり、多くは「神ながら念ほす」と「念」が用いられている。形容詞のミ形は「念ほす」や「思ほす」という思考動詞とともに使用される場合には内容を提示する用法があると思われ、宣命にはよく見られるのである。

この五詔では、カタジケナシがハヅカシとともに使用されている。ハヅカシと並記されているのは、六詔（既出）、十三詔（既出）、二十七詔、五十四詔（既出）である。すでに扱った詔ではいずれも恐れ憚る意であった。ハヅカシと一緒に使用されているから、それは当然なことであろう。それぞれについて、誰が何に対して恥ずかしいと思っているのか考えてみたい。なお、まだ扱っていない二十七詔については後で扱う。

六詔　皇《すめら》と坐す朕《われ》も、聞き持たる事乏《とも》しく、見持たる行《おこなひ》少《すくな》み、朕が臣として供へ奉る人等も、一つ二つを漏らし落す事もあらむかと、辱《かたじけな》み愧《はづ》かしみ思ほし坐して　（聖武天皇）

十三詔　天の下を撫で恵び賜ふ事理《ことわり》に坐《いま》す君の御代に当りて在るべきものを、拙《をぢな》くたづがなき朕《わ》が時に、顕はし示し給へれば、辱み愧しみなも念ほす　（聖武天皇）

五十四詔　故《かれ》是を以て、天の日嗣と定め賜ひ儲《ま》け賜へる皇太子の位に、謀反《むほむ》大逆の人の子を治め賜へれば、卿《まへつぎみたち》等・百の官の人等・天の百姓の念へらくも恥しかたじけなし　（光仁天皇）

先の五詔では、「神ながら念ほし坐す」とあるように、自分（聖武天皇）が即位することによって多くの役人が心の中で「辱い愧しい」という感情を抱いている、と聖武天皇が神として臣下の気持ちを推測していた。六詔では、自分が天皇としての徳が少ないことによって、臣下たちが手落ちをするのではないかと、元正上皇に対して聖武天皇が「辱しい愧しい」と思っているのである。十三詔では、拙く頼りない私の治世の時に金が出現したことについて、これまでの素晴らしい天皇たちに対して「辱い愧しい」と思っているのである。そして、五十四詔では、尊敬表現を伴っていないこと、また「念へらくも」とあることから、「恥しかたじけなし」という気持ちを抱いているのは役人や天下の人々であろう。宣命であるので、人々の気持ちを代弁していることになろう。終止形で言い切っており、大変強い表現になっている。

　このように、思いを表すのに「念」と「思」の二種類の漢字が使用されている。「念」と「思」の意味用法について言及しているものに、柚木靖史「和化漢文における「念」「思」の用字法」（『広島女学院大学国語国文学誌』二六一九九六）がある。この論考では、宣命に関しては「念」の用法が多いことについて触れ、そのことについては今後の課題とすると記されている。宣命全体の様相についてはまだ確認していないが、用例として挙げてきたものからは「念」は様々なことに基づいて思惟しているようである。例えば、これまでの天皇の思いなどを推測して思惟したり、またあることを根拠にして思惟したりしている。先の十三詔では、本来ならば天下をうまく治めなさっていた天皇の御世に金が出現するべきであるのに、「拙くたづきなき朕が時に、顕はし示し給へれば」と、原因理由を表す接続助詞「ば」とともに使用されている。それに基づいて、これまでの素晴らしい天皇に対して「辱し愧し」と思われたのである。同様な例は二十七詔にも見られる。

二十七詔　此は朕劣きに依りてし、かく言ふらしと念ほし召せば、愧しみいとほしみなも念ほす　（孝謙上皇）

ここでは「此は朕劣きに依りてし、かく言ふらしと念ほし召せば」という原因理由によって、「愧《はづか》し・いとほし」と思うようになったのである。なお、「いとほし」とは困ったという意味である。「いとほし」は「愧し」と同じ意味のグループであり、岩波文庫本が「労し」を「いとほし」と読むのは適していない。やはり「労」は「いたはし」と読むべきである。五十四詔においても、「謀反大逆の人の子を治め賜へれば」という原因理由が示されている。そのことによって、卿・百官・天下の百姓といった多くの人々が「恥し・かたじけなし」と思っているのである。

それに対して、六詔で使用されている「思」は、聖武天皇が自分の徳の無さによって、臣下に一つや二つの手落ちがあるかもしれないと、太上天皇（元正上皇）に対して恥ずかしいと思う、天皇自身による素直な思いを表現していると言えよう。

すなわち、「念」には、原因理由を表す接続助詞「ば」を伴う従属節があったり、引用の格助詞「と」や、内容提示のミ形が係助詞ナモを伴うことが多いことから、その内容は客観的である。それに対して、「思」は内容提示のミ形を直接承けているように主観的と言えよう。このような思考動詞「念ほす」や「思ほす」とともに用いられるミ形は、いわゆるミ語法といわれる原因理由を表す用法ではないと考えられる。

以上見てきたように、宣命において、原義的、すなわち宣長が雅語的という、恥ずかしさを伴う恐れ憚る意で用いられているカタジケナミは、天皇が使用する場合には天地の神々や上皇などの先帝に対してであり、天皇が臣下に対して用いられているのではない。また、天皇の政治姿勢に対する臣下の気持ちを天皇が推測したり、人々の思いを天皇が代弁している場合も見られる。

第四節　宣命におけるミ形「カタジケナミ」（二）

次は、感謝の意で使用されているカタジケナミについてである。宣命における感謝は、高官の朝廷への奉仕に対するものであった。カタジケナミ以外にも、奉仕に対する思いを表していると考えられる表現がある。それらをも含めて見ていくと、第二詔に二例（既出）、第七詔、第十三詔、第二十六詔（既出）、第四十一詔（既出）、第五十一詔に二例、第五十二詔に二例（一例既出）がある。ここでは、「念ほす（思ほす）」といった思考動詞を伴った表現のあるものと、そのような表現のないものとに分けて考えてみる。まず、「念ほす（思ほす）」のあるものから見ていく。

二詔　掛《か》けまくも畏《かしこ》き天皇《すめら》が御世御世仕へ奉りて、今も又朕《あ》が卿《まへつぎみ》として、明《あか》き浄《きよ》き心を以《もち》て、朕《あれ》を助け奉り仕へ奉る事の、重《いか》しき労《いたは》しき事を、念《おも》ほし坐《ま》す御意《みこころ》坐すに依りて、たりまひてや、み賜へば、忌《い》み忍《しの》ぶ事に似る事をしなも、常労《つねいたは》しみ重《いか》しみ念《おも》ほし坐《ま》さくと宣りたまふ

（文武天皇を含め代々の天皇から藤原不比等に対して）

二十六詔　又祖父大臣の明く浄き心を以て、御世累《かさ》ねて天の下申し給ひ、朝廷《みかど》助け仕へ奉りたぶ事をうむがしみ、

辱しと念ほしめして　（元正天皇など代々の天皇たちから藤原不比等への思いを孝謙上皇が代弁）

四十一詔　また吉備の朝臣は朕が太子《ひつぎのみこ》と坐しし時より、師《みふみよみ》として教へ悟しける多《あまた》の年経《へ》ぬ。今は身も敢《あ》へずあるらむものを、夜昼退《まか》らずして護り助け仕へ奉るを見れば、かたじけなみなも念ほす　（称徳天皇から吉備真備へ）

五十一詔　天皇が朝を暫《しまら》くの間も罷り出《いで》て休息《やす》安もふ事無く、食国の政の平善《なぐし》くあるべき状、天の下の公民の息安《やす》まるべき事を、旦夕夜日《あさよひよるひる》と云はず、思ひ議《はか》り奏さひ仕へ奉れば、欵《いそ》しみ、明けみ、おだひしみ、たのもしみ思ほしつつ大坐し坐す間に　（光仁天皇から藤原永手へ）

五十二詔　今大臣は、鈍《をぢな》き朕《あれ》を扶け奉り仕へ奉りましつ。賢臣《かしこきおみたち》等の世を累《かさ》ねて仕へ奉りまさへる事をなも、かたじけなみいそしみ思ほし坐す　（光仁天皇から藤原不比等等代々への賢臣へ）

二詔の前の方の例は、事を修飾しているように、奉仕の様について言及したものである。それ以外の例は、それぞれの奉仕に対する天皇の気持ちを表している。奉仕の様については、「重しき労はしき」とあり、これまで見てきたように心痛を示す表現が用いられている。そのような奉仕に対する天皇の気持ちとしては「辱し」（二十六詔）、「かたじけなみ」（四十一詔）、「欵《いそ》しみ、明けみ、おだひしみ、たのもしみ」（五十一詔）、「かたじけなみ、いそしみ」（五十二詔）が用いられている。なお、「いそしみ」とは〈勤勉だ〉、「明《あきら》けみ」とは〈道理をわきまえている〉、「おだひしみ」とは〈おだやかだ〉、「たのもしみ」とは〈頼りになる〉という意味である。

二十六詔では「辱し」とシ形になっていて、他の例と比べると特殊なように感じられる。先に触れたように、写本では「辱止」とあるが、宣長は他の例から「辱み」と解釈していた。宣命において、カタジケナシとシ形で出現するのは、他には五十四詔における「恥しかたじけなし」だけである。ここに挙げた例のように、「念ほす」の前には、形容詞の場合はミ形あるいはミ形＋ナモが来るようである。したがって、宣長のように考えたくなる。しかし、形容詞以外の例では「念ほす」の前に、引用の格助詞「と」が来ている。写本の「止」が正しくそれである。宣長のように「辱み」と解釈するのか、写本に従って「辱しと」と解釈するのが正しいのか。それを解く鍵は、「辱」と一緒に使用されている「うむがしみ」にあると思われる。「うむがしみ」は〈よろこばしい・うれしい〉という意味であり、これをカタジケナシと同義的な並列関係と考えてよいのかという問題になってくる。これについては後で扱う。

先に述べたように、カタジケナミが使用されているのは、藤原不比等や、藤原氏代々の賢臣、そして吉備真備に対してであった。内容を見ていくと、二詔では文武天皇が自分を含めて代々の天皇による藤原不比等へ思いを述べている。そして二十六詔では、藤原不比等に対する元正天皇など代々の天皇の気持ちを思いめぐらして、孝謙上皇がそれを代弁しているのである。四十一詔は、称徳天皇から吉備真備への感謝である。五十一詔では、「欻しみ、明けみ、おだひたしみ、たのもしみ」といった多くの語が「思ほす」の内容になっている。これらの語を用いて、光仁天皇が亡くなった藤原永手を悼んでいるのである。ただし、ここではカタジケナミは使用されていない。なお、「仕へ奉れば」と原因理由を表す接続助詞「ば」を伴う従属節があるが、「念」ではなく「思」になっている。それは「思ほしつつ」という継続を表す接続助詞「つつ」によるものであろうか。五十一詔と同じ日に出された五十二詔でも「思ほす」が使用されている。そこでは、亡くなった永手を含めた不比等等藤原氏の代々の賢臣への感謝を「かたじけなみいそしみ」と光仁天皇自らが素直な気持ちで表現している。主観的であることによって、「思」が使用されているのであろう。ただし、「仕へ奉りまさへる事をなも」の格助詞「を」とミ形との関係が、他の例からすると異なっている。この点についても後で扱う。

次は、「念ほす（思ほす）」といった思考動詞が用いられていない表現について見ていく。

七詔　其の父と侍る大臣《おほおみ》の皇《すめら》が朝《みかど》をあななひ奉り輔け奉りて、（中略）浄き明き心を持ちて波波刀供へ奉るを見《み》し賜へば、其の人のうむがしき事歎《いそ》しき事を遂にえ忘れじ

（祖母である元明上皇が聖武天皇に対して話した内容であり、元明上皇からの藤原不比等に対する気持ち）

十三詔　又県犬養《あがたのいぬかひの》橘《の》夫人《おほとじ》の、天皇が御世重ねて明き浄き心を以て仕へ奉り、（中略）祖父《おほぢ》大臣の殿門《とのかど》荒し穢《けが》す事無《な》く守りつゝ、在らしし事、いそしみ、うむがしみ、忘れ給はずとしてなも、孫等一二《ひこどもひとりふたり》治め賜ふ

（聖武天皇から県犬養橘夫人へ）

五十一詔　又事別《ことわ》きて詔りたまはく、仕へ奉りし事広み厚み、みまし大臣の家の内の子等《ども》をも、はふり賜はず

（光仁天皇から藤原永手へ）

五十二詔　又朕《あ》が大臣の仕へ奉る状も、労《いたは》しみ重《いか》しみ、太政大臣の位に上げ賜ひ授け賜ふ時に、固く辞《いな》び申して受け賜はず成りにき

（光仁天皇から藤原永手へ）

いずれの用例にもカタジケナミは出現していない。七詔の「うむがしき事歎しき事」と十三詔の「いそしみ、うむがしみ」については「え忘れじ」や「忘れ給はず」とあるように、その奉仕に対する天皇の気持ちを表している。また、五十一詔の「広み厚み」と五十二詔の「労しみ重しみ」は奉仕のさまを表したものである。七詔では「事」を修飾するキ形になっているが、その他はすべてミ形である。そのミ形はすべて原因理由を表す用法である。十三詔は、その奉仕ぶりによってその孫たち一人二人の位階を上げることを述べている。また五十一詔では、その奉仕によって、大臣の子たちを放っておいたり見捨てたりしないと誓っている。そして五十二詔において、その奉仕によって、太政大臣の位を授けようとしたのである。このように、動詞に直接係っていかずに、文中でミ形のままのものは原因理由を表す用法だと言えよう。用例を見てわかるように、文の構造から原因理由を表しており、必ずしも格助詞「を」を

必要としないのである。

これまでの例の中で特殊であると思われた六詔と二十六詔についても、これらと同じく原因理由を表す構文になっていると言えるだろう。

六詔　皇《すめら》と坐す朕《われ》も、聞き持たる事乏《とも》しく、見持たる行《おこなひ》少《すくな》み、朕が臣として仕へ奉る人等も、一つ二つを漏らし落す事もあらむかと、辱《かたじけな》み愧《はづ》かしみ思ほし坐して

二十六詔　又祖父大臣の明く浄き心を以て、御世累《かさ》ねて天《の》下申し給ひ、朝廷《みかど》助け仕へ奉りたぶ事を、うむがしみ、辱しと念ほしめして

六詔では、「聞き持たる事乏しく」と「見持たる行少み」とは並列関係になっている。上の方は「乏しく」とク形になっているのに対して、下の方は「少み」とミ形になっている。先の五詔の「労しく重しく」と「辱み畏み」と同じ関係になっている。ただし、五詔の場合は動詞「念ほす」の内容提示になっていた。ミ形のまま文中で出現すると、そこで切れて一まとまりとして解釈されてしまうために、六詔のような並列や五詔のような対句の場合、前に用いられている語や句の形容詞はク形になっている。このク形との関係からいえば、ミ形は連用形の一種だと言える。このような原因理由を表す用法は、内容提示の用法と同じく、句としてまとめる働きがある点で共通性が認められる。

また宣長がミ形と判断した二十六詔では、ウムガシミまでが原因理由を表し、その結果として「辱しと念ほ」すのである。つまり、「朝廷助け仕へ奉りたぶ事をうむがしみ　／　辱しと念ほしめして」となり、「うむがしみ」と「辱し」とは内容のまとまりが異なるのである。「うむがしみ」までが元正天皇など代々の天皇たちの思いなのであり、それが原因理由となって孝謙上皇が「辱し」と念ったのである。ここでカタジケナシとシ形になっているのは、ウムガシミとは並列的な関係にないことを明示しているのであろう。また、この詔では「うむがしみ」の箇所が原因理由

になっているので、接続助詞の「ば」は出現していない。

それらと異なるのが五十二詔である。説明のために必要な箇所だけ再掲する。

五十二詔　賢臣《かしこきおみたち》等の世を累《かさ》ねて仕へ奉りまさへる事をなも、かたじけなみいそしみ思ほし坐す

（光仁天皇から藤原不比等代々の賢臣へ）

この構文を見ると、格助詞「を」がありミ形があるので原因理由を表しているように見える。また、思考動詞があることによって、二十六詔のように「かたじけなみ　／　いそしみ」のように分けたくなる。しかし、「なも」の位置が普通とは異なっている。これは「を」がミ形と呼応するのではなく、「を」は単に目的格であることを示すためのマーカーとなっているのである。「賢臣等の世を累ねて仕へ奉りまさへる事を」【「かたじけなみいそしみ」「思ほ坐」】しているのである。原因理由がないことによって、思考動詞として「思」が用いられている。

以上、カタジケナミのような形容詞のミ形について扱ってきた。ミ形には次のような用法があるようである。

・原因理由を表す用法
・存在動詞の補語としての用法
・内容提示の用法

それぞれの用法は文中での振舞いが異なっている。原因理由を表す用法は、文中でミ形のままで、動詞に直接係っていかない。いわゆるミ語法と言われるものである。ただし格助詞「を」は必要条件ではない。存在動詞の補語としての用法は、主に「坐ます」のような存在動詞に係っていくものである。そして内容提示の用法は、「念ほす」や「思ほす」といった思考動詞とともに使用される。動詞の有無、また動詞の種類によって用法が異なるのである。

原因理由を表す用法において、並列や対句で使用される場合、前の句ではク形で出現している。したがって、ミ形

は連用形の一形態だと言えよう。また、この原因理由を表すミ形は、そこで内容を一旦まとめる働きがあるので、思考動詞における内容提示の用法と関わりがあろう。なお、カタジケナシは原因理由を表す場合には出現していない。つまり、カタジケナシは物事の原因理由にはならず、あることによる結果を表していると言えよう。

第二節の結論と重複するが、先に進むために再度確認しておきたい。

宣命において、カタジケナシは、宣長が言うように、原義である恥ずかしさを伴った恐れ憚る意と、転義の感謝の意との二つの用法で使用されていた。恐れ憚る場合は、天地の神々や先帝（上皇）に対してであった。また、特殊な例としては、天皇の治世について役人や人々の抱いている（天地の神々への）恥ずかしさを天皇が推測して述べている場合があった。しかし、臣下である役人や多くの人々に対しての、天皇からの直接的な謝罪の用法は見られなかった。一方、感謝の用法としては、藤原不比等や藤原氏代々の賢臣による朝廷への奉仕に対する気持ちとして使用されていた。特殊なものとしては、孝謙上皇から吉備真備に対するものがあった。下位の者から上位の者への言語行動である感謝の表現が、天皇から藤原不比等や、不比等を含めた藤原氏に対して使用されていることは、天皇家と藤原氏との関わりから言えば納得できるものであろう。

なお、宣命ではカタジケナシに対して漢字の「辱」あるいは真仮名が使用されていた。宣命と同じく「辱」が使用されているのは、『日本書紀』『風土記』や、『万葉集』の詞書など、上代の作品においてである。中古の『日本霊異記』や『今昔物語集』などでは「忝」が使用されており、平安時代なると「忝」の方が一般的になったようである。それは『色葉字類抄』において「忝辱」の順序になっているのと合致している。ただし『続日本紀』では、宣命以外の箇所では「忝」も使用されている。

第五節　平安朝物語のカタジケナシ

新村出の「「ありがたい」といふこと」には、「このカタジケナイの語は（中略）平安朝の物語には非常に頻繁にあらはれます」とある。手元にある古い『古典対照語い表』（宮島達夫　笠間書院　一九七一）によれば、『竹取物語』と『蜻蛉日記』にそれぞれ一例とまだ少ないが、『枕草子』に四例、『源氏物語』には一三一例もの用例が見られる。『源氏物語』において、感謝表現と関わる終止形や語幹の用法に限っても、終止形が二一例あり、カタジケナヤなどといった語幹の用法も二例見られる。他の活用について言えば、カリ活用では、未然形一例、連用形三例、連体形が二例である。本活用では、連用形四十八例、音便形十一例、連体形三十四例、已然形八例である。『源氏物語』にカタジケナシの用例が多いのは、長編であること、それに加えて高貴な人々の間においても身分差があることによる。カタジケナシは、身分の高い人からの行為や身分の高い人への行為など、身分の高い人に関わる行為を表現するのに適した形容詞であった。連用形が多いのは、身分の高い人に関わる行動を形容して、評価的な役割を担っているからである。連用形の用法については後で扱う。連体形も多いが、連体形も次のように身分の高い人に関わることや、身分の高い人の行動や高い人への行動に対する〈批評・評価〉として使用されている。

・侍従などぞ、見つくる時に、「などかくはせさせたはふ。（中略）さばかりめでたき御紙づかひ、かたじけなき御言《こと》の葉《は》を尽くさせたまへるを、かくにみ破《や》らせたまふ、情《なさけ》なきこと」と言ふ。（浮舟）

・大臣聞きたまひて、院より御気色あらむを、ひき違へ横取りたまはむをかたじけなきことと思すに（澪標）

前者は、浮舟が匂宮からもらった手紙を破っているのを見た女房達が、手紙に書かれている匂宮のことばについて「かたじけなき」と〈批評・評価〉しているのである。後者は、朱雀院が前斎宮を所望しているのに、源氏が前斎宮を手元に置いておくことを、天皇に対して申し訳ない（失礼な）ことだと思っているのである。

カタジケナシは、感謝表現としては〈困惑・恐縮〉の発想によるが、連用形や連体形という用言や体言を修飾する機能によって、〈批評・評価〉の役割を担うのである。

宣命が天皇による一人語りであるのに対して、物語では身分に差のある人物が登場してくるので、カタジケナシの意味用法が把握しやすい。カタジケナシには、これまで見てきたように、感謝と謝罪における憚りの用法があった。ただしこれは後世の概念による把握であり、その当時においてはただ恐縮（「恐れ多い」と現代語訳されるもの）や困惑であり、特に区別して考える必要はなかったと思われる。しかし、本書の目的からはそれらを感謝的なものと謝罪的なものとに分けて考えていくことになる。その際に困るのは、両者をうまく区別できるような現代語が見つからないのである。中古の物語の場合には、感謝というよりは、「そんなことをしていただくのは光栄過ぎて、恥ずかしくて顔を合わせられません」というような意味合いである。また謝罪の方も謝罪というほどの強いものではなく、「そのような失礼なことをして申し訳なく、恥ずかしくて顔を合わせられません」というような意味となろう。感謝や謝罪の表現の歴史から見れば、「光栄だ」も「申し訳ない」もともに適切な表現とは言えないが、現代において両者を区別しやすいように、便宜上用いているに過ぎない。両者は、

光栄だ…身分の高い人が自分（自分側）のために厚意ある行為をしてくださった場合

申し訳ない…自分（自分側）の行為が身分の高い人を不快な気分にした（する）と感じた場合

のように、行為者の違いに基づいている。すなわち、どちらからの行為によって、現状のようになっているかの違いである。

『源氏物語』から、終止形のカタジケナシの用例を少し挙げて見ていきたい。会話文での使用は少なく、心内語や

地の文で主に使用されている。ただし、会話文と、心内語・地の文とでは、振る舞いが異なっている。

まずは、会話文を扱っていく。「光栄だ」ととれるものから見てみよう。

尼君「げに、若やかなる人こそうたてもあらめ。まめやかにのたまふ、かたじけなし」とて、ゐざり寄りたまへり。（若紫）

光源氏が紫の上を所望に来た際の尼君の応対である。「まめやかにのたまふ」のは光源氏である。そのことに対して尼君は源氏のそのような行為についてカタジケナシと述べている。

紫の上「方々におはしましては、あなたに渡らせたまはんもかたじけなし、参らむこと、はた、わりなくなりにてはべれば」として、しばしばこなたにおはすれば（御法）

紫の上が中宮に対して、私のいるところ（西の対）に来ていただくのもカタジケナシと述べているのである。ともに、上位の者から話し手側に対する行為に対してカタジケナシを用いている。

次は「申し訳ない」に該当する例である。

やうやう御心静まりたまひては、みづから御返りなど聞こえたまふ。つつましう思したれど、御乳母など、「かたじけなし」と、そそのかしきこゆるなりけり。（澪標）

前斎宮が源氏への返事をためらっているので、女房達が源氏に対して代筆ではカタジケナシと言って、前斎宮に返事を書かせたのである。

源氏「さらばこの若君を、かくのみは便《び》なきことなり。思ふ心あればかたじけなし。（薄雲）

明石の姫君をこのまま桂の住まいに置いておくのは、カタジケナシと源氏が述べているのである。自分の娘に対してカタジケナシを用いているのは、明石の姫君が将来国母になることが運命づけられているからである。

終止形のカタジケナシよりももっといきいきした表現がカタジケナ（ヤ）である。『源氏物語』には三例ある。そのうち二例が「申し訳ない」の意である。先の『古典対照語い表』と数が違うのは、『古典対照語い表』は『源氏物語大成』によっており、ここで用いている新編日本古典文学全集本との校訂本文の違いによる。

・（源氏は）切にうちささめき語らひたまへど、何ごとにあらむ。人々も、「あなかたじけな。あながちに情おくれても、もてなしきこえたまふらん。軽らかにおし立ちてなどは見えたまはぬ御気色を。心苦しう」と言ふ。（朝顔）

・弁「あなかたじけなや。かたはらいたき御座《まし》のさまにもはべるかな。御簾《みす》の内にこそ。若き人々は、もののほど知らぬやうにはべるこそ」など、したたかに言ふ声のさだ過ぎたるも、かたはらいたく君たちは思す。（橋姫）

・時方「さらば、のどかに参らむ。立ちながらはべるも、いとことそぎたるやうなり。いま、御みづからもおはしましなん」と言へば、侍従「あなかたじけな。（蜻蛉）

最初の二例は女房たちや弁の評言である。「朝顔」では、朝顔の姫君の源氏に対する応対ぶりについて、源氏に対して「あなかたじけな」（申し訳ない）と述べている。また「橋姫」の例は、姫君たちが薫を御簾の前に居させて御簾の中に入れさせないことについて、「あなかたじけなや」（申し訳ないこと）と非難しているのである。「蜻蛉」の例は、「光栄だ」の方に該当する例である。浮舟の亡くなったことについて、時方が匂宮も自らお出であろうと告げたところ、侍従が「あなかたじけな」（光栄だ）と述べたのである。

物を貰った時の感謝の意でカタジケナヤを用いている例が『宇津保物語』にある。

・乳母「（前略）さて賜はせたる物は、あなかたじけなや。（国譲中）

・開《あ》けて見たまへば、白銀《しろかね》の瓮《ほとぎ》どもに、練りたる絹、唐綾《からあや》など入れて、糸を輪に曲《ま》げて組みて、沈《ぢん》の朸《あふご》につけたり。中納言見たまひて、実忠「あなかたじけなや。わづらはしく御心ざしあるを、会《あ》ふ期《ご》得たまへる」とて奉りたまひつ。（国譲　中）

前者は、祐澄から贈られた衣装を受けとった女二宮の乳母から、祐澄への返事に書かれているものである。祐澄は女二の宮に近づこうとしてそのような贈り物をしたのである。後者は、大臣の正頼から贈られてきた物を中納言の実忠が見て、その豪華さに感謝の意を述べている。

次は心内語である。心内語の場合には、カタジケナシを修飾する副詞や形容詞、形容動詞を伴うことが多い。形容詞や形容動詞によって、「光栄だ」か「申し訳ない」か、判断がつく場合がある。まずは「光栄だ」の方から。

・削ぎはてて、「千尋」と祝ひきこえたまふを、少納言、あはれにかたじけなしと見たてまつる。（葵）

・帝「野をなつかしみ明《あ》かいつべき夜を、惜しむべかめる人も、身をつみて心苦しうなむ。いかでか聞こゆべき」と思し悩むも、いとかたじけなしと見たてまつる。（真木柱）

前者は、源氏が紫の上の額髪を削ぎ終わって、「千尋」とお祝い言を申し上げなさるのを、少納言は「身にしみて光栄である」と拝見している。少納言は、紫の上の乳母であるので、行為を受けている紫の上側の心情である。後者は、帝は内侍の君（玉鬘）から離れたくなくこのまま夜を明かしたいが、玉鬘を手放したくない人もいるようだから、これからはどのように連絡したらよいのかと悩んでいる様子を、玉鬘は大変光栄なことだと思いながら拝見しているのである。

次は「申し訳ない」である。この意での使用はあまり多くないようである。

うちとけたる住《す》み処《か》にすゑたてまつりて、うしろめたうかたじけなしと思へど（末摘花）

末摘花の命婦は、源氏が末摘花の琴の演奏を聴きたいというので、源氏をふだんのままの自分の部屋に通したことに対して、気がかりであり申し訳ないと思っているのである。

地の文の場合、語り手にとっては直接的な恩恵や被害はないが、その立場は中立的ではなく、登場人物側に寄りかかっている。終止形の場合、高貴な人の動作や状態に対する敬意を伴った〈批評・評価〉になりやすい。そのため、プラス的な意味での使用が多いようである。

・御前《おまへ》にて物などまゐらせたまひて、とやかくやと思しあつかひきこえさせたまへるさま、あはれにかたじけなし。（葵）

・大臣《おとど》の君の御心おきてのこまかにありがたうおはしますこと、いとかたじけなし。（玉鬘）

前者は、源氏が桐壺院に参上したところ、院が源氏の面《おも》瘦せを心配して、御前で食事などをとらせて、あれこれ心遣いなさる様子について、語り手はしみじみと素晴らしく感じているのである。後者は、大臣の君（源氏）が豊後介に対していろいろご配慮なさることは、たいへん素晴らしいことと評価している。

カタジケナシにおいて使用が多いのは先に述べたように連用形である。これも同様に考えることができる。相手側からの行為に関わるものであれば「光栄だ」の意味であり、自分の行為なら「申し訳ない」の意味合いになる。まずは「光栄だ」の方から見てみよう。

「殿の御気色のこまやかに、かたじけなくもおはしますかな。実《まこと》の御親と聞こゆとも、さらにかばかり思しよらぬことなくは、もてなしきこえたまはじ」など、兵部なども忍びて聞こゆるにつけて（胡蝶）

御息所、「さることもはべらず。故大納言のいとよき仲にて、語らひつけたまへる心違《たが》へじと、この年ごろ、さるべきことにつけて、いとあやしくなむ語らひものしたまふも、かくふりはへ、わずらふをとぶらひにとて立ち寄りたまへりければ、かたじけなく聞きはべりし」と聞こえたまふ。（夕霧）

前者の「胡蝶」の例は、源氏による玉鬘の面倒見の良さについて、玉鬘の乳母子であり侍女である兵部が「光栄な」ことだと、玉鬘に語っている。後者の「夕霧」の例は、夕霧が落葉の宮の所に通っているのではないかと疑っている律師に対して、私の病気の見舞いに来て下さったので「光栄に」思っていることを、一条御息所が語っているのである。ともに、高貴な人の行動を評価している。

次は「申し訳ない」に該当する例である。

・母君「（前略）ゆゆしき身にはべれば、かくておはしますも、いまいましうかたじけなくなん」とのたまふ。（桐壺）

・源氏「かうやうの伝《つて》なる御消息《せうそく》は、まださらに聞こえ知らず、ならはむことになむ。かたじけなくとも、かかるついでにまめまめしう聞こえさすべきことなむ」と聞こえたまへれば（若紫）

「桐壺」の例は、桐壺更衣の母君が「娘を先に亡くすような私ですから、若君（光源氏）を私のもとで暮らさせるのも申し訳ない」と述べている。「若紫」の例は、先に尼君のカタジケナシを扱った箇所の少し前にある、源氏が紫の上を所望する場面である。源氏は立場上かなり下手に出ている。ここの「かたじけなくとも」は、依頼の表現であり、現代の「すみませんが」「申し訳ないですが」に相当するものであろう。

第一章第五節「『日葡辞書』における感謝を表す語（表現）」の終わりの方で扱ったが、一条院が亡くなる直前に水を差し上げた藤原行成に対して「最宇礼之（最もうれし）」と感謝の意を述べていた。このように、上からは喜びの表現で時には謝意を表していた。『源氏物語』においては、ウレシは地の文や心内語での使用が中心であり、会話文に見られるものは少ない。また、相手の行為に対するものはさらに限定される。

紫の上「おなじかざしを尋ねきこゆれば、かたじけなけれど、分かぬさまに聞こえさすれど、ついでなくてはべりつるを。今よりは疎《うと》からず、あなたなどにもものしたまひて、怠らむことはおどろかしなどもものしたまはむなむうれしかるべき」などのたまへば　（若菜上）

紫の上から女三の宮に対するものである。最初は、紫の上が私の先祖を尋ねると、失礼ながら（かたじけなけれど）、女三の宮と同じ家系にあり、今まで挨拶する機会がなかったと、下手に出ている。しかし不行届きなことについては、私（紫の上）の住んでいるところに来てご注意下されば、「うれしかるべき」と、優位に立とうとしている。

もっとわかりやすい例を『宇津保物語』から挙げてみる。『宇津保物語』ではウレシキコトの形で謝意を表すことが多い。

北の方「（前略）今よからずとも、御装束を調《てう》じて奉りはべらむ」。祐宗「いとうれしきことかな。」　（忠こそ）

祐宗は盗人にすべて取られてしまい装束が無くて参内できないことを北の方に語ったところ、北の方はお召し物を新調してあげようといった。祐宗はそれを聞き、「いとうれしきことかな」と述べている。北の方は祐宗にとって以前の継母である。一方北の方も、私（北の方）の望みを祐宗が承諾した時にウレシキコトと述べている。もう一例挙げよう。

大将（正頼）「はなはだ尊き仰せなり。いと小さくなむ侍るめる。少し人とならばさぶらはせむ」と申したまふ。

宮「いとうれしきことなり。」　（嵯峨の院）

東宮は、正頼に対して正頼の娘（あて宮）のことを打診したところ、正頼はあの子はまだ幼いので、もう少し大きくなりましたら、おそばに参らせましょうと言った。そこで、東宮は「いとうれしきことなり」と喜んでいる。このように、上の人物は喜びの表現で時には謝意を表すこともあったのである。

以上見てきたように、謝意を表す場合、下からは主に〈困惑・恐縮〉を表すカタジケナシが使用され、また上からは時には喜びを表すウレシによってなされていたようである。このように、ウレシなどの上位の者による喜びの表現は、状況によっては相手の厚意に対する謝意とも解釈できる場合もあるが、あくまでもウレシの中心的な意味用法は喜びを表すことである。

次の例は両者が結びついている興味深いものである。

物の怪「中宮の御事にても、いとうれしくかたじなしとなむ、天翔りても見たてまつれど（若菜下）

この物の怪は六条御息所であり、中宮とは娘である秋好中宮のことである。源氏が中宮の後見をしてくれることを、上からの立場でウレシと思っている。その一方で、娘が世話になるということでカタジケナシと感じているのである。『源氏物語』には、カタジケナシやウレシなどによって、人の心理の移り変わりをうまく表現している箇所が見られる。

中将の君、面の色かはる心地して、恐ろしうも、かたじけなくも、うれしくも、あはれにも、かたがたうつろふ心地して、涙落ちぬべし。（紅葉賀）

第六節　カタジケナシとカシコシ

カタジケナシと同じように、「光栄だ」と「申し訳ない」の二用法を持つ語にカシコシがある。平安時代の感謝表現を扱った論考に、藤原浩史「平安和文の感謝表現」（『日本語学』十三巻八号　一九九四）があり、そこでは代表的な表現形式が待遇的敬意の度合いによって次のように配列されている。

（高）かしこし―かたじけなし―うれし―よし（低）

カタジケナシとカシコシとの待遇度の違いは、カタジケナシが親しい関係や私的な場で用いられるのに対して、カシコシは疎の関係であり公的な場で用いられるとある。また、『日本国語大辞典　第二版』の「かたじけない」の語誌に次のように説明されている。

(1)「源氏物語」では、上位者への恐縮や感謝の気持を表わすが、「かしこし」ほど畏敬の念は強くない。この語は「かしこし」ほどには、時代とともに敬意の程度が低まることはなかったが、狂言では、「ありがたい」がより敬意の高い語として用いられるようになる。

カシコシの方が畏敬の念が強いことは藤原の記述と合致する。カシコシは、時代とともに敬意の程度が低くなったというよりは、派生義である「才知が優れている」という意味の方へと変化したのである。そのことによって、感謝の表現としてはカタジケナシがその任をも担うことになったのである。例えば、十六世紀前半に書写された『新古今注』には、一八七六番の、

かみかぜや　とよみてぐらに　なびくとも　かけてあふぐと　いふもかしこし

に対して、「カシコシトハ、カタシケナシト、ヲソレタル詞也」とある。なお、狂言におけるアリガタイとの関係については第三章「中世の感謝表現」で扱うことにする。

カシコシは『古事記』の歌謡や『万葉集』でも使用されている。一方、カタジケナシは六音節であるため、五音、七音からなる和歌には使用しづらかったと思われる。

（前略）許斯母《こしも》　阿夜爾加志古志《あやにかしこし》　多加比加流《たかひかる》　比能美古《ひのみこ》　許登能《ことの》　加多理碁登母《かたりごとも》　許袁婆《こをば》　（『古事記』雄略）
（是《こ》しも　あやに畏《かしこ》し　高光《たかひか》る　日《ひ》の御子《みこ》　事《こと》の　語《かた》り言《ごと》も　是《こ》をば）

天雲乎《あまくもを》　富呂尓布美安太之《ほろにふみあだし》　鳴神毛《なるかみも》　今日尓益而《けふにまさりて》　可之古家米也母《かしこけめやも》　（巻十九　四二三五）
（天雲を　ほろに踏みあだし　鳴る神も　今日にまさりて　恐《かしこ》けめやも）

於保伎美乃《おほきみの》　美許等加志古美《みことかしこみ》　伊弖久礼婆《いでくれば》　和努等里都伎弖《わぬとりつきて》　伊比之古奈波毛《いひしこなはも》　（巻二十　四三五八）

（大君《おほきみ》の　命《みこと》恐《かしこ》み　出で来《く》れば　我《わ》ぬ取り付きて　言ひし児《こ》なはも）

可之故伎也《かしこきや》　安米乃美加度乎《あめのみかどを》　可気都礼婆《かけつれば》　祢能未之奈加由《ねのみしなかゆ》　安左欲比尓之弖《あさよひにして》　（巻二十　四四八〇）

（恐《かしこ》きや　天《あめ》の御門《みかど》を　かけつれば　音《ね》のみし泣かゆ　朝夕《あさよひ》にして）

『古事記』も『万葉集』も、いずれも天皇のことに対してカシコシを用いている。四三五八歌については、歌からはわかりづらいが、この歌は藤原不比等の妻であった県犬養命婦が聖武天皇に奉った歌である。いずれも天皇に対する畏怖の念を表している。

感謝表現としてのカシコシは、『宇津保物語』において貴族の男性の会話によく使用されている。藤原浩史が指摘しているように、公的な感謝表現であったようである。

・左大将「正頼もさなむ思ひたまへむつかりて、そなたにも参り来むと思うたまへりつるに、いとかしこし」とのたまひて、親王たち、上達部率ゐて出でたまへり　（内侍のかみ）

・仲忠「内裏にては時々対面たまはするときはべれど、細かなることは聞こえさせずはべりつるを、いとうれしくもおはしけるかな」　仲澄「はなはだかしこし。仲澄も聞こえさせむと思ひたまへながら、御暇もなかめれば、え聞こえさせずなむ」

・藤英「はなはだかしこくかしこし。召し数まふること。入学して今年二十余年、いまだ左右の念に預からず。たまたままかり着きし昔、身の恥厚かりしによりてなり」といはす　（祭の使）

最初の例は、右大将が左大将の家を訪問した際のものである。右大将が「休暇で家に引きこもっていましたが、気が滅入ってしまうのでこちらに伺いました」とお伝えしたところ、ここに掲出したような挨拶があった。左大将から

「わたしも同じように思っていて、そちらに伺おうと思っていたところ、おいでいただいたのでまことに感謝いたします（いとかしこし）」というように、お礼を述べているのである。

二例目は藤原仲忠と源仲澄とが初めてことばを交わした場面である。以前から宮中で顔を合わせながらも話す機会がなかったが、仲忠から話しかけられて、光栄に思っているのである。初めてということで形式ばった挨拶をしている。この後で、二人は「兄弟《はらから》の契り」を結ぶことになる。この箇所の注として、室城秀之は「「はなはだかしこし」は、まことに恐縮ですの意の慣用的な挨拶表現。男性同士で用いることが多いが、男性の女性への発言に用いた例もある」と述べている（室城秀之訳注『新版うつほ物語一』角川ソフィア文庫　二〇二二）。確かに、『宇津保物語』においては男性の挨拶表現として多用されている。

三例目は、苦学していた学生の藤原季英が忠遠から饗応の席に呼ばれたことに対する返事である。「はなはだかしこくかしこし」と答えている。「かしこし」を「かしこく」が修飾して、さらに副詞の「はなはだ」が修飾しているように、感謝の度合いが非常に高いものになっている。

また会話の最初に「あなかしこ」を用いて、相手の会話を受けている場合もよく見られる。「光栄だ」と「申し訳ない」との両方で使用されている。

・女三宮「月ごろ、若き人の一人候ひたまへば、うしろめたさにここに侍るを、異人はさもこそ訪うたまはざらめ。そこにさへいと疎くこそ思したれ」　仲忠「あなかしこ。宮に候ひなどするをり侍れど、ここにおはしますらむといふこと、え承らずはべりける。

・宮（女三宮）「（前略）なほあはれなるものの心苦しきに思ほして、訪ひたまへかし」　仲忠「あなかしこ。さらに仰せごとなくとも、聞こえさすまじきほどならばこそあらめ」

ともに、嵯峨院の女三宮と仲忠との会話である。女三宮は、仲忠の父親である兼雅の妻の一人である。兼雅が仲忠の母親である俊蔭の娘のところにばかりいるので、娘を東宮に入内させて、その世話のために宮中にいたのである。前の用例では、仲忠までここに私を訪ねてこないことについて苦情を述べている。それに対して、仲忠は謝罪している。そして、こちらにいらっしゃることを知らなかったのですと弁解している。後者は、女三宮がここにいる娘（梨壺）のことを気の毒な者だと思って、仲忠に訪ねて来てほしいと依頼している。それに対して、仲忠が「光栄です」と返事をして、そのような仰せ言がなくても、お声をかけてもよろしいようならお世話をしますと述べている。ともに、相手に対する恐縮する度が強い。アナカシコは「申し訳ない」という意味で用いられていることが多いようである。一方終止形のカシコシは逆に光栄だの意味で用いられ、特にハナハダカシコシという形で挨拶表現として活用されている。

このように、『宇津保物語』においては男性社会の感謝表現として終止形のカシコシが使用されている。しかし、『源氏物語』になると、終止形のカシコシによる感謝表現はない。終止形での使用は、相手に失礼であるといったマイナス的な意味合いか、もしくは才能の高さを表す意味での使用である。『宇津保物語』が男性の著作であるのに対して『源氏物語』が女性の手になるという男女差の違いと、カシコシの意味変化によるものだと思われる。

辞書類では、『新撰字鏡』にはカシコマルという畏怖する動作を表す動詞形しか見られない。「失色」という熟字はカシコマルの意味をよく表している。

叓　ツ、シム　ウヤマフ　カシコマル　（巻三　支部）

悸　和奈〻久（ワナ、ク）　又豆〻志牟（ツ、シム）　又加志古〈万〉留（カシコ〈マ〉ル）（巻十　心部）

敬《ツ、シム》　カシコマル　（巻十一　攴部）

失色　加志己万留（カシコマル）（巻十二　重点）

『類聚名義抄』や『色葉字類抄』では形容詞カシコシも登載されてくる。ここにカシコシを掲出しているものをあげておく。カシコシには、畏怖の意味の漢字と、賢明さを示す漢字とが上がっている。

伉　傑（以上　仏上）哲　縢（以上　仏中）賢　桀（以上　仏下本）黠（仏下末）愈（法中）感　威（以上　僧中）　（『類聚名義抄』）

賢《カシコシ》恭儉黠聖豪仙佛實威愈以上同（「か」の人事）　（『色葉字類抄』）

カシコシの意味の変化については、『古語大辞典』（小学館）の記述が参考になる。

畏怖から畏敬へ、さらに畏敬すべき性質や能力を持っていることを表すようになったが、性質や能力が優れているという意味は上代にはなく、中古になってから現れる。［山口佳紀］

カシコシから動詞カシコマルを生成し、その連用形カシコマリから名詞が誕生してきた。その名詞カシコマリには、相手からの厚意に対する「お礼」と、相手に不快感を与えたことに対する「お詫び」の意味がある。まずは、「お礼」から見ていこう。

・尼君「いとかたじけなきわざにもはべるかな。この君だに、かしこまりも聞こえたまひつべきほどならましかば」とのたまふ。　（若紫）

・内大臣「今宵《こよひ》も御供にさぶらふべきを、うちつけに騒がしくもやとてなむ。今日《けふ》のかしこまりは、ことさらになむ参るべくはべる」と申したまへば　（御幸）

「若紫」の例は、源氏が紫の上を引き取りたいという光栄な申し出をしたことについて、尼君が紫の上が自分でお礼を申し上げられるくらいの年齢であったならと述べている。「御幸」の例は、源氏が玉鬘の素姓を内大臣に打ち明けたことに対するお礼である。次は「お詫び」の例である。

・入道「桐壺更衣《きりつぼのかうい》の御腹の源氏の光る君こそ、朝廷《おほやけ》の御かしこまりにて、須磨《すま》の浦にものしたまふなれ。（須磨）

・柏木「（前略）六条院にいささかなる事の違《たが》ひ目ありて、月ごろ、心の中《うち》に、かしこまり申すことなむはべりしを、いと本意《ほい》なう、世の中心細う思ひなりて、病《やまひ》づきぬとおぼえはべりしに（柏木）

「須磨」におけるカシコマリは、源氏の朧月夜との関係による朝廷に対しての謝罪について述べている。「柏木」の例は、病気の見舞いにやってきた夕霧に対して、柏木が不興をかっている源氏へのとりなしを頼んでいる場面である。心中にあるカシコマリ（謝罪）とは、女三の宮との関係のことである。

カシコシは、藤原浩史が述べているように、カタジケナシに比べて、感謝・謝罪ともに程度の強いものと言える。またカシコシには打消表現が存在し、否定することが可能であったようである。

・かぐや姫の答ふるやう、「帝の召《め》してのたまはむこと、かしこしとも思はず」といひて、さらに見ゆべくもあらず。（『竹取物語』）

・俊蔭娘「（前略）かくて添ひおはせむからに、かしこくやはあるべき。そが中にも、宮の御方は、院の取り分けて思ひきこえたまひて、折々も聞かせたまふらむ、いとかたじけなし。（『宇津保物語』楼の上）

『竹取物語』の例については説明は必要ないであろう。帝からの求婚に対して拒否しているのである。『宇津保物語』の例は、兼雅が俊蔭の娘のところにばかり居て他の妻妾のところに行かないことについて、俊蔭の娘が苦情を言っている場面である。俊蔭の娘は兼雅がいつも自分のところの居ることを「かしこくやはあるべき（ありがたくなんかあるものですか）」と否定している。その発言の背景には、兼雅の妻妾の中で女三の宮は、嵯峨院が鍾愛されている方であり、折りにふれて院がこの状況（兼雅が私のところにいつも居ること）をお聞きになっていると思うと、カタジケナシ（申し訳ない）と考えているからである。

このように、カシコシは否定できるのである。それに対して、カタジケナシは否定表現とは共起しないようである。それはカタジケナシ自体に打消表現を伴っているからであろう。前に述べたように、カタジケナシはある行為の結果に対する表現である。

このように、カシコシはカタジケナシよりも恐縮の程度が強かったが、次第に人の性格や能力の意味での使用が多くなり、相手の厚意に対する感謝についてはカタジケナシがその任を担うことになる。そして、『日葡辞書』が記すように、感謝表現としてはカタジケナシが一般的になったのである。

なお平安時代の謝罪表現についても、藤原浩史に「平安和文の謝罪表現」（『日本語学』十二巻十二号　一九九三）がある。それによると、感謝表現とは異なって定型化した表現はまだなかったようである。ただし平安時代の物語類を見ていくと、相手に許可を求める「許し給へ」が目につく。

上代・中古においては、感謝も謝罪もともに同じ発想法で行われていたようである。上代の配慮表現について扱った小柳智一「奈良時代の配慮表現」（野田尚史・高山善行・小林隆編『日本語の配慮表現の多様性―歴史的変化と地理的変化・社会的変異―』くろしお出版　二〇一四）は、カシコシに感謝と謝罪の用法があることを指摘している。上代・中古では、カシコシによる恐縮、そしてカタジケナシにおける困惑。それらが日本語における特に感謝表現においては根幹を成すものであり、それぞれの時代の感謝表現の発想法に影響を与えている。感謝と謝罪との違いは、感謝や謝罪の対象となっている行為が、話し手側に向かって行われたものか（感謝）、話し手側が行ったものか（謝罪）の違いにある。

第三章　中世の感謝表現

第一節　和漢混淆文における感謝表現

感謝表現は、話しことばの中に出現するので、説話集に見られるのはないかと思い、様々なものにあたってみた。しかし、語りが中心であって、人々が活動的に会話を行っている場面は少なく、あまり用例を拾うことはできなかった。先に扱った平安時代の物語には、会話が多く、また高貴な身分の人が登場することによって、むしろ感謝表現が出現しやすい環境であった。また、物語は語り手と登場人物との間にも身分差があり、語り手自身による登場人物に対する畏敬の念が現れており、地の文にもカタジケナシの使用が多かった。それに比べて、中世の和漢混淆文では話しことば的要素が弱くなっていると言える。

説話集では、『今昔物語集』にカタジケナシを考えるのに適した用例がある。それは巻十九「滝口藤原忠兼敬実父得任語第二十五」である。説明を理解しやすくするために、引用が少し長くなるが、その箇所を記しておく。なお、原文は宣命体であるが、ここでは読みやすいように漢字片仮名交じり文に直してある。

忠兼《ただかね》滝口《たきぐち》共《ども》ノ有《あ》ル内《うち》ニテ、此《こ》ノ八省《はつしやう》ノ廊《らう》ノ北面《きたおもて》ニ居並《ゐなみ》タルニ、此《か》ク得任《なりたふ》ガ夕立《ゆふだち》ニ値《あひ》テ、沓《くつ》襪《したうづ》ヲバ手《て》ニ取《とり》テ、袖《そで》ヲ被《かつぎ》テ湿《ぬれ》テ走《はし》リ行《ゆ》クヲ、忠兼《ただかね》見テ迷《まどひ》テ、袴《はかま》ノ扶《くくり》ヲ上《あげ》テ、笠《かさ》ヲ取《とり》テ走《はし》リ寄《より》テ、得任《なりたふ》ニ差《さ》シ隠《かく》シテ行《ゆ》クヲ見《み》テ、殿上人《てんじやうびと》ヨリ始《はじめ》テ滝口所《たきぐちどころ》ノ衆皆此《しゆみなこ》レヲ見《み》テ、不咲《わらは》ズシテ、或《あるい》ハ泣《なき》ニケリ。「極《いみ》ジキ誰也《だれなり》ト云《い》フトモ、然許《さばかり》諍《あらそ》ヒ立《たち》テ。祖《おや》ニヤ非《あら》ズト名乗《なのり》テ。吉《よ》キ祖《おや》ヲ持《もち》タラムニ、更《さら》ニ、笠差《かささし》テ多《おほく》ノ人《ひと》ノ見《み》ルニ送《おく》ラム事《こと》ハ不有《あら》ジ。責《せめ》テノ有心《うしむ》ニハ立《たち》ケリ隠《かく》レム。其《そ》レニ、此《か》ク笠《かさ》ヲ差《さし》テ送《おく》ルハ、憐《あは》レニ難有《ありがた》キ者《もの》ノ心也《こころなり》」ト云《いひ》テ、祖《お》ヤ有《あ》ル人《ひと》モ祖《お》ヤ無《な》キ人《ひと》モ泣《なく》ナルベシ。得任《なりたふ》ハ、「隠《かく》ス事《こと》ゾ」ト知《しり》タレバ、忠兼《ただかね》ガ滝口《たきぐち》ノ中《なか》ニ居《ゐ》タルヲ見《み》テ、此《こ》レガ見《み》ル前《まへ》ニ此《か》クテ渡《わた》ルヲ、「恥《はづ》カシ」ト思《おもひ》テ。不知《しら》ズ皃《がほ》ニテ行《ゆ》クヲ、身《み》乍《ながら》モ、「心疎《こころう》シ」ト思《おも》フニ、忠兼《ただかね》ガ笠《かさ》ヲ差《さし》テ走《はし》リ来《きたり》テ、差《さ》シ隠《かく》セバ、「此《こ》ハ何《いか》ニ令《せし》メ給《たま》フゾ」ト云《いひ》テ皃《かほ》ヲ見《み》レバ、忠兼《ただかね》ガ差《さし》タル也《なり》ケリ。得任《なりたふ》此《こ》レヲ見《み》テ、目《め》ヨリ涙《なみだ》ヲ落《おと》シテ、「穴忝《あなかたじけ》ナ忝《かたじけ》ナ」ト。忠兼《ただかね》、「何《な》ニカ忝《かたじけな》ク候《さぶら》ハム。何《いか》デカ」ト云《いひ》テ、慥《たしか》ニ西《にし》ノ京《きやう》ノ家《いへ》ニ送《おく》リ付《つけ》テゾ内《うち》ニ返《かへ》リ参《まゐり》タリケル。

滝口の武士である藤原忠兼は、実は得任の子であり、幼少の時に養子に行っていた。皆はそのことを知っていた。しかし、忠兼は得任のことを親ではないと常々言っていた。ある日、夕立の中を、得任がずぶぬれになって駆けていくのを見た忠兼は、袴の裾をたくし上げて、笠を持って走っていった。そして、得任の上に笠を差し掛けて、姿が隠れるようにした。

得任は、忠兼が自分のことを親であることを隠しているのを知っていたので、滝口の侍の中に忠兼がいるのを見て、こんな姿で通ることを恥ずかしいと思っていた。その時に、姿を隠すように笠を差し掛けられたので、「何をなさるのですか」と言って、相手の顔を見ると、息子の忠兼であった。自分のことを親だと認めていなかった忠兼が、そのようなことをしてくれたので、感激して「穴忝ナ忝ナ」とお礼を述べた。それに対して、忠兼は「何ニカ忝ク候ハム。何デカ（どうしてかたじけないということがありましょうか。けっしてそんなことはありません）」と言った、という話である。忠兼は得任に対して、下の者から上の者に対して用いるカタジケナシを、息子の私に対して使う必要はないと言っているのである。

次は、巻二十二「時平大臣取国経大納言妻語第八」の例である。

然《さ》テ、心《こころ》ノ内《うち》ニ、「何《いか》デ此《こ》ノ人《ひと》ヲ見《み》ム」ト思《おも》フ心深《こころふか》ク成《なり》ニケレバ、其《それ》ヨリ後《のち》ハ、此《こ》ノ大納言《だいなごん》ヲ、伯父《をぢ》ニ御《おは》スレバ、事《こと》ニ触《ふれ》テ畏《かしこ》マリ給《たまひ》ケレバ、大納言《だいなごん》ハ難有《ありがた》ク忝《かたじけな》キ事《こと》ニナム思給《おもひたま》ヒケル。妻取給《めとりたま》ハムト為《す》ルヲバ不知《しら》ズシテ、大臣心《おとどこころ》ノ内《うち》ニハ可咲《をかし》クナム思給《おもひたま》ヒケル。

時平は平中から国経の北の方の容貌のことを聞き、自分のものにしたいと思った。そこで、時平は、国経が自分の伯父であることから、事に触れて国経を大事に取り扱った。それで、国経は時平に対して「難有ク忝キ事」だと思った、とある。ここでは、時平から国経に対しては「畏マ」る態度が取られており、一方国経から時平に対しては「難有ク忝キ事ニ」思っているのである。お互いに相手に対して恐縮の意を表している。時平にとって国経は自分の伯父であり、伯父と甥という関係から、「畏マ」る態度で国経を敬ったのである。その一方で、時平が左大臣であるのに対して、国経は大納言である。官職からいえば時平の方が上である。したがって、時平の厚意に対して「難有ク忝キ事」と感謝の意を感じているのである。ここで興味深いのは、後の感謝表現の中心となっていくアリガタシがカタジケナシを修飾していることである。

次は、巻二十四「安倍清明随忠行習道第十六」の話である。ここはカタジケナシではないが、僧侶による感謝表現とその際の動作が観察できる。

其後《そののち》、晴明法師《せいめいはふし》ニ答《こた》ヘテ云《いは》ク、「然《し》カ承《うけたま》ハリヌ。但《ただ》シ、今日《けふ》ハ自《おのづか》ラ暇《いとま》無《な》キ事有《ことあ》リ。速《すみやか》ニ返《かへ》リ給《たまひ》テ、後《のち》ニ吉日《よきひ》ヲ以《もつ》テ坐《いま》セ。「習《ナラ》ハム」ト有《あ》ラム事共《ことども》ハ教《をし》ヘ進《たてまつ》ラム」ト。法師《はふし》、「穴貴《あなたふと》」ト云《いひ》テ、手《て》ヲ押摺《おしすり》テ額《ひたひ》ニ宛《あて》テ、立走《たちはし》テ去《さり》ヌ。

老僧が晴明に陰陽道の教えを請いに来た。今日は用事があるため、よい日を選んでおいで下さい。そうしたら、何でも教えてさしあげます、と晴明が言った。そのことに対して、その法師は「穴貴（あなたふと）」と言って、手をすりあわせて額に当てて、立ち上がって走り去ったとある。「あなたふと」は、ここでは僧侶による感謝のことばとして用いられている。「安名尊（あなたふと）」は、催馬楽の曲名でもあり、宮中ではよく歌われていた。貴族の世界では、感謝表現としては用いづらいものだったと考えられる。

夜更《よふ》くるままに、御遊びいとおもしろし。大将の君の、安名尊《あなたふと》うたひたまへる声ぞ、限りなくめでたかりける。

（『源氏物語』宿木）

法師は、アナタウトとお礼を述べたあとで、「手ヲ押摺テ額ニ宛テ」いた。この動作については、「手を額のところですり合せる行為で、深い敬意と随順の気持を表す」（新編日本古典文学全集）、「手をすりあわせて拝む感謝の意を表すしぐさ」（新日本古典文学大系）と説明されている。アナタウトが法師のことばであるのと同様に、このしぐさも仏教に関わる動作であろう。

この法師は、実は陰陽道についても詳しいため、陰陽道で有名な晴明の腕前を試そうと思い、やってきたのである。それを察した晴明は逆にこの法師をいじめようと、法師が連れてきた式神を呪文で消してしまった。その技量を見た法師は心から弟子になろうと言った。その際には「穴忝（あなかたじけな）」を用いている。このカタジケナシをどのように解釈すればよいだろうか。多くの注釈書では「なんとすばらしいことでしょう」と訳している。すなわち、カタジケナシを称賛の意にとっている。たしかに、文脈的にはそのように解釈したくなる。しかし、辞書にはカタジケナシにそのような意味は記載されていないし、そのような意味で解することができそうなのは、先に見た地の文での場合であった。ここは会話文での使用である。

其《そ》ノ時《とき》ニ法師《はふし》ノ云《いは》ク、「誠《まこと》ニ止事無《やむごとな》ク御座《おはしま》ス由《よし》ヲ承《うけたま》ハリテ、『試《こころ》ミ奉《たてまつ》ラム』ト思給《おもひたま》ヘテ、参《まゐ》リ候《さぶらひ》ツル也《なり》。其《それ》ニ、識神《しきじん》ハ古《いにしへ》ヨリ仕《つか》フ事《こと》ハ安《やす》ク候《さぶら》フナリ。人《ひと》ノ仕《つかひ》タルヲ隠《かく》ス事《こと》ハ更《さら》ニ可有《あるべ》クモ不候《さぶら(は)ず》ハ。穴《あな》忝《かたじけな》。今《いま》ヨリ偏《ひとへ》ニ御弟子《みでし》ニテ候《さぶら》ハム」ト云《いひ》テ、忽《たちまち》ニ名符《みやうぶ》ヲ書《かき》テナム取《とら》セタリケル。

これまで見てきたように、カタジケナシは、話し手と聞き手との間における行為に基づくものであった。聞き手からの行為の場合は恩恵であり、その時はお礼を表していた。それに対して、話し手からの行為の場合は、相手に不快感を与えるような失礼なものであり、お詫びであった。晴明が特異な技量を示したことは法師にとって恩恵になるのであろうか。法師が晴明を試そうとしたことは失礼なことであり、ここはそれを詫びているのではないだろうか。そして、今からは弟子にしてほしいと願っているのだと思われる。

次は、軍記物語から『平家物語』を扱っていこう。『平家物語』を読んでいて気になった表現を挙げてみる。一つは「かけまくもかたじけなく」である。ある高貴な人などを話題にする場合に用いられている。『平治物語』でもその使用が見られる。

・此人《この》々はかけまくもかたじけなく、柏原天皇の御末《おんすゑ》とは申しながら（殿上闇討）

・この入道相国《にふだうしやうこく》と申すは、かけまくもかたじけなく、当今《たうぎん》の外祖《ぐわいそ》にておはします。（奈良炎上）

・家に絶えて久しき大臣大将《だいじんのだいしやう》に望みをかけて、かけまくもかたじけなくおほけなき振舞《ふるまい》をのみぞしける。（『平治物語』上　信頼信西不快の事）

カケマクモとは口に出すのもという意味であり、話し手の行為を表す。カケマクモカタジケナクは、私が口に出すのも失礼なという意味であろう。『平家物語』の場合は、口に出すのも失礼なほど、話題の人物が高貴であることを表している。それに対して、『平治物語』の用例は異なっている。ここでは、信西の天皇に対する失礼な振舞を強調し、信西に対する批判になっている。上代や中古においては、カケマクモカシコシのように、カケマクモはカシコシと結び付いていた。ただし中古では、カシコキと連体形での使用に限定されている。

・挂巻母《かけまくも》　綾尓恐之《あやにかしこし》　言巻毛《いはまくも》　斎忌志伎可物《ゆゆしきかも》　吾王《わがおほきみ》　御子乃命《みこのみこと》　万代尓《よろづのよに》　食賜麻思《めしたまはまし》　大日本《おほやまと》　久邇乃《くにの》京者《みことは》　（後略）　（『万葉集』巻三　四七五）

（かけまくも　あやに恐《かしこ》し　言はまくも　ゆゆしきかも　我《わ》が大君《おほきみ》　皇子《みこ》の命《みこと》　万代《よろづよ》に　食《め》したまはまし　大日本《おほやまと》久邇《くに》の都は）

・出でたまふほどに、大将殿より例の尽きせぬことども聞こえたまへり。「かけまくもかしこき御前《おまへ》にて」と、木綿《ゆふ》について　（賢木）

『平家物語』や『平治物語』に見られるカケマクモカタジケナクは中世からの特徴と言えよう。なお、カケマクモがカシコシからカタジケナシへと結び付きを変えたのは、カシコシの意味の変化が関係していよう。

次に、「連体形ぞ忝き」という例が目につく。係助詞「ぞ」を用いてカタジケナシが強調されている。これは語りによる特徴だと考えられる。『平家物語』では法皇や天皇の行為について述べていることが多い。

上日《じやうにち》の者をつけて、主《しゆう》の女房の局《つぼね》までおくらせましましけるぞかたじけなき。　（巻六　紅葉）

仕立てたばかりの装束を女房のところに届ける道中で盗賊に盗まれた少女に対して、高倉上皇は、中宮（建礼門院）に同じ色の御衣があるか尋ねて、それを少女に与えた。さらに、当番の者を付けて、主人の女房の部屋まで送らせた。その行為に対して、語り手はカタジケナシと述べている。語り手は、少女とは関わりがないことから、高位な人の行為に対する〈批評・評価〉である。次の例は『平家物語』における特徴的なものである。

・遥《はる》かの叡聞《えいぶん》に及んで、法皇これを御覧じて、「あなむざんや。されば今まで、此者共は、命のいきてあるにこ

そ」とて、御涙をながさせ給ふぞ忝《かたじけな》き。（巻二　卒塔婆流）

・主上大きにおどろせ給ひて、「そこにいかなる目にもあはむは、ひとへにただわがあふにてこそあらんずらめ」とて、御涙《おんなみだ》をながさせ給ふぞ忝《かたじけな》き。（巻三　法印問答）

・行末《ゆくすゑ》とてもたのもしからず」とて、御涙を流せ給ふぞ忝《かたじけな》き。（巻三　法皇被流）

法皇や天皇が「御涙をながさせ給ふ」ことがカタジケナシの対象になっている。一番最初の例は、鬼界ヶ島に流された康頼たちが生きていたことに対する同情の涙であった。あとの例は法皇や天皇が今の状況を嘆くものであり、相手への恩恵とは全く関わりがない。

宮門《きゆうもん》をまもる蛮夷《ばんい》の、よるひる警衛《けいゑい》をつとむるも、先の世のいかなる契《ちぎり》にて今縁《えん》を結ぶらんと、仰せなりけるぞ忝《かたじけな》き。（巻三　城南之離宮）

これらの例からからわかるように、語り手にとって高貴な人の動作自体がカタジケナシの対象となっている。つまり、地の文でのカタジケナシは、その語源が忘れられて、高貴な人への敬意的な表現に変化したようである。感謝の発想法が、中世になると〈批評・評価〉へと転換していくが、カタジケナシもその発想法に影響されているように思われる。『平家物語』の用例は、古代的な〈困惑・恐縮〉から中世的な〈批評・評価〉への変化の過程にあるように思われる。

次は「志」と結びついた例である。

表白《へうはく》の詞《ことば》にいはく、「九重《ここのへ》の都をいでて、八重《やへ》の塩路《しほぢ》をわきもッて参らせ給ふ、御心《おんこころ》ざしのかたじけなさ」と、たからかに申されたりければ、君も臣も感涙《かんるい》をもよほされけり。（巻四　還御）

法会の趣旨を仏に申し上げる表白に使用されていることから、仏教においては「志」とカタジケナシとの結び付きがでていたことが確認できる。次に挙げる『平治物語』では、信西が家成卿のことばを伝える際に用いている。そこには信西による言い換えが行われているとも考えられる。また、『十訓抄』では蜂の化身が用いている。

・せめての御志《こころざし》にや、年の始めの勅書《ちよくしよ》の上書《うはがき》に、『中納言新大納言殿へ』とあそばされたりけるを、拝見《はいけん》して、『実《まこと》の大臣《だいじん》・大将《だいしやう》になりたらんよりも、なほ過《す》ぎたる面目《めんぼく》かな。御志の程《ほど》のかたじけなきよ』とて、老いの涙を催《もよほ》しけるとこそ承り候へ。

（『平治物語』上　信頼信西不快の事）

・その夜の夢に、柿《かき》の水干袴《すいかんばかま》着たる男の来《きた》りていふやう、「昼の仰《あほ》せ、ことごとく耳にとまりて侍《はべ》る。御志《おんこころざし》、まことにかたじけなし。

（『十訓抄』一・六）

『平家物語』ではカタジケナクス、『保元物語』ではカタジケナクスという、カタジケナシの動詞形が使用されている。第二章第二節「宣命におけるカタジケナシ」で見たように、このような動詞形は中古においては仏典の訓読に見られた。それが日本語を記した文書にも使用されるようになったのは、漢文訓読の影響によるものと思われる。これがまさしく和漢混淆と言えるのであろう。同時期のものでは『松浦物語』に見られ、後世のものでは『太平記』でも活用されている。カタジケナウス（カタジケナクス）は、高位をいただくという意味で使用されている。

・男子《なんし》或《あるい》は台階《たいかい》をかたじけなうし、或《あるい》は羽林《うりん》につらなる。

（『平家物語』巻四　南都牒状）

・倩々《つらつら》思ひ続けられけるは、「吾《われ》、天《あま》の御孫《みまご》の苗裔《べうえい》を承《う》けて、天子の位《くらゐ》を踏《ふ》めり。太上天皇《だいじやうてんわう》の尊号をかたじけなくして、久しく紛陽《ふんやう》の居《きよ》を卜《し》めき。

（『保元物語』下　新院御経沈めの事　付けたり崩御の事）

・おろかに卑《いや》しき身は、若く及《およ》ばぬ齢《よはひ》にて、位《くらゐ》をかたじけなくして、君《きみ》に仕《つか》へたてまつりし身を、たちまちに宇文会《うぶんくわい》がとらはれ人となりて

（『松浦宮物語』二）

・かくて相模入道《さがみのにふだう》の御座《おは》す葛西谷《かさいのやつ》へ帰り参つて、中門《ちゆうもん》に畏《かしこ》まり、涙を流し申しけるは、「高重数代《すだい》奉公の儀《ぎ》を

忝《かたじけな》くして、朝夕恩顔を拝し奉りつる御名残《なごり》、今生《こんじやう》においては今日限りとこそ覚えて候へ。

（『太平記』巻十　長崎二郎翔ひの事）

・かの尊氏・直義等は、遠蛮《ゑんばん》の亡虜《ばうりよ》、東夷《とうい》の降卒《かうそつ》なり。鷹犬《ようけん》の才《さい》にあらずといへども、しばしば爪牙《さうげ》の任を忝《かたじけな》くす。たちまちに朝奨《てうしやう》を忘れ、かへつて野心を挿《さしはさ》む。

（『太平記』巻十七　山門の牒状幷びに南都の返牒の事）

第二節　漢語系感謝表現の源流

『日葡辞書』には感謝表現として多くの漢語が上がっていた。その中には、「過当（Quatŏ）」のように、文書語という注記が施されているものもあった。漢語は、文書語のままで終わるものも多いが、文書語の段階を経て、話しことば化されていくものである。『日葡辞書』に上がっているものでは、「珍重（Chinchô）」、「満足（Manzocu）」、「冥加（Miŏga）」、「過分（Quabun）」「礼（Rei）」がそれに該当しよう。これらの漢語も、もともとは文書語であったと考えられる。

『日葡辞書』において感謝表現としてはまだ従的な扱いをされていたアリガタイが、中世の日記を見ていくと、感謝表現として使用されているような例に出会う。

裏松ヨリ孝継朝臣ニ例直垂・帷賜之、難有々々、即伝遣也。

（『教言卿記』応永十三年〈一四〇六〉六月二十九日）

抑彼讃事、隆増如形一声計伝置候て、上様申入候条、冥顕之至、且者歓喜、且者其恐縮哉、委細被仰下候、難有畏入候、兼又両種重宝下給候条、凡過分之至極。

（僧隆増書状『醍醐寺文書』永享九年〈一四三七〉二月五日）

前者の例は、「難有々々」と繰り返されているので、感謝表現だと断定できよう。後者の例は、アリガタシが「畏入」を修飾しているので単独の用例ではないが、そこには感謝の意は汲み取れよう。上様（足利将軍）へ申し入れて下さったことは、冥顕の至り（思いもしなかったこと）である。それは一方では嬉しいことではあるが、また一方では光栄すぎて身が縮むような思いである。このように、喜びの表現と感謝の表現との両方を述べることが、後には感謝表現の一つのスタイルとなっていく。そして、将軍が讃を命じて下さったことに対して「難有畏入候」と感謝を述べているのである。また、さらに御褒美まで下さったことは「過分の至極」と、「過分」を用いた表現が使用されている。このような日記や古文書では、話しことばとは異なり、現代の書簡文などにも見られるが、過剰な程に感謝表現が駆使されている。また、目下に対しても丁寧な表現を用いている。これが日記や古文書などの特徴とも言える。日記は子孫などが先例などを知るために書き残しておくものである。また、書簡の場合は後の証拠のために差し出す方もその控えを保存しており、多くの人の目に触れることを考慮した書き方になっている。そして、東京大学の史料編纂所のデータベースからもわかるように、そうした多くの日記などの古記録や古文書が現代まで大量に保存・保管されている。

ここでは、まず日本史の史料として有名な前関白九条政基（一四四五～一五一六）の『政基公旅引付』を取り上げる。この資料は、九条政基が、文亀元年（一五〇一）三月から永正元年（一五〇四）十二月までの間、守護方に横領されつつあった家領の日根荘（現在は泉佐野市）に下り、荘園の直接支配に従事した、その記録である。そこには、自分宛の書簡であったり、自分に関わる内容が記されている。

『日葡辞書』においてごく一般的な感謝表現であるとされていたカタジケナシは、古記録では他の表現とともに使用されることが多かったようである。カタジケナシの敬意の逓減と、古記録の丁重な表現を要求する性格によるものと思われる。『政基公旅引付』において単独で使用されているのは、装飾的な表現になれていない人からのものであり、直截的である。

御本所様（九条政基）之御事お忝存候て、種々致奉公候

（文亀元年〈一五〇一〉九月二十一日　日根野村番頭等　百姓等→青木殿）

（御本所様の御事を忝《かたじけな》く存じ候て、種々奉公を致し候）

読み下しは『新修泉佐野市史5　史料篇　中世Ⅱ』（二〇〇一）によっている。カタジケナシが他の表現とともに使用されている例としては、オソレイルやクヮブンを修飾する形になっており、大変丁寧な文書になっている。

其恐不少候之処、如此度々御懇志之至忝恐入候由御奉行所江御申憑入候

（文亀元年閏六月二十二日　秀尊→御使御両所）

（その恐れ少なからず候のところ、此の如くたび〳〵御懇志の至り、忝く恐れ入り候の由、御奉行所へ御申し憑み入候）

先日の秀尊と泉識坊との喧嘩についてうまく取り計らって下さったお礼をまだ申し上げていないのに、何度も手紙を下さったことについて、そのお礼を御奉行所へ申し入れると書かれている。

就中如御状御家門御下向、忝過分至候、無冥加被存候。万事可然様御取合奉憑候、恐々謹言

（文亀元年四月五日　五郎次郎→安富筑後殿）

（就中、御状の如く御家門御下向、忝く過分の至りに候。冥加なく存じられ候。万事然るべき様、御取合、憑み奉り候、恐々謹言）

上守護であった細川元常の守護代であった五郎次郎（松浦守）から、室町幕府管領である細川政元の内衆であった安富元家への返事である。その中で、「御家門（九条政基）」が和泉国に来て下さったことに対して「忝過分之至候、無冥加被存候」と述べている。

他の文献では単独で使用されているものも確認できる。次の資料は、『毛利家文書』に収録されている天文八年（一五三九）九月二十八日付の、内藤左京大進（内藤隆時）宛毛利元就の「請文案」である。ここには、先のクヮブンが使用されている文書と同じく、「無冥加（ミャウガナシ）」という表現も使用されている。

謹言上仕候、抑先日対興禅寺、愚意之通漏泄候処、達上聞、御書頂戴、剰被載誓言候、誠無冥加、為恐之至、非言語之所及候、後証之家珍不可過之、何面目如之哉、忝存候、弥可励分際之忠節之由、宜預御披露候、恐惶謹言

私の考えをお聞き下さり、そして書状をいただき、その上そこには誓言まで記されていた。そのことに対し「誠無冥加」と述べ、恐れ多くてことばで表すことができないと感謝の意を表し、忠節を誓っている。

ミャウガナイが感謝を表すのは、『日葡辞書』によると「この語は、時には、ある人が自分に相応した程度以上に、あるいは、予期した以上に恩恵や厚誼を受けたのに対して、深く感謝する場合にも用いられる」と記されていた。仰々しくまた恭しく表現する書簡文においては、相手への感謝を表現するのに適した表現だったと言えよう。『政基公旅引付』の最初のあたりにも、政基公が和泉国にやってきたことに対しても「無冥加候」と記載されている。

下守護弥九郎者御下国目出存、殊渡御無冥加候、尤雖可懸御目、四五日以外歓楽之間無其儀候、必御在庄之間ニ致祇可申入之由懇切之返事也

（文亀元年三月二十九日）

九条政基が堺の上下両守護の館へ挨拶のために立ち寄ったが、両守護ともに病気を理由に応対せず、それぞれの申次が代わりに丁重な返事をした。その時のことについての下守護であった弥九郎（細川政久）から政基への手紙である。貴人が訪問した際の挨拶表現としてミャウガナイが使用されていたことがわかる。しかし、約百五十年後の一六五〇年に刊行された安原貞室の『かたこと』では、田舎では貴人の訪問の際にミョウガナイ（今後は時代に関係なくミョウガナイと表記していく）が使用されているが、それは誤用であると断じている。貴人の訪問の際のミョウガナイ

の意味用法が近世初期にはわからなくなっていたようである。

此ころかたつ田舎《いなか》人の云るを聞《き》侍れば、仮令尊貴《けりやうそんき》の人の疎屋《そおく》へ御入《おんいり》あるやうのおりふし、あるじがたの人の言《こと》葉に、扨《さて》も〳〵けふの御成《なり》は冥加《みやうが》なひ御ことにてさふらふなどいふこと侍り。是以外《これもてのほか》の僻事成《ひがごとなる》べしと云り。冥加に叶《かな》ひて侍るなど、はいふべきこと也。（巻一）

貴人による訪問は、『日葡辞書』に言う「自分に相応した程度以上に、あるいは、予期した以上に恩恵や厚誼を受けた」場合なのである。

近世初期の資料であるが、『細川家史料』には、細川忠利が肥後への帰国にあたり、熊本城普請について将軍家光への上申の取り次ぎを様々な人に依頼した、その礼状である寛永十三年（一六三六）八月三日の書状が多数収録されている。そこにはミョウガナイの使用が認められる。次に挙げるのは、月番である老中阿部忠秋から家光への上申についての老中土井利勝宛の礼状である。酒井忠勝宛の礼状も同文である。両者への取りなしのお礼には「可御忝候」「可忝候」とカタジケナシが使用されている。ミョウガナイは、使者が家光から帷や道服などを拝領したこと、並びに熊本城普請を家光が認めてくれたことに対して用いられている。

在所へ罷著候付而使者を上申候処、御前へ被召出、御帷御単物三・御道服一拝領、無冥加儀共奉存候、可然候様ニ御取成、可御忝候、殊熊本普請之儀御番ニ付而豊後殿《阿部忠秋》被仰上候処、此前被仰出候ニ不相替被仰出、無冥加儀と奉存候、是又御取成、可忝候、恐惶謹言

また、家光への上申の役目を果たした阿部忠秋宛の書状では、熊本城普請についての上申の依頼に対しては「忝奉存候」と述べている。土井や酒井には「可御忝候」であったのに対して、謙譲表現が用いられており、敬意の違いが現れている。なお、使者がお目見えをし、家光から道服などを拝領したことに対してはやはりミョウガナイが使用さ

れている。

　次、在所へ参候儀ニ使者を上申候処、御前へ被召出、其上御道服・御帷子拝領、冥加も無御座儀ニ御座候、恐惶
　謹言

春日局にも、家光が私（細川忠利）の望みを聞いて下さったことについて、書簡を送っている。やはり、家光への感謝表現としてはミョウガナイが用いられている。女性への書状であるので、それに合わせて仮名が主体になっている。

　かゝ殿《堀田正盛》へは、上さま御直ニ、われ〳〵事をきもいられ候様ニと仰せられ候よし、其分にて候哉、かたしけなき儀、
是のみにかきらす候へ共、あまりみやうかなく候まゝ、此御れい、かならす〳〵仰上られくたさるへく候、その
ため申入れ候、めてたくかしく

この『細川家史料』を見ていると、その前年の寛永十二年（一六三五）正月二日には、細川忠利の子息である光尚が疱瘡にかかり、家光からのお見舞いに対して、家光へのお礼の取りなしに関わる書状や、お礼を述べている多くの書状が収録されている。そして、そこには様々な感謝表現が見られる。少し挙げてみると、次のようなものがある。

〈家光に対しての礼〉誠以忝儀共冥加至極存候
（松平信綱・阿部忠秋・三浦正次・阿部重次・太田資宗銘々宛書状）

〈春日局に対する礼〉扨〳〵御ねん入候て過分に存候　〈家光に対する礼〉忝仕合、申上候はんやうも御さなく候
（寿林宛書状）

〈春日局に対する礼〉御心つけのたん　過分あさからす存候　〈家光に対する礼〉かたしけなき　御意　冥加も
御さなき仕合、御礼を可申上やうも無御座そんし奉り候
（春日局宛書状）

これらの用例から、ミョウガナイは感謝を述べる人物の中でも、一番敬意を払う人物に用いられていることがわかる。そのような人物からの恩恵や厚誼は、『日葡辞書』が述べている「自分に相応した程度以上」であり、また「予期した以上」なのである。また、柳田国男が述べていた「お礼を言ふ」に関わる表現が書簡には多く見られる。

これまで見てきた用例の中にクヮブン（過分）がよく用いられていた。クヮブンという語自体は平安時代の貴族の日記に見られるが、東京大学史料編纂所のデータベースによると、感謝表現と思われる「過分之至」は十五世紀前半頃から、また「過分存候」は十六世紀前半頃から見え始める。

・后内々得形勢之処、早速昇進過分之至也、有其懼事也

（『建内記』永享元年〈一四二九〉七月十三日）

・拝領了、不思寄候、連々芳賜過分之至也、能々可秘蔵候

（『建内記』文安四年〈一四四七〉十月二十九日）

・尊書令拝見候、仍御公用之儀相調、渡申候、就中筆五対被下候、過分存候

（『大徳寺文書』天文三年〈一五三四〉九月十七日）

なお、クヮブンもマイナス的な意味でも使用される。『平家物語』に次のような例がある。

「「天に口なし、人《にん》をもッて言はせよ」と申《もうす》。平家以外《もつてのほか》に過分に候あひだ、天の御ぱからひにや」とぞ申《もうし》ける。

（巻一　清水寺炎上）

ここのクヮブンは、平家が分不相応に出過ぎたことをすることを表現している。「以外《もつてのほか》」とあるように、「自分に相応した以上」の振舞をしたのである。

クヮブン（カブン）は現在でも方言で使用されている。日本放送協会編『全国方言資料』（日本放送出版会　一九六六～六七）では、クヮブン（カブン）の方言形であるカンブンが山形県東田川郡朝日村大島（現在　鶴岡市大島）の談話資料に見られる。感謝表現の全国的な分布状況を示している国立国語研究所編『方言文法全国地図』第5集　二七

○図（二〇〇二）には、カブン系の表現が秋田県山本郡八森町（現在　山本郡八峰町）と山形県東田川郡朝日村（『全国方言資料』と同じ地域）で報告されている。鶴岡市大鳥における私の調査でもカンブンの使用を確認できた。

図　ありがとう

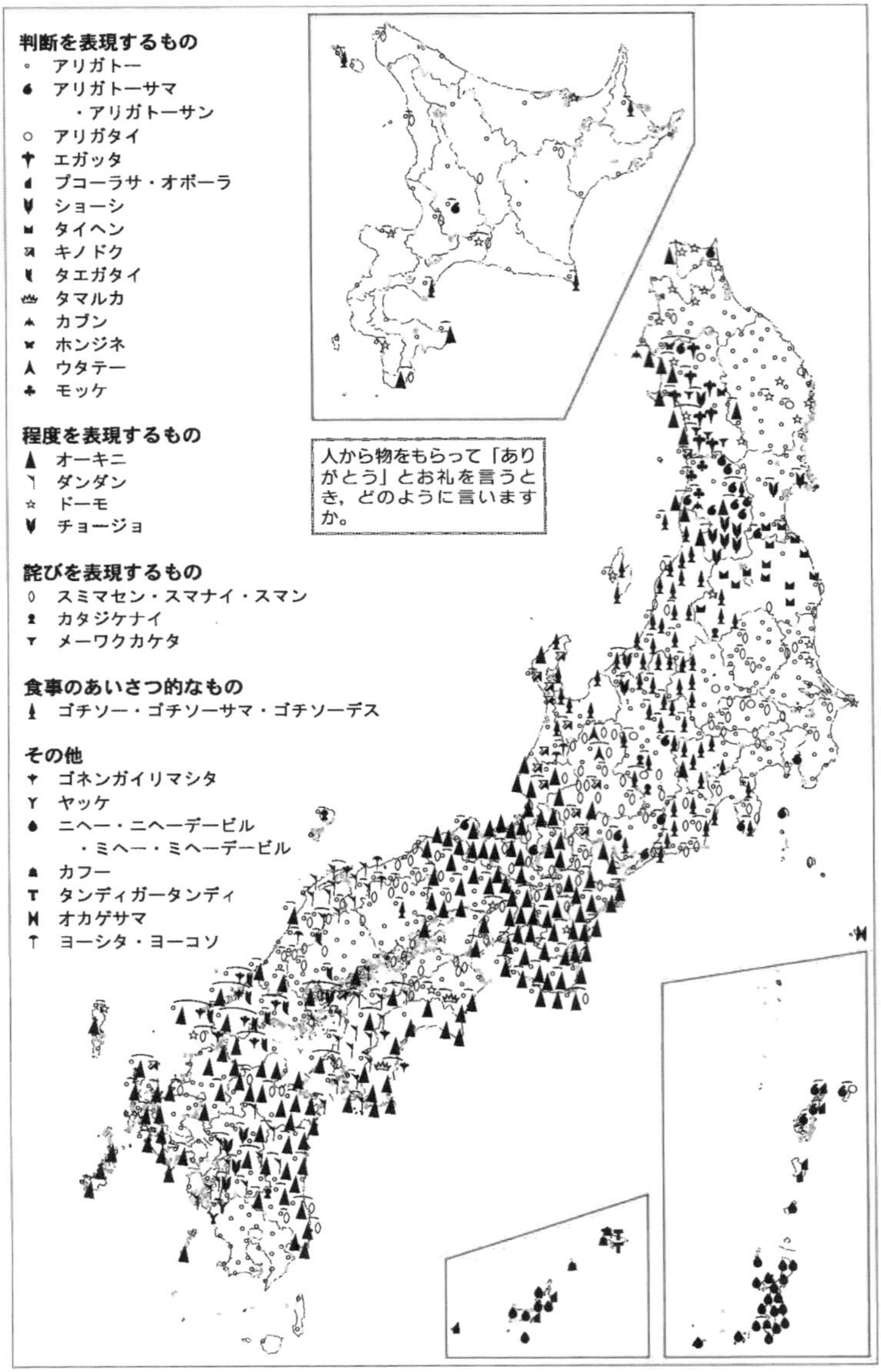

（『方言文法全国地図』第5集270図より　略図作成：大西拓一郎）
〈佐藤亮一「ありがとう」『月刊　言語』35巻12号　2006〉より

カブンの方言での使用については、柳田国男が『毎日の言葉』(一九四六)の「有難ウ」の項目において、次のように述べている。

信州の北部から越後にかけて、カンブンヤ又はカンブンといふ礼の言葉があります。是は歌舞伎で武士などがいふ「過分ぢや」も同じで、もとは自分などの分に過ぎたる好意、即ち思ひもよらぬ悦だといふ意味、即ち是だけは相手に向つていふ言葉ですが、後にはやはり形式に流れて、心からさう思はぬ場合にも使ひました。

「是だけは相手に向つていふ言葉ですが」というのは、多くの感謝表現は話者の心の中でつぶやくものが多いのに対して、自分の感情を聞き手にはっきりと表明しているのである。柳田によれば、感謝の発想法の変化によって、感謝の言語行動として、自分の気持ちをはっきりと伝えることが重要になってきたのである。つまり、これまでは自分の〈困惑・恐縮〉の体を聞き手を意識せずに個人的につぶやくだけであったのが、相手の行為を〈批評・評価〉して、それを相手に表明するようになってきたのである。

『日葡辞書』では、クヮブンが比喩的ではあるが、感謝表現であることが明記されている。

Quabunna. クヮブンナ(過分な) 豊富な(もの)、または、沢山な(もの)。¶また、比喩。ありがたく思って謝意を表わす言葉。

Quabunni. クヮブンニ(過分に) 副詞。豊富に、あるいは、沢山に。¶Quabunni zonzuru.(過分に存ずる) 深く感謝する。あるいは、非常にありがたく思う。

クヮブンは、かなり早くに話しことばになっていたようであり、狂言によく使用されている。狂言での使用については、次節(第三節)「狂言の感謝表現」において扱う。クヮブンは、多すぎるということであり、分不相応であることを示す。これは、ミョウガナイと同じく、「自分の相応した程度以上に、あるいは、予期した以上」なのである。

『日葡辞書』において、漢語の感謝表現として上がっていたものとしては、他に「珍重」「満足」「過当」「悦喜」があった。その中では「過当」と「悦喜」に対しては文書語という注記があった。「過当」は「過分」と同じ意味である。クヮブンが話しことば的であるのに対して、「過当」は文書語的という、文体の違いがある。「満足」「珍重」「悦喜」は喜びの表現である。『政基公旅引付』には「満足」と「過当」の使用はないようである。「珍重」や「悦喜」については次のような例がある。「珍重」は農民による念仏風流に対するお礼として用いられている。また、「悦喜」は早く返済してくれたら嬉しいという意で使用されている。

又大木・菖蒲両村ニ各百疋宛遣折紙、終夜之興可為珍重哉

（文亀元年〈一五〇一〉七月十五日）

猶々申候、番頭ニ被仰付候て、きと御返弁候ハヽ、悦喜申候へく候

（文亀元年八月二十二日　明尊から奉行所少輔殿〈信濃小路長盛〉）

「満足」と「過当」については他の文書から引用しておく。『看聞日記』では「満足」を含め喜びの表現が羅列されている。また『信長文書』でも「過当」などの感謝表現の羅列となっている。

御筵、御枕、男共蚊帳〈まて〉送給、祝着満足快然、珍重至極

（伏見宮貞成親王『看聞日記』永享七年〈一四三六〉八月二十五日）

殊更扇子拾本、忝令頂戴、誠過当千万、恐悦至極候

（『信長文書』天正九年〈一五八一〉六月）

『日葡辞書』では感謝表現として扱われていないが、後に感謝表現としても使用されるモッタイナイ（勿体無い）とリョグヮイ（慮外）についても見ておきたい。『日葡辞書』ではそれぞれの語について次のように説明されている。なおリョグヮイ・リョグヮイナは補遺での項目である。

Mottainai.　モッタイナイ（勿体ない）　堪えがたい（こと）、または、不都合なこと。

Riogua.　リョグヮイ（慮外）　Vomoino foca.（おもひの外）　はからずも、または、思っていたのとは違って。
Rioguaina.　リョグヮイナ（慮外な）　思っていたのとは違って起こった（こと）　文書語。

モッタイナイ・リョグヮイともに感謝の意は見られない。モッタイナイにはマイナス的な意味が記載されている。一方のリョグヮイは意外を表す語であることがわかる。

『政基公旅引付』におけるモッタイナイは、『日葡辞書』の記述にある「堪えがたい」や「不都合」の意ばかりである。

九条殿様御領日根野・入山田事、御押妨之儀未休之由驚存候、於此御領者不可昆《混》□《自》余候、厳重被仰付候者、被対当方可為無御等閑験之処、如此御無沙汰無勿体候

（文亀元年三月二十二日　安富元家から和泉下守護代である斎藤勝実宛書状）

（九条殿様御領日根野・入山田の事。御押妨の儀、いまだ休まざるの由、驚き存じ候。この御領においては、自余に混ずべからず候。厳重に仰せ付けられ候はば、当方に対せられ、御等閑なき験たるべきのところ、此の如き御沙汰、勿体なく候。）

この書状では、日根野や入山田は九条政基の御領であるにも関わらず、下守護がいまだに法に背いてその領地に入り込んで勝手にふるまっている。もし取締が厳重に行われているなら、当方に対しては良い効果があるはずなのに、このような結果になっていることを「堪えがたいこと」だと述べている。相手側の行為が自分にとって、失礼な振舞であり、「堪えがたい」のである。次の年の文亀二年十一月十三日付けの安富元家から斎藤勝実への書状にも、モッタイナイの使用が認められる。

就日根野・入山田村之事、尊報之趣驚存候、以代々御支証御当知行之間、被成御下知上者速可被止其妨御事候、但如承子細候者、被出帯御証文於　公方可有御落居之処、不能其儀時者一向自由御申候哉、無勿体存候

（日根野・入山田村の事につき、尊報の趣、驚き存じ候。代々御支証をもつて御知行の間、御下知を成さる上は、速や

かにその妨げを止めるべきの御事に候。但し承る如き子細に候はば、御証文を公方に出帯せられ、御落居あるべきのところ、その儀に能はざる時は、一向自由の御申しにや候や。勿体なく存じ候。）

斎藤勝実から届いた書状に対して安富元家は怒りを示している。九条政基は、はっきりとした証拠があって、日根野村や入山田村を支配しているのであるから、その邪魔をやめるべきである。聞くところでは、将軍足利義澄による裁断が進まないような時は思う存分気ままに振舞うと言っているようだが、それは「堪えがたいと思う」と述べている。このように、相手の行為に対して〈批評・評価〉を下しているのである。

古記録や古文書類を見ていくと、多くのモッタイナイの使用例を拾うことができる。『「鎌倉遺文」にみる中世のことば辞典』（ことばの中世史研究会編　東京堂　二〇〇七）における「勿体ない」の項によると、中世ではおもに『日本国語大辞典　第二版』に記載されている「あるべきさまをはずれていて不都合である」という語義で使用されていたようである。本書によると、「勿」で書く「無勿体」と「物」で書く「無物体」とが同義で使用されており、またほぼ同数の用例が見られるという。確かに、東京大学史料編纂所のデータベースで検索すると、「無物体」は東寺百合文書や金沢文庫文書などに見られる。

インターネット上で容易に閲覧できる東寺百合文書（東寺百合文書ＷＥＢ）では、次のように「無物体」で表記されている。

・猶々下向是時　其条御沙汰はす候ける　無物体候　是は一向御方の御とくと存候　如何

（「厳□書状」は函一五二／大日本古文書は八一）

・もとより　其条を可有御沙汰候けるに　返々御無沙汰　無物体候〳〵

（「某書状」に函三六四／日本古文書に三二三）

古文書における「無勿体」と「無物体」との併用はモッタイの漢字表記が以前は「物体」であったことを物語っていよう。新村出が「「勿体ない」といふこと」で述べていたように、『伊呂波字類抄』の「も」の畳字に「物体」が登載されているのも納得がゆく。ただし、『下学集』が「勿ハ無也　勿体二字即無レ正躰義也」と記述しているように、十五世紀中頃には「物体」という表記であったことが次第に忘れられて、「勿」を否定辞として、「無」と同義と解釈するようになったのである。そのことによって、「無勿体」では二重否定になってしまい、語構成と語義とが一致しないことから、「ない」を強意の接尾辞など、否定の意ではないと考えるようになった。これは、ミョウガナイにおいても同様なことが生じている。このことについては第二部の「「冥加」系感謝表現とその周辺」で詳しく扱う。

先に述べたように、モッタイナイの多くの例が「不都合」「堪えがたい」という意味である。しかし古記録や古文書では感謝の意を表しているような例が見受けられる。『時代別国語大辞典　室町時代編』では、②「その人の分際として、問題とする事態がおそれ多いと思われるさまである」の用例として、次のものが上がっている。

彼哥合判詞、午後書二終之一、遣二阿野許一。及レ晩相公来。不審所々被レ尋レ之。自レ是直可二持参一云々。則又有二使者一、令二披露一之処、費レ筆之条無二勿体一、言語道断殊勝之由被レ仰云々。畏申了。

（『実隆公記』永正七年〈一五一〇〉五月十六日）

日記の内容は次のようである。将軍である足利義尹から依頼のあった哥合わせの判詞を午後に書き終え、伝奏であった阿野季綱の許に遣わした。息子である公条（相公）が晩に来た。それは不明な箇所についての質問であり、これからすぐに持参しなければならないとのことである。その後、使者が来て、将軍の義尹から、「意見を求めさせたところ、筆を無駄に使わせたによって「勿体無い」ことであった。大変すぐれているとのことであるという仰せがあった。それに対して恐縮の体を申し上げたという、内容である。足利義尹が当代一の歌人である実隆の手を煩わせたことを失礼に思っているのであろう。自分の失礼さを示すことによって相手に謝意を表しているのである。
『毛利家文書』にも次のような例がある。

・連々心底之通申上候処、為御返事、御内証以御神文被　仰聞候段、誠之無勿体趣申上候、（中略）被　仰聞条々、生々世々忝奉存候事

（慶長六年〈一六〇一〉九月十日　毛利宗休〈元政〉起請文　榎中〈榎本元吉〉宛）

・先度者御内証、宰相様《（秀元）》御同前ニ具被仰聞候段、誠々生々世々忝次第、中々申上も疎候〳〵、幾度申候ても、今度不思議之成行にて、去年已来彼是御心遣、さても無勿体存計候〳〵

（年不詳　八月七日　毛利宗休〈元政〉　榎中宛書状）

ともに文の最後に「右於偽申者、日本国中大小之神祇、弓矢八幡、別而者厳嶋両社大明神、愛宕、白山、天満大自在天神之可罷蒙御罰者也、仍誓紙如件」（慶長六年の書状による）のような記述が付されており、安芸毛利氏の当主である輝元（慶長六年）や、輝元・秀元（年不詳）への誓いを示す神文（起請文）であることがわかる。前者は、宗休（元政）が申し上げたことについて、毛利輝元が神文（起請文）を用いて聞き入れた旨を伝えてきた。そのことに対して、「誠之無勿体趣申上候」と述べている。一方後者は、輝元や秀元から去年以来様々な心遣いを受けたことを「無勿体存計候」と述べている。身分の高い人からの分不相応な待遇に対して、感謝の意を述べているようである。

リョグワイ（慮外）も『政基公旅引付』に使用されている。ミョウガナイやモッタイナイと比較すると多用されている語と言える。リョグワイは、『日葡辞書』では「思っていたのとは違って」という、ミョウガナイの説明にあった「予期した以上」と通じるような意味記述がなされていた。この『政基公旅引付』では「意外さ」でもマイナス的な意味で使用されている。

・当国在庄之間、依為守護□礼遣之処、不請取子細何事哉、慮外〳〵

（文亀元年四月四日）

（当国在庄の間、守護たるにより、礼として遣はすのところ、請け取らざる子細何事や。慮外〳〵。）

・老者今下向之処、其方披官人佐竹猶及押妨之沙汰、慮外無極候

（文亀元年四月五日）

（老者、今下向せしむるのところ、その方披官人佐竹、なほ押妨の沙汰に及ぶの条、慮外極まりなく候。）

「慮外」についての先行研究として、欒竹民「「慮外」の意味変化について」（『日本と中国のことばの梯　佐治圭三古稀記念論文集』くろしお出版　二〇〇〇）がある。そこでは、古記録や古文書を用いて、リョグヮイの意味変化の過程について考察している。その論考では、リョグヮイを感謝表現として認めており、古記録や古文書において感謝の気持ちを表している例として次のものが挙げられている。しかし、用例を見ていくと、それらの用例が欒の言うような「有難く、かたじけない、恐縮」の意としてよいのか疑問に思えてくる。

・十日　晴、奉行職事々、重申遣了。

其後以外鬱々、慮外、兼又大祀御奉行事御訪之儀申定候、此上者存知勿論候、早々可有申御沙汰候、事々期面候、謹言

（親長卿記　文正元年〈一四六六〉六月十日）

・此間恐鬱慮外存候、兼又花山へ遣書状候、内々状にも、以此旨可令洩申給、尚顕頓首謹言

（宣胤卿記　永正三年〈一五〇六〉十一月十九日）

・久不申通、恐鬱無極候、余面談之次も候はて慮外候

（宣胤卿記　永正十四年〈一五一七〉後十月十二日）

これらの用例において、リョグヮイは「鬱々」「恐鬱」「候はで」という表現とともに使用されている。「鬱々」は『日葡辞書』に「Vtut　ウッウッ（副詞）。不愉快であること、または、ひどく心がふさいでいること。文書語」とあるように、感謝を表すのに適した表現とは思えない。また「恐鬱」は『日葡辞書』には見出し語として登載されていないが、古記録における「恐鬱」の例を見ていくと、ここに挙げた三例目の「恐鬱」に見られるように、その前に

「久不申通」「不入見参」「其後良久不啓案内」などといった否定表現が現れることが多い。このようなことから、この「恐鬱」はお詫びの挨拶表現として使用されているのではなかろうか。三例目のリョグヮイも「面談之次も候はで」と否定表現が続いている。

これらの例はいずれも、相手からの厚意に対する返答ではない。したがって、欒が述べるような「差出人の受信者への感謝の気持ちを表」している例とは言いがたい。感謝の意を表す「かたじけない」と「恐縮」とを一緒に扱っていることが問題である。このことは辞書の意味記述についても言えることである。「恐縮」には、相手に迷惑をかけて身も縮まるほど恐れ入る場合と、相手からの厚意を受けて身も縮まるほど恐れ入る場合とがある。両者の根幹に〈困惑・恐縮〉が共通して存在していることは間違いないが、現代語で解する場合には単に「恐縮」と記すだけでは曖昧なのである。両者の違いは、これまでに何度も書いているように、そのもとになった行為者の違いにある。相手からの行為（厚意）であれば感謝であり、それが自分の行為であればお詫びなのである。感謝表現はあくまでも相手からの厚意に対するお礼の表現なのである。

古記録類において、リョグヮイが感謝の意を表すことがないわけではない。萬里小路時房の『建内記』には次のような例が見られる。

追伸　私御巻数拝領、慮外之至候、御祈念喜入候、期面謝候　（文安四年〈一四四七〉年十二月十五日）

ただしこの例の場合、感謝を表すと言うよりは、驚きを示していると言った方がよいかもしれない。感謝は、後に続く「御祈念喜入候」並びに「期面謝候」が表していよう。リョグヮイは、漢字表記「慮外」の字義の通り、思いの外であり、すなわち予想外なことを表すのである。予想外には、良い場合もあれば、悪い場合もある。良い場合の一つが相手からの厚意ある行為である。その厚意に対して、予想外の思いや驚きを表すのがリョグヮイの感謝表現としての使用である。方言では、佐渡に見られる、ナンノコッタロやドーナルヤラがこれと同じ発想法によるものだと思われる。

江戸時代に話しことばとして用いられていた漢語系感謝表現は、いずれも中世後期において、貴族の日記や古文書などに使用されていた表現であることが確認できた。池上禎造は、「近代日本語と漢語語彙」（『金田一博士古稀記念言語民俗論叢』三省堂　一九五三）において、中世末期のキリシタン文献である『金句集』を扱い、その格言の内容を和らげた「心」に漢語が使用されていることを示し、ある種の漢語では口語化が進んでいたことを指摘している。また、近世の文献において、漢語に対するあて字や仮名表記がかなり見られることも、漢語の口語化を意味していよう。このような漢語の口語化という現象の流れに従って、漢語系の感謝表現も話しことばとして使用されるようになったのである。中世から近世にかけて多くの漢語系感謝表現が使用されていたが、現代でも共通語として使用されているのは、モッタイナイぐらいであろうか。しかし、この表現も今日では感謝の挨拶表現としてはあまり用いられなくなった。

中世においては、クヮブンと同じような発想による表現が多く出現してきている。すなわち、『日葡辞書』のミョウガナイの項の説明を利用すれば、「自分に相応した以上に、あるいは、予期した以上」（分不相応）ということなのである。モッタイナイもミョウガナイも、リョグヮイもそうであった。これらの表現は、基本的には相手の行為に対する〈批評・評価〉に基づく表現である。そこには、困惑や、高貴な人に対しての恐縮も含まれている。

第三節　狂言の感謝表現

狂言資料は日本語史においては中世語の資料として扱われることが多い。『日本国語大辞典　第二版』では、一六四二年に書写された大蔵虎明本だけでなく、一七九二年書写の虎寛本までも、室町末から江戸初期の資料として扱われている。しかし、柳田征司の研究、

「大蔵流狂言に見える、お礼のことば『有難い』と『忝い』について」（『国語学』六七　一九六六）

「虎明本狂言と虎寛本狂言との語彙の比較―困惑の気持を表わす感情語彙に就いて―」（『安田女子大学紀要』一　一九六七）

ともに『室町時代語資料による基本語詞の研究』（武蔵野書院　一九九一）に所収

で明らかにされているように、虎明本と虎寛本とでは使用されている語が異なっている。それは時代による変化の反映であり、両者を対照させることによって、日本語の変化を辿ることが可能となる。ここでは、近世初期に書写された虎明本をもとに、中世末・近世初期の感謝表現を考えていきたい。第一章第五節「『日葡辞書』における感謝を表す語（表現）」で扱った『邦訳日葡辞書』の記載順に従って扱っていく。ただし、アリガタイについては次章（第四章）第一節「アリガタイの登場」で扱うことにする。

まずはカタジケナイである。『日葡辞書』はこの語をその当時の代表的な感謝表現としていた。この語は、『日葡辞書』に記されている通り、狂言においても一般的な感謝表現であり多くの例を見ることができる。

・男二「わたくしも内〳〵まち申たに、早々御出かたじけない　男二→男一〈同輩〉（連歌毘沙門）

・雷「さても〳〵なんぢは上手かな、汝を則《すなはち》神になさう　医師「それはかたじけなふござらう　雷「かみなりのてんやくのかみになさうぞ　医師「それもかたじけなひ（雷）

・主「あふいつも酒をのませてやるに、はつたとわすれた、一はひのふでゆけ　太郎冠者「いや下されまひ　主「さあさあのめ　太郎冠者「是は又かたじけなふ御ざる、さらは一はい下されう（抜殻）

カシコマルは、謝意というよりは、ここでは了解した意で使用されている。

・福の神「先みきをくれい　男「畏て候　（福の神）

・閻魔王「汝はきどくな事をいふた、其儀ならはそれをおこせひ、極楽へとをさう　博労「かしこまつた　（博労）

チンチョウ（珍重）は虎明本には見られない。『日葡辞書』に記述されていたように文書語であったからであろう。

マンゾクシタ（満足した）はよく使用されている。ただし、これは目上からの発言に見られるものである。

・鞨鼓売「申〳〵、是へもつてまいつたかつこは、そさうなで御ざる、やどに見事なが御ざる程に、御子息様に進上申さう　目代「満足した　（鍋八撥）

・妻「（前略）わらはがかせいでやしなひまらせう程に、心安ふおもやれ　夫「それは満足した　夫→妻　（川上）

ミョウガナイ（冥加ない）については、第二部「「冥加」系感謝表現とその周辺」で詳しく扱うが、この大蔵虎明本には三例の使用がある。いずれも「止動方角」での用例であり、係助詞モが入ったミョウガモナイの形での使用である。また、「みやうがもござらぬ」という表現で、「連歌盗人」に一例見られる。この例においては、ミョウガモナイのナイが「ござらぬ」と丁寧形になっていることから、ナイは非存在の「無い」であることがわかる。

「止動方角」の三例から見てみよう。最初の二例は相手（主人）からの申し出に関わるものであり、その返答である。丁寧表現「ござる」が用いられている。その申し出は一例目は命令的なものであり、二例目は主人の意思的なものである。一例目は、主人が困った状況にいるために、主人の命令で本来は主人がするべきようなことを太郎冠者が行うのである。二例目は、太郎冠者の要望に従って、太郎冠者が主人を下僕のように呼ぶのである。いずれも太郎冠者にとっては分不相応な行為をすることになり、いずれの場合もミョウガモナイが辞退の意を表している。

①主人「汝は馬をとりはなすな、其まゝのつていよ　〽やう〳〵おきて、下人のつてゆけと云　太郎冠者「それはみや

うがもなひ事でござる程に、はやうのらせられひ

②主人「汝が心中かはひ事じや、さらは身共が内の者にならふ程に、ようでみよ　太郎冠者「それはみやうがもなひ事でござる

三例目は二例目に続くものである。実際に主人を下僕のように呼び、それに対して主人が下僕のように応答した場面である。

③主「いやくるしうなひ事いそいでよべ　太郎冠者「やい〳〵こひやひ　へつくばう　主「あつと　太郎冠者「なふ〳〵みやうがなひ事や、ばちがあたりまらせう　主「身どもがてんじや程に大事なひ

これらは、後で扱うリョグヮイとよく似た場面で使用されている。両者の共通点と相違点を見るために、次節（第四節）「狂言における上からの申し出に対する表現」において、リョグヮイの用例と一緒に検討していく。

「連歌盗人」の例は、先にカタジケナイで扱った「抜殻」と同じくお酌の場面である。

亭主「さらは一つまいれ　男一「やれ〳〵かたじけなひ、殊におしやくで、みやうがもござらぬ

亭主がお酒をついで下さったことに対して、ここではまずカタジケナイと感謝の挨拶を述べている。さらに亭主みずからがお酌をして下さったことに対して、ミョウガモゴザラヌを用いてさらに感謝の度を強くしているのである。

この「連歌盗人」のミョウガモゴザラヌに対応する虎寛本での表現は次のようになっている。

亭主「さあ〳〵、一つ呑うで行しめ。　シテ「是は　忝《かたじけなう》　御座る。是へ被下い。　亭主「身共が酌をしておまさう。シテ「是は慮外に御座る。夫成らば一つ給《たべ》ませう。

虎寛本の時代にはミョウガナイの使用が廃れたために、他の表現に置き換わっている。リョグヮイは、前節（第二節）「漢語系感謝表現の源流」で見たように、意外さを示す表現であり、主にマイナス的な意味で使用されていた。

虎寛本の頃においても同様であったが、感謝を表すような表現としての使用は、「連歌盗人」の例のように、目上からのお酌の場合にほぼ限られており、慣用的な表現になっていたようである。

クヮブン（過分）は、あまり多くはないが、そこそこ使用されている。下から上への表現で使用されている。後の近松の作品になると、上から下への表現へと変化している。

・大名「此あふぎをとらする　新座「過分にござる　（秀句唐傘）

・教え手「かならずもつて帰て、ちとすそわけさしめ　聟「かたじけなふこそござれ、おしへさせらるゝ、さへ御ざらふに、ゐほしまでかさせられて、過分にござる　（鶏聟）

クヮタウ（過当）は、『日葡辞書』に文書語と書かれていたように、話しことばが中心である狂言には出現しないようである。

ウレシイは、喜びの表現である、喜びの表現は、場合によっては感謝の意を表す。目上から目下の場合には、単にウレシイを用いる。この場合、単なる喜びなのか、そこに感謝の意が含まれているのか判断がむずかしい。一方、目下から目上に使用されている場合には、非常な喜びを表している。この場合には、先にカタジケナフゴザルのような感謝表現があって、その後にウレシウゴザルの形で出現する。感謝の表現、そして喜びの表現の順である。

・太郎冠者「もどつて御ざる　果報者「やれ、ほねおりや、すゐひ（ろ）がりをもとめてきたか　太郎冠者「中〳〵もとめてまいつてござる　果報者「やれ〳〵うれしや、まちかねた　果報者（上）→太郎冠者（下）　（末広がり）

・麻生「（前略）なんぢら二人は今までつめていた程に、くだつたらはくわつとふちをせうぞ　藤六・下六「それはかたじけなふござる　麻生「馬にのせふぞ　藤六・下六「なを〳〵うれしう御ざる　藤六・下六（下）→麻生（上）

（麻生）

喜びに関わる表現として他にエッキ（悦喜）がある。エッキは、本人の喜びではなく、頼んだ人（身分の高い人）が多分喜ぶであろうと推測している場面で使用されている。

・太郎冠者「それはまんのふしやでござる、たのふだ人に申たらは、一段〱つきでござあらふ　（鼻取相撲）

・夷「某がむこにならふと申たらは、彼者は一段〱つきいたさう　（夷毗沙門天）

「入間川」では入間ことばが主題となっている。入間ことばとは、逆《さか》さことばのことであり、逆の意味の語を使用するのである。大名が入間の何某に京扇や太刀などをプレゼントした際に、何某に対してそれを受け取った気持ちを尋ねている。そこには、上の者が使うことば（マンゾク、ウレシイ）と下の者が使うことば（クヮブン、カタジケナイ）との違いが見られる。

　大名「そなたの為にはふかしひ事でなひとおもやらふが、身のまはりこし刀までしんぜた程に、しんしつうれしゐか、うれしうなひか、有《あり》やうにおしやれ　入間「真実うれしうはぞんぜぬ　大名「いやそれはいるまやうでこそあれ、そのいるま言葉をのけて、まんぞくなか、満足になひかおしやれ　入間「いるまやうをのけても、過分には御ざらぬ　大名「そなたはきこえぬ、いるまやうをのけてといふに　〽と云てはらをたて、つきたをす　入間「扨はいるまやうをのけてか　大名「中〱　入間「ぞんじもよらぬに、色々の物をもらふて、うれしうなひと申事がござらふぞ、身にあまつてかたじけなふ御ざる　〽と云ていただく　大名「身にあまつて忝《かたじけない》とおしやるは、うれしひなひといふ事じや程に、こちへおかやしやれ　〽と云て皆とりかへす

次からは、『日葡辞書』においては感謝の意味では記述されていないが、中世や近世、あるいは方言で感謝表現として使用されているものである。ここで扱う語は、デカシタ、ハバカリ、ホネオリ、ゴクロウ、メイワク、モッケ、

モッタイナイ、リョグヮイ、タイギである。これらの語が『日葡辞書』でどのように記述されているのか確認してみよう。

Decaxi, su, aita. デカシ、ス、イタ（出かし、す、いた）物事をし終える。¶また、それを完全になし遂げる。

Fabacari, u, atta. ハバカリ、ル、ッタ（憚り、る、つた）気おくれし、畏敬する。例、Fitouo fabacaru.（人を憚る）ある人に対して恥ずかしがる。気おくれする。または、畏敬する。（後略）

Foneuori, ru, otta. ホネヲリ、ル、ッタ（骨折り、る、つた）骨を折る。これは下人どもを、仕事をした後とか、仕事をしている最中とかに、ほめる言葉である。〈補遺〉

Gocurǒ. ゴクラゥ（御苦労）苦労・難儀の意を尊敬して言う語。例、Gocurǒ atte cudasarei.（御苦労あって下されい）たとえ骨折りであつても、このことをして下さるように御願いします。

Meiuacu. メイワク（迷惑）苦悩、あるいは、心を痛めること。例、Meiuacu Xenban nari.（迷惑千万なり）この上ない悩みと苦しみとを感じる。

Meiuacuna. メイワクナ（迷惑な）心を痛ませるような（こと）、または、苦悩を引き起こすような（こと）。

Mocqe. モッケ（物怪）不幸なこと、あるいは、悪い事や堪え難い事などが思いがけなく起こること。

Mocqena. モッケナ（物怪な）同上。

Mottainai. モッタイナイ（勿体ない）堪えがたい（こと）、または、不都合な（こと）。

Mottainasa. モッタイナサ（勿体なさ）ある物事が、堪えがたいこと、または、不都合であること。〈補遺〉

Rioguai. リョグヮイ（慮外）Vomoino foca.（おもひの外）はからずも、または、思っていたのと違って。〈補遺〉

Rioguaina. リョグヮイナ（慮外な）思っていたのとは違って起こった（こと）。文章語。〈補遺〉

Taigui. I, taiguina. タイギ。または、タイギナ（大儀。または、大儀な）Vôqinarugui.（大きなる儀）大きな（こと）、
　骨の折れる（こと）、または、困難な（こと）。
Vosoregamaxij. ヲソレガマシイ（恐・畏れがましい）人が気恥ずかしさや尊敬の念を抱くとか、畏れ敬う態度を
　取るとかするような（こと）。

これらの語が、虎明本ではどのように扱われているのか一語一語確認していく。

まずは、デカシタから。新潟県佐渡市における感謝表現として有名である。『日葡辞書』には「物事を完全に成し遂げる」という意味が記されている。虎明本では、上から下へのお誉めの表現として用いられており、感謝表現とまでは言えない。上の者が要求したことを下の者が成し遂げたことによって、お誉めの表現となり、また感謝のシステムが変化したことによって感謝をも表すことになったのであろう。このようなお誉めや労りの表現があったから、近世になって上位者において感謝表現の受け入れが可能となったのである。狂言においては、サ行イ音便が保たれていることから、デカイタとなっている。

・越前「おほぞらに、はゞかるほどの餅もがな、いけらふいちごかぶりくらはむ　奏者「一段とでかいた　（餅酒）
・有徳人「やれ〳〵三人の者共が、はやし物できた、でかひた、是は又めでたひ　（三本の柱）

前者は越前の百姓が和歌を作ったことに対して、後者は囃子がうまくできたことに対してのお誉めである。一七九二年書写の虎寛本になると、デカイタは繰り返し表現になっており感謝の意に近い意味で使用されている。

シテ（主人）「エイ、戻たか。太郎冠者「唯今戻りました。シテ「やれ〳〵大儀や。して〳〵云付けた末広がりを求めて来たか　太郎冠者「まんまと求めて参りました。シテ「出かいた〳〵。早く見せい　（末広がり）

次はハバカリである。『日葡辞書』では、「恥ずかしがる。気おくれする。畏敬する」とある。カタジケナシと同じ

く、〈困惑・恐縮〉の発想のもとで生まれてきた表現である。近世ではハバカリナガラとかハバカリサマの形でよく使用されるようになる。特にハバカリサマは、ちょっとした感謝の表現として、特に女性がよく使用する軽い感謝表現である。ハバカリナガラは、「恐れながら」や先のリョグヮイナガラと同じであり、相手（あなた）にとっては失礼であろうけれどもという意味である。ハバカルとは、相手の力や大きさなどを恐れて、相手との距離を置くことである。人の目を憚ることから、明治以降トイレの意味でも使用されている。ただし、虎明本では他人に対して使用している例は次のものだけのようである。この例は、きちんとした台本による詞章ではなく、筋書きのようなところに書かれている。この場合は、感謝表現ではなく、自分の意見を述る際に、相手の不愉快さを軽減するための前置き表現になっている。

勅定をそむき申にては御ざなく候、はゞかりにぞんじ候へ共、先此度はいかやうにも御奏聞候て、廿日なり共御用捨あれかしと存候（橘）

次はねぎらい表現のホネオリである。『日葡辞書』では上から下への誉めことばとある。デカシタとの違いは、『日葡辞書』に記されているように、仕事の最中においても使用できることである。中世ではよく使用されていたが、タイギ（大儀）が使用されるようになると用いられなくなる。重々しい漢語の表現が好まれたからであろう。次の例は、「末広がり」であるが、虎明本の例は前にウレシイの例として扱ったものである。一方、虎寛本のはデカイタの例で扱ったものである。両者を対照させると、喜びのウレシイがデカイタに、またホネオリがタイギに変化していることがわかる。このようにして、狂言の詞章は変わっていくのである。

・果報者「太郎冠者もどつたか　太郎冠者「もどつて御ざる　果報者「やれ、ほねおりや、すゑひ（ろ）がりをもとめてきたか　太郎冠者「中〱、もとめてまいつてござる　果報者「やれ〱うれしや、まちかねた（虎明本）

・シテ（主人）エイ、戻たか。太郎冠者「唯今戻りました。シテ「やれ〳〵大儀や、して〳〵云付けた末広がりを求めて来たか。太郎冠者「まんまと求めて参りました。シテ「出かいた〳〵。早く見せい　（虎寛本）

ゴクロウ（ご苦労）は虎明本には登場していない。『日葡辞書』に「苦労・難儀の意を尊敬して言う語」とあるように、下から上への依頼表現として用いられていたようである。例えば、西鶴の『世間胸算用』（一六九二）に次のようにある。

「箱屋の九蔵、今のさきに掛乞《かけごひ》と云分《いひぶん》いたされまして、首しめて死なれましてござる。夜半《やはん》過ぎに、葬礼《さうれい》いたします。御苦労《ごくらう》ながら、野墓《のばか》へ御出《おいで》たのみます」と来る。　（巻五・三　平太郎殿）

虎寛本になると、次のように使用されている。この箇所は虎明本の「右近左近」にはない。

是は何れも様近頃御苦労に存まする。御免有りませう。通りまする、などと云て　（右近左近）

メイワク（迷惑）は、青森県弘前市や島根県で感謝表現として使用されている。『日葡辞書』では「迷惑千万」を例文として、悩みや苦しみの意味であるとしている。メイワクとは、自分自身の心の迷いであり、すなわち困惑のことである。現在では例えばメイワクカケタ（迷惑掛けた）の場合であれば、自分が行ったことによって相手が困るという意味で使用されている。言い換えれば、相手が困ることを自分が行ったのである。一方メイワクダ（迷惑だ）は、現代では相手の行為によって自分自身が困って不快に感じていることである。方言において、感謝を表す場合は、相手からの厚意に対してとまどっているという、カタジケナイと同じく〈困惑・恐縮〉の発想によるものだと考えられる。この虎明本では、相手からのあまりうれしくない行為に対して困り、場合によってはそれを辞退する意で用いられている。大塚光信『抄物キリシタン資料私注』（清文堂出版　一九九六）の第十一章「（付）迷惑」では次の例を指摘している。

・奏者「（前略）さやうの事は、此奏者はぐどんな者で、申上る事はならぬほどに、汝らが、お白砂へまいつて直に
申上い　丹波「これは迷惑でござる、申上る事は中〳〵なり（ま）すまひ　（昆布柿）

さらに次の例においては、昆布売の前の方のメイワクは、それに続く「たゞござれ」から辞退の意がはっきり読みとれる。そして、後の例では恐縮の体を表している。前者の例は大名よりも前に歩くように言われたことについて、後者は大名から御礼を言われたことに対して使用されている。それぞれ困惑を表明することによって、辞退や恐縮の意を表しているようである。『狂言記外五十番』の「猿靫」のメイワクもこの用例と同じである。

・昆布売「さあらはまいらふ　大名「かうゆかしめ　昆布売「是はめいわくでござる、たゞござれ（中略）
大名「はじめたる人中《ママ》はいかゞながら、ちとそなたにむしんをいひたひが、きひておくりやらふか　昆布売「某
に　にあふたる事でござらは、やすひ事でござる　大名「まつお礼申　昆布売「それはめいわくでござる（昆
布売）

・大名「これ〳〵猿引《さるひき》、無心言《むしんゆ》ひたいが聞《き》こうか　猿引「何成ともうけたまはりませう　大名「過分《くわぶん》におじやる、
御礼申さう　猿引「迷惑《めいわく》な　（靫猿）

また、『抄物キリシタン資料私注』の注に挙げられている沢庵の書簡に見られる次のメイワクは、相手からの厚意に対して使用されていることから、現代の感覚からすれば感謝の意を表しているように読み取れる。

○酒井讃州は御国へとく御上にて候　我等方へも御状共御出置候テ銀子なと給候　迷惑仕候

沢庵の書簡においてはメイワクが困ったという意味で使用されることが多いが、「迷惑仕候」とある時は「ご迷惑をおかけしました」というような意味合いで用いられている。現代におけるスミマセンによる感謝表現と同じく、相手の厚意に対して迷惑をかけているという意識がそこに見られる。このような意識が、近世後期の感謝の発想法であ

る〈配慮・気遣い〉につながっていくのであろう。

モッケ（勿怪）は、山形県鶴岡市近辺における代表的な感謝表現である。『日葡辞書』では、不幸なことなど、マイナス的なことが思いがけなく起こることと記されている。もとはリョグヮイ（慮外）と同じく、「予想外」のことを指す表現だったようである。『保元物語』（新大系本が底本とする半井本）には次のような例がある。

「金子十郎家忠、生年《しやうねん》十九歳。戦《いくさ》ハ今日コソ始《はじめ》ナレ」トテ、弓ヲ弓手ノ肩ニ懸《カケ》、太刀ヲ抜《ぬい》テ蒐入《カケイリ》ケリ。八郎、是ヲ見テ、「家忠ト名乗《なのる》男《をとこ》ハ、モッケノ奴哉《カナ》。（中　白河殿攻メ落ス事）

新大系の注では「けなげな奴。殊勝な奴」としているが、これは彰考館蔵文保本に「ケノヤツ」とあり、その「ケノヤツ」によって解釈してきたこれまでの注釈書の影響を受けていると思われる。虎明本では、『日葡辞書』の説明通り、「予想外」の意で使用されている。相手からの返事の内容が自分の想定していたこととあまりに違っていると〈批評・評価〉しているのである。

・教え手「あふさて、げいなどゝいふものが、俄にならふか、それならは芸をせぬ者は有るまひ　聟「さてもつけな事を致てござる　（八幡の前）

・妻「それならはおかせられい、隙をやる事はならぬほどに　夫「扨はひまをくるゝ事がなるまひか　妻「中〳〵　夫「さてもつけな事じや、何といたさうぞ　（花子）

次は、前節（第二節）「漢語系感謝表現の源流」でも扱ったモッタイナイ（勿体無い）である。『日葡辞書』では、堪えがたいや不都合というマイナス的な意味が記されている。虎明本には六例使用されている。

①主人「さて〳〵世間には、にた物が有とはいへども、今の者のほど《ママ》、ぶあくににたものはなひ、あまり不審な程にいて見う　太郎冠者「是は御もつたいもなひ事仰らるゝ、何がこなたのあれへござる所ではござらぬ、わた

くしがまいつてみて参らう　（武悪）

②主「さて〱おのれめはさたのかぎりな事をした、さだめてすて、おいた物であらふほどに、某がいてとつてこふ　太郎冠者「やれ〱御もつたひなひ事を仰らるゝ、こなたのお命とかへさせられうずるか、さりとては御無用で御ざる　（清水）

③妻「（前略）それほど心にかゝつて、行《ぎやう》をせいでかなはぬとおもやる事ならは、何成共うちでの行《ぎやう》をあそばせ　夫「うちでの行は何がおりやる　妻「うでがうなりと、づかうなり共おたきやれさて　夫「なふもつたいなや、大ぞくの身で、そのやうな事がなるものか　（花子）

④藤三「（前略）ことにうるさしと云事は、ぶつきやうな事じや程に、今よりしてな仰られそ　女「なふうるさや、あのやうな事はきゝたうもなひ　藤三「是は言語道断もつたひなきお言葉かな、すいさんなる申事なれども、今よりしてうるさしと申事仰られな、ぶつきやうなることばにて候　（右流左死）

⑤牛博労「（前略）ある所へ行て牛を一ひきぬすみ給ふ、され共此びく五戒をよくたもち給ふによつて、ぬすみうじうらふといへはもつたひなし、たゞ牛うらふといへはまうかうかひをやぶる　（牛博労）

⑥吉田の何某「うちでの行が、なにがおじやるぞ　妻「うでがうなりと、づかうなりとたかせられひ　吉田の何某「もつたいなひ、大ぞくのみとして、そのやうな事がなるものか　（座禅）

③と⑥とは同じ内容である。モッタイナイは、先に見たように、『日葡辞書』には「堪えがたい、または、不都合なこと」とあり、そこには感謝に関する記述はなかった。ここの六例においても感謝の意は認められない。前節（第二節）「漢語系感謝表現の源流」で見たように、モッタイナイは「物体無い」であり、分不相応で本来のあるべき姿ではないという意味であった。

①と②には「御もつたい（も）なひ事（を）仰らる、」とあり、また④に関しては「もつたひなきお言葉かな」とあり、敬語とともに使用されている。①②④の「もつたい（も）なひ事」が指すのは相手の話した内容についてである。それに対して、③⑥は自分の行為について、⑤は牛博労が語っている話の主人公である比丘の行為について述べている。それでは、どのような点でそれぞれがモッタイナイなのであろうか。①では、武悪（以前の奉公人）がそこにいたようなので、主人が自ら確かめに行くと言っている。主人の前では太郎冠者が武悪を殺したことになっている。主人のことばに対して、太郎冠者はそのようなことはモッタイナイと言って、「わたくしがまいつてみて参らう」と答えている。その人物が武悪であるかどうか確かめに行くことは、主人がなさるような行為ではない。すなわち、主人とその行為とが釣り合わないのである。

②は、太郎冠者は清水を汲みに行くことを嫌がり、清水のところに鬼がいたから桶を置いて逃げてきたと、主人に説明した。ところが、その桶を主人が自ら取りに行くと言い出した。それに対して、太郎冠者がモッタイナイと述べ、取りに行けば鬼に喰われてしまい、あなたの命がなくなると言っている。これもまた、①と同じく、桶を取りに行くという行為が主人にはふさわしくないことを主張しているのである。

③では、夫は愛人と一緒に居たいために妻に対して数年間の修行に行くと言った。妻は夫に対して家で修行をしなさいと反論した。夫は家でどのような修行ができるのかと妻に問い返したところ、妻が腕香や頭香などをしなさいと答えた。腕香や頭香は本物の修行者の行うものであり、私は「大俗（まったくの俗人）」なので、そのような修行をすることは私には分不相応だと反論している。⑥も同じ内容である。これらの場合は、①②とは異なり、その行為を行うのは話し手であり、話し手のような身分の下の人間がそのようなことをするのは分不相応であることを表している。

④は、女性が「うるさや」ということばを用いたことに対して述べている。「うるさし」とは、物狂な（とんでも

ない）ことばであり、あなたのような人が使うようなことばではないと注意している。高貴な女性にはふさわしくないことばなのである。

⑤は、抜き出した箇所だけではわかりづらい。博労が相手をごまかすために、仏教説話を語って、自分の行為を正当化しているのである。比丘が「盗み牛（盗んだ牛）を売ろう」とする行為は、比丘としてはふさわしくない。また、盗み（盗んだこと）を言わずに、単に「牛を売ろう」と言うと、嘘を言ってはいけないという戒めを破ってしまう。本来ならば盗む行為自体が既に五戒を破っているのであるが、牛博労は自分が盗んだ牛を売ろうとしているので、それには触れていない。比丘にとってふさわしくない行為についてモッタイナイと表現しているのである。

以上のことから、①と②そして④は、身分の高い人物（あなた）がそのようなことをなさるのは、その人物にふさわしくない（不都合だ）という意味で使用されている。したがって尊敬語とともに使用されている。一方③と⑥の例は、腕香や頭香といった行は修行僧のなさるものであって、私のような大俗人にはふさわしくないという意味で使用している。⑤は、説話の中の話であり、行為をするのは比丘である。戒律を守らなければならないはずの比丘が、盗んだ牛を売ろうとする行為は比丘にはふさわしくないのだということになる。いずれも、行為をする人にとってその行為はふさわしくないのである。このように、モッタイナイはそのような行為に対するマイナス的な〈批評・評価〉を表す語であり、大蔵虎明本においてはモッタイナイが感謝を表していると思われる例は見られない。モッタイナイが感謝表現として扱われるようになるのは、感謝の発想法が〈配慮・気遣い〉になってからのようである。

リョグヮイ（慮外）は虎明本ではよく使用されている。マイナス的な用法での使用や、リョグヮイナレドモ（慮外なれども）・リョグヮイナガラ（慮外ながら）という副詞的な意味での使用が目につき、感謝表現としては使用されていないようである。先に見たように、リョグヮイはもともとは予想外と意味で使用されていた。しかしこの時代では、失礼という、自分から相手への行為について使用されている。例えば、『大蔵虎明本狂言集の研究』（表現社　一九八三）では、後に挙げる「すみぬり」に対しては「失礼」、「どぶかっちり」の例には「ぶしつけ。無礼」とある。また、「止動方角」の例に対しても「無礼ですが。ぶしつけですが」、「鎧」については「意外。思いがけない」という注を施している。

『大蔵虎明本能狂言集　翻刻註解』（清文堂　二〇〇六）では、「どぶかっちり」については注はないが、「すみぬり」には「失礼な」と注記して、『和漢通用集』と抄物の『玉塵抄』に見られる記述を挙げている。

「慮外《りよぐわい》　ろうぜきの義」（通用集）、「トレモケナケニハアレドモ、无礼ニ慮外存外ナソ」（玉塵、二九8ウ）

また、「鎧」の例に対しては、「慮外《りよぐわい》　ろうぜきの義」（通用集）」を挙げ、「通用集は他に「緩怠」と同意とするから、今のことばではほぼ「失礼」にあたる」と注記して、「すみぬり」の注とは異なる『玉塵抄』の次の記述を示している。

長者老人ヲコス心ソ、逆ナソ、リヨ外ナ、无礼《ブ》ナ心ソ　（玉塵、一四45ウ）

また「止動方角」の例に対しては、「失礼ですが、恐れ入りますが」と説明している。リョグヮイナレドモは目上への要望に関わる前置き表現としての役割を担っているようである。このように、リョグヮイはマイナス的な意味であった。

・大名「いざゝらはゆかふ、こひ〳〵、このはうへよびたけれども、おの〳〵お暇乞に御出あらふに、内に居てあはぬは慮外なり、あなたへいてゆるりといとまごひをせう　（すみぬり）

・勾当「汝にも何とぞしてくわんをさせたひと思ふ、くわんをせねは、平家をかたる事がならぬ、さりながらした稽古をはしたらはよからふ　菊一「それは忝なふ御さる私もそれかのそみて御され共慮外で御さると存て、ゑ申

さなんでござる　（どぶかっちり）

・果報者「（前略）なんぢ是に腰をかけい　太郎冠者「それはりよぐわいで御ざる　（鎧）

・太郎冠者「申〳〵ちとりよぐわひなれども、申たひ事がござる　（止動方角）

「すみぬり」において、「おの〳〵お暇乞に御出あらふに、内に居てあはぬは慮外なり」とあるように、リョグヮイは「失礼」の意であることがわかる。「どぶかっちり」の例について少し説明しておきたい。「私もそれかのそみて御され共」の望みとは、官を得て平家物語を語ることである。それがリョグヮイなのである。注釈書に記されているように、そのように思うことは「ぶしつけ。失礼」なのである。私にとってそれは分不相応な望みなのである。リョグヮイの使用には、目上からの意外な命令的な申し出や、目上への分不相応な要望が関わっている場合がある。このような使用は先に扱ったようにミョウガナイにも見られたことである。

①果報者「いや汝よめ　太郎冠者「是はしやうぎにこしをかけた者がよむ事でござる　果報者「それならは是非におよばぬ、なんぢ是にこしをかけい　太郎冠者「それはりよぐわいで御ざる　果報者「いやくるしふなひ、よろいのかけさせらるゝと思ふ　太郎冠者「尤もよひ御がつてんで御ざる　（鎧）

②聟「銀三郎　何某「お前に　聟「やれ〳〵かたじけなひ　〳〵つくばふ　何某「其やうに云てはうちの者のやうに有まひ程に、をしくつろひでよばしめ　聟「畏た、やい〳〵こひやひ　何某「あつ　聟「扨も〳〵りよぐわいな事で御ざる　何某「まだおぬしはじぎを云か　聟「かしこまつた　（樽聟）

一例目は、先の「鎧」の例であり、命令的な申し出である。それに対して太郎冠者は辞退をしている。二例目の「樽聟」の例は、目上が下僕のように返事をしている。ミョウガナイの「止動方角」の例に似ている。この①と②については、ミョウガナイとの違いを見るために、次節（第四節）「狂言における上からの申し出に対する表現」において、ミョウガナイと一緒に検討する。

リョグヮイは、予想外の驚きを表す語であったが、次第に失礼というマイナスの意味が強くなった。それも最初は相手からの行為に対して使用していたが、次第に相手への自分の行為に対して用いるようになってきた。リョグヮイを感謝表現として使用するのは、先に述べたように、おもに酒をついで貰った際のお礼の挨拶などに限定されているようである。虎明本には見られないが、虎寛本では目上からお酒をついで貰った時にリョグヮイが用いられている。この場合、辞退していないことから感謝表現と考えられる。ただし、「素袍落」に「是は慮外に御座るが」とあるように、そこには逆接の接続助詞「が」が用いられており、失礼という意味合いが窺える。つまり、相手からの申し出に対する驚きとそれを受けることの失礼さを示すことが感謝を表すことになっているのであろう。このような酌の場合のリョグヮイによる感謝は、早くは『狂言記』に見られる。虎寛本と同時期の洒落本でもその使用が確認できることから、広く使用されていたようである。

・主「やれ〳〵、夫は大儀や。先一つのめ。シテ「おしやくは是へ被下い。主「身共がついで遣らう。シテ「是はりよ外に御ざる　（狐塚）

・伯父「手間の入らぬ様に大盃を出いた。さらば一つのめ。シテ「御酌は是へ被下れい。伯父「イヤ〳〵、身共がついで遣らう。シテ「是は慮外に御座るが、其儀成らば一つがせられて被下い。　（素袍落）

・殿「一つ飲《の》ふで行《い》け　冠者「あゝ、そりや、よう御ざりませう　殿「さあ〳〵　冠者「いやお酌《しやく》慮外に御ざります、これへくだされませう　（『狂言記』一　抜殻　一六六〇）

・客武太夫「（前略）サア呑《のみ》給へ　若イ者伊八「ハイ有難《ありがた》うござります　茶屋新助「ドレつごふ　伊「あゐ是はお慮外《りよげへ》でござんす　（『粋町甲閨』一七七九）

なお、洒落本にはハバカルが用いられている場合がある。客の三沢が茶屋の女房（後家）に酒を注いだ際に女房がハバカリを用いている。ハバカリ（サマ）という感謝表現は女性が好んで使用していたようである。

三 そんならちつとつぎんしようから、出しなんし　後 是《これ》は憚《はばか》りでござります。（『甲駅新話』一七七五）

虎寛本におけるリョグヮイの感謝の表現として、このお酌に対する例以外には、盲人に対して手を引いてあげようと言った際に、盲人からのお礼の表現として使用されている。

・（アド）身共が手を取て遣らう。（伯養）是は慮外に御ざる。（伯養）

・（主）夫は満足じや。其儀成らば手を取ておまさう。（菊都）是は慮外に御ざる。（きかず座頭）

御酌の場面と同じく、相手からの申し出に対する驚きとその行為を受けることの失礼さを表明することが感謝表現になっているのである。なお虎明本には手をとってやろうという表現が見られない。

タイギ（大儀）はゴクロウと同じくねぎらいの表現である。広島県などではタイギイという形容詞として、感謝表現として用いられているようである。先に見た虎寛本の「末広がり」にも用いられていた。虎明本では、まだ労り表現にはなっておらず、依頼の表現として使用されている。ここでは、「大儀なりとも」という形で、依頼の際の前置き表現となっている。

・太郎冠者「（前略）大儀なりともあれへござつて、はつがんをかはふと仰せられう所で（雁盗人）

・吉田の何某「（前略）しぜん物かげからのぞひて見る事もあらふ所で、ざぜんのていがなくは、あらはれう程に、大儀なりとも、汝ざぜんをしてゐてくれひ（座禅）

オソレガマシイのガマシイとは、名詞などに付いて形容詞を作る接尾辞であり、「〜の傾向がある」という〈批評・評価〉を表している。この接尾辞については、『日本国語大辞典　第二版』の「がましい」の語誌に、「中世以降、

「望ましくない、不快である」といった否定的な評価の意味を示す方向へ傾いてゆく」とある。オソレガマシイの使用が中世から始まることからすると、マイナス的な意味を示す語として出現してきたようである。

虎明本には二例あるが、ともに身分の上の人物が身代わりに持とうとしている場面において、下の者から上の者への発言に用いられている。ミョウガナイやリョグヮイと同じく、上の者からの申し出の例である。身分の高い人が行う点ではモッタイナイの用例と似ている。しかし、モッタイナイの場合には、上の者の行動によってごまかしがばれるのを恐れて、それを行うことはふさわしくないとして、モッタイナイを使用していた。またある点では、先のリョグヮイやミョウガナイと同じであるが、リョグヮイやミョウガナイの場合は命令的な申し出であった。その場合はその行為を下の者が行うようにとの命令であった。

・太郎冠者「馬にのりながらもつたならは、おとしまらせうが、落ちたらはつぼがわれまらせう　主「それもさうじや、さらは身共がもたふ　太郎冠者「夫はおそれがましい事でござる　主「いやくるしうなひ　（止動方角）

・某がたるを持てゆかふと云、それはをそれがましひといひて、じぎしてもたせてゆく　（樽聟）

「止動方角」の用例は、『日本国語大辞典　第二版』や『角川古語大辞典』では「おそれがまし」の挙例となっている。特に『角川古語大辞典』では「人の厚意を恐縮していう」と意味記述にある。確かに、目上の行動に述べているので、感謝表現のように見える。ただし内容を見ていくと、主人が「身共がもたふ」と言ったのに対して、太郎冠者は「夫はおそれがましい事でござる」と述べている。それを聞いた主人は「いやくるしうなひ」と言っていることから、オソレガマシイとはその行為が主人の行為としてふさわしくないことを〈批評・評価〉しているのであろう。「樽聟」の場合は、筋書き的な記述のためによくわからない点がある。この場合、「いやくるしうなひ」という発言はないが、狂言の筋立てからすれば「止動方角」と同じだと考えられる。「もたせてゆく」とは、どの話においても最終的には身分の上の人がその行為をしているからそのことであろう。

『大蔵虎明本狂言集の研究』においては、オソレガマシイに対して、「止動方角」では「おそれ多い。「ヲソレガマシイ」（日ポ）」とあり、「樽聟」には「恐れ多い」と注記されている。『大蔵虎明能狂言集　翻刻・註解』では、「止動方角」の例に対して「「ヲソレガマシイ。人が気恥ずかしさや尊敬の念を抱くとか、畏れ敬う態度を取るとかするような（こと）」（日葡補）」とあり、『日葡辞書』の記述内容を示している。「樽聟」についても、「恐縮しなければならないようなさま。「人が恥しかったり、尊敬したりなど、尊敬の態度をとること」（日葡補）」とある。

オソレガマシイの場合、上の人が身代わりにしてやろうと言った際に下の者が用いているが、下の者は実際にはそのことを行えない状況にあり、主人がどうしてもやらなくてはならないのである。そのようなことがわかっている状況において用いられており、文脈的には目上の人に対して失礼なことをさせて申し訳ないという意味として使用されているのであろう。

リョグワイやミョウガナイ、またモッタイナイにも見られたが、目上からの身代わりの申し出については解釈しづらいところがある。次節でこの点について考えていきたい。

第四節　狂言における上からの申し出に対する表現

狂言には多くの演目があるので、演者がすべてのものを覚えることは大変である。そのため、演目は異なっていても、共通する箇所がよく見られる。これは狂言集を順に読んでいけばわかるし、また虎寛本において「～に同断」と記されていて筋が省略されている箇所が多く見られたりすることからも明白である。したがって、同じ感謝表現が様々な演目に使用されているからといって、その表現が多用されているとは言いがたいであろう。またよく似た場面において使用されている表現が異なっていても、また演目が異なるといっても、共時的な言語行動においては、同じような場面であれば、同じような行動をとっているはずである。一つの例だけでははっきりしない場合も、複数の例を利用すれば、その状況がよく理解できよう。そのような同じような粗筋にも関わらず、そこに異なった表現が使用されていることは語学的にそれはまた興味深い。それらは類義的な表現だと考えられるが、表現が異なっているのであるから、そこには何らかの使い分けがあろう。

ここでは、多くの語に見られた目上からの申し出について、各表現を並べて確認しておきたい。

多くの表現が見られた「止動方角」と「鎧」、「樽聟」において、問題となっている表現が、話の筋として、どのように使用されているのかを確認してみたい。まずは「止動方角」から。

太郎冠者「何とさせられた　主「事の外腰をうつていたひ　太「それへまいつてさすりたうござれども、馬がはなれまらする　主①「汝は馬をとりはなすな、其まゝのつていよ　〽やう〳〵おきて、下人のつてゆけと云　太「それはみやうがもなひ事でござる程に、はやうのらせられひ　主「のる事はならぬ　太「そのぎならば馬をおいはなしまらせうか　主「馬をもどしたけれ共、馬ばかりもどさうやうはなひ程に、いそひでのつてゆけ　太「のつて参るはやすうござるが、さらはあのつほと太刀とは何と仕らふぞ　主「なんぢがもて　太「馬にのりながらもつたらは、おとしまらせうが、おちたらはつほがわれまらせう　主②「それもさうじや、さらは身共がもたふ　太「夫《それ》はおそれがましひ事でござる　主「いやくるしうなひ　〽と云て、つほと太刀と、もつ　太「さらはさきへござれ　主「心得た　太「申〳〵ちとりよくわひなれども、申たひ事がござる　主「何事ぞ　太「わたくしはまつだいこなたに御ほうこう仕《つかまつ》るが、今まで人をつかうた事が御ざない、大名にならせられたらは、わたくしも人をつかふ事がござらふが、人をつかひやうをぞんぜひでは、其時はぢをかきまらせう程に、跡さきに人はなし、ちとようで、人のつかひやうをけいこいたしたひが、何とござらふぞ　主③「汝が心中かはひ事じや、さらは身共が内の者にならふ程に、ようでみよ　太「それはみやうがもなひ事でござる　主④「いやくるしうなひ事いそいでよべ　太「さても〳〵かたじけなひ、さらはよびまらせう太「やい〳〵こひやひ　〳〵つくばう　主「あつと　太「なふ〳〵みやうがもなひ事や、ばちがあたりまらせう　主「身どもがてんじや程に、大事なひ、其やうに云ては内の者のやうになひほどに、をしくつろひでよべ　太「かしこまつた　（止動方角）

この「止動方角」において傍線を施した箇所について順序にしたがって見ていこう。傍線部①は、主が太郎冠者に「其ま、のつていよ」・「下人のつてゆけ」と命じている。しかし、そのことを行うことは身分不相応な行為になる。そこで、太郎冠者は「それはみやうがもなひ事でござる程に、はやうのらせられひ」と答えているのである。傍線部②では、太郎冠者が馬に乗りながら壺と太刀を持ったら落とした時に壺が割れるでしょうと言ったので、主が「身共がもたふ」と自らの意思で持とうと言った。その時、太郎冠者は「夫はおそれがましひ事でござる」と述べている。

場面が変わって、傍線部③については、馬に乗っている太郎冠者が、主人に対して人の使いようを稽古したいと御願いをした。それは身分不相応な御願いである。それに対して、主人が自分が下僕になるから、下僕を呼ぶように「ようでみよ」と言った。それに対して、太郎冠者は「それはみやうがもなひ事でござる」と答えている。傍線部④は、主人から「いそいでよべ」と言われたので、実際に呼んだところ、主人が下僕のように返事をした。それに太郎冠者は驚いて、「なふ〳〵みやうがもなひ事や、ばちがあたりまらせう」と述べている。

次は、「鎧」における上からの申し出に関わる箇所である。

果報者「いや汝よめ　太郎冠者「是はしやうぎにこしをかけた者がよむ事でござる　果⑤「それならは是非におよばぬ、なんぢ是にこしをかけい　太「それはりよぐわいで御ざる　果「いやくるしうなひ、よろひのかけさせら

る丶と思ふ　太「尤よひ御がつてんで御ざる、わたくしの腰をかくるでは御ざなひ、よろひのこしをかけさせら
る丶とおぼしめせ、慮外ながらこしをかけまらする　（鎧）

傍線部⑤は、果報者が太郎冠者に対して「なんぢ是にこしをかけい」と命じている。果報者が立っているのに、床几に腰をかけることは分不相応なことである。そこで、太郎冠者は「それはりよぐわいで御ざる」と答えている。これは、「止動方角」の傍線①に対応するものである。

最後は、「樽聟」における申し出に関わる箇所である。「止動方角」と同じく、身分の高い人を下僕のように呼ぶ行為が見られる。

いちごにいちどのはれじや程に、ぜひにおよばぬ、⑥某がたるを持てゆかふと云、それはをそれがましひといひて、じぎしてもたせてゆく、道すがら、わごりよがよびよひ名を付よと云、古へはそれがしも人をつかふた事が有が、その名を、銀三郎と云たほどに、さあらは銀三郎と申さうといひて
⑦聟「銀三郎　何某「お前に　聟「やれ〳〵かたじけなひ　〳〵つくばふ　某「其やうに云てはうちの者のやうに有まひ程に、をしくつろひでよばしめ　聟「畏た、やい〳〵こひやひ　某「あつ　聟「扨も〳〵りよぐわいな事で御ざる　某「まだおぬしはじぎを云か　聟「かしこまつた　（樽聟）

傍線部⑥は、一期に一度の晴れの場であるので、身分の高い人が自ら進んで「某がたるを持てゆかふ」と述べた。それに対して、聟は「それはをそれがましひ」と答えている。これは、「止動方角」の傍線②に対応する例である。そして、婿入りにあたって下僕がいないので、何某が下僕の役を務めることになり、下僕のように呼ぶ場面につながっていく。傍線部⑦は、「をしくつろひでよばしめ」と呼ぶことを勧めている。そして、実際に呼んだところ、下僕のように答えたので、聟は「扨も〳〵りよぐわいな事で御ざる」と驚いて述べている。これは「止動方角」の傍線

④に対応する例である。なお、「止動方角」の傍線③に対応する箇所はこの「樽聟」にはないので、傍線④と一緒に扱っていく。

「止動方角」の傍線部①には、主人から「其のまゝのつていよ」や「下人のつていけ」と、命令形を用いた申し出がなされている。それに対して、太郎冠者は「それはみやうがもなひ事でござる程に、はやうのせられひ」と述べて、相手の申し出に対して辞退している。「程に」という原因理由を表す接続助詞が用いられており、「それはみやうがない事でござる」が辞退の原因理由になっている。その「それ」とは、『角川古語大辞典』が「従者ガ馬ニ乗ルコト」と記しているように、太郎冠者が主人の馬に乗るのがミョウガモナイことなのである。

傍線部①とよく似ている「鎧」の傍線部⑤では、果報者が「なんぢ是にこしをかけい」と命じているのに対して、そこでは「それはりよぐわいで御ざる」と述べている。「それ」とは「是（床几）にこしをかけ」ることである。その返答を聞き、果報者は「いやくるしうなひ」と述べている。そのことから、「それはりよぐわいで御ざる」も辞退の表現になっていることがわかる。ミョウガナイもリョグヮイもともに辞退の表現であり、両者は類義の表現である。リョグヮイは、これまで見てきたように、失礼や無礼などマイナス的な意味であることから、ミョウガナイも辞退を表す場合にはそのようなマイマス的な意味合いと言えよう。「それは」の内容が話し手の動作に関わっていることからもうなづける。

なお、虎明本の「止動方角」のこの例に対応する、『狂言記』や同じ大蔵流の伝本である虎寛本では、それぞれ次のようになっている。

・主「（前略）もはや乗まい、徒歩《かち》で行《ゆ》かふ、汝乗て来《こ》い　シテ「いや、もつたいない、私は乗《の》られますまひ

（『狂言記拾遺』四　一七三〇）

・主「イヤ〱、どふ有ても某が乗る事は成らぬ程に、汝乗れ。　シテ「ハア、私が乗りますか。　主「中〱。
シテ「夫は畏て御ざるが、（虎寛本　一七九二）

『狂言記拾遺』ではモッタイナイが使用されている。その後に、「私は乗られますまひ」とあり、相手の申し出に対して辞退している。その理由がモッタイナイなのである。このモッタイナイも、『日葡辞書』の示すように、堪えがたいや不都合の意である。すなわち、「主人の乗っていた馬に乗る」ことが分不相応で堪えがたいのである。『虎寛本』になると、「私が、乗りますか」という確認になっている。

同様に、「鎧」の例に対する『狂言記』や虎寛本の内容についても確認しよう。

・主「それなら読《よ》ふで聞《き》かせい　シテ「畏てござる、鎧《よろひ》ゐおそれで御座る、床几にかけて読《よ》みましよ、さらば読《よ》みます、よふ聞せられ（『狂言記拾遺』五）

・主「（前略）汝床几にかゝってよめ。　シテ「是は近頃慮外に御ざるが、さりながら、私の腰を掛くるでは御ざらぬ。鎧のこしをかけさせらるゝと思し召せ。（虎寛本）

『狂言記拾遺』においては、素直に腰を掛けており、両者のやりとりはない。虎寛本では虎明本と同じくリョグヮイが使用されている。ただし、虎明本では辞退の表現となっているのに対して、虎寛本ではその発言の後で理由を述べて腰をかけている。すなわち、「近頃慮外で御ざるが」と逆接の接続助詞「が」を用いて「大変失礼でございますが」というように、リョグヮイは辞退よりも相手に対して失礼であることが表面に出ている。

次は、「止動方角」の傍線②に関わる部分である。馬に乗りながら太刀と壺をもっていたら、壺を落として割ってしまう危険性を太郎冠者が主人に伝えたところ、主人が「さらば身共がもたふ」と自らの意思で持とうとした。それに対して、太郎冠者は「夫はおそれがましひ事でござる」と述べている。その発言に対して、主人は「いやくるしうなひ」（気にしなくてもよい）と言って、壺と太刀を持っていったのである。

それに対応する「樽聟」の傍線部⑥は、「某がたるを持てゆかふと云、それはをそれがましひといひて」とだけあり、単なる筋書きである。「止動方角」も「樽聟」も、目上の意思で行うことに対して、オソレガマシイが使用されており、共通している。ただし、「樽聟」の場合は筋書きであるので、その後の「じぎしてもたせてゆく」の意味がなかなか理解しがたい。この「もたせてゆく」は、「止動方角」における、主人が自ら壺と太刀を持っていくことと対応していると思われる。

「じぎ」については、『日葡辞書』には、

Iigui. ジギ（辞宜・辞儀）　挨拶・お辞儀、または、礼儀。¶Iiguiuo totonoyuru（じぎをととのゆる）　挨拶をする。

　または、礼をする。¶また、このような挨拶、または、接待の用意をする、または、ととのえる。

とある。また『和漢通用集』にも「会釈《あしやく》　時宜《じぎ》」とあり、つまり「じぎ」とは頭を下げるような挨拶のことである。注釈書の『大蔵虎明本狂言の研究』では「遠慮。辞退」と注記されており、また『大蔵虎明本能狂言集　翻刻註解』では「恐縮すること」とある。「じぎ」に関しては、この「樽聟」では傍線部⑦に続く箇所に何某から聟に対して「まだおぬしはじぎを云か」とある。この箇所の「じぎ」については、『大蔵虎明本狂言の研究』では「樽聟」と同じく「遠慮。辞退」としている。また、『大蔵虎明本能狂言集　翻刻註解』には「恐縮した言葉。遠慮」とある。この場合は文脈的には注釈書の方が適していよう。「じぎ」の意味の拡大と言える。

それでは、『狂言記』や虎寛本ではどのようになっているのだろうか。なお、「樽聟」は虎寛本には収載されていない。まずは「止動方角」の例から。

・主「（前略）それなら是非に及《およ》ばぬ。其太刀や壺《つぼ》は身どもが持《も》とふ、汝乗て来《こ》い　シテ「さやうにござらば乗ま

しよか　主「さあ〳〵、乗《の》れ〳〵、身どもが持て行ぞ　シテ「御許《ゆる》されませ、乗ます　主「乗《の》れ〳〵、許《ゆる》すぞ

（『狂言記拾遺』四）

・主「是非に及ばぬ。太刀やわたしは身共が持て取らせう。　シテ「こなたの持せらるゝ。　主「中〳〵。　シテ「夫は近頃慮外な事で御座る。真平ゆるさせられい。　主「少しも苦しうない事じや。

（虎寛本）

『狂言記拾遺』においては、主人が持っていくという状況になったことに対して、「御許されませ」と言うだけである。虎寛本では、「夫は近頃慮外な事で御座る」とあり、その後に「真平ゆるさせられい」とある。先に見た「鎧」の傍線部⑤に対応する虎寛本の「是は近頃慮外で御ざるが」と同じく、「大変失礼でございますが」という意味合いであろう。そして、その後に『狂言記拾遺』と同じく許しを乞うている。

「樽聟」の箇所は『狂言記外五十番』では次のようになっている。

清六「はじめて行《ゆ》く事じや程に、門までおれが持《も》つて参《まい》らふ　聟「それはおそれがましい事で御ざる　静六「苦《くる》しうない、持つて行まらせう

（『狂言記外五十番』五　一七〇〇）

虎明本と同じくオソレガマシイが用いられている。また内容としては、虎明本の筋書き通り、「じぎしてもたせてゆく」という内容になっている。新日本古典文学大系本『狂言記』における「おそれがましい」に対する注では、「恐縮なこと。相手に対して非礼に当たるように思われて、はばかられる感じがすること」とある。上の人にそのようなことをさせることは失礼であるが、そうかといって私が代わって行えないことを恐縮して思っているのである。それがオソレガマシイの意味である。

次は「止動方角」の傍線部③と④とを一緒に扱っていく。太郎冠者の要望によって、太郎冠者が主人を下僕のように呼ぶ練習をする場面である。③では、主人が下僕になるから「ようでみよ」と言った。それに対して、太郎冠者は

「それはみやうがもなひ事でござる」と答えた。それに対して、主人は「いやくるしうなひ事いそいでよべ」と述べていることから、「それはみやうがもなひ事でござる」は辞退の表現であることがわかる。「止動方角」の傍線部①のミョウガモナイと、また「鎧」の傍線部⑤のリョグヮイと同じ働きである。そして、④では「いそいでよべ」と言われて、「さても〱かたじけなひ」と感謝を述べている。さらに、主人から催促されて実際に呼んではみたが、呼んだ後につくばって（平伏して）いるから、呼んで返事をさせたことを大変失礼だと思っているのである。そして、太郎冠者のその呼び声に応じて、主人が実際に下僕のように返事をしたのである。その返事を聞いて、太郎冠者は「なふ〱みやうがもなひ事や」と、丁寧表現も用いず、また「なふなふ」という感動詞と「や」という終助詞を用いていることから、大変な驚きだったのである。このミョウガモナイについては、主人が返事をして下さったことに対しての感謝表現と解釈することが可能なようにも考えられる。しかしミョウガモナイに続いて「ばちがあたりまらせう」と述べており、主人が「身どもがてんじや程に、大事なひ」と答えていることから、罰があたるのは太郎冠者だと考えられる。その罰は相手（主人）への失礼な行為に起因しているのであろう。

この「止動方角」の傍線部④に対応するのが「樽聟」の傍線部⑦である。⑦では、まず最初に実際に相手を下僕のように呼んでいる。名前を呼んだところ、返事をしてくださった。それに対して、「やれ〱かたじけない」と感謝を述べている。その後につくばっており、それは恐縮の体を伴った感謝なのである。何某から「をしくつろひでよばしめ」と言われ、そのように呼んだところ、何某が「あつ」と下僕のように返事をした。それに驚き、聟が「扨も〱りよくわいな事でござる」と述べたところ、何某は「まだおぬしはじぎを云か」と叱っている。「まだ」とあるように、その「じぎ」とは先の「かたじけなひ」とこの「さても〱りよくわいな事でござる」のことである。これまで見てように、リョグヮイは失礼や無礼のことであった。したがって、この「じぎ」は注釈書に書かれていたように遠慮のことであろう。何某がせっかく下僕のように返事をしているのに、それに対して御礼やお詫びをしたことを問題としているのであろう。ここのリョグヮイの場合、先にカタジケナイを用いているので、感謝表現の可能性も排除できない。このことは、先の「止動方角」の傍線部の④のミョウガモナイとも関わってこよう。

それでは、「止動方角」の③と④に関連する箇所が、『狂言記』と虎寛本ではどのようになっているか確認しよう。

・主「いかにも聞届《とゞ》けた、今度そちが立身《りっしん》のして人を使《つか》ふ時《とき》の稽古に、いま身どもを内の者にして遣ふてみたいといふ事か　シテ「いや〳〵、さやうではござりませぬ、御許《ゆる》されませ〳〵　主「いや〳〵、苦《くる》しうない、よかろ、許《ゆる》すぞ〳〵、さあ〳〵、呼《よ》ふでみよ〳〵　シテ「何と、御許《ゆる》されますか　主「なか〳〵、苦《くる》しうなひ、許《ゆる》すぞ〳〵　シテ「それなら、呼《よ》ふでみましよ、やい〳〵太郎冠者《くわじや》　主「はあ　シテ「御ざりますか、いや〳〵、いかにしても呼《よ》ばるゝ事ではござりませぬ、もはやおきましよ　主「はて扨ちつとも苦《くる》しうなひ、許《ゆる》す程に思ひ切《き》つて呼《よ》ふでみよ

（『狂言記拾遺』四）

・主「イヤ〳〵、皆迄いふな。其時分の稽古に、某を内の者にして、呼ふで見度いと云ふか。シテ「あゝ勿体無。左様で御ざらぬ。主「いや〳〵苦しうない。路次の慰にも成う程に、呼ふで見よ。シテ「すればゆるさせらるゝか。主「中〳〵、ゆるす程に呼ふで見よ。シテ「夫成らばゆるさせられい。呼ふで見ませう。主「早う呼べ。シテ「心得ました。ヤイ〳〵。［笑らふて、］中〳〵呼るゝ事では御座らぬ。主「是はいかな事。ゆるすほどに呼べといふに。シテ「夫成らば真実ゆるさせらるゝか。主「真実ゆるす程に早うよべ。シテ「心得ました。ヤイ〳〵頼ふだ人。［又笑らふて、］いかな〳〵、呼るゝ事では御ざらぬ。主「扨々汝はむさとした。真実ゆるすといふに、なぜに呼ぬぞ。

（虎寛本）

両者ともに、主人を下僕のように呼ぶことについて、許可の確認をしており、虎明本に見られたミョウガモナイや

リョグヮイといった表現が見られない。実際に呼んだ後も、主人に対して恐縮の体も窺えない。ただし虎寛本では、主人から「呼ふで見度いと云ふか」と尋ねられた時、太郎冠者は「あ丶勿体無」と答えている。その行為は分不相応だとして、「左様では御ざらぬ」と辞退の意を示している。

「樽聟」については、先に述べたように虎寛本には収載されていない。また、『狂言記外五十番』の「樽聟」には、下僕のように呼ぶ練習の場面がない。したがって、「樽聟」の例に関しては『狂言記』も虎寛本は参考にならない。

このように、身分の上の人から申し出に関しては、ミョウガナイもリョグヮイも感謝表現として使用されているものはないように思われる。いずれも辞退やお詫びを示すものであった。『狂言記拾遺』や虎寛本にミョウガナイが使用されていないのは、『狂言記』に関してはミョウガナイの意味が感謝での使用に傾いていたために場面にそぐわなくなってきたことや、大蔵流とは異なり庶民を対象としているのでミョウガナイを使用する層とは異なっていたとも考えられる。虎寛本に関しては、その時期にはミョウガナイ自体の使用が廃れていたことが関係していよう。

ミョウガナイは神仏から見放されること、そしてリョグヮイは意外さを表すことであるが、ともに辞退表現として使用されているのは、相手からの申し出の内容に対して、それを行うことは分不相応だと考えているからである。ミョウガナイとリョグヮイとにおける使用の違いは驚きの差にあると思われる。ミョウガナイの方がリョグヮイよりも驚きの度が大きいのである。それは身分の差や状況の違いによるものであろう。

なお、身分の高い人が自分の意思でその人にはふさわしくない行為をしようとした際に、オソレガマシイが用いられていた。これによく似た場面が、モッタイナイの使用例にも見られる。ただし、虎明本においてモッタイナイが使用されているのは、あることの確認のために身分の高い人が自ら行なおうとする場合であり、そしてその行為は下の者にとっては不都合な場合であった。

⑧主人「さて〳〵世間には、にた物が有といへども、今の者の《ママ》ほどぶあくににたものはなひ、あまり不審な程にいて見う　太郎冠者「是はもつたいもなひ事仰らる丶、何がこなたのあれへござる所ではござらぬ、わたくしがまいつてみて参らう　（武悪）

⑨主「さて〳〵おのれめは沙汰のかぎりな事をした、さだめてすて丶おいた物であらふほどに、某がいてとつてこふ太郎冠者「やれ〳〵御もつたひなひ事を仰せらる丶、こなたのお命とかへさせられうずるか、さりとては御無用で御ざる　（清水）

この場合は、ミョウガナイやリョグヮイとは異なり、身分の高い人が行おうとしていることを引き留めている。その行為が身分の高い人にはそぐわないことを理由にしているのである。それでは、『狂言記』や虎寛本ではどのような表現になっているのか確認しよう。まず「武悪」に関しては、次のようになっている。

・大名「やい太郎冠者、あの向かふから来るは、武悪ではないか、急いで見て参れ　（『狂言記』五　一六六〇）

・主「イヤ〳〵、今のはたしかにぶあくで有た。いて見て参う。　太郎冠者「イヤ申、私を連させらる丶は何の為で御ざる。此様な時の為では御ざらぬか。私が見て参りませう。（虎寛本）

『狂言記』では主人が自ら行こうという発言はない。また、虎寛本では主人の発言に対する〈批評・評価〉は見られない。「(鬼) 清水」については、それぞれ次のようになっている。

・殿「はあ、太事の手桶《ておけ》じや、取《と》りに行《ゆ》かふ　冠者「置《を》かしられい、鬼が出《で》ませう　殿「いや〳〵、行《い》てくだけた手桶《ておけ》なりとも取《と》つて来《く》る　冠者「是は鬼の事をいて、ねずみもあるまい、それがしが鬼《おに》になつて参《まい》らふ　（『狂言記外五十番』五）

・主「まだ其つれな事をいふ。某はどふ有ても桶がほしい。いて取て参う。　シテ「イヤ申し、鬼の出るは定で御

座る。主「そこをのけ。シテ「御無用で御座る。（虎寛本）

両書ともに主人を行かせないようにしているが、主人の発言内容についての〈批評・評価〉はそこに見られない。オソレガマシイの場合には相手にその行為を行わせることになっている。したがって、相手への恐縮さに加えて申し訳なさが加わっている。相手に対して、そのようなことをさせることが申し訳ないという〈批評・評価〉を伴った挨拶表現になっている。それに対して、モッタイナイは虎明本においては分不相応を表わし、相手の行動がその身分にふさわしくないことを強調しているようである。虎明本におけるミョウガモナイの用例が、『狂言記』や虎寛本においてモッタイナイになっているものがある。すなわち、モッタイナイが虎明本のミョウガモナイの役割を担ったりしており、モッタイナイがその意味用法を広げていることがわかる。

虎明本狂言集には、このように多くの感謝表現や感謝表現としての予備軍が観察される。予備軍の一部は虎寛本において感謝表現になっている。狂言が話しことばである点を考えると、現代と同じく多くの感謝表現が併用されていたことになる。狂言は、能とは異なり、人々を楽しませるために、その時代やその地域に合わせたことばや表現が使用されている。近世の狂言の台本においては、例えば虎明本と虎寛本とを対照させることによって、時代における表現の移り変わりが観察され、ことばが動いていることが実感できる。これは、大蔵流だけではなく、和泉流や鷺流においても同様である。ただし、近代以降は狂言が古典芸能として位置づけられてしまったために、古典のままに演じることに重点が置かれている。

第四章　近世前期の感謝表現

第一節　アリガタイの登場

近世以降の感謝表現としてはアリガタイが中心となってくる。『日葡辞書』において、アリガタイは次のように記述されていた。

Arigatai. アリガタイ（有難い）神聖な（もの）、または、感謝や尊敬に値するような（もの）。¶また、珍しくて手に入れにくい（もの）。Arigatasa.（有難さ）Arigatǒ.（有難う）

Arigataya. アリガタヤ（有難や）尊敬、崇敬、感謝の意味を示す語。例、Ara arigataya, tǒtoya /.（あら有難や、尊や）なんと、神聖な、崇め尊ぶべきことだろう。

感謝の他に、尊敬や崇敬の意味があるが、そちらの用法の方が中心である。その他に、「珍しくて手に入れにくい（もの）」の意味が示されている。これがアリガタイの原義に近いものであり、「有難い」という漢字表記がそのことを物語っている。そこから、尊敬や崇敬、そして感謝の意が派生したのである。

近世初期の大蔵虎明本でのアリガタイの用例を見ても神仏を対象としている。

夷大黒「（前略）よく〳〵しんがうせよ、たのしうなそうずるぞ　男「近頃《ちかごろ》ありがたう候　（夷大黒）

夷大黒が参拝に来たおとこに対して、「よく信仰しなさい。そうすれば裕福にしよう」と言った。おとこはそれに応えて「近頃ありがたう候」と夷大黒にお礼を述べている。「近頃」とは大変という意味の副詞である。『日葡辞書』が挙げている感謝とは、このような神仏に対する感謝のことであろう。現在ではアリガタイとは言わずにアリガトウというが、これはアリガタイのウ音便形である。ウ音便形になるためには、先の例のように、アリガタイの後ろに「候」や「ござる（ございます）」のような丁寧語の補助動詞が来る必要がある。アリガトウは、もともとはこのような丁寧表現が付随していたものの後ろを省略した形である。同様なものにオハヨウがある。これも後ろの丁寧語を省略したものである。

アリガタイは、次第に神仏への感謝から人への感謝にも使用できるように、その適用範囲を広めていく。柳田国男は、その原因をカタジケナイの敬意度の逓減と考えている。敬意度逓減には二通りの考え方ができる。

一つは、新しい表現が出現してきたために古い表現の敬意度が下がったと見る場合。
もう一つは、古い表現の敬意度が低くなったために新しい表現が生み出されてきた場合。

しかし実際にはどちらであるかの判断は難しい場合が多い。ただし、カタジケナイの場合にはもっと複雑な事情が絡らんでいる。ともに新しい表現との関わりがあるが、それは近世に入って感謝のシステムに大きな変更が加えられたからである。感謝の行為が、これまでは下から上へのものであったのが、近世になってからはそれが上から下へも行われるようになったのである。つまり、感謝の方向性が下から上への単一方向から双方向になったのである。そのことは、これまで使用されていた感謝表現であるカタジケナイやクヮブンを上の者が使用していることからも確認できる。近世は、上から下へも感謝を必要とした時代なのである。

ただし、上から下への表現を新たに生み出すのはなかなか困難である。一番簡単なのは、これまで下の者が使用していた表現をそのまま利用することである。しかしそうなると、今度は下の者が以前のままにその語を使用していては感謝の意を十分に表すことはできないし、また失礼にあたる。これまでの表現に丁寧語を付加することなどによって対処することも可能である。しかしそれでも十分に意を尽くすことができないと感じるようになると、下の者は新たな表現を持ってくることによって解決を図ろうとする。その解決の方法がアリガタイの使用であった。アリガタイは、これまでは神仏に対して用いていた敬意度の高い感謝表現であった。上の者がカタジケナイを用いるようになったために、下の者は感謝の度の強いアリガタイを使用するようになったのである。

そのようにして、アリガタイはもともとは神仏に対して使用していたのを対人にも用いるようになったのである。その使用され始めた時期については、柳田征司が調査（「大蔵流狂言に見える、お礼のことば『有難い』と『忝い』について」）を行っている。柳田征司は、大蔵虎明本と虎寛本の詞章を対照させた結果、次のように結論づけている。

アリガタイの対人用法は虎明本にはなく虎寛本になってからである。そして、アリガタイもカタジケナイもともに目下に対して用いられた例がない。すなわち、両表現ともに目下から目上への単一方向であった。また目下の者に用いられたのは「満足した（致す）」だけであった。

このように大蔵流狂言における写本間の比較対照だけでは、カタジケナイが上からの表現として使用されていたのか確認できなかった。そのために、カタジケナイの敬意度逓減についての判断についてはむずかしい点があった。謡曲に比べて口語的要素を取り入れやすい狂言においても、詞章の関係があり、詳細に観察するには限界があったのである。

なお柳田征司によるお礼のことばに関しての研究は、柳田国男の「有難ウ」（『毎日の言葉』所収）についての検証であった。アリガタイがお礼のことばとして中世以前の記録には無いと述べてあることについて、対人のお礼の表現としてのアリガタイの成立時期を明らかにすることであった。また、もう一つはアリガタイの成立とカタジケナイとの関係について、柳田国男はカタジケナイの敬意度逓減によってアリガタイが出現としたとしている。そのことについての確認でもあった。

そして、柳田征司は、前者のアリガタイの成立時期については中世前期にないことは正しいと考えているが、室町時代にも疑わしい例が存在することを看過するわけにはいかない。お礼のことば『有難い』の成立時期を究明するためには、江戸時代前期上方語資料の精細な検討が必要である。

と述べ、中世後期に成立していたかについてはまだ判断できないとしている。後者の点に関しては、カタジケナイの敬意度逓減がお礼のことばアリガタイを成立させたとすることに関しては再検討を要するとして、次のように述べて結論を下さなかった。

『忝い』の敬意度低減と、お礼のことば『有難い』の成立との先後関係は、その逆であったかも知れず、或いは、いずれが先いずれが後ということなく、同時に相互に働きあったかも知れないのである。

いずれの結論も、学問に対して慎重である柳田征司の学問的姿勢や態度を表していると言えよう。

柳田征司がアリガタイの対人の用法かどうか疑わしい例として挙げているのは、すべて「心ざし」を伴っているものであり、慣用化していた表現のようである。虎明本では「地蔵舞」と「呂蓮」に見られる。

・さけを一つまいれと云事じや　／　お心ざしは有がたふ御ざれ共、おんじゆかいをたもつて御ざる程に、なりませぬ　（地蔵舞）

・ゆるりとござれ、せんそくをも、おひぢをも中付てござる　／　お心ざし有難ふござる　（呂蓮）

いずれも感謝表現（お礼のことば）だと考えられる。「地蔵舞」では、寒いので宿の亭主が酒を飲むように勧めている。それに対して、出家はその志には感謝しながらも、飲食戒（おんじきかい、酒を飲むことに対する戒律）があるので辞退している。もう一方の「呂蓮」の例も、「地蔵舞」と同様に、宿を借りた家でのやりとりである。宿を借りることの話がついたあとに、まず宿の亭主が出家を家の中へ通す。

おくの間へとをらせられひ　／　かたじけなふこそござれ　さらはかうとをりまらする

と、奥の間へ通るように言われた時には、出家は「かたじけなふこそござれ」と、カタジケナイで感謝の意を伝えている。そして亭主から、ゆっくりしなさい、洗足や非時（食事）を出すように言いつけてあると言われた時には、「お心ざし有難ふござる」と、相手からの思いがけない厚意に対してアリガタイを用いて感謝を述べている。

次に、室町時代の疑わしい例として挙げているのは、「車屋本謡曲」（三輪・通小町・大原行幸）、『大山寺本曽我物語』と、『貴理師端往来』である。この中では、「車屋本謡曲」の「大原行幸」を除いて、他のものは「心ざし」を伴っている。

それぞれの用例の話し手と聞き手、並びにその心ざし（志）の内容を示すと、次のようになる。

三輪　　三輪山の麓に住まる玄賓僧都→どこから来るのかわからない女性　毎日樒とあかの水を持ってくること

通小町　八瀬の山里に安居している僧→どこから来るのかわからない女性　毎日木の実と柴を持ってくること

「心ざし」を伴っていない「大原行幸」は、『平家物語』の「灌頂巻」を題材にしたものである。大原までわざわざ訪れた後白河法皇への建礼門院からの感謝の挨拶である。「返す〴〵も」と大変丁重に礼を述べている。

此山里までの御幸、返す〴〵も有がたうこそ候へ　（大原行幸）

曽我（巻六）　十郎祐成→愛妾の虎　十郎が出家すると言ったことに対して、虎も一緒に出家しようとしたこと

曽我（巻十）　曽我兄弟の母→虎　虎が曽我兄弟のために法華経を毎日一部三回忌までに千部誦むと言ったこと

『貴理師端往来』の例は、果物の贈り物に対する礼状において使用されている。

先剋者以御音書種々拝領候殊大切候菓子栗柿梨子椎榛柘榴棗柑子橘金柑雲州橘一盆賜給候事畏悦令存候返々御志難有候以推参彼是御礼可申延候恐々謹言

土井忠生の「貴理師端往来について」(『キリシタン研究』第五輯　吉川弘文館　一九五九)によると、列挙してある果物の順序は『庭訓往来』三月十三日付の左衛門橘から玄蕃允宛の状を参考にしているが、同じく果物を扱っている十月三日付の禅僧による礼状を意図して避けて使用しなかったようである。両書状には「御志難有候」という表現は見られない。それをどこから採用してきたのか不明である。書簡文の『貴理師端往来』の例、並びに『大山寺本曽我物語』巻六の十郎祐成の例を除いて、発話者はすべて出家者である。ただしキリシタンも出家者と見なせば、例外は十郎祐成だけとなる。ただしこの場合も内容的には出家と関わっているので、出家者と同じ扱いをしてもよいであろう。

また『大山寺本曽我物語』巻十において、箱根の別当は曽我兄弟の母から虎が仏事のため一緒にやってきたことを聞いて、「有り難き事にて候」や「殊に大磯の客人の御志誠に有難くこそ覚え候へ」と述べている。『曽我物語』における「志」の使用は大山寺本の特徴と思われる。このように見てくると、特に「御心ざし(志)有り難う候」は出家者の慣用的な表現になっていたようである。第三章第一節「和漢混淆文における感謝表現」で見たように、中世前期の『平家物語』や『保元物語』、『十訓抄』においては、「心ざし(志)」はカタジケナイと結びついていた。この点からも、「心ざし(志)」と結びついているアリガタイは感謝の表現だと言えるであろう。アリガタイが神仏に関わる語であったから、出家者には身近なことばであったに違いない。

柳田征司は、自分の提出した疑問に対して解答を避け、その解答を提出するための課題を掲げた。その課題に果敢に取り組んだのは、中村聡美「平安から近世にかけての感謝表現について―カタジケナイとアリガタイを中心に―」（『学苑』七〇一　一九九八）と、荻野千砂子「お礼のことば「ありがたい」について」（『語文研究』九八号　二〇〇四）である。中村の論考は柳田の後者の課題について成果を残している。中村は、近松の作品においてカタジケナイが身分の上の人物から下の人物へ使用されていることを示している。すなわち、感謝という行為が、今までの下から上へという単一方向であったものから、それに加えて上から下へも行われるようになり、感謝の行為が双方向化したこと。さらに、カタジケナイという表現が下から上だけではなく上から下へも使用されるという、カタジケナイの双方向性を明らかにしている。荻野は、柳田の前者の課題である、江戸時代前期上方資料におけるアリガタイの使用実態について調査を行った。中村の論考については、次節（第二節）「近松作品におけるカタジケナイ」で詳しく触れていく。本節（第一節）では、荻野の調査結果を利用しながら論を進めていきたい。

荻野によると、アリガタイの対人の感謝表現としての用例は、一六八〇年刊行の噺本『杉楊枝』あたりからのようである。『杉楊枝』には二例あり、一例は論考に挙げられている。

亭主はおもてへ走出、はる〳〵是まで有難しと、馬より下にいたきおろすに　（巻二）

この例は、往診に来てくれた竹斎に対して亭主がお礼を述べている。相手を重んじた表現であろう。さて、荻野の挙げていないもう一例はどれであろうか。この診療の終わった後で、亭主を始めとして一座の者から、竹斎は次のようにアリガタシと言われている。

みな〳〵あまりのうれしさに、南無薬師竹斎さま、是は何中候御薬にて候ぞや、ありがたしと悦びける

この場合は、竹斎を仏の扱いをしているので、対人の用法には入らないのであろうか。

あるいは次の例であろうか。これは一休が竹斎宅を訪れた場面である。

不斗思出、竹斎宅此辺と聞しとて、問寄給へは、か丶る見ぐるしき所へ、御尋有難とて、竹ほ丶ゑみ　（巻二）

この例は、一休の訪問に対する竹斎からの感謝である。『杉楊枝』の挿絵によっても確認できるが、医者は僧形であり、僧侶との縁が深い。ともかくも、僧侶ではなく一般の人が使用していることから、アリガタイを使用する層が広がってきたことがわかる。

荻野は、次に西鶴の『男色大鑑』の用例を挙げている。また、アリガタイとカタジケナイについて西鶴の作品を調査した中村も同様に、この『男色大鑑』の例を示している。まだ西鶴の作品のすべてを調査しているわけではないが、アリガタイの対人用法は『男色大鑑』の特徴のようである。これには大きな意味がある。『男色大鑑』の序文の最後に「若道《じゃくだう》の有難き門」とあり、また「一切衆道《いっさいしゅだう》のありがたき事」（巻一「色はふたつの物あらそひ」）とあるように、男色とアリガタイとは関係がある。そこで、衆道の世界におけるアリガタイの位置づけとカタジケナイとの関係について考えてみる。

向後《きやうこう》この両人、お気には入るまじけれども、色道《しきだう》の念比《ねんごろ》あそばしたまはれ」と申せば、「世にはこなたから心をつくす事のみ。かへっておの〳〵様より、ふがひもなき牢人ものを、人とおぼしめされ、近頃有難く候

（浪人島内藤内→小姓金沢内記・下川団之助　巻二「雪中の時鳥」）

小姓の二人が、浪人に男色の弟分としてかわいがってほしいと申し込んだ。それに対して、浪人がふがいない私を人並みに思って下さり、大変（近頃）ありがたいと感謝している場面である。ここでは、兄弟分という関係よりは、武士としての身分差が関わっているようである。

手をとらへてしめたまへば、勘右衛門夢のここちして、しばし物をもえいはず、立ちすくみて、「それは本《ほん》でござりますか。ありがたき御心ざし」

（兵法者丸尾勘右衛門→若衆田村三之丞　巻二「夢路の月代」）

若衆の田村三之丞は、今日出会った丸尾勘右衛門に郡山まで送ってもらった。奈良へ戻る勘右衛門を追い、再び出会い、三之丞が勘右衛門の手を握って真情を示した。それに対する勘右衛門の気持ちである。次は、歌舞伎の若衆に関わる例である。

情《なさけ》をしる人々、しばらく女の心ざしを感じて、太夫には知らせずして、肌《はだ》になれたる定紋《ぢやうもん》の緋無垢《ひむく》を遣《つか》はし、「これを見せ給ひて後、その人験記《げんき》をえし時、思ひを晴らさせ申すべし」といへば、この女なほ涙に沈み、「さても有難し。はやくこの事を聞かせ」と立ち帰りし跡にて　（女→情けをしる人々　巻六「情の大盃潰肝丸」）

この例の話し手は女性であり、衆道とは関係がないように見える。しかし、この場面は衆道好きの夫が小大夫に恋煩いをし、死の床にあった。そこで、小大夫の物を見せてやりたいと語ったところ、情けを知る人々が小大夫の肌着をくれた。その対応に感謝している場面である。次の例は、知らない相手に対する感謝表現であり、男色の世界においては自然であるアリガタイが口に出たのであろう。

引き入る息のたのみすくなき時、人参《にんじん》口に入れて、岩もる雫《しづく》を手してはこび、肌《はだへ》をあたため正気《しやうき》付けて、『いかなる御方様《かたさま》ぞ。御看病《かんびやう》ありがたき』と申されし折は、名乗らうかとおもひしかども

（中村勝弥→誰だか不明　巻二「形見は二尺三寸」）

雪降る山の麓で倒れていた大名の寵童である中村勝弥を、彼を慕い後をつけていた昔の傍輩である片岡源介が介抱した。その結果、少し気が付き、意識が朦朧とした中、介抱してくれた人が誰だかわからないのであるが、その感謝表現としてアリガタイが用いられている。

この『男色大鑑』を読んでいくと、次のような表現に出会う。

葉右衛門花に来《きた》りしに、幸ひに留《とど》めて、五十嵐《いがらし》市三郎と申す人、杯《さかづき》にあましてさせば、世間言葉にて、「かた

じけない」と洒《こぼ》るるばかりうけて、酔《ゑひ》のうちにも君が事のみ　（葉右衛門→市三郎　巻三「嬲りころする袖の雪」）

五十嵐市三郎という若衆が伴葉右衛門を引き留めて杯もこぼれる程に酒を差した。しかし、葉右衛門がカタジケナイとだけ言って、衆道の契りを結んでいる君（笹之介）の事しか言わなかった。カタジケナイに対して「世間言葉」という〈批評・評価〉が下されているのである。「世間言葉」とは「通り一遍の挨拶」（新全集の注）である。また次のような〈批評・評価〉も見られる。

「かたじけないとは大方なる事ぞ」と、逢《あ》はぬ先より泪《なみだ》に袂《たもと》を浸《ひた》し　（権九郎の独り言　巻一「玉章は鱸に通はす」）

森脇権九郎は増田甚之介という若衆に気があり、甚之介の草履取りの伝五郎に仲立ちを頼み、手紙を送った。伝五郎は甚之介に手紙を渡し権九郎の様子を伝えたところ、甚之介は兄弟の契りを結びましょうと手紙に書き、伝五郎にすぐに知らせるように言った。その内容を聞いて権九郎が発したことばが先のものである。訳としては、「かたじけないという通りいっぺんの言葉だけで、どうしてこの気持ちを表せようか」とする染谷智幸・畑中千晶の『全訳　男色大鑑〈武士編〉』文学通信　二〇一八）が適していよう。すなわち、カタジケナイだけでは本心が伝えられないと感じるようになってきたのである。カタジケナイの多用による敬意度逓減が関係していよう。衆道の世界では、カタジケナイはありきたりな普通の表現、それに対してアリガタイは本心を示す表現だという〈批評・評価〉づけが成されていたようである。ただし、権九郎の方が身分が上で、また年上であることから、下からのアリガタイが使用できずにもどかしい状況にいたのであろう。前の例において市三郎は葉右衛門に対してカタジケナイ以上のものを求めていたのである。衆道は僧侶の世界と関わりが深いことから、神仏に関わるアリガタイを受容しやすい状況にあったと思われる。

ここで注目しておきたいのは、衆道の世界では感謝の行為が双方向化していたことである。これまで見られなかった上から下への感謝の行為が行われている。下から上へは、神仏に対する感謝表現であるアリガタイが用いられている。すなわち、カタジケナイの敬意度逓減に伴うアリガタイの対人化である。アリガタイに関しても、神仏から人への感謝表現になった点からすれば、この表現も敬意度逓減と言えよう。そして、上から下へは、これまでは下から上に対する感謝表現であったカタジケナイが使用されるようになってきた。つまり、次のような関係になってきたのである。

上 ↓ 下　カタジケナイ　／　上 ↑ 下　アリガタイ

ただし、これから見ていくが、アリガタイが使用されるのは特別の場合であり、日常の生活ではアリガタイとカタジケナイの併用であった。

上 ↓ 下　カタジケナイ　／　上 ↑ 下　アリガタイ（特別の場合）・カタジケナイ

第二節　『男色大鑑』におけるカタジケナイ

先に見た『男色大鑑』の例では、下から上へはアリガタイが、逆の上から下へはカタジケナイが使用されていた。ただし、カタジケナイはありきたりの表現であって、気持ちの籠もらない表現とされていた。それでは、『男色大鑑』において、カタジケナイはどのように使用されているのか見ていこう。

衆道とは関係なく、一般的な感謝表現として、カタジケナイは使用されている。次の例は、物をもらったお礼である。俳諧仲間の坊主への礼状に書かれていたものである。

一昨日は煮梅《にむめ》かたじけなく候　（竹島左膳↓坊主　巻四「身替りに立つ名も丸袖」）

次の例は、先の浪人島内藤内に関わるものである。大名の若殿が疱瘡にかかり、顔一面が紫っぽくなってしまった。時鳥の羽で撫でると治るというので、時鳥を探させた。その話を聞いた肴売りは、時鳥を飼っている浪人を知っていた。そこで、自分の息子が疱瘡にかかっているとごまかして、時鳥を一羽所望したところ、藤内が承諾してくれた。その時に肴売りがカタジケナシと言ってお礼を述べている。

「近頃御無心ながら、時鳥《ほととぎす》を一羽申し請けたき願ひあり。私の世倅《せがれ》、疱瘡《はうさう》のまじなひに入る事」をかたれば、「我も人の子のふびんを知らざらんや」と、心よくたまはる。「かたじけなし」と立ち出《いで》しが立ち帰り

（肴売り→島内藤内　巻二「雪中の時鳥」）

次は若衆（歌舞伎役者）に関わる話である。ただし、ここでは若衆とは直接には関係していない。昔の思い出を語っている中で出てくるものである。若衆を座敷に呼び、小歌などを所望して思うままに遊び、その後に遊び仲間で金を集めて、歌舞伎の座元にお金を送ると、その座元から草履取りがやってきて、お礼を述べる際の口上での使用である。

子供にはじめて近付きになるも、芝居かへりを浜の水茶屋のかかに呼び込ませ、かりそめの盃《さかづき》して、声のある子には小歌所望《しよまう》して思ふままの遊興、その後あそび仲間より集めて、銀一両おくれば、釣髭《つりひげ》のある男が太夫《たいふ》殿より礼にきて、「只今《ただいま》は千万かたじけなき仕合せ」と、三指《みつゆび》突きて長口上《ながこうじやう》申したりけりと、と大笑ひして暮らせしに

（巻五「命乞ひは三津寺の八幡」）

近世になると、このような「かたじけなき仕合」というように、カタジケナイが「仕合」を修飾するような表現も多くなってくる。「仕合」はその当時は中立的な表現であったから、カタジケナイが〈批評・評価〉を表しているのである。

次からは念者と多少関わってくる。最初の例は、大右衛門が丹の介の無実の罪を晴らすために、犯人を丹の介の門前の駒寄につけておいた。それによって丹の介の罪が晴れた。丹の介は、犯人を捕まえたのが大右衛門だと知り、大右衛門に感謝している。

「御心底《しんてい》の程、さりとはかたじけなし。存ぜぬ事とて年月うち過ぎ、砕石朽木《ざいせきくぼく》とおぼしめされんも口惜し」と泪《なみだ》を流す。（巻一「墨絵につらき剣菱の紋」）

まだこの段階では両者は念者の関係ではない。美少年（丹の介）が涙を流すことによって念者関係に発展していく。次は地の文での使用である。殿が小輪（男性）を愛していて、殿は小輪のために命も惜しくないと言っている。それにもかかわらず、小輪は殿様に感謝のことばを言わない。そのことを、地の文で説明している。小輪は、殿との関係を念者の関係とは思っていないし、感謝の対象とは思っていないのである。威勢に従うことは衆道の誠ではないとはっきり言いきっている。

御次《つぎ》に寝ずの番、聞き耳立てるは、御たはぶれあらけなくなりて、「我に命を捨つる」と仰せらるれども、さらにかたじけなきとは申さず、「御威勢にしたがふ事、衆道《しゆだう》の誠にはあらず。やつがれもおそらくは心を啄《みが》き、誰人《たれひと》にても執心《しふしん》を懸けなば、身に替へて念比《ねんごろ》して、浮世のおもひでに、念者《ねんじや》を持つてかはゆがりて見たし」と申せば（巻二「傘持つてもぬるる身」）

次からは、上から下に対してカタジケナイが使用されているものである。勘右衛門は無類の美少年好きの剣術使いである。美少年の左内が撒いた水が勘右衛門にかかってしまった。その時、勘右衛門は「濡れたいと思っていたところだから、カタジケナイ」と低い声で言っている。相手の失敗をとがめずに、かえってカタジケナイと、それも低音で言っている。勘右衛門は美少年をくどくのになれているのである。

これなる岩に腰かけながら、まかせ水を手に請けて、あまりをうしろに人のあるとも知らずまけば、「ぬれたい折節《をりふし》にかたじけない」と、声ひくうして言はれし勘右衛門殿いとほしく、その後いつともなくたはぶれて（巻二「夢路の月代」）

次は、これまで何度も扱っている島内藤内に関わる話である。浪人の島内藤内が美少年好きだと知り、御小姓組の二人は困っている家老を助けるために藤内の家に行く。藤内は御小姓達が時鳥を所望したいのだと知り、二羽の時鳥を渡す。その時に二人は「さつそくかたじけなし」と感謝を述べている。丁寧表現が用いられていないのは、御小姓の方が若いが、身分的には御小姓達の方が浪人の藤内よりも上であることによる。

「さてはこの鳥の所望《しよまう》と見えたり。最前より一命を進《しん》じ置きたる上に、何が惜しかるべし」と、二羽のほととぎす両人にわたせば、「さつそくかたじけなし」と、五色《しき》の房《ふさ》つきの丸籠《まるかご》をさげ、門外に出《いで》（巻二「雪中の時鳥」）

衆道の世界では、カタジケナイでは思いが表せなかった。そのため、下の者にとってカタジケナイは思いのないありきたりの表現であった。次の例は、そのカタジケナイという表現さえもなかったという話である。若衆のしづまは、末代までもあるまじき（これからも出てこないような）美少年であった。長崎商いで成功した堺の七十歳余りの老人が、茶屋の主人にしづまへの思いを遂げさせてほしいと頼んだ。しづまがそれに応じ、世辞をいいながら、盃を取り交わして、酔いにまぎれて恋をしかけて、添い寝をすることを持ちかけ、うれしがることをする。しかし、この老人はカタジケナイとも言わず、念仏を唱えていた。カタジケナイとも言わずとは、カタジケナイは念者関係においては最低限の感謝表現であったのであろう。それさえも言わなかったのである。

二間《ふたま》ある座敷の奥に通りて、この親仁ちかう呼びて、「亭主のあいさつまでもなし。こなた様には私に御執心のよし、最前《さいぜん》芝居を帰る折からより見請け、心懸《がか》りありしに、縁はをかしや」と盃事《さかづきごと》して、酔《ゑひ》を恋の種として、身に添《そ》ひ臥《ぶ》しを仕かけ、うれしがる事どもに気をつくしけるに、この親仁、かたじけないとも言はずして、口のうちにて念仏《ねぶつ》をとなへて居る。　（巻五「命乞ひは三津寺の八幡」）

語学的な問題ではないが、この話の続きを説明しておく。後で聞いたら、しづまを好きなのは病気の息子だと言う。それを聞いて、しづまが息子に会うことを約束してくれた。しかし、実際に来たのは病気の十六歳の美少女であった。しづまは衆道で身を立てているのにもし女性と関係すると、世間から非難される。そのことを気にして悩むが、娘の病気が重くなると思い関係を結んだ。次の日の朝、その少女は眠るように死んでいった。しづまは七日後にそれを聞いて、人の命をとってしまったと悔やんで病気になり、心斎橋にある三津寺に祈って命乞いをしたが、その夕刻に亡くなったという。

前節の終わりと本節において『男色大鑑』におけるアリガタイとカタジケナイについて見てきた。カタジケナイは、一般の感謝表現として、下から上への表現として使用されていた。しかし男色の世界では、下から上へはアリガタイが使用され、上からは下へはカタジケナイが使用されていた。ただし、カタジケナイはありきたりのことばであり、思いのこもっていないことばと感じられていた。それは、武士の世界において上から下の者に対してカタジケナイが形式的に使用されていたからであろう。つまり、カタジケナイがこれまでの下から上への表現だったのに加えて、上から下へも使用されるようになり、カタジケナイが双方向性を持つ感謝表現になってきたことがわかる。柳田征司が狂言詞章では明らかにできなかったカタジケナイにおける敬意度の逓減が現れてきたのである。この点については、第五節「カタジケナイの双方向性」で詳しく扱う。

第三節　近松作品におけるアリガタイ

近松の作品になると、衆道だけではなく、一般の人もアリガタイを用いており、その使用も多くなる。ただし武士は衆道以外に使用することはほとんどない。近松の世話物は十八世紀以降のものであり、先に見た『杉楊枝』が一六八〇年、『男色大鑑』は一六八七年の成立であるから、二十年ほどでアリガタイの使用が広がったように見える。ただし、下から上に対してもカタジケナイが普通に使用されており、アリガタイを使用するのは特別な場合だったようである。

荻野と中村は、近松の作品にアリガタイが目下から目上へだけでなく目上から目下への使用があるとし、荻野は二例、中村は一例挙げている。まず、両者に共通している『冥途の飛脚』を見てみよう。

梅川あわて走り出《い》で、抱き起して裾絞り、「どこも痛みはしませぬか。お年寄《としより》のおいとしや、お足もすゝぎ、鼻緒もすげてあげませう。少しも御遠慮なさるゝな」と、腰膝撫《こしひざな》でていたはれば、孫右衛門起き上がり、「どなたやら有難い。お蔭《かげ》で怪我《けが》もいたさぬ、若い上臈《じやうらふ》のおやさしい、年寄と思し召《おぼめ》し、嫁子《よめこ》もならぬ介抱《かいはう》

（孫右衛門→梅川「新口村の場」）

この例に対して、中村は、

この時点では、孫右衛門は梅川を嫁と知らないので、老百姓から親切な女への言葉ととると、目下への言葉として、単純に受け取ることはできないが、年上の男が年下の女への使用例であり、年齢的な目下への使用であるといえるだろう。

と述べている。また、荻野は、

知らない人に対し丁寧に礼を述べたとは考えられるが、相手が身分的に上だと考えて「ありがたい」を使用したとは思えない。

としている。荻野の述べている「知らない人」という観点は重要である。柳田征司が、カタジケナイには親愛感があり（いわゆるウチの関係）、一方アリガタイには親愛感がない（いわゆるソトの関係）と述べていることと関わってこよう。しかし、はたして相手が身分的に上でないという判断は正しいであろうか。身分社会では年齢の上下だけで身分の上下関係が決まらないことは普通である。また、身分が近い場合には状況によっては立場が逆転することもある。特に知らない人の身分はその人の容姿や様子から判断するしかない。ここでは「若い上臈」という判断がなされている。「上臈」をどう解釈するかによるが、田舎の人から見れば、梅川の容姿は身分の高い女性だと判断されたのであろう。

目下への使用として荻野の挙げているもう一例の『五十年忌歌念仏』に関しては、中村は目上への用例として扱っている。

ア、お前は如来様《にょらい》。内々《ないない》どうやら承り、気遣ひいたせし折からなり。傍輩《はうばい》のよしみとて、御知《おんし》らせ有難し。

（清十郎の父→勘十郎　「川口の場」）

清十郎の父は田舎の百姓親父である。一方、勘十郎は清十郎が勤めている姫路の大店の手代であり、息子の清十郎より年上である。勘十郎が清十郎の父に会った時に「親父殿」と言ったのに対して、清十郎の父は勘十郎に対して「勘十郎殿様」と勘十郎が言ったのよりもさらに丁寧な表現を用いている。確かに年齢的には清十郎の父親の方が勘十郎よりも上である。しかし、身分関係では勘十郎の方が上になろう。それに加え、ここでは勘十郎は清十郎の父親に対して、清十郎が縁談の調った主人の娘と密通していて、露顕すれば磔になり、親兄弟も同罪になるから、身を引く思案をさせたいのでお知らせすると言って、清十郎の父親を脅している。清十郎の父親は知らせてくれたことに対して、勘十郎を如来にたとえて感謝している。そして、勘十郎は清十郎を助けるためだと言って、清十郎の父親を騙

すが、父親は何もしらず、

親子の者は船より上がり、手を合せ、涙をながして、「傍輩《はうばい》のよしみとて、有難し、忝《かたじけ》なし。生みの親の我らより、清十郎めが命の親、嫁も娘もやれ拝め。

ここではアリガタイとカタジケナイとが一緒に出現している。この順序にも意味があり、これについては後で扱う。拝む動作はカタジケナイでも行われ、アリガタイだけの特別な動作ではない。しかし、先に清十郎の父親が勘十郎を「如来様」にたとえているように、勘十郎を仏様のように扱っている。これは、本章（第四章）第一節「アリガタイの登場」において、『杉楊枝』を扱った際に、診療後の竹斎を「南無薬師竹斎さま」と唱えているのと同じであろう。このようにアリガタイが使用されるのは、感謝の度が非常に高い場合であり、カタジケナイとは程度の差が感じられる。

主《ぬし》もさだめし逢ひたからう。沙汰なしにそつと逢はせましよ」「ア、有難《ありがた》い、了簡深《れうけんぶか》いおきく様。

（吾妻→山崎与次兵衛の妻おきく　『山崎与次兵衛寿の門松』中「浄閑屋敷露地の場」）

吾妻は、人の罪をかぶり座敷牢に入っている与次兵衛に逢うために、廓を抜け出した。吾妻が投げ込んだ手紙を読んだ与兵衛の妻おきくが、吾妻と会い吾妻の心情を知り、夫に会わせることを約束した。そのことに対する深い感謝である。

もちろん催促仕《つかまつ》らぬ。これから互ひの心底《しんてい》づく」と、切《き》れ離《はな》れたる言葉の末。「それは定《ぢやう》か、ありがたい。胸がちつとは開けた」と、伏し拝みてぞ泣きゐたる。

（吾妻→揚屋の主人　『淀鯉出世滝徳』上「三国堺の場」）

揚屋の主人が吾妻の残金を引き受けて、約束を破っても催促をしない、お互いの心根次第といってくれたことに対する感謝である。また、子から父、甥から叔母へ直接お礼を言う場合にもアリガタイの使用が見られる。非常に困っていた状況を救ってくれた場面で使用されている。

親はわつと声を上げ、「やれ。慈悲知らぬ親の酒を見よ。まことの慈悲の味《あぢ》はひを飲みて知れや」と泣きければ、「ハア、有《あ》り難《がた》し」とばかりにて、親の膝《ひざ》にうちもたれ、声をも惜しまず嘆きしは、性《せい》は、善《ぜん》なる涙なり。

（嘉平次→父『生玉心中』中「大和橋出見世の場」）

お金に困っている息子（嘉平次）が、許嫁と結婚するという親の意見に従うことを承諾したので、父は酒にかこつけて一分金の入っている瓢箪から息子の大皿に七、八十枚恵んだのである。

後《あと》見送つて半七は、叔母の前に手をつかへ、「なんにもわざと申しませぬ。面目《めんぼく》ないと有難《ありがた》いと、胸は二つに裂けます」と、悔《くや》み嘆けば

（半七→叔母『長町女腹切』上「刀屋石見屋の場」）

半七の叔母といつわって半七の部屋にいた女郎の花を、本当の叔母が半七の主人の前で腹違いの妹だと言って口裏を合わせてくれて、怒っている主人をなだめてくれたことへの感謝である。

先の『五十年忌念仏』の「アリガタイ、カタジケナイ」のように、感謝表現を重ねて用いられる場合がある。用例としては、敬意度の高い方を先に言う「アリガタイ、カタジケナイ」と、敬意度の高い方を後に言う「カタジケナイ、アリガタイ」とがある。両者はその使用に違いがあるように見える。「アリガタイ、カタジケナイ」の場合には、『五十年忌念仏』のように、感謝の背後に神仏への感謝の意もあり、対人よりも神仏への感謝の度合いが高そうである。

その思ひ入れの名は何といふ、誰ぞいの」、由兵衛ほとんど笑壺《ゑつぼ》に入り、「ヤア有難い、忝い、三度礼拝《らいはい》つかまつる。名を申せばついご存じ

（由兵衛→貞法〈主家の隠居〉『今宮の心中』上「瓦町橋畔の場」）

由兵衛は（出家している）貞法から思い人（思っている人）があるかと尋ねられた。そこで、貞法の力を借りないとうまくいかないと説明したところ、貞法が私が言って済むことならと言われた。由兵衛の思い通りになってきたので、

喜んで感謝を述べるが、その際に三礼を伴っている。

親孫右衛門裸足《はだし》にて、「どうぢや〳〵忠三郎、善か悪か聞きたい」「ア、よい〳〵、気遣ひない。夫婦ながら何《なに》事《ごと》なう、まんまと落し済した」「ハア、有難い、忝《かたじけな》い。如来《にょらい》のお蔭《かげ》、直《すぐ》にまた、道場へ参りて御開山《ごかいさん》へお礼申さう、なう嬉しや有難や」と、二人うち連れ行くところに〈孫右衛門→忠三郎『冥途の飛脚』下「新口村の場」〉

忠三郎は孫右衛門の下作であるから、この「アリガタイ、カタジケナイ」は、梅川と忠兵衛を逃がしてくれた忠三郎への感謝ではなく、如来への感謝である。「アリガタイ、カタジケナイ」と重ねることにより、神仏への感謝の度を高めているのであろう。

一方「カタジケナイ、アリガタイ」の場合は、人への感謝であり、カタジケナイとまず述べてから、その後に程度の高いアリガタイを述べることで、相手への感謝の度を高めているようである。

さだめて銀《かね》づく。五両、十両は用に立てても助けたし。神八幡《しんはちまん》、侍《さむらひ》冥利《みやうり》、他言《たごん》せまじ。心底残さずうち明けや」とさゝやけば、手を合せ、「ア、忝《かたじけな》い、有難い。馴染《なじみ》、よしみもない私《わたし》。ご誓言《せいごん》での情けのお言葉、涙がこぼれて忝《かたじけ》い。〈小春→武士〈実は治兵衛の兄粉屋孫右衛門〉『心中天の網島』上「曽根崎河庄の場」〉

客の武士は小春の様子から心中を考えているのを察した。そこで、お金のことなら心配ないから、神や侍の名誉にかけて他言をしないから、心の底を残らず打ち明けなさいと言った。そのことに対する小春からの感謝である。アリガタイの使用は相手が神仏に誓いをしたことも関係していようか。もう一例は、武士が使用している例である。

立ち回《ま》ふうちに裸身《はだかみ》の下女にはつたと行《ゆ》き当《あた》り、こりやこそこゝにと、抱《いだ》き合ふ。下女は勝手は覚えたり。我《わ》が寝所《ねどころ》へ逃《に》げ行《ゆ》けば、「こは忝《かたじけな》し。有難《ありがた》い」と、夜着《よぎ》引《ひ》き被《かづ》き、かつぱと臥《ふ》す。〈磯辺床右衛門→小倉彦九郎の妻おたね〈実はたねの実家の下女〉『堀川波鼓』上「おたね実家の場」〉

この例の場合、身分関係をどのように判断したらよいかむずかしい。小倉彦九郎と磯辺床右衛門とは同輩である。その関係からいえば上から下とまではいいがたい。ただし、その妻女であるから下の扱いになろうか。彦九郎の妻のおたねに懸想している床右衛門は、不義の証拠を摑んでおたねに迫ろうとした。たまたま裸でいた下女に出会い抱き合った。床右衛門はその女中をおたねと思っている。そのまま女中が寝床に逃げていったので、自分を受け入れてくれたと思い、「こは忝し。有難い」とお礼を述べているのである。武士がアリガタイを使用している珍しい例であり、よほどの喜びであったのであろう。

このように、近松の時代になると、町人の世界ではアリガタイの使用が多くなってくる。カタジケナイの敬意度逓減によるものだと思われる。ただし、アリガタイの上から下への使用はまだないようである。

アリガタイの浸透については、西鶴の時代と近松の時代の間である一七〇〇年に刊行された貝原益軒（一六三〇〜一七一四）の『日本釈名』に、次のような記述がある。

近来は、かたじけなしとはいはずして、有がたしと云人多し。古来云ならはせる言をやめて、あやしき言を用るは口おし（中）

この記述によれば、アリガタイの使用が多くなってきたようである。そして、年寄りの繰り言として、ずっと使ってきたことばをやめてあやしいことばを使うのは残念だと言っている。しかし、近松の作品からはアリガタイがそれほど使用されていたとは言いがたい。アリガタイが、京都で広く用いられるようになったのは十八世紀の後半のようである。

元明六年（一七八六）の序が記され、翌七年の跋が施されている『譬喩尽並ニ古語名数』という写本に、アリガタイが「時花詞《はやりことば》」として上がっている。

時花詞《はやりことば》　有《あり》がたひ　恐《をそ》れ入《いる》　大《おほ》きに　（「は」）

その当時の流行語の一つとしてアリガタイがある。ここに上がっている「大きに」については、オオキニを扱う際に言及する。アリガタイは他の項目にも示されている。

時花詞《はやりことば》の名目哥《みやうもくうた》に　当世は諸事御前《オマヘ》様　難《ガタヒ》レ有《アリ》偖《サテ》恐《ヲソレ》入《イリ》奉候《ソロ》
物事に御《オ》を付あなたそこでそれでございますかいな芝居へうばん　はやらぬは御《ゴ》無事御《ゴ》堅固　女《ヲンナ》ども過分拙者に貴殿そこもと　（「は」）

出入の商人　退品《かへりしな》に難有ござりますト云詞近年一統時花コレ忝ノ代敬詞　（「て」）

これらの記述から、十八世紀後半の京において、アリガタイや、商人が帰る時の挨拶としてアリガトウゴザリマスが用いられており、それが流行していたようである。この記述から、アリガトウゴザリマスがカタジケナイの代わりに使われるようになってきたことがわかる。

第四節　上から下への感謝表現クヮブンの確立

柳田征司によると、大蔵流狂言集（虎明本・虎寛本）において、上から下への感謝表現は「満足した（致す）」だけであった。ただし、「満足した（致す）」は喜びの表現とも言えるものである。ここでは、下から上への感謝表現であったクヮブンが上からの下への表現へと方向性を変えたことを、近松の作品を利用して説明していく。

クヮブン（過分）は漢字表記からかるように、分を過ぎている、つまり分不相応という意味であり、〈批評・評価〉の発想法に基づく感謝表現である。前章（第三章）第三節「漢語系感謝表現の源流」で明らかにしたように、十五世紀頃から日記や文書などに見られるようになり、書きことばから話しことばへと使用域を広めてきたようである。キリシタンの『日葡辞書』にも登載されている。そこでは「譬喩」とあるように、感謝の用法は語用論的なものである。

Quabunna.　クヮブンナ（過分な）　豊富な（もの）、または、沢山な（もの）。¶また、譬喩。ありがたく思って謝意を表わす言葉。

Quabunni.　クヮブンニ（過分に）　副詞。豊富に、あるいは、沢山に。¶Quabunni zonzuru.（過分に存ずる）　深く感謝する、あるいは、非常にありがたく思う。

大蔵虎明本にもその使用例が認められるが、まだ下から上への感謝表現である。

・大名「此あふぎをとらする　新座「過分にござる　（秀句唐傘）

・教え手「それは一段じや、かならずもつて帰て、ちとすそわけさしめ　聟「かたじけなふこそござれ、おしへさせらるゝさへ御ざらふに、ゑほしまでかさせられて、過分に御ざる　（鶏聟）

ところが、近松の作品になると、上から下へ、あるいは同輩で用いられている。

「ヤア市之進、（略）お出で過分《くわぶん》、おつつけ吉左右《きつさう》待ち申す」と、言ひ捨てて駆け出づる。

（舅忠太兵衛→娘婿市之進『鑓の権三重帷子』下「岩木忠太兵衛屋敷の場」）

不義者の権三とおさゐを討ちにいく市之進が挨拶に来たことに対する、舅である忠太兵衛からのお礼である。

二人ながら休んでくれ。ようしてくれた、過分な」と、悪事と知らぬ主《しゆう》の慈悲。

（旦那→二郎兵衛・おさき『今宮心中』中「菱屋内の場」）

灸を据えてくれた奉公人の二郎兵衛とおさきへの旦那からのお礼であり、主人から奉公人への使用である。

源十郎小声になり、「そなたが頼《たの》うだ塩商ひの損銀。かの金子《きんす》で済まして、請取手形も、余り金も一所《いつしよ》に上《のぼ》した。届いたか」と言へば、「オ、過分《くわぶん》〳〵、確かに届き、請け取つたが、（中略）お蔭《かげ》で万事忝《かたじけな》い」と言へば

（勘十郎→源十郎　『五十年忌歌念仏』中「但馬屋の場」）

勘十郎と源十郎とは但馬屋の手代であり、同輩である。勘十郎は源十郎が頼みごとをうまく処理してくれたことに、まず「過分〳〵」と述べ、最後に「忝い」とお礼を述べている。内容やその状況・立場によって、様々な感謝表現を使い分けている。

「茶屋殿、過分」と、袂《たもと》より置く茶の銭の八、九文　（『女殺油地獄』上「野崎の場」）

油屋豊島屋の女房お吉が、茶店に茶代を支払う際にクヮブンを使用している。

このように、近松の作品においては、クヮブンは上から下、あるいは同輩同士、また支払いをして店を出る際のお礼のように、軽い感謝に使用されており、虎明本とは感謝の方向性が異なっている。『日本国語大辞典　第二版』には、クヮブンの一つの用法として、「（主に同輩や目下の人に対して、感動詞のように用いて）ありがとう、ご苦労さま、おせわさまなどの意味を表わす」と記されている。初出例として、一六五九年の噺本『百物語』が上がっている。

ひきやくと見えしものはしり来て、かのうつけを、人と思ひ、いかにや此町にみのやの彦右衛門といふ人やあるとたづねければ、此二町下なりと申。ひきやく過分なりとてはしり行　（『百物語』十三）

この例が同輩や目下への例としてふさわしいか疑問である。飛脚はそのうつけ者を尋ねるのにふさわしい人物とみている。ただし、クヮブン（過分）の漢字表記が示すような深い感謝の意は忘れられ、軽い表現になっていることは確かである。虎明本より少し成立が遅く、この『百物語』とほぼ同時期に成立した『狂言記』（一六六〇）では、同輩や、上から下への感謝表現としてクヮブンが使用されているのが確認できる。

九郎二郎「扨《さて》も〳〵、御普請《ごふしん》なされたによつて、お家《いへ》も見忘《みわす》れて御ざる、此時分をば存《ぞん》じましたらば、手伝《てつだ》いに参《まい》りませう物をば　庄右衛門「おふ、過分《くわぶん》におりやる　（『狂言記』三　八句連歌）

この例は同輩あるいはやや目上からの使用である。九郎二郎は庄右衛門から金を借りているので、同輩でも立場上、下に位置づけられる。普請されたことを知っていたら手伝いに来たのにと九郎二郎が言ったのに対して、庄右衛門は「過分におりやる」と礼を述べている。上から下への感謝表現と言えよう。

次の例は大名が猿引に対してクヮブンを用いているので明らかに上からの例である。大名はさらに「御礼を申さう」と述べている。猿引は大名から御礼を言われたので、「迷惑な」と恐縮の意を示し、礼に対する謝意を表している。

大名「(前略)これ〳〵猿引《さるひき》、無心《むしん》言《ゆ》ひたいが聞《きこ》うか　猿引「何成ともうけたまはりませう　大名「過分《くわぶん》におじやる、御礼申さう　猿引「迷惑《めいわく》な　(『狂言記外五十番』五　靫猿)

クヮブンは、先に見たようにもともとは下から上への感謝表現であった。それが上からの下への感謝表現になったのである。感謝の言語行動が双方向性を持ったことによって、上からの表現が必要になり、クヮブンもその役目を担うことになった。クヮブンがそれまでとは逆の上から下へと方向性を変更できたのは、一つには多用による敬意度逓減と、もう一つは音節数が短く発音しやすかったことが影響していよう。

このようにクヮブンは上からの感謝表現として成立したが、十八世紀の後半には使用されなくなってきたようである。先に『譬喩尽』に「時花詞《はやりことば》」としてアリガタイが上がっていることを見た。この本には、逆の「不《はや》レ用《らぬ》詞」も立項されている。そこにクヮブンが見られる。

不《はや》レ用《らぬ》詞　貴殿《きでん》　過分《くはぶん》　(「は」)

また、次のようにも記述されている。

物事に御《オ》を付あなたそこでそれでござりますかいな芝居へうばん　はやらぬは御《ゴ》無事御《ゴ》堅固 女《ヲンナ》ども過分拙者に

貴殿そこもと　　　　　　　　　　　　　　　　　　　　　　　　　　　　　　　　　（「は」）

はやらぬ詞として上がっているのは、接頭辞「御（ご）」や「拙者」「貴殿」「そこもと」という武士ことばに基づいたものである。クヮブン（過分）も武士ことばとして意識されていたのであろう。

第五節　カタジケナイの双方向性

カタジケナイは、柳田征司の調査によれば、大蔵虎明本や虎寛本では下から上への使用であった。虎明本より少し後の『狂言記』の「腹立てず」では、庄屋と僧侶とがお互いに「かたじけのふ御座る」「かたじけなふこそ御ざれ」と挨拶を交わしている。常住の依頼に対してそれを承諾した僧侶への庄屋からのお礼、そして何でも聞き入れるという庄屋の申し出に対する僧侶からのお礼において、それぞれ使用されている。身分的な差はあまりなく、依頼や申し出という状況が関わっており、下から上、上から下へという明確な双方向化とはまだ言えない状況である。先に扱った衆道の世界では、カタジケナイはこれまでとは逆の上から下への方向性が見られた。

近松の作品における、カタジケナイの使用は下から上への場合が一般的であるが、中村は上から下へ使用されているものとして三例を指摘している。中村が対象とした近松の作品は、日本古典文学全集『近松門左衛門①②』所収の二十四作品の中から有名な十二作品を調査した結果である。その十二作品とは、曽根崎心中・堀川波鼓・五十年忌歌念仏・丹波与作待夜の小室節・冥途の飛脚・夕霧阿波鳴渡・大経師昔暦・鑓の権三重帷子・博多小女郎波枕・心中天の網島・女殺油地獄・心中宵庚申である。本書では新編日本古典文学全集『近松門左衛門①②』所収の全作品（全二十四作品）を対象とする。

近松作品における上から下へのカタジケナイの使用について調査していくと、次の三つのような状況での使用が確認できる。

一　女性が男性の思いを受け入れてくれた際の男性からのお礼

二　身分の下の者に頭を下げなくてはならない特別の事情

三　感謝表現を用いるような状況ではなく、また感謝表現を用いる必要のない相手に対して、故意に感謝表現を使用して皮肉を述べる

中村の挙げている『冥途の飛脚』と『女殺油地獄』の例は一に該当する。まず一について見ていこう。

・また抱きついて、「そちに嘘ついてなんの得《とく》、実《じつ》ぢや〳〵」と言ひければ、「それが定《ぢやう》なら、晩に寝床《ねどころ》へござんすか」、「オ、なるほど〳〵、忝《かたじけな》い」　（亀屋忠兵衛→飯炊きのお万　『冥途の飛脚』上「飛脚屋亀屋の場」）

・連れ立つて参らぬも、みんなこな様のいとしさゆゑ。人にそだてられ、けしかけられ、なんぢやの。わしが心は誓文《せいもん》かうぢや」と、ひつたり抱き寄せ、しみ〴〵さゝやく。色こそ見えね、かは与が悦喜《えつき》、「エ　忝《かたじけな》い」と伸びた顔つき　（河内屋与兵衛→小菊　『女殺油地獄』上「野崎の場」）

『冥途の飛脚』の例は、忠兵衛が家の様子を探るために飯炊きのお万を口説いた。お万は冗談に「晩に寝床にいらっしゃいますか」と尋ねた際の忠兵衛のことばである。一方『女殺油地獄』の例は、嫉妬している与兵衛をなだめるために小菊が愛する気持ちに変化のないことを示した。その態度に対する与兵衛のことばである。このように、女性が男性の思いを受け入れてくれた時の男性から女性への感謝表現として、カタジケナイが使用されている。近松の作品には他に次のような例も見られる。

・「ア、これ〳〵。こな様ばかり寝ようでの。とんと二人が一度に寝る（略）」、「一つに寝ようは　忝《かたじけな》い」
（美濃屋作右衛門→お梅　『心中万年草』中「神谷の宿雑賀屋の場」）

・立ち回《ま》ふうちに裸身《はだかみ》の下女にはつたと行《ゆ》き当《あた》り、こりやこそこゝにと、抱《いだ》き合《あ》ふ。下女は勝手は覚えたり。我《わ》が寝所《ねどころ》へ逃《に》げ行《ゆ》けば、「こは忝《かたじけな》し。有難《ありがた》い」と、夜着《よぎ》引《ひ》き被《かづ》き、かつぱと臥《ふ》す

（磯辺床右衛門→小倉彦九郎の妻おたね〈実はたねの実家の下女〉『堀川波鼓』上「おたね実家の場」）

『心中万年草』の例は、恋人を隠しているお梅の布団を聟になる予定の作右衛門がとろうとしたために、布団は一緒に寝るまではとお梅が言った。作右衛門は一緒に寝ようとお梅が言ったことに対して感謝しているのである。後者の『堀川波鼓』の例については、先の第三節「近松作品におけるアリガタイ」で扱ったので説明は省略する。

中村の挙げているもう一例の『夕霧阿波鳴渡』は二に該当する。平岡左近の妻雪は、左近の嗣子が左近と夕霧との子ではなく実は伊左衛門と夕霧との子であることを知った。しかし、事を荒立てると夫の面目や立場がなくなるので、我が子として養育したいと頼み、それを伊左衛門が承諾した場面に使用されている。武士の妻が町人に感謝しているのである。

武家のお名には替へられず、進ずるといふまでもなし。以前夕霧が申すとほり、左近殿の御子息、伊左衛門が子ではござらぬ」「ア、忝い。夕霧殿もさうぢやぞや。

（左近の妻雪→伊左衛門　上「吉田屋の場」）

二に該当する例は武士に使用が多い。『心中宵庚申』の例は武士ではないが、平右衛門が娘の嫁入りの際に半兵衛と約束をしたことを回想している場面に出てくる。半兵衛が娘を離縁しないと誓言してくれたことに対して、地頭や代官以外には一生下げない頭を下げて約束した際に、カタジケナイを用いている。『女殺油地獄』の場合は町人の女性同士の会話である。年齢差があるだけで、身分の上下はない。与兵衛の母であるお沢は勘当した与兵衛にお金を渡したいが、それができない。そのことをお吉が察して、捨てておけば私が渡しますと請け合ってくれたことに対するお沢からの感謝である。

・今こそ町人八百屋の半兵衛。元は遠州浜松にて、山脇三左衛門が倅《せがれ》。武士冥利《みやうり》、商ひ冥利、千世は去らぬ。気遣ひするな」「ア、忝《かたじけな》い」と、手を束《つか》ね、地頭《ぢとう》、代官《だいくわん》のその外《ほか》に、一生下げぬ頭《かしら》を、下げし互ひの契約

（回想の場面　島田平右衛門→八百屋半兵衛　『心中宵庚申』中「山城上田島田平右衛門宅の場」）

・「ア、お沢様の心推量した。遣りにくいはず。こゝに捨てて置かしやんせ。わしが誰《たれ》ぞよさそな人に拾《ひろ》はせましよ」「ア、忝《かたじけな》い。とてものお情け。（与兵衛の母お沢→豊島屋七左衛門の妻お吉　『女殺油地獄』下「豊島屋の場」）

第四節「上から下への感謝表現クヮブンの確立」で扱った『鑓の権三重帷子』の例では、市之進が敵討ちのために忠太兵衛を訪れた際には、忠太兵衛はクヮブンと軽く挨拶していた。忠太兵衛は、娘のおさゐが権三と不義をしたという噂を流した人物（川側伴之丞）を討とうと思っている。もしその敵に討たれた場合には、その敵を討ってくれるかと尋ねたところ、市之進は女房とは関係なくあくまでも舅であるから敵を討つと言った。それに対して、忠太兵衛は涙を流しながらカタジケナイと感謝している。

なう、これ市之進。かほど根性《こんじやう》の腐つた女房の親でも、忠太兵衛が討たるれば舅の敵を討つ気よな」「これは曲《きよく》もないお尋ね。たとへ女は畜類《ちくるい》になつたりとも、舅は舅に極《きは》まつた。忠太兵衛殿、敵があらば討たいでは。そりやお尋ねにおよばぬこと」「市之進、ア、御心底《ごしんてい》身に余り忝《かたじけな》い」と、大地にどうと老体《らうたい》の、うづくまりたる感涙《かんるい》に

（忠太兵衛→娘聟の市之進　『鑓の権三重帷子』下「岩本忠兵衛屋敷の場」）

噂のもとになったのは、若殿の祝言披露の茶の湯において、その役目を担う市之進が江戸詰めをしているために、弟子の中でその飾り物などができる者を求めていたことにある。その作法を教えてもらうために、権三は市之進宅を尋ね、おさゐに忠太兵衛や岩木甚平（おさゐの弟）に会いたいと伝えたところ、おさゐは用は私に直接言いなさいと答えた。それに対して、権三は、

権三手をつき、「御親切　忝《かたじけな》し。　（権三→おさゐ　上「浅香市之進屋敷の場」）

と、師匠の妻であるおさゐに対して、下から上への一般的な感謝表現であるカタジケナシを用いている。おさゐは、娘と権三とを結婚させたいとつねづね思っていた。ちょうど権三から秘伝の問い合わせがあり、それは一子相伝だから、娘と結婚すれば教えると迫った。権三は、悩んだ末にその話を受けることにした。それを聞いて喜んだおさゐは、権三に対して、まず「ハアウ忝い」と感謝の意を表し、その後に「お嬉しい」と喜びの表現を用いている。

師匠の婿と申せば聞えもよし。娘御《むすめご》おきく殿。私《わたくし》妻《さい》にきつと申し受けませう」「ハアウ　忝《かたじけ》い、お嬉《うれ》しい。サア望み叶《かな》うた。　（おさゐ→権三　上「浅香市之進屋敷の場」）

おさゐはもう一度権三にカタジケナイを用いている。不義を疑わせるような品を川側伴之丞に取られてしまった時、おさゐは権三に夫の面目のために討たれてくれたらカタジケナイであろうと懇願している。まだ実現していないことにカタジケナイを用いている珍しい例である。

たゞ今二人が間男《まをとこ》と、いふ不義者になり極《きは》めて、市之進殿に討《う》たれて、男の一分《いちぶん》、立てて進《しん》ぜてくだされたら、なう　忝《かたじけな》からう」と、また、伏し沈むばかりなり。　（おさゐ→権三　上「浅香市之進屋敷の場」）

カタジケナイを用いている三つ目の状況は、感謝表現を用いる状況ではなく、また感謝表現を用いる身分関係ではないのに、故意に感謝表現を用いて皮肉を述べる場合である。ただし、感謝表現を用いる相手に対しても、感謝表現を用いる状況ではないのに故意に使用すれば皮肉の用法は生じてくる。例えば、

「これ、丹波屋の八右衛門殿。常々《つねづね》の口ほどあつて、オ、男ぢや、見事ぢや。三人寄れば公界《くがい》、忠兵衛が身代の棚卸《たなおろ》ししてくれる、　忝《かたじけな》い。　（忠兵衛→八右衛門　『冥途の飛脚』中「新町越後屋の場」）

のように、友達の八右衛門が忠兵衛のお金に困っている状況を皆に暴露したことに対して、忠兵衛が八右衛門に対し

て怒って用いている。
特にここで問題としていくのは、カタジケナイを用いる身分関係にない相手に対して使用されている場合である。

・留守のおれを寝てゐると、親仁《おやぢ》の手前は、男をかばふやうなれど、職人に似合はぬ鬢《びん》付《つ》きな男を、身が代《かは》りに寝させたは、念がいつて忝《かたじけな》い。
（徳兵衛→女房たつ　『心中筒井筒』上「紺屋徳兵衛内の場」）

・ナア慮外《りよぐわい》ながら、それを新七めが、使ひ潰《つぶ》すの、身持ちが悪いのと、一門一家《いちもんいつけ》、町年寄《まちどしより》、庄屋《しやうや》まで触れ歩いて、蔵々《くらぐら》に封を付けさせて、阿呆者《あほうもの》にしてくれた、忝《かたじけな》いことの。
（江戸屋勝二郎→元の手代新七　『淀鯉出世滝徳』上「新町橋の場」）

『心中筒井筒』の例は、親の手前夫がいないことが知れると都合が悪いので、妻のおたつが自分の子に鬘をかぶらせて夫がいるかのように芝居をした。それを見た夫の徳兵衛は妻が間男をしたと勘違いして怒った際に用いている。「念がいつて」と皮肉がこめられている。後者の『淀鯉出世滝徳』は、遊里で大尽振舞をしている勝二郎に対して讒言をしたために解雇された手代の新七夫婦が、勝二郎に改めて意見をしようとしたが、聞き入れずに逆に文句を言われている場面である。

下から上への感謝表現であるアリガタイの登場によって、カタジケナイはこれまでの下から上への感謝表現に加え、上から下への感謝表現として使用されるようになり、双方向性を持つことになった。下から上へにおいては、永年使用されてきたカタジケナイに比べて、新しいアリガタイの方が感謝の度が強いものであった。カタジケナイが双方向の感謝表現になったと言っても、上から下へ安易に使用していたわけではない。ここで見たように、ある特定の状況において用いられていた。上から下へ自由に使用できたのはクヮブンだけのようである。

第五章　近世後期から近現代にかけての感謝表現

第一節　江戸でのアリガタイの浸透

近世後期になると、江戸での出版物も増え、江戸語の状況も次第にわかってくる。江戸語の感謝表現としては、まずオカタジケについての記事が目に入ってくる。一七五二年の『当世下手談義』に次のような記述が見られる。

惣じて衣服《いふく》の正《たゞ》しからぬを、服妖《ふくよう》と云、言葉《ことば》の正しからぬを言妖《げんよう》といふ。かの羽織着《き》る娘子ども、二十年已《い》前迄は、聞もおよばぬ言葉つかい。「見ない」、「きない」、「よしな」、なんど丶舌《した》をなやしてぬかしおるいやらしさ。忝といふべきを。おかたじけと、勘略する心から、いらぬ羽織の着事なるべし。（巻五）

『当世下手談義』は、談義本といわれるジャンルの本であり、庶民の教化を意図したものである。ここでは、ことばの乱れと服装の乱れとの関係を述べており、若い女性が悪い流行に染まっていくことを嘆いている。若い女性が、「見なさい」を「見ない」、「来なさい」を「きない」、「よしなさい」を「よしな」と、語尾や語尾の一部を省略するような、いい加減な話し方が流行していたようである。そして、カタジケナイをオカタジケと言い、そのような人たちが当時流行していた羽織芸者になっていたようである。この記述からは、アリガタイの状況についてはわからないが、江戸でもカタジケナイが使用されていたことがわかる。カタジケナイが使用されていなければ、オカタジケという省略形は出現してこないわけである。
洒落本の『甲駅新話』（一七七五）には、オカタジケノウゴ（オ）ゼンスという、オカタジケのもとになった形で使用されている。前者は女郎のことばであり、後者は客のことばであるが、ふざけて女郎ことばの真似をしているようである。

・谷粋　色事《いろごと》か。たゞし盆《ぼん》の仕廻《しめへ》か。ぼんの工面《くめん》なら案じ。なんさんな。おれがうけ込《こむ》は　綱木　それはモウおかたじけなふ。おぜんす　お礼から。先《さき》へもふしんす　谷　是《これ》はお礼で。いたみ入《いり》やす

・三沢　成《なる》ほど。お腹《はら》の立《たつ》事も。おぜんせうけれども。どふぞきげんを直《なを》しておくんなんし。わつちが。どのよふにも。あやまりいせう　谷　そりやアもふ。思《おぼ》しめしおかたじけなふ。ごぜんすが。あんまり安《やす》くするからの。こつてごぜんす

同じく洒落本の『傾城買二筋道』（一七九八）においても女郎が用いている。

一トえ《へ》は涙《なみだ》よふ〳〵と、おかたじけのふござんすといふたまゝにも捨《すて》がたくせ話《わ》に成《なり》し礼いわんとなく〳〵座敷を立出る

オカジケノウゴザンスは、カタジケナイの丁寧表現であり、下からの表現として遊廓に関わる場所で使用されたようである。省略したオカタジケは、上からまたは同輩同士での表現として使用されたのであろう。洒落本大成を見ていくと、客が使用したり、女郎が兄弟分や新造、茶屋の女中に対して用いている。

・半七　コおかさん此中はおかたじけと提灯《てうちん》をかへし　（『替理善運』一七八八？）

・待宵　いつそのぼせんすよ　連雨　だれに　待［わらひながら］おめへさんにさ　連　おかたじけそりやアそつちはだますがしやうばいこつちはだまされるがあそびだからいゝけれど　（『闇名月』衣々《あかつき》の袖引《ちわ》　一七九九）

・［卜折から廊《らう》下にて新造］浮浪　ほんにかへはりさけすね［卜何かいひながらかけて此さしきへ来り］むめはるさ

んへさつきのものをおあんなんしたか　梅春ウ、おかたじけ
（『娼妓絹籭』二　一七九一）
・小春お蔦さんひるまはおかたじけ

（『仲街艶談』一七九九）

其吉おたみとんおかたしけどふぞ帰りによせはへよつてさつきのわけ道をよく咄して置てくんな

（『喜和美多里』一八〇一）

オカタジケが下からのお礼でないことは、次の川柳によっても確認できる。ただし、このような川柳が作られたということは、上に対して使う人がいたのであろう。

下に居ていふ礼ではなしおかたじけ
（『柳多留』十五　一七八〇）

『浮世風呂』（一八〇九～一三）でも、花柳界に関係ある人や以前関係していた人たちが使用している。

・ば「ハイ豊猫《とよねこ》さん、明《あけ》ましては結構《けっかう》な春《はる》でございます　ねこ「是《これ》はお早《はや》〳〵とねつからおかたじけ
（三編　巻上　一八一二）

・した「（前略）コウ〳〵。昨夜《よんべ》はお忝《かたじ》け
（二編　巻下　一八一〇）

豊猫は芸者であり、婆文字の豊猫へのことばづかいから、婆文字よりも若いけれども格が上なのであろう。したは、今は「あくたれとよばれるおしやべりかみさま」であるが、「泥水で腹アふくらした女だよ」とある。このような花柳界に関係する人たちだけでなく、普通の女性も使うようになってきている。ここの女房は、おやすの奉公している店とは別の大店の女房である。

下女おやす「おかみさんヱ。チツトお流《なが》し申《まうし》ませう　女房「アイおかたじけ
（二編　巻下）

また、がき大将や女の子たちも使用している。大人の真似をしているのであろう。

・幸「鉄《てつ》さんや是《こりよ》をおまへに上《あげ》やう［ト此子は子どもの内でもおとなしい子なり］▲［おとなしき子には友だち

のわんぱくものもおのづからことばがあらたまるなり」幸さんおかたじけ。こいつア能《いゝ》のう。
（前編　巻下　一八〇九）

・はる「お秋《あき》さん〳〵こつちへお出《いで》この裁《きれ》を上《あげ》やう　あき「アイおかたじけよ
（二編　巻上　一八一〇）

『浮世床』（一八一三〜一四）では、遊廓とは関係なく、髪結床の主が使用している。遊廓のことばを、粋なことばとして用いているのであろう。

・あだもじ「（前略）此中《このぢう》教《をせへ》て上《あげ》た御符《ごふう》をいたゞきなすつたかヱ　びん「アイおかたじけ。あのお蔭《かげ》で大《おほ》きに能《よく》なりやした。ほんにまだお礼《れい》にも行《いか》ねへ
（初編上）

・[寒見廻とおぼしき箱を三ツ四ツならべて]　銅助「此間は御無沙汰《ごぶさた》いたしました。御きげんよろしう。是《これ》は[トばかりにてさし出す]　びん「相《あひ》かはらずおかたじけ
（二編下）

オカタジケやオカタジケノウゴザンスを使用するのは、もともとは廓においても女郎など一部の人に限られていた。カタジケナウゴ（オ）ゼンスが使用されていた『甲駅新話』でも、遊廓の女主人はアリガトウゴザリマスを用いている。

・谷粋サアやろう〳〵　後家ナニおよしなさりまし直《ぢき》に悪くいたします　谷悪《わる》くしてもよしさサア〳〵　後ハイ是《これ》は有難《ありがた》ふござります。いたゞきや〳〵。ヱ、仕合《しやわせ》な
（坂見屋の後家→谷粋）

・後そんなら。煮《に》ばなを。一ッあがりまし[脇ざし。笠など。出して]夕部《ゆふべ》の残《のこ》りを。上《あげ》ませう[と前きんちやくへ。手を。かける を]　金七[おさへて]何《なに》よしさ。取《とつ》て置《おき》な　後それは。ありがとうござります
（後家→金七）

『遊子方言』（一七七〇頃）ではアリガトウゴザリンスにさらに敬意の接頭辞オが付加されている。接頭辞オの勢力の強さが感じられる。

客いやこれは〳〵か、様どふじや〳〵一ッ呑《のみ》給へ〳〵[茶屋をよびひそ〳〵いふ]茶屋これ申御しうぎが。御ざ

りましたぞへ　やりてははゝお有がたふ御座りんす

客の方もアリガテイなどを使用しており、江戸では上から下へもアリガタイが広く浸透していたようである。

三ナニサ、みんな給《たべ》んした　谷何かは知らず。ありがてへ　（『甲駅新話』）

谷サアおさらば〱　三モシ〱たばこ入が。有《あり》いすよ　谷ヲツトありが〱　（『甲駅新話』）

人情本、例えば『春告鳥』（一八三七）では、アリガタイ系統の表現が中心になっている。上からはアリガテイ、下からはアリガトウゾンジマス（ゴザイマス）、女郎（薄雲）はオアリガトウを用いている。

・きく「ハイお茶。こゝへ置《おき》イす　鳥「イヤこれはありがてへ。　（初編一章）

そで「（前略）私《わち》きやア私《わたき》と思つて美味《うまひ》ものをもつて来てあげ申《まうし》たに　鳥「ヲヤ左様《さう》か。そりやアありがてへ　（二編八章）

・鳥「コレサ〱遠慮せずとそれをまア着るがいゝ。そしてそれは直《すぐ》に手めへにやるからいゝはな　ト「いはれてうれしく手をついて」　たみ「ハイありがたうぞんじますが、どふも勿体なふございます　（初編三章）

・くま「ヲヤ尾張屋さんかへ。左様申ておくんなさい。大きにありがたふございます。　（三編十七章）

・薄「アレマアあんな邪推《じやすい》なことを。往《いけ》とおつしやりイしても私《わちき》やアすこしも行《いか》れイせん。　鳥「それでも客人が来ているぢやアねへか。腹を立《たゝ》しちやアわりい　薄「おありがたふざます。　（初編二章）

・鳥「（前略）ドレ息継《いきつぎ》に一ぷく付てやらうの［トいひながらたばこをつけてやる］○薄雲はふしぎそふに鳥雅の顔を見て、小声に「おありがたふ　ト［とつてのむ］　（二編七章）

また、相手から健康について言われた際のあいさつ表現としてもアリガトウが使用されている。『浮世床』二編下の終わり近くに、金鳴屋のお袋と浮世床の鬢五郎の女房との長いやりとりが書かれており、そこによく使われている。

なお「さへざへしう」とは「冴え冴えし」のことであり、ここでの意味は達者であることを言う。

・袋「（前略）扨先《さてまづ》、おまへさんにもお揃《そろ》ひなさいまして御きげんよう　女房「アイあなたにもおさへ〴〵しう

袋「ハイ〳〵ありがたうございます

・袋「（前略）ヲヤほんに藤さんはお達者《たつしや》でございますか　女房「ハイありがたう。至極《しごく》丈夫《じやうぶ》でございまして、只今《たゞいま》までなんとも申ませぬのさ　袋「ヤレ〳〵それはほんにお仕合《しやはせ》な事でございます。

・袋「（前略）お屋敷の妹御《いもうとご》さまもおさへ〴〵しうお勤《つとめ》なさいますか。久しうお便《たより》をうけ給はりませぬ　女房「ハイありがたう

前章（第四章）「近世前期の感謝表現」では上方の感謝表現について見てきたが、江戸の人々にとっては上方の感謝表現はカタジケナイであるという意識が強いようである。『浮世床』では巫女（いちこ）が口よせで、大坂生まれの爺さんを呼び出した。その爺さんのことばの中にカタジケナイが見られる。

「こだれ《泣》てゐずとも、此末《このすゑ》はよろこんでくだされ。うれしいぞや、うれしいぞや。さりとてはかたじけない。

（『浮世床』二編上　一八一四）

『浮世風呂』（四編　巻中　一八一三）では、上方の商人が江戸の八百屋を相手に値切っている場面で使用されている。この場合、客という立場から言えば上であるが、茸をただでくれるということになった際のお礼や、負けてもらったことへのお礼である。このような点から、身分の上下関係は決めがたい。

・けち「ササ舞茸《まひたけ》なら違《ちが》ふ筈《はず》ぢやはいの。コリヤ忝《かたじけ》ない。ガ八百屋さん、最《ま》そつと負《まけ》てくだんせ

・［●けち助あとより大ごゑあげて］八百屋さん　忝《かたじけな》い、能《よ》う負《まけ》てくだんした。コレ礼《れい》は云《いは》ぬぞヱ。ヲイ八百屋さん、心でおがんでゐるはいな。ハ、、、、

『東海道中膝栗毛』では、京の場面で上方者がオカタジケノウゴザリマスを使用している。二つ目の例においては、その後にオキノドクサマという表現が見られる。相手への配慮の意識が観察される。

・見物「ホンニその頤《おとがひ》でおもひ出した。お家《いへ》はどふじやいな。痛所《いたみしよ》はゑいかいな　見物「ハイおかたじけなふございます。（六編下）

・中間「お心ざしは、おかたじけなふござりますが、それじやおきのどくさまじやわいな（六編下）

上方の洒落本などではアリガタイが観察されるが、江戸の人々の意識としては上方の感謝表現はまだカタジケナイが一般的だと考えていたようである。一八一九年頃の成立の『浪花聞書』にも次のような記述が見られる。

かたじけない　忝也　按に浪花の言葉に目上のものへむかいても忝といふてありがたいと云言葉もんくはつかわず

この記述からは、その当時江戸では次のようであったことが読み取れる。カタジケナイは目下への表現であり、アリガタイは目上への表現であった。著者は、その江戸に対して浪花では目下からもカタジケナイを使うと述べているのである。しかし大蔵虎寛本（一七九二）ではアリガタイもかなり使用されており、『譬喩尽』にもアリガタイの使用が記述されていることから、江戸との違いを出そうとした記述であると思われる。東条操による『浪花聞書』の解題によれば、「著者は全く不明であるが恐くは江戸者らしく少しも大坂の人ではない」とのことである。

『東海道中膝栗毛』では、弥次さんと喜多さんがカタジケナイを用いている箇所がある。弥次さんの場合は、京の宇治において、大坂者や京者と芝居のまねで遊んでいる場面である。一方、喜多さんは藤枝の宿で、ある田舎おやじに迷惑をかけられた、そのお詫びとして酒をおごるとのおやじの申し出に対して、断る場面で使用されている。

・弥次「まんまと、うばひとつた此一巻《くはん》、是さへありやア出世《しゆつせ》の手がゝり、大願成就《だいぐはんじやうじゆ》かたじけない（六編上）

・おやぢ「（前略）コリヤ〳〵御亭《ごてい》の、味《あぢ》よいさけウ出さつしやいまし　北「イヤお心ざしは忝《かたじけな》いが、サア弥次さんいかふ」

弥次さんのカタジケナイはお芝居の筋によるものである。一方喜多さんのは、迷惑をかけたという相手のお詫びに対して、上からの立場で断っているのであろう。最終的には相手の押しに負け、高い物を飲み食いする。先におやじが帰り、代金を支払ってくれたと思っているとそれが支払われておらず、結局弥次喜多が支払う目にあうという、よくあるパターンである。騙された後に詠んだ歌に、

ありがたいかたじけないと礼《れい》いふていつぱいたべし酒《さけ》の御ちそう　（三編上）

この歌のように、その当時のお礼の表現としてはアリガタイとカタジケナイがあった。

江戸においても、改まった場面や丁寧な会話においては、カタジケナイが上から下への感謝表現として使用されていたようである。『浮世風呂』では、俳諧師鬼角と、弟子の点兵衛とが挨拶を取り交わしている。上の鬼角から下の点兵衛へはカタジケナイが、下の点兵衛から上の鬼角へはアリガトウが使用されている。

・点「何やら多用《たよう》でござりまして、御不沙汰《ごぶさた》仕ります。御新造《ごしんぞ》さまは御機嫌《ごきげん》よろしう　鬼「ハイ　忝《かたじけな》うござります。些《ちと》もしお手透《てすき》にお出《いで》なさい　点「ハイ〳〵ありがとう存じます　（四編　巻上　一八一三）

・最《も》うぬきましたと番頭《ばんとう》が、挨拶《あいさつ》をする門口《かどぐち》から、
●御慶《ぎょけい》申入《まうしいれ》まする
「忝《かたじけな》いと名札《なふだ》をみれば。　（三編　巻下　一八一二）

第二節　江戸でのオオキニの誕生

前節で扱った『春告鳥』のアリガタイの用例の中に「大きにありがたふございます」という、オオキニとアリガトウとが結びついているものがあった。

くま「ヲヤ尾張屋さんかへ。左様申ておくんなさい。大きにありがたふございます。（三編十七章）

この例だけでなく、後で詳しく扱うように、江戸においても感謝表現としてオオキニアリガトウゴザイマスの多くの例を見ることができる。中にはオオキニだけで使用されている例もある。江戸のオオキニの使用を辿っていくと、上方よりも古く、むしろ江戸での使用が上方に影響を与えたように思われる。オオキニについてのこれまでの解釈を参考にした上で、オオキニについて調べてわかってきたことを述べていく。

例えば、『角川古語大辞典』（第一巻　一九八二）では、

「大きにありがとう」を略した謝辞の「おほきに」は、近世の上方語にはいまだ用例を見ない。

とあり、『日本国語大辞典　第二版』（第二巻　二〇〇一）においても、明治時代になってからの用例しか挙げていない。

二〔感動詞〕（「大きにおかたじけ」「大きにありがとう」などの略か）どうもありがとう。関西で礼のことばとして使う。

＊風流懺法（1907）〈高浜虚子〉一カ「『玉喜久さんあげます』『姉さんおほきに』」

＊彼岸過迄（1912）〈夏目漱石〉松本の話・一〇「椅子に腰を掛けた御婆さんは頭を撫でて『大（オホ）きに』と礼を述べました。

しかし洒落本を読んでいくと、安永八年（一七七九）頃にオオキニが単独で使用されている例が確認できる。

長吉今夜は大きに　花里そんならお帰《けへ》りなんすかへ又お近《ちけ》へ内に　（『南客先生文集』一七七九あるいは八〇）

この『南客先生文集』には「大きに世話《わ》じやつた」というように「世話」と結び付いた例が見られる。

・源兵衛へエもう押付《おつけ》お出でなさりませう　角太夫そんならよいは大きに世話《わ》じやつた　源はい左様なら　角ヲ、休《やす》みやれ〳〵

同じ頃の他の作品にも、「大《おおき》におせわに成《なり》やした」「大にお世話よ」（『道中粋語録』一七七九・八〇?）、「大キにせわでござりやした」（『美地の蠣殻』一七七九）、「大きにお世話てありんした」（『大通俗一騎夜行』一七八〇）のように、オオキニは「お世話じやつた」などといった「お世話」と関わる表現とともに使用されていた。このようなことから、単独使用のオオキニはそれらの表現の省略形であると考えられる。挨拶表現は、よく用いられるようになると、短く表現しようとして下略されることが多い。「さようなら」は「さようならごきげんよう」、「ただいま」は「ただいま戻りました」の下略形であり、「おはよう」「こんにちは」「こんばんは」も同様に下略形である。「こんにちは」や「こんばんは」において、「は」の仮名が用いられていることがそれを物語っている。下略された場合は、下略された部分の意味を残された前の部分が担うことになる。つまり、オオキニという副詞に「お世話でした」という意味が込められているのである。

江戸での感謝表現としてのオオキニにとって不幸であったのは、「大きにお世話御茶でもあがれ」という文句が流行語になったことである。太田全斎による『俚言集覧』（一七九七以降成立）にそのことが記されている。

大キニ御世話御茶デモアガレ　［人を謾侮する詞　本実心なくて口ばかりにて応答するより出たる辞なり○此のこと葉天明の始め江戸にて鄙人の専はらにいひし也といへり］　（於）

現在では「大きなお世話」と「大きな」という連体詞を用いるところである。しかし、先に見たように「大きに」となっているので、「大きにお世話じやつた」などの述語形式での意味合いであろう。この「大きにお世話御茶でもあがれ」という文句の流行によって、早々にこれを当て込んだ『多荷論（おせわろん）』が安永九年（一七八〇）孟春

に刊行されている。この本の序文に、

諺《ことはざ》にいふ大《おゝき》におせわは。大に礼《れい》の辞《ことば》なるを人をそらす言《こと》とはなりけり。

とあるように、「大きにお世話御茶でもあがれ」が流行語になるまでは「大きにお世話」はお礼の表現であったことがわかる。つまり、この表現は相手への気遣いを表しており、配慮表現と言えるものであり、〈配慮・気遣い〉の発想法によるものと思われる。しかし、「大きにお世話」が流行語に組み込まれてしまったために、余計なお節介というマイナス的な意味になってしまったのである。安永九年（一七八〇）に刊行された多くの洒落本にこの流行語が使用されている。

・松坊こゐつが面《つら》も。十五年弐分といふ役者だ。安目でも呼《よ》ばざア買人《かいて》の無《ね》へ面《つら》た　子共大きに御世話さ　先生お茶でも掛《かけ》やう。コリヤア仕まつた［とかり着へざんぶり］　（『多佳余字辞』一七八〇初春）

・終日《ひめもす》の慰《なぐさみ》となし、を其《その》まゝにしるして人々の笑《わら》ひを求《もとむ》るも大《おほき》におせわと題《だい》して筆《ふで》を捨《すて》ぬ　（『真似山気登里』一七八〇初春）

・清閑寺《せいかんじ》で尼《あま》に仕《し》た時今の世《よ》の口《くち》へらずの女ならば大《をゝ》キに御世話《をせわ》イ、所《ところ》だねと言《い》ふ所を言《いわ》ぬが古代《こだい》のをとなしき仕打《しうち》　（『大通俗一騎夜行』一七八〇初春）

・大きにお世話。お茶でもあがれと無多言《むだ》を。吐たは酒嘔《さかへど》　（『根柄異軒之伝』自序　一七八〇のらつく春）

このような流行語によって、感謝表現としての「大きにお世話（じやった）」は使用しづらい状況が続くことになる。しかし、時々オオキニ単独で感謝表現として使用されているものが見られる。これらは上から下への表現である。

・長兵へ左様ならかわ様ごきげんよふ何もおわすれなさいましたものはござりませぬか必ゝ八日をお待ち申ます　かわ大臣あふきに〳〵皆へ能いうてくれたまへと　（『契情懐はなし』一七八四）

・岩藤ヤレ〳〵けふは大ぜいおせわシテ其頼んだ事はどふじやへ　善六ハイ随分よふござります　岩藤それは大きにホ、、、

（『魂胆情深川』一七八九？）

・はつお重さん大きにモウおほねおり　重おめへこそ　はつおたげへに

（『魂胆情深川』）

・幸次郎おばさん此間は［与二郎兵へ女ぼう］たつ幸さんよふ御出なさいましたけさ程うちであがつたはづでございます　幸度〳〵大きに

（『松登妓話』発端　一八〇〇）

お礼の表現としてのオオキニは、最初は「お世話じやつた」など「お世話」と関わる述語形式と結び付いていた。しかし、「大きにお世話」が流行語としてマイナス的な意味合いで使用されることが多かったためか、一八一〇年代後半頃から今度はアリガトウ（ゴザイマス）と結び付くようになってくる。

・松が枝［ぱた〳〵かけてきて］おいらんへ只今はおふきにおありがたふざんす　松山そしてとつさんかへ　枝アイ

（『ふたもと松』二篇　一八一六？）

・大介これは忠《ちう》兵へさま唯今《たゞいま》はありがたふ　忠兵へ少《すこ》しばかりで気《き》の毒《どく》ながらありつたけた　大イエ大にありがたふござります

（『青楼籬の花』後章　一八一七）

・［しんそう初ざきすゝりはこをもつて来る］初おいらんへおゝきにおありかたふおつしたこゝへおいてめへりいすよ

（『青楼胸の吹矢』二会目《うら》の矢《や》　一八二一？）

文化末（一八一八頃）から文政の前半頃の作と思われる『傾城懐中鏡』にはオオキニの単独使用がある。

［おりから近江やの亭主半四郎来り］半孝さん大きに

この例は、茶屋の亭主から客の孝二郎への挨拶であるから、アリガトウ（ゴザイマス）が省略されたものと考えられる。この場合は、下から上へのお礼の表現である。先のオオキニとアリガトウとが結びついているものも、新造

（松が枝・初崎）からおいらん（松山・千代歳）に対してや、店の亭主（大助）から客（忠兵衛）へといった、下から上へのお礼の挨拶である。

それに対して、先に扱った「大きにお世話」の場合は、例えば先に挙げた『南客先生文集』では客が帰る時に遊女に対して用いていた。「大きにお世話」に関わる表現においての人間関係が見ていくと、

『南客先生文集』（一七七九・八〇?）「大きに世話《わ》じやつた」　客→遊廓の男
『道中粋語録』（一七七九・八〇?）「大《おほき》にお世話に成《なり》やした」　お客→女郎達
　「大におせ話よ」　年上の女郎→汁を持ってきてくれた年下の女郎
『美地の蠣殻』（一七七九）「大キにおせわでござりやした」　馴染みの女郎を他の店へ呼んだことに対して苦情を言いに来た店の者→他の客の手前騒ぎを大きくしないように気を遣ってくれた女郎
『大通俗一騎夜行』（一七八〇）「大きに御世話てありんした」　おいらん→文の上書きを頼まれた人

いずれも上から下へのお礼の表現であった。それが、オオキニがアリガトウと結びついたことにより、感謝表現としてのオオキニの用法に変化が生じたのである。

洒落本大成を読んでいくと、オオキニとアリガトウとの結び付きが意外に早いものがある。それは第十六巻に収載されている『仮根草』である。大成の補巻の年表では寛政七年（一七九五）刊行となっている。

　如東ハ、、、門さん此間はおふきにありがとふ　門兵へなんだつケの　如かの一件《いつけん》について毎《まい》度《と》御《ご》家来《けらい》を　門
　ヱ、なん時でもどふでひまでいるからつかひなせひ　（第一回）

洒落本大成がこの作品を寛政七年としているのは、自序末に「卯」とあり、そして内容が吉原出火による深川仮宅での遊びが記されているからである。吉原出火の発生したのが寛政六年四月であることを根拠としている。しかし、

吉原出火による深川仮宅は何度もあったようである。また、オオキニがアリガトウと結び付いている他の例からすると、もし少し後の刊行ではないかと思われる。ただし、オオキニは副詞であるからアリガトウとの結び付きは時代に関係なく可能である。

江戸においてオオキニがアリガトウとの結び付きが多く見られるようになった時期は、人情本が始まる頃でもあった。そこで、人情本でのオオキニの使用を見ていこう。ただし、人情本は洒落本よりもさらに刊行年がわからないものが多い。ここでは刊行年の明確なものを中心に挙げておく。

・女房「ハイ〳〵これは大《おゝ》きに有りがたふござります　物を尋ねた女房→尋ねられた髪結の親方
（『寝覚繰言』二編　四回　一八二九）

・ちよ「ア、大《おほ》きに有がたう　千代春（花魁）→宗悦（按摩）
（『郭の花笠』四編　二十三回　一八三六）

・くま「大《おほ》きにありがたふございます　くま（置屋的な存在）→茶屋の尾張屋　（『春告鳥』三編十七章　一八三七）

・糸「喜イさん大きに有り難《がた》ふヨ　お糸→お喜久（友人）　（『春色雪の梅』二編中　十回　一八三八）

このようにオオキニアリガトウは、下から上へ、あるいは同輩同士のお礼の挨拶として用いられている。ただし花魁の千代春が按摩の宗悦に対して用いているのは、癪で苦しんでいたところを助けてもらったからであろう。この時代においても、オオキニが単独で使用されることがある。

・仕出し「しけでござゐますが此《この》お天気だからモウ今晩《こんばん》は早仕舞《はやじまひ》にいたすつもりでおまけ申て上《あげ》ます　ます「ヲヤ左様《さう》かへそれは大《おほ》きに　ます→仕出し屋
（『英対暖語』初編　二齣　一八三七）

・おちか「ヲヤ皆《みな》さんよく入《いら》ツしやいました。此間《こないだ》はモウ大《おほ》きに　角助「これは〳〵皆《みな》さんが、其様《そんな》にお礼《れい》を被仰《おつしやツ》ちやア御挨拶《ごあいさつ》の仕方《しかた》がございません　おちか→角助たち
（『縁結娯色の糸』二編　十一回　一八三九）

・半六「アイ今日《けふ》既《すで》にその事《こと》で往《いつ》たのサ　磯次郎「ハ、ア左様《さやう》でございますか。夫《そ》りや大《おほ》きに　磯次郎→半六

（『娘太平記繰早引』四編　十八回　一八三九）

・和十「善好《ぜんかう》さん昨日《さくじつ》は大《おほ》きに　善好「イヤ和十《わじう》さんさぞ昨日《きのう》はお労《つか》れでホンニ目録《えてもの》が私《わたし》の所《とこ》に届《とゞ》ひて居《ゐ》ますヨ

和十→善好

（『春色梅美婦禰』三編　十八回　一八四一）

『英対暖語』における仕出し屋と芸者ますとの間には、買い手と売り手との関係からいえば買い手のますの方が上なのかもしれない。しかし、この場合は仕出し屋におまけしてもらったことに対して使用している。『縁結娯色の糸』においてオオキニを使用しているおちかは、料理屋で武士たちに絡まれていたところを角助たちに助けられた。その際には、おちかは「大きにモウ有《あ》りがたうございます」（第十回）と述べている。先に挙げた『魂胆情深川』での「大きにモウおほねおり」と同じく感嘆詞モウが使用されている。このモウの扱い次第で、オオキニが、単独での使用か、あるいはモウの下にあるアリガトウゴザイマスやオホネオリにかかる副詞として処理すべきか、対応が異なってこよう。当時の女性はこの感嘆詞モウをよく使用している。

また、『娘太平記操早引』の磯次郎は、この後で半六から面倒もあったが大体うまくいきそうだということを聞き、改めて「大《おほ》きに有難《ありがた》うございます」と、半六に言い直している。半六と磯次郎との間には親子ほどの年齢の差がある。『春色梅美婦禰』の和十とは河東節の太夫である十寸見《ますみ》和十であり、相手の善好は太鼓持ちの桜川善好のことである。互いにお座敷仲間である。話の内容からすると、善好の取り持ちで和十が座敷に呼ばれたらしい。そのお礼を述べているのである。『英対暖語』や『春色梅美婦禰』の例から、オオキニは軽いお礼の表現として花柳界では使用されていたようである。その世界に出入りしていた磯次郎もつい口に出たのであろう。また若い女性の間にも、三味線など芸事を習うことから、花柳界のことばが広まっていたようである。

『日本国語大辞典　第二版』には、オオキニは、「「大きにおかたじけ」「大きにありがとう」などの略か」と書かれていた。オカタジケなどとの結び付きについても見ていこう。

・松風（前略）梅《うめ》の香《か》さんおふきにおかたじけよ　もふねなんし　おふきによふおつす　花魁の松風→妹女郎の梅の香

（『北廓鶏卵方』第一席　寛政六年〈一七九四〉あるいは文化三年〈一八〇六〉）

・富（前略）うけ給はれば　八郎兵衛さんがおめへのところえ度《たび》〴〵きなすつて　おめへもひとゝふりならずかわゆがつてあげておくんなさるそうだが　おふきにおかたじけなふごぜへやすと申たいが　めへわくでごぜへやすどふぞいつぞはお礼に参《まい》りたい〳〵と思ひ〳〵て　よふ〳〵まいりやした　富（八郎兵衛の女房）→おいらんの妻琴

（『妓情返夢解』第二回　一八〇二）

『北廓鶏卵方』では、松風が妹女郎に対してオカタジケを用いているので、上からの表現である。一方『妓情返夢解』では、お富はまだ妻琴に対して自分が八郎兵衛の女房であることを名乗っていない。お富は妻琴のところへ案内してくれた妻琴の番頭新造である科野に対しては「おふきにおせわになりやした」とお礼を述べている。そして、妻琴に対しては嫌味も含まれているためかわざと大変丁寧な物言いをしている。なお『北廓鶏卵方』には、「おふきによふおつす」や前略のところに「おふきにくろうさせ申イした」とあり、「おふきに」は松風の口癖のようである。

江戸におけるオオキニの用例を見ていくと、お礼の表現であるのか判断に悩むものがある。それはオオキニがあいづち表現としても使用されていたからである。あいづち表現の場合、多くはオオキニサと、間投助詞サを伴っている。オオキニサはオオキニソウサ（大きにそうさ）の省略形である。したがって、サがあればあいづち表現として判断できる。

・茶屋新助（前略）お前《めへ》大にお骨折《ほねをり》でごぜんした手こずりなんしたらう　滝川大きにさ　いつでもぬしやア遅くばつかり来《き》なんすから　わつちに苦労《くろう》かけなんすよ

（『粋町甲閨』一七八〇・八一？）

・南放本宿《ほんしゆく》の方《ほう》迄くわしいね　北庵大きにさ　（『南門鼠』　一八〇〇）

しかし、ソウサオオキニというように、オオキニとソウサとが逆の順序で出現する場合もある。

・おその（前略）その朝《あさ》は早帰りで下へ送《おく》つており　それから二階《かい》へかけあがり床へはいると　まわしが床を揚《あげ》にくるもしらず　たわひもなくねるものさねへ　お松ウ、そふさ大キに　（『部屋三味線』　寛政年間）

・変梃梅ぼしをあけて此ふた茶わんでのみはどうだ　ホウふたも焼継《やきつぎ》のりやうぢと見へる　どうりでアノ茶釜もひゞが切て　鷹《たか》の羽《は》のかうやくをはつてるの　素見人ウ、そうさ大きに　（『遊僊窟烟之花』一　一八〇二?）

あいづち表現でも、オオキニが単独で使用されているものがある。この場合、お礼の表現かどうかの判断がむずかしい。相手からの話が話者に対して同意あるいは返事を求めている場合には、あいづち表現だと考えられる。

・ゆりもしへ。御かへりは夜《よ》に入やしやうかねへ。可流お丶きに。長さんが行《いく》から、只帰《たゞけへ》る事じやアねへ。　（『野暮長命四季物語』　一七七九）

・女「ハイなにがようございます。此頃はモウきついしけで。なんにもござりませんヨ　時次郎「なんでもい丶はなノウ文《ぶん》さん　文志「大《おほ》きに〱。しけでなんにもねへのが此方《こつち》のしあわせだ。色《いろ》〱あられちやアたまらねへ　（『教訓郭里の東雲』上　一八四〇）

感謝表現のオオキニはあいづち表現のオオキニと多くの場合文脈的に区別できるとはいえ、両者は同音衝突の関係にあったと考えられる。感謝の言語行動が、相手への〈配慮・気遣い〉や、また軽いものになれば、相手への行為だけでなく発言内容に対しても感謝を表すことになり、判断がむずかしくなってくる。明治時代になって、東京において両者ともに消滅したということは、次第に使用しづらい状況に至ったのであろう。なお、関東周辺の方言集などに見られるオオキニアリガトウは、上方語の影響ではなく、この江戸語からの影響だと思われる。例えば、三遊亭円朝の『怪談牡丹燈籠』には、栗橋宿（現在の埼玉県久喜市栗橋）の馬子の久蔵の発話に見られる。

・オヤ探《さぐ》つて搶《み》た所《ところ》ぢやアゑらく金《かね》があるやうだから単物《ひとへもの》でも買《か》うべいか　大《おほ》きい有《あ》りがたふござります（十七回）

・久「それじやア私《わし》の名前《なめへ》を出《だし》ちやアいかねへヨ　大《おほき》に有《あり》がたふ御座《ござ》りました（十七回）

栗橋宿で実際に使用されていた表現かわからないが、円朝は明治八年（一八八五）八月に「後開榛名梅ヶ香」（安中草三郎）のために上州伊香保に現地調査を行っている。また、翌年の明治九年八月から九月にかけて「塩原多助一代記」の取財のために、上州沼田へ調査に出かけている。上州すなわち群馬県ではないが、野州の栃木県では感謝表現としてオーキニやオーキニアリガトウが使用されているようである。地域的にも江戸からの伝播であると言えよう。

第三節　京におけるダンダン

京の遊廓において、オオキニが広がる前にはダンダンが使用されていた。このダンダンは、方言として中国地方、四国地方、九州地方にその分布が確認できる。ダンダンはもともとは副詞であり、感謝表現のアリガトウと結び付いていた。柳田は『毎日の言葉』の「有難ウ」において、ダンダンについて次のように述べている。

上方の人が「大きに」といひ、又は「だんだん」といひますのも、元は「大きに有難う」、或は「重ね重ね有難う」の下略で、明治以後に始まつたものと思はれます。

最後に書かれている「明治以後」というのは、これから見ていくように誤りであるが、柳田はダンダンの発生が「重ね重ね」と関係があるように述べている。両者の意味における繋がりによって、ダンダンが使用されるようになったと考えているのである。確かに、感謝表現と「重ね重ね」とが結びついている例が見られる。

・二人「はあ、これはかさね〴〵かたじけなふござります　（『狂言記拾遺』三　比丘貞　一七三〇）

・太郎冠者「夫は重ね〱難有う存じまする　（虎寛本　花子　一七九二）

虎寛本には感謝表現ではないが、ダンダンの使用も確認できる。

・亭主「是は段々面白う御ざる。　シテ「此跡はいよ〱おもしろい事で御ざる。　（萩大名）

・舅「是は段々出来まする。跡を早う承り度う御ざる。　（八幡の前）

感謝表現としてのダンダンは柳田が述べている通りダンダンアリガトウの下略であるが、『譬喩尽』の頃には、商人だけでなく、遊廓の世界でもアリガトウが一般的になっていたようである。京の洒落本である『虚字先生穴賢』（安永九年／一七八〇）では、遊廓で働いている人々が道粋先生に診察してもらい、診察後にお礼などを述べている。商人によって使用する感謝の表現が異なっている。花車は「是は〱御見立《みたて》お有難《ありがた》ふござります」、タイコ（太鼓持ち）は「是はモシ段ゝ有が〱ヱへ、、、、」、廓亭は「忝ふござります」、線香（帳場）は「是は御苦労《くろう》」、泥（放蕩者）は「是は御見立《みたて》此方《ほう》とも迄忝ふぞんじます」とある。そして、最後に皆で「粋様御苦労おいとま申ませう」と述べている。この中では太鼓持ちがダンダンを用いている。アリガだけ言って最後までは述べていない。これは、『つれ〱睟か川』（巻五　一七八三）に「またありがなとのいやな下略ことばをいひたがるも、これ歌曲家の見てくれなり」とあるように、三味線弾きや浄瑠璃語りなどと共通する特徴である。江戸でも通人のことばとして使われている。本章（第五章）第一節「江戸でのアリガタイの浸透」において扱った『甲駅新話』にも「ありが〱」の使用があった。また『和唐珍解』（一七八五）にも見られ、江戸での通人のことばが上方に伝わったと思われる。このことについては後で扱う。

ダンダンとアリガトウとの結び付きは、太鼓持ちばかりでなく、遊里では広く使用されていたようである。そして、ダンダンだけでアリガトウの意味を表すようになってきた。『つれ〳〵睟か川』の続編である『当世真〻の川』（巻二一七八五）に、そのことが次のように説明されている。

人に対する言葉《ことは》をも。みなまては言《いふ》て居ず。今日はいふて御苦労《くろう》と聞かせ。段《たん》〳〵といふて有難《ありがたい》と響《ひゝ》かせ

確かに、京の洒落本を見ていくと、ダンダンは単独あるいはアリガトウを伴って使用されている。

・しかの　おその斗量さんだん〳〵近日どなたも民さん［といふて立いづる］たいこ三人旦那だん〳〵有がたふ御ざります［といふてとや〳〵といづる］
（『うかれ草紙』一七九七）

・中居長さんお出ナ。夜ぜんはモシだん〳〵［と云声に走《はしつ》ていづる］花車モシ長さんお出ナ。やぜんはモシナ。段〻お有がたう　粋長アイゆふべは大におせわ　（中略）　げいこ小梅長さん〳〵やぜんはモシだん〴〵。
（『和蘭陀鏡』巻三　一七九八）

・三絃《さみせん》しまひ今宵《こよい》はだん〳〵お有りがたうどふぞもし又おねがひ申ますハイどなたも
（『粋学問』巻三　一七九八）

・牽頭持《たいこもち》もさようなら旦那最《だんなも》うおいとま今日《こんにち》は段〻《だん〳〵》ありがたふ芸妓《げいこ》も同じく挨拶《あいさつ》しとふぞお近《ちか》いうち
（『身体山吹色』巻三　一七九九）

これらの作品では、芸妓や太鼓持ち、そして花車や中居がダンダンを用いている。また丁寧にダンダン（オ）アリガトウとも述べられており、ダンダンはダンダン（オ）アリガトウの下略形であることがわかる。『和蘭陀鏡』では、粋長のことばに江戸と同じくオオキニオセワ（大におせわ）が見られる。これについては次節（第四節）「京におけるオオキニ」で扱う。もう少しダンダンの使用例を見ていこう。

・どんサヨなら旦那様《だんなさま》どふぞう明日段〻有《あり》がたふお家《いへ》様段〻《だん〳〵》
（『粋の曙』一八二〇）

・［大角きのとくそうなかほつきにて柳にいたきつき小ごゐにて］大段〻《だん〳〵》おありがたふ　柳どふだか［ト大角うれ

しそうなかほにて」大四郎《しろ》さんおありがとふ。よろしうお礼《れい》を

（『色深猍睡夢』三回　一八二六）

この二作品ともに大坂の洒落本であり、島之内や坂町を舞台としている。『粋の曙』の「どん」とは太鼓持ちの「どん八」のこと、『色深猍睡夢』の「大角」はおやま（娼婦）である。どんは客である旦那の露雪やお家様（花車）に対して、一方の大角も客である柳輔に対して、ダンダンを用いてお礼を述べている。これらの例によって、一八二〇代には京だけでなく、大坂でも感謝表現のダンダンが使用されていたことが確認できる。すなわち、上方の遊里のことばが、京から大坂に伝わり、そして西日本の各地の方言に見られるように、一般的なことばとして西日本に広がっていったのである。

第四節　京におけるオオキニ

江戸において一七八〇年（安永九）頃に流行した「大きにお世話御茶でもあがれ」は、上方では流行しなかったようである。ちょうどその頃に上方で刊行された『胸註千字文』には、「なんのわきから入らぬ御世話　御茶でも上れと夕貝の」（序）とある。また、前章（第四章）第四節「上から下への感謝表現クヮブンの確立」で扱った、オオキニという語が時花詞《はやり》として登載されている『譬喩尽』でも、「世界の苦《く》を一人《ひとり》して仕《し》ても不《ぬ》レ入御世話《いらおせ、じゃ》」（せ）とある。少し後の一七九七年（寛政九）には『十界和尚話（いかいおせわ）』というタイトルの本が刊行されているように、上方では「いらぬお世話」や「いかいお世話」が使用されていたために、江戸で流行した「大きにお世話」は定着できなかったのだと思われる。

それでは、『譬喩尽』が挙げている時花詞のオオキニとは何なのであろうか。オオキニとオオイニ（大いに）とは文体的な差が存在したようである。近世においては、オオイニが訓読的な文章や少し堅めの文章に出現するのに対し

て、オオキニは和文的な文章に用いられており、西鶴や近松の作品に普通に使用されている。この『譬喩尽』によれば、時花詞のオオキニとは「大きに御無沙汰」という表現によるものであった。

・大《おほ》きに御無沙汰《ごぶさた》とは当世時花詞《たうせいはやりことば》（「お」）

・何ンぞいふてか久しひ物じや大きに御無沙汰かいな　あなたそこでそれかふでござります　皆時花詞也（「て」）

京の洒落本においては、次の例がこれに該当するものであろうか。

伝八来《でんぱちきた》り飛《と》んで出《で》て梅《むめ》につくばふ蛙《かはづ》かなといふおもかげかれた声《こゑ》して旦那《だんな》大《おゝ》きにといふ万吉《まんきち》みるより遅参《ちさん》〳〵大遅参《おゝちさん》何《なに》をしていたといはれて伝八はなにおつしやりますやら大底《たいてい》せいて参《さん》しました事《こと》じや御《ご》ざりませぬ実早《じつはや》うござりませふがな　（『身体山吹色』巻三　一七九九）

一八一二年（文化九）の『誰が面影』には、オオキニが二度繰り返されている。

〽花夕　どなたも大きにおまたせ申ました　〽柳子　花夕丈遅参《ちさん》〳〵　〽里橋　ちさん黒《こく》たんタガヤサンが聞《きい》てあきれる　〽花夕　イヤとんと出かけた所へちつと叶《かな》はぬ用事《ようじ》が出来《き》たによつて大きに〳〵　（其二）

『誰が面影』におけるこの「大きに〳〵」の例は、「大きに御無沙汰」ではなく、芸妓の花夕が到着後にすぐに発した「大きにおまたせ」を表していると思われる。先の『身体山吹色』のオオキニも文脈的には「大きにおまたせ」と見ることも可能である。このように、オオキニの単独での使用は場面に強く依存している。したがって、時花詞であった「大きに御無沙汰」は時花詞の特徴である一時的なものであったのかもしれない。『譬喩尽』に「時花事《はやりこと》は六《ろく》十日《じふにち》」とある。

『身体山吹色』と『誰が面影』との間の一八〇四年（亨和四）に刊行された『当世嘘の川』には、京におけるオオキニを考える上で興味深い使用例がある。『当世嘘の川』は、『つれ〳〵睟か川』や『当世真ゝの川』を執筆した西村定雅が書肆の要望に応じて十年ぶりに執筆したものである。俳人だけあって、ことばの観察がよく行われているようであり、オオキニが感謝や労りを表す語と結び付いた例が多く見られる。

・彦ほんに此間はあちらへこちらへ 大《おほき》に御苦労《ごくろう》

弁慶（素人の太鼓持ちのこと）の親玉芳屋の彦二（年配）→弁慶の下働き表具屋の助七（若者）（巻四）

・富きくホンニ助様先刻《すけさんせんこく》は大《おほき》に御苦労《ごくろう》

芸の師匠である富菊→助七（巻四）

・はゝほんに此度は不思議《しぎ》の御縁《ごえん》であねが事 大《おほき》に御世話《せわ》様に成《なり》まして 忝《かたしけ（ママ）》うござります

富菊の母→彦二の妻のおきせ（巻四）

前節（第三節）「京におけるダンダン」で扱った『和蘭陀鏡』（一七九八）における粋長の「アイゆふべは大におせわ」も、同じ流れによるものであろう。このようなオオキニの使用は江戸語の影響だと思われる。マイナス的な意味であった流行語「大きにお世話」は上方では定着しなかったが、気遣いの表現と結びつくオオキニの使い方は伝わったようである。京の遊廓の世界では、江戸の真似をする人が多かったようである。先の「ありが〳〵」も、その例の一つであった。『和蘭鏡』には次のように書かれている。

兎角当世《とかくたうせい》は。江戸風俗言葉《ふうぞくことば》さへまぬれば。大通《つう》とか。粋《すい》とやらんに心得（巻一）

感謝を表す語と結び付いたオオキニは、京ばかりでなく大坂の洒落本『北川蜆殼』（一八二六・二七？）にもその使用が認められる。

・「小女郎（こめろ）あんどに火をともして来る」さつ大《お、》きにおかたしけ（下）

・「小めろにいひ付るほどなくうなぎごゐの吸ものなど来」幸十郎これは〳〵おねむかろうに大《おほ》きに御めんどふ（下）

・幸おまはん五六《ごろく》さんの所から。来《き》ておくれた人《ひと》か。大《おゝ》きに御苦労《ごくろう》さん　（下）

これらは江戸と同じく上から下への表現である。そして、京ではオオキニに新たな動きが見られるようになる。オオキニがアリガトウと結び付いた例が出現してくる。これも江戸での動きに対応するするかのようである。一八三二年（天保三）に刊行された『老楼志（おゆるし）』に次のようにある。

・汲おいるしナト裾《すそ》を直《なほ》して台所《だいどころ》へ上りながら　汲姉《あね》さん大きに御ありがたふ　（上）

・花車《くはしや》と中居《なかゐ》は門口《かどぐち》にて　両人だん〱大《おほ》きに御有《おあり》がたふ〽とふぞまた御早ふ。ト御定《おさだまり》の門送《かどおく》りして　（下）

・きぬモシあなた大《おほ》きに御有がたふ。能《よい》ところへ御出なさつておくれなさつて　（下）

ここでは、オオキニアリガトウがダンダンとも結び付いている例がある。そして一八三六年（天保七）の『興斗月』（きよつとつき）には、オオキニが単独で使用されている例が見られる。

・下より　〽房《ふさ》さん上ます　〽かれた声で　おばはんおゝきに

・「（前略）ふところから二朱つゝんで出し」一寸　お松〽「心でした出して」お有がとふへイおゝきに

前者は、この正月から出たばかりの若い芸者である房松が、座敷に呼んでもらったことについて、花車に対してお礼を述べている場面である。『日本国語大辞典　第二版』の「おおきに」の用例として上がっている高浜虚子の『風流懺法』と同じ状況である。そして後者は、中居のお松が客から寸志を貰ったことについて、客にお礼を述べている。お松の場合は、先にアリガトウと述べ、その後でオオキニと言っている。また房松は呼ばれた座敷から帰る際に次のように述べている。お客にはダンダンと言い、姉芸者や中居のお松にはヨウコソを用いている。

房〽旦那はんだん〱姉はんお松どんよふこそ

房松の言語行動を見ると、花車に対してはオオキニを、そしてお客にはダンダンを使用している。姉芸者や中居に用いているヨウコソは、現在では相手を迎える際の挨拶であり、「ヨウコソいらっしゃいました」の下略である。確かに狂言台本においても相手を歓迎する際にも使用されているが、それに限らずいろいろな表現と結びついて、ねぎらいの意を表している。

・アド「いづれもよふこそ御出披成た、先ゆるりとござれ　（『狂言記拾遺』二　松の精）

・舅「ようこそおりやつたれ。先是へ通らしめ　（虎寛本　庖丁聟）

・ソウ「よふこそ申上《あ》げました、さあ〳〵、松のめでたい事を申上げい　（『狂言記拾遺』二　松楪葉）

・シテ「よふこそくれさしました、めでたい今の祝儀《しうぎ》に、お寮《れう》が事じや程に、米《め、》五十石参《まい》らすぞ　（同三　比丘貞）

・アド「能うこそ誘ふて被下た　（虎寛本　ふたり大名）

・シテ「やれ〳〵、能うこそ知らせておくりやつたれ　（同　武悪）

ここのヨウコソはお礼あるいは別れの挨拶の表現のようである。『島根県方言辞典』（広戸惇・矢富熊一郎編　島根県方言学会　一九六三）を見ると、「よーこそねー」が「親切にして貰うた時のお礼の言葉」とある。島根県では、ダンダンもヨウコソも感謝表現として使用されていて、この『興斗月』に見られる感謝表現と一致しており、興味深い。また各地の方言集を見ていると、お礼の表現は別れの挨拶表現としても利用されている。共通語でも、別れる時に「（今日は）アリガトネ」と言ったりするから、決して不思議なことではない。

『興斗月』の次にオオキニの使用が認められるのは、一八四四年（弘化元）の『風俗三石士』である。

花車「さやうなら。だん〳〵大きに。岩さん。どなたも。またお近いうちに　（下）

この本の作者は、見返しに「太平館銅脈先生遺稿」とあり、著者が畠中寛斎ということである。そうなると、この本の成立の時期が問題となってくる。寛斎は一八〇一年に亡くなっている。遺稿ということを素直に信じれば、死後四十年後、また寛斎が活躍した明和・安永期からすると六十年後の刊行ということになり、オオキニの成立が十八世紀後期まで遡れる可能性が出てくる。この作品については、小林勇「『風俗三石士』板本の錯丁に就いて」（『親和国文』二四　一九八九）に、この作品の写本が京都大学附属図書館に所蔵されていることが紹介されている。写本で確認すると、刊本にある先の「さやうなら。だん〳〵大きに」の箇所は存在しない。なおこの写本を翻刻したものに、斎田作楽の『銅脈先生全集　下』（太平書屋　二〇〇九）がある。

これまで京におけるオオキニについて眺めてきたが、京のオオキニは天保時代頃（一八三〇年代）からアリガトウと結び付くようになってきたことがわかる。また丁寧に表現しようとすると、オオキニにダンダンを上接させたりした。そして、挨拶表現の特徴である下略によって、アリガトウが省略されて、オオキニ単独やダンダンオオキニの形で使用されることもあった。このような変遷や写本にその記述がないことからすると、『風俗三石士』で使用されているオオキニは、畠中寛斎によるものとは言えないであろう。寛斎の遺稿をもとに刊行する際に、その当時の挨拶表現に合わせて増補されたものと考えられる。

オオキニが近世末期には強い勢力で西日本に広がっていったことは、『方言文法全国地図』第五集　二七〇図（国立国語研究所　二〇〇二）によって推測できる。この分布図（本書「おわりに」に掲示）によると、関西だけでなく、中国地方や四国にも分布があり、九州地方においてもその勢力が強い。さらには、北陸地方や東北地方の日本海側、そして北海道の南部にもその分布が点在している。東北地方に幕末頃には伝播していたことは、日本海側の山形県鶴岡市で作成された洒落本『苦海船乗合咄』によって確認できる。この作品は写本でしか残っていないが、序末に慶応三年（一八六七）とあり、本文中の上方の戦の内容からも慶応頃の成立だと考えられている。この作品には次のようにオオギニアリガトウの使用が見られる。

・か丶〳〵とつからだへ　女郎〳〵松屋殿の女殿《はるど》しや　か丶〳〵大ぎに有難ふ存ます誰も居ねず　（下）

・か丶〳〵佳良麿さん此中ねつから御ざらね様で御坐りますの　から〳〵おがげて酒を呑たをされねで大ぎに有難ふ存ます　か丶〳〵こふ又《また》又哂落られんだかの　（下）

・巾着より壱朱出して　客〳〵夫お肴と云つ丶嫁に遣る　（中略）　ヲホ丶、丶、大ぎん有難存ます　（下）

最初の例と三例目は女郎屋のかかによる使用例である。二番目の例は、客の佳良麿がかかを相手にして、「私が来ないお蔭で飲み倒されなくて大変ありがたいことです」と、冗談ぽく語っている。この作品の舞台である鶴岡は庄内藩の藩庁であり、その鶴岡城下への生活物資を陸揚げするための港が設けられていた。そこには北前船の回船問屋もあり、庄内藩では酒田に次ぐ重要な港であった。オオキニは北前船によって伝播した表現と言えよう。

江戸においてオオキニが消滅したのに対して、上方でオオキニが定着できたのは、オオキニが活用される以前にダンダンという副詞による感謝表現が使用されていたことが大きいであろう。また、オオキニが下から上へのお礼の表現として定着したのも、江戸語の影響ばかりでなく、ダンダンがアリガトウと結びついていたことによろう。オオキニが使用され始めた当初は、古いダンダンの方が敬意が高く、オオキニは軽いお礼の挨拶表現だったようである。そのため、ダンダンオオキニのように、複合形でも使用されていた。しかし、新しいオオキニは次第に勢力を持ち始め、ダンダンと同じように、遊廓の世界から一般語へと普及した。さらに、上方から海路によって西日本全体へ、また北前船によって日本海側へと、非常に早いスピードで広がっていったのである。

ダンダンもオオキニも、アリガトウの程度を強調するものであるから、発想法から言えば〈批評・評価〉とも、また〈配慮・気遣い〉とも位置づけるものである。

第五節　配慮を伴った感謝表現

柳田国男の『毎日の言葉』の「スミマセン」の項に、次のような記述が見られる。

東京でもつい近頃まで、オヒカヘサナイマシだの、オヨシナサレバヨイノニだのといふ、御礼の挨拶がよく聴かれました。まさかさうですかと持つて還へる人は有りませんが、つまりはさうでも言はぬと気が澄まぬほど、予期せざる大きな幸福だといふことを示すのであります。

『毎日の言葉』については、第一章第一節「柳田国男と感謝表現研究（『毎日の言葉』）」で述べたように、単行本としては昭和二十一年（一九四六）に刊行されているが、もともとは『婦人公論』に昭和十七年（一九四二）九月号から翌年の十八年八月号まで連載されたものである。物をいただく際に、オヒカエナサイマシとかオヨシナサレバヨイノニという断り表現を用いて、御礼を述べる挨拶は現代でもよく耳にする。したがって、「東京でもつい近頃まで」とあるのは、昭和十年代後半に衰退したのではなく、物資不足という戦時中という時勢の影響だと考えるべきである。

このような断り表現が伴った感謝表現は、人情本を読んでいると多くの例に出会う。

・懐中《くわいちう》より小判三枚《まい》取出し、是はお前へおみやげと、おか摩が前にさし置《おけ》ば、もちつと出せばよいものを卜心に思へど、ゑしやくして、
小加摩「此やうな御心づかひ、受《うけ》やうとて何の御世話を致ませう、マアおしまいなされて下さりまし
小種「そふいはれては痛《いたみ》入。とにかく子供といふものは。近所迄の御やつかひ、御世話になつた其跡《あと》で、御礼は沢山《たくさん》致ませう。是は納《おさめ》て下され　とつきつめられていらへつゝ、
小加摩「お気の毒《とく》な　と手をのはし、腰巾着《こしきんちやく》の紐《ひも》を〆、今宵勝負《こよひせうぶ》の元手は出来たと、ひとりゑみして立つ《ママ》居つ

（詠月堂甲太『浪模様尾花草紙』中　一八二四）

・吉五郎「ナニサ旦那《だんな》こんな事《こと》をなすつちやァわるふござりやす。不断《ふだん》から御恩《ごおん》になつてをりやす私《わつち》の事《こと》てござりやすに、およしなさればいゝとはいふもの、、お返《かへ》し申すは不躾《ぶしつけ》だ。いたゞいておきやせう

（南仙笑楚満人（為永春水）『三日月阿専』四　一八二五）

・懐中《ふところ》から、本鼈甲《ほんべつかふ》の鈨菊《くわんぎく》の櫛《くし》を出《だ》して遣《や》る

お菊「およしなさればよいに、毎度《まいど》どうもお気《き》の毒《どく》さまで

（曲山人『仮名文章娘節用』初下　一八三一）

・とら「こりやァ些《ちつと》とだが奥山《おくやま》の小遣《こづかい》に被成《おし》

さん「ヲヤこりやァ

つる「アレお寅《とら》さん、お止《よし》なら宜《よ》いに

とら「ナアニ些《ちつと》でございます

さん「お寅さんありがたう　ハイ左様《さやう》なら往《いつ》て参《まゐ》ります

（松亭金水『花筐』三下　一八四一）

・男「ヘイ御誂《おあつらへ》で御ざい升《ます》ト、御数寄《すき》屋町の足立やの男《をとこ》、極荒《ごくあら》イのを二分《にぶ》ばかりお飯《まんま》附《つき》で持来れば、

お民「ヲヤマア伴《ばん》さんですかへ。御気《き》の毒様《どくさま》ナお止被成《よしなはれ》ばよいに

（松亭金水遺稿山々亭有人補綴『毬唄三人娘』四中　一八六五）

物の授受に関わることであり、出入りの商人などが既に届けていたなら別であるが、まだ受け取っていないのであるから、拒否することも可能である。実際に受け取ることを拒否している場合も見受けられる。断り表現を用いるのは、受ける側に素直に受け取る正当な理由がないと思っているからである。このような断り表現を用いるお礼の挨拶は、ある面では柳田国男の言うところの「予期せざる大きな幸福だといふことを示」しているのであろう。また、

『浪模様尾花草紙』や『花筐』の例のように、受け取る側が断っても、出した方は柳田の言うように引っ込めることもできない。断りの表現を用いて受け取らないと、渡す方がかえって理由を説明して相手に押しつけるようにして渡すことになる。時間を掛けてやりとりをすることによって、感謝の大きさを示していることにもなるが、ある面から言えば、それによって受け取る側が自分の精神的な負担を軽減しているとも言えよう。

第三章第四節「狂言における上からの申し出に対する表現」で見たように、狂言においても身分の高い人からの申し出に対しては辞退するのが一般的なようであった。辞退しても、最終的には実行されるのではあるが、まだ実行されていない場合には形式的に断りの行為が取られたのである。狂言においては、断りの表現として感謝表現と同じ形式のものが用いられていた。

断りの表現を用いたお礼の挨拶において、よく使用されるのは、『浪模様尾花草紙』や『仮名文章娘節用』、『毬唄三人娘』に見られるオキノドクナ（御気の毒な）やオキノドクサマ（御気の毒さま）である。すなわち、相手に迷惑をかけたという〈配慮・気遣い〉による表現である。人情本には至るところにキノドクナが使用されている。ただし、キノドクナには二種類ある。一つは、先に扱った感謝の意を表すような、相手を思い遣る表現である。もう一つは、次に挙げるような現代では消えてしまった古い用法であり、自分の困った状態を表すものである。この困惑も、相手を思い遣っての場合もある。

・医者「イヤこれは、はやめいわくなお尋《たず》ね。スリヤ、病症《びやうしやう》の様体《ようだい》をいわねば
　勘八「ナア薬《くすり》が上《あげ》にくうござります
　医者「是《これ》は気《き》の毒《どく》。申さずはなるまい。かならず他言《たごん》は無用《むよう》
（玉川亭調布稿・南仙笑楚満人〈為永春水〉閲『霧籬物語』前中　一八二五）

・忠之丞「ヲヤよしか。啌《うそ》だヨ。おまへが実情《ほんとう》にうけては私《わたくし》が気《き》の毒《どく》だヨ（『春告鳥』五編二十八章　一八三七）

キノドクナは、自己の困惑の意から他者への思い遣りに意味が変化している。多くの困惑の語が近世後期になると、思い遣りの意味へと変化している。このことは柳田征司「虎明本狂言と虎寛本狂言との語彙の比較―困惑の気持を表わす感情語彙に就いて―」（『安田女子大学紀要』一　一九六七）においても確認できる。近世後期は相手を思い遣る社会になっていたと言えよう。そして、人情本は「キノドクの文学」とも言ってもよいほどに、相手を思い遣っている。

キノドクナは現在でも北陸地方における感謝表現として有名である。また、感謝の発想法が十八世紀の終わり頃には〈配慮・気遣い〉になっていたことを窺わせるような資料がある。それは『庄内浜荻』である。そこには次のように記されている。

　きのどくなヲ　もつけな

　　音物などを得て痛入るをもつけなと挨拶するはぶ仕付なる詞也。勿怪と書て怪異変異の義也。

『庄内浜荻』は堀季雄（一七三四〜八六）によるものである。明和四年（一七六七）の序文と奥書がある。なお、音物以下の記述は増補本系に見られる記述であり、増補本の成立は、樋渡登「鶴岡市郷土資料館本『庄内浜荻』について―付翻刻」（『都留文科大学　研究紀要』54　二〇〇一）によると、安永四年（一七七五）以降のようである。庄内のモッケナは「音物などを得て痛入る」とあるから感謝表現であることがわかる。モッケナは現在でも庄内では感謝表現として使用されている。

モッケは、山形県師範学校編『山形県方言集』（一九三三）を参考にすると、

　もつけ　mokke　名詞　　気の毒　　庄内置賜　父さんが死んだなんてもつけなごんだな。
　　　　　　　　　　　　　　　　　　　　　　　（父さんが死んだなんてお気の毒な事だな。）

もつけだ　mokkeda　連続語　すまない　庄内置賜　あ、もつけだことどうか許して呉れ。
（あ、すまないことどうか許して呉れ。）

キノドクナには先に述べたように二通りの意味があった。自己の〈困惑〉と、他人への〈配慮・気遣い〉である。もともとは〈困惑〉であったが、近世後期に〈配慮・気遣い〉の用法が生じてきた。『庄内浜荻』の江戸語の「きのどくな」はどちらを指すのであろうか。また、それに対応するモッケから判断するしかないが、一九三三年に刊行された『山形県方言集』においても近現代の感謝の発想法である〈配慮・気遣い〉を受けている可能性がある。モッケナの原義は意外なこと・予想外という意味であったから、もともとは〈批評・評価〉という発想法によって感謝表現としても使用されるようになったと思われる。一方、キノドクナには予想外という意味がない。またその当時の江戸での感謝の発想法が〈困惑・恐縮〉ではないことから、江戸語のキノドクナは〈配慮・気遣い〉の発想法による可能性の方が高そうである。なお、『庄内浜荻』において庄内のモッケナが江戸語のキノドクナに対応しているのは、感謝表現という点であり、モッケが〈配慮・気遣い〉によるものだとは言えないであろう。庄内のモッケナについては、田島優「山形県鶴岡市の感謝表現」（『明治大学教養論集』五四七　二〇二〇）において記したように、その土地の人々は〈配慮・気遣い〉によって解釈している。感謝の発想法が〈配慮・気遣い〉になったことによって、いつ頃からかは不明であるが、それに合わせて再解釈されたものと思われる。また、先に扱った「大きにお世話」も相手に対しての気遣いを表していたが、その表現が見え始めるのは一七八〇年頃であった。したがって、江戸において感謝における〈配慮・気遣い〉の発想の成立はかなり早いものとなろう。

ただし江戸でのキノドクナの使用を見ると、立場が上の人からのようである。下の立場からの表現として使用されるようになるのがスミマセンである。なお、感謝表現としてのスミマセンの成立は幕末頃のようである。例えば、次の例などがその魁なのかもしれない。スミマセンについては、次節（第六節）「スミマセンにおける謝罪表現化並びに感謝表現化」で詳しく扱う。

・お民「昨日《さくじつ》はまた種々《いろ〳〵》頂《いたゞい》たり御馳走《ちそう》になりましたり実《まこと》に済《すみ》ません　（『毬唄三人娘』四中　一八六五）
　伴六「なんの御礼でいたみ入やす

人情本を読んでいると、お礼の挨拶として、普通の感謝表現では言い尽くせないといったものが見られる。先程の柳田国男のことばを借りれば、「予期せざる大きな幸福」であることを相手へ伝えるための一手段とも言えよう。

・誠《まこと》に御深切御礼《ごしんせつおんれい》の申様《よふ》もござりませぬ　（南仙笑満人〈為永春水〉『寝覚之繰言』四　一八二九）
・お礼《れい》は言語《ことば》に尽《つき》ませぬ　（教訓亭主人〈為永春水〉『貞操婦女八賢誌』三・三　一八三四）

さらに既存の感謝表現を並列して、そのようなものだけでは御礼の意が尽くせないという表現方法も見受けられる。先の表現を詳しく具体的に言い表したものと言えよう。例えば、春水の作品では、㈠「（感謝表現）とも（感謝表現）とも、御礼はことばに尽くされませぬ」とか、㈡「（感謝表現）とも（感謝表現）とも、申し（言はう）やうはございません」といった表現がある。なお、ウレシイは各地の方言で身分の上下を意識しない感謝表現として使用されているように、感謝表現としても活用されている。

・娘「ヲ、それ程迄《ほどまで》におつしやつて下《くだ》さりますとは真身《しんみ》の親《おや》もおよばぬ介抱《かいはう》。有《あり》がたいとも嬉《うれ》しいとも、御礼《おれい》は詞《ことば》に尽されませぬ　（『三日月阿専』一）
・お専「ハイ誠《まこと》に有《あり》がたふござります。ほんにお勝《かつ》さん、おまへはわたしをば常々《つね〴〵》から気《き》を付《つけ》て、真身《しんみ》もおよばぬ御深切《ごしんせつ》、うれしいともありがたいとも、申《まを》よふはござりませぬが　（『三日月阿専』二）
・文蔵「私《わたくし》もはじめてうけたまま《ママ》した金子《きんす》の訳《わけ》、それを又《また》与兵衛さまとやらがお聞《きゝ》なされて、お専《せん》が見受《みうけ》をし

てやろうとの御深切《ごしんせつ》の思召《おぼしめし》、有難《ありがた》いとも忝《かたじけな》いとも、お礼《れい》は詞《ことば》に尽《つく》されませぬ　（『三日月阿専』四）

・お松「数《かず》ならぬ不束者《ふつゝかもの》を、それ程《ほど》までに、慕《した》ふて給はる御志《おこゝろざし》、親《おや》の身《み》にとりいかばかりか、有《あ》りがたいとも、嬉《うれ》しいとも、更々《さら〳〵》言葉《ことば》に尽《つき》ねども　（『寝覚之繰言』二）

・浦里「かずならぬ私《わたくし》を、それ程迄《ほどまで》に思《おも》ふておくんなんして、わざ〳〵尋《たづ》ねて来《き》てくんなんすとは、私《わたくし》が身《み》にとりいしては、悦《うれ》しいとも有《あ》り難《がた》いとも、いはふよふはおざりいせん　（『寝覚之繰言』三）

曲山人の『仮名文章娘節用』にも先の㈠と㈡の両方の表現が、また松亭金水の『恋の花染』には㈠の表現が見られる。そして山々亭（朧月亭）有人においても、『鶯塚千代の初声』には㈠の表現が、『春色恋廼染分解』には㈡の表現が使用されている。このように様々な人たちが用いていることから、当時このような表現が定型化していたことがわかる。

・白翁「アノ孫《まご》の金五郎《きむごらう》めが事《こと》、イヤもう見《み》るかげもないあのやうな者《もの》を、よふマア可愛《かあい》がつてやつてくださる。真身《しんみ》にとつてはうれしいとも、かたじけないとも、礼《れい》は詞《ことば》に尽ませぬ　（曲山人『仮名文章娘節用』二下）

・おさん「おゆるしなされてくださいまし。それをマアにくいともおぼしめさず、気楽《きらく》にさせてやりたいと、かへつてやさしいそのおことば、もつたいないとも有《あり》がたいとも、申さうやうはござりませぬ　（『仮名文章娘節用』二下）

・伝兵衛「夫《それ》に付《つけ》ても此処《こゝ》の主《あるじ》、三八《さんぱち》どのが義心《ぎしん》の情《なさけ》、かたじけないともうれしいとも、詞《ことば》に礼《れい》は尽《つく》されず　（松亭金水『恋の花染』二下　一八三三）

・源之助「此身代《このしんたい》を譲《ゆづろ》うとは、勿体《もつたい》ないとも冥加《めうが》ない共詞《ことば》に言《いひ》も尽《つく》されず　（山々亭有人『鶯塚千代の初声』三上　刊行年未詳）

・重の井「其思召《そおぼしめし》は嬉《うれ》しいとも有難《ありがた》い共中《なか》〳〵に口でお礼《れい》も申にくい程《ほど》ざンすが

・重の井「段《だん》〳〵との御信切《ごしんせつ》なんと御礼《おれい》を申ンせうか。勿体《もつたい》ないとも嬉《うれ》しいとも、申さうやうも有ません

（『春色恋廼染分解』五上　一八六五）

「（感謝表現）とも（感謝表現）とも」（順不同）の組み合わせとしては、「アリガタイ・ウレシイ」、「アリガタイ・モッタイナイ」、「ウレシイ・カタジケナイ」、「ウレシイ・モッタイナイ」、「モッタイナイ・ミョウガナイ」がある。その中で一番多い組み合わせは「アリガタイ・ウレシイ」である。このような表現形式の組み合わせから、その当時の感謝表現として、アリガタイ、ウレシイ、カタジケナイ、モッタイナイ、ミョウガナイがあったことがわかる。ただしミョウガナイの使用されている作品（『鶯塚千代の初声』）は、時代設定がかなり以前のことにしてあり、ミョウガナイはその時代のことばとして用いられている。またモッタイナイが、アリガタイやウレシイとも結び付いていることから、近世末期にはモッタイナイが感謝表現になっていることが確認できる。このような「〜とも〜とも」という形で表されるのは、感謝表現だけではない。

・何《なに》と詞《ことば》なくありがたいともかなしいとも、名残《なごり》おしさにかけよる夕《ゆふ》ぎり伊左衛門《いざゑもん》は手《て》を合《あは》せ、おがんで礼《れい》の見送《みおく》りや

（『霧籬物語』後上）

伊左衛門と花魁の夕霧の間にできた子を、勘当された伊左衛門の家の跡取りとして迎えるために連れて行く場面で用いられた表現である。そのため、相対立するようなアリガタイとカナシイとが使用されているのである。また、次のような例もある。

・音次郎「お梅《うめ》さんに対《たい》しちやァ、気《き》の毒《どく》とも笑止《しやうし》とも、いひやうはないけれど

（松亭金水『貞操園の朝顔』三中　刊行年未詳）

お梅に迷惑をかけたことに対する表現である。この例から、その当時キノドクもショウシもともに、現代の「気の毒」、つまりかわいそうだの意味で使用されていたことがわかる。次の例もその証左となろう。

・困《こま》る〳〵と口続《くちつゞけ》に、聞《きく》も気《き》の毒笑止《どくせうし》だから、些《ちつと》もらくになるやうにと、世話《せわ》をすりァ立派《りつぱ》な口錠《こうぢやう》

（松亭金水『花の志満台』初下　一八三六）

洒落本の舞台は遊里であり、登場人物も限定されおり、また内容も男女の機微の描写であり、それも短編である。それに比べて、人情本は男女の恋愛が中心ではあるが、いろいろな階層の人物が登場し、また様々な場面が描かれている。そして長編である。したがって、感謝表現に限らず、そこに多くの挨拶表現を見ることができる。

・おいらんお早う。おおむねそうだねへ

（狂訓亭主人〈為永春水〉『春色春の恵』二　一八三六）

・歌吉「まづ今日《こんにち》は　トおじぎして

（十返舎一九『恋の若竹』三下　一八三九）

・格子《かうし》の外《そと》より姉《ねへ》さん今晩《こんばん》はと音信《おとづ》るは是《これ》も巻中一箇《くわんちういつこ》の貞婦《ていふ》小金《こきん》といへる仇者《あだもの》なり

（『春色恋廼染分解』初中　一八六〇）

・おひさ「お富《とみ》さん、お前《まへ》最《も》う銭湯《ゆ》からお帰《かへ》りか
おとみ「ハイ只今《ただいま》

（為永春水『祝井風呂時雨傘』七　一八三八）

・萬里「御機嫌《ごきげん》よふト　そこ〳〵にいとまごひしてたちいづる

（鼻山人『籬の花』前章　一八一七）

・ハイ今日《こんち》は、お師匠《ししやう》さん、御《ご》きげんようござりますか

（狂訓亭主人〈為永春水〉『貞操婦女八賢誌』初二　一八三四）

・お松「お前《まへ》何処《どこ》へお出だ
磯次郎「ナニちよつと其処《そこ》まで

（『娘太平記操早引』三中　一八三九）

このように、近世後期は挨拶表現が発達して整備された時代である。挨拶表現は、コミュニケーションにおいて大切なものであり、相手のことを考えながらことばを選ぶ必要がある。そのような時代の流れに合わせて、感謝表現においても相手を気遣う表現が発達してきたのも納得がいこう。

第六節　スミマセンにおける謝罪表現化並びに感謝表現化

〈批評・評価〉の発想法によると思われる、アリガタイ、クヮブン、ミョウガナイ、そしてアリガトウの下略されたダンダンやオオキニなども、相手の厚意を過大に評価している点では、相手への〈配慮・気遣い〉とも見ることができる。また前に扱った、「アリガタイ（感謝表現）ともウレシイ（感謝表現）とも御礼は詞に尽くされませぬ」などといった表現も、大げさ（誇張的）に表現することによって、相手への〈配慮・気遣い〉になっているとも言えよう。日本語の歴史において、ショウシナ（笑止な）やキノドクナが、自分の困惑から他者への気遣いへと意味が変化したように、〈困惑・恐縮〉と〈配慮・気遣い〉との間に関係があることがよくわかる。また、〈批評・評価〉も〈困惑・恐縮〉や〈配慮・気遣い〉とも関係があり、〈困惑・恐縮〉〈批評・評価〉〈配慮・気遣い〉の三者の発想法には連関が認められる。「はじめに」で述べたように、感謝とはもともとは身分の上からの厚意に対するものであるから、そこには身分差による恐縮や、厚意に対しての困惑が認められる。どの発想法においても、このような〈困惑・恐縮〉というしっかりとした共通の基盤が存在しているのである。

前節（第五節）「配慮を伴った感謝表現」で見たように、キノドクナは〈配慮・気遣い〉の発想の中で生まれてきた表現である。そして、キノドクナは相手の厚意を断るポーズともにも使用されていた。相手の厚意を断ろうとすることは、つまり相手に対して気を遣っているのである。この点を重視すれば、狂言に見られる申し出に対する断りも

〈配慮・気遣い〉の魁けと言えるかもしれない。また、相手への労り表現であるゴタイギ（御大儀）やゴクロウ（御苦労）、オセワ（御世話）なども、ある面では相手への〈配慮・気遣い〉になろう。先に見たキノドクナも、ゴタイギやゴクロウなどの流れの中にあるが、異なるのはゴタイギやゴクロウなどはあくまでも労りであるが、それに対してキノドクナは相手への同情という点である。しかし、キノドクナも他の労り表現と同じく上からの表現であり、下からは使用できなかった。それを解消するために出現してきたのがスミマセンである。スミマセンは謝罪表現であったから、下の立場からの表現として用いることが可能であった。スミマセンのように謝罪表現を感謝表現として利用できるのは、相手の厚意に対して話者が迷惑や負担を掛けているという意識が存在しているからである。

スミマセンは最初から謝罪表現であったわけではない。謝罪表現になったのは近世後期になってからである。それが感謝表現として使用されるようになるのは、もう少し後の幕末頃からである。スミマセンは謝罪表現として確立していたことによって、その当時の感謝の発想法の〈配慮・気遣い〉と合致して、感謝表現としても利用できるようになったのである。

スミマセンは「すむ」の打消形の丁寧表現である。スミマセンは、辞書の見出し表記としては「済みません」と書かれることが多い。打消でない「すむ」は、漢字で「済む」や「澄む」と書かれ、それぞれ別の語として扱われている。しかし、漢字は後から当てたものであるから、日本語としての「すむ」はその両方を含んだものである。例えば『改修言泉』（三巻　大正十年〈一九一九〉）が、「済む」の項において「前条（澄む）のと語源を同じうす」と記している。したがって、「すむ」には、「済む」の物事が終わっていること。それに「澄む」のはっきりしていることの意が含まれている。特に心に関して言えば、物事がきちんと終わって、それによって心が治まり、すがすがしくなっているという意味がある。スミマセンだと、その打消になるので、物事がうまくいかず、それによって気持ちも治まらず、すっきりしないことを表すことになるのであろう。次のように、スミマセンは「心」とともに使用されている場合もある。なお、以下の用例では丁寧形でないものも一緒に扱っていく。丁寧形でないのは、その事柄が聞き手に関係がなかったり、聞き手に関係があっても丁寧表現を用いる必要のない間柄なのである。

まず、スミマセンが謝罪表現になる前の状況を洒落本によって見てみよう。

けい二人おめへさんがたのお宿までおつれもふしませんではどふも心がすみません　（『酒徒駕』二　一八〇三）

たよそれはい丶なさらずとも知れた事さおめへに仕かけをたのむ程の事たものを伊之さんには十ぶんな事をしてもらわねへければ。おめへもむねがすみやすめへ［とあとも何もいわずにふさひだ顔をしている］十郎口きれいにはいふが。なせそんなすまねへ顔をしているた何もかもすんたのさ　（『富賀川拝見』山本屋の段　一七八二）

この『富賀川拝見』では、「おめへもむねがすみやすめへ」（胸がすっきりしない）、「そんなすまねへ顔」（気持ちが治まらず、すっきりしていない不満な顔）。次は打消形ではないが、「何もかもすんだのさ」（何事も終わった）のように、「すむ」が利用されている。スマナイは様々な意味で使用されるが、ここでは相手の心のことを述べている。

次に挙げる『居続借金』（一七七三）でも、「おめへもすまず私もすまない」とあり、また最後に「おめへの心」とあるように、相手の心を問題として、それに自分の心のことにも触れている。ここでは、ごちゃごちゃ言ってもお前も私も気がすっきりしないという意味である。

しよせん。そんな事をなまなかして。どうたのかうだのといつちやア。おめへもすまずわたしもすまねへ。いつぞ永ひ月日の内にやア。おめへの心もしれやせう。　（燕十屏風の中）

『居続借金』と同じ年（一七七三）に刊行された『卯地臭意』では、御使い先で怪我があつてはおれがすまないとあるように、相手を意識しながらも、あくまでも自分の心の問題として扱っている。

〔夜たかもまけずニつか付つかみ合〕伝内コ、これヲ、おのしやアヲ、御使《つかひ》さきでケ、けが、あつちやヲ、おれ　がス、すまねへ

次の例も、先の『卯地臭意』と同じく、自分の心の方に重点が置かれているようである。

そなたを其ま丶置ならはあじをしつたる源五郎又も来たらんは必定さすれは又も世間《せけん》の外聞《ぐわいぶん》家来の手前も相済ぬ手打にしやうとおもへともまたみれんに魂《たましひ》かなをろかしと勘当する　（『魂胆胡蝶枕』二　一八〇二）

この『魂胆胡蝶枕』では「世間の外聞家来の手前も相済ぬ」とあり、「世間の外聞」や「家来の手前」と対象が示されているが、あくまでも世間の外聞などを気にしているだけで、相手に謝罪しているわけではない。

十九世紀前後から、格助詞「へ」や「へ（あるいは「に」）に対して」を伴って、対象を明記した例が見られるようになる。この時期に、スミマセンが人に対しての謝罪表現として確立してきたようである。上方、江戸ほぼ同時期に見られる。

・マアよひに来《き》た時爰《ときこゝ》は仕切《しきり》あしこは揚先《あけさき》こちらは他所行《たしよゆき》といふて五軒《けん》か揃《そろ》ふて送らぬ時は其呼先《そのよびさき》が客へ対してすまぬ故　（『粋学問』二　一七九九　上方）

・此事を打《うち》割ていふとおまへさんへどふも済《すま》ぬことも出来《でき》るし　（『南遊記』五　一八〇〇　上方）

・ぐるで色事をさせたやうで大尽へたいしてどふもおれがすまねへ　（『疇昔の茶唐』一八〇〇　江戸）

・まんそくなからだを疵《きず》ものにしては伊太八へすまぬから　（『青楼娭言解』五　一八〇二　江戸）

このような対象を示す格助詞とともに使用されている例が多いが、聞き手に対して直接謝っている場合も見られる。

・庄九郎（前略）望《のぞみ》ならきれてやろうそんならきれたぞよ〔トゆくをむなぐらへすがりつき〕玉蔓すみいせんく　（『甲子夜話』悋気《りんき》の争《あらそい》　一八〇一）

ただし、文学作品という性質なのであろうか、聞き手への直接的な謝罪の用例は少なく、その場にいない人に対してもっぱら使用されている。なお、ヘボンの『和英語林集成』（初版　一八六七）の「スム（済）」の項には、「あなたに対して」が例文となっている。

Anata ni taish'te szmimasen, I feel conscience stricken in regard to you.

「conscience stricken」と説明されているように、相手に対して気がとがめたり、良心がとがめたりするのである。つまり、自分の行ったことが相手など他者に対してうまくいかず、気がとがめて心がすっきりしないことを表明するのが謝罪であったようである。そこから次第に、自分の行ったことが相手に対して迷惑をかけていると意識するようになってくる。謝罪の意味用法の拡大である。例えば、三遊亭円朝（一八三九～一九〇〇）の作品においてはスミマセンは「迷惑」という表現とともに使用されている。円朝の作品は、明治時代と扱った方がよいのか、江戸時代末期として扱った方がよいのか難しい。円朝の落語が速記されたのは、速記術の確立した明治十年代後半ではあるが、その話自体は明治以前に作られていたものも多い。

・此御方《このおかた》に御恨《おうらみ》はないのに御迷惑《ごめいわく》をかけても済《す》まないではありませんか

（『怪談牡丹燈籠』十回　明治十七年〈一八八四〉）

・政「尊公《あなた》さま御一人《おひとり》へ御迷惑《ごめいわく》をかけましては済《す》みません

（『粟田口霑笛竹』十一回　明治二十一年）

一方、感謝は相手からの厚意ある行為に対して述べるものである。スミマセンを感謝表現として使用するのは、相手の厚意に対して自分が迷惑や負担をかけたという意識が存在しているからである。これは、前に扱ったキノドクナにもその意識が見られた。ただし、キノドクナは上の立場からの表現であった。キノドクナの用例で挙げた『浪模様尾花草子』では、町人のお加摩が武士の妻であるお種に対してオキノドクナを用いていた。つまり、武士と町人という社会的な身分差ではなく、その状況における立場が重視されている。お種の子供がお加摩にお世話になっており、立場的にお加摩の方が上であることによって、オキノドクナという表現がお加摩から出たのである。

スミマセンが感謝表現として使用されている例は、近世にはあまりないようである。今のところ次のような例しか目に入っていない。

・お民「昨日《さくじつ》はまた種々《いろ〳〵》頂《いたゞい》たり御馳走《ちそふ》になりましたり実《まこと》に済《すみ》ません

伴六「なんの御礼でいたみ入やす

（『毬唄三人娘』四中　一八六五）

伴六のことばに「御礼」とあるように、ここでのスミマセンは感謝表現であることが確認できる。幕末頃から活躍していた三遊亭円朝の速記本にも、スミマセンが感謝表現として使用されている例が見られる。

・久「是《これ》ァどうも　毎度《めゑど》戴《いたゞ》いてばかり居《ゐ》て済《すま》ねへヨ

（『怪談牡丹燈籠』十七回）

・主「ハイ〳〵心得《こゝろへ》ましたが。昨夜《さくや》はどうも商《あきな》ひにお出《いで》なすつて多分《たぶん》のお茶代《ちやでゑ》を戴《いたでゑ》て済《すみ》ません。

（『塩原多助一代記』一回　明治十八年〈一八八五〉）

・みつや己《おれ》の羽織《はおり》が有《あ》つたな、それを長吉《ちやうきち》にやれ。母親《おふくろ》が葛籠《つゞら》から古《ふる》い羽織《はおり》を出《だ》して、みつ「それではこれを着《き》てお出《いで》。長吉「すまねえな、では是《これ》は貰《もら》つて行《ゆ》くぜ。

（『小雀長吉』三遊亭円朝作　三遊亭一朝口演）

スミマセンが感謝表現として広く受容されたのは、感謝のシステムが身分の上下関係からその場における立場の関係に移行したことによって、身分差に関係なく幅広い人々が使用できたからであろう。その背景としては、近世後期には身分の差が小さくなっていたことが大きく影響していると考えられる。キノドクナは上からの表現であり、またそれが使用される場合は、最初は相手の厚意をことわり、最終的には受け取るというような長いやりとりが行われていた。その点からも咄嗟の挨拶表現としてはキノドクナは適していなかった。それはキノドクナの多義性により、そのようなやりとりが必要であったと思われる。そこで、身分差を意識しないスミマセンが広く使用されるようになってきたのである。

謝罪表現であるスミマセンを感謝の場で使用することを訝しく思う人がいる。スミマセンと言ってお礼を言うと、あなたに謝ってもらう必要はないと怒る人もいる。また、そのような記事を新聞の投書欄などに見かけたりもする。しかし、これまで扱ってきたカタジケナシやカシコシ、またミョウガナイにも、同じようにプラス的な意味とマイナス的な意味の二つの用法が存在していた。それらを扱ってきた際にも述べてきたが、謝罪と感謝との違いについては言語行動が異なっているのである。つまり、謝罪と感謝とはそもそも次のような言語行動なのである。

・謝罪とは、話し手（自分）側から相手側への無礼な行為に対して、お詫びを述べることである。

・感謝とは、相手側から話し手（自分）側への厚意ある行為に対して、お礼を述べることである。

感謝の場合は話し手（自分）側への行為であり、それに対して謝罪は話し手（自分）側からの行為である。すなわち、行為の出所が異なっているのである。

スミマセンの感謝表現としての大きな特徴は、相手からの授与の行為（「くれる」「くださる」）を、自分の授受の行為（「いただく」「もらう」）として見なしている場合が多い。先に挙げた『毬唄三代娘』や『怪談牡丹燈籠』、『塩原多助一代記』では「いただく」が、『小雀長吉』では「もらう」とともに使用されており、そのことが確認できる。このように、相手の行為を話し手（自分）側の行為とみなすことによって、自分の行為について述べる謝罪表現を感謝表現として用いやすくしているのである。

山田敏弘『日本語のベネファクティブ　―「てやる」「てくれる」「てもらう」の文法―』（明治書院　二〇〇四）では、「ありがとう」と「すみません」とにおける授受の補助動詞に関しての使用制約について、次のように言及されている。

(38) わざわざ来て｛a. くれて／b. ?もらって｝どうもありがとう。

(39) わざわざ来て｛a. ?くれて／b. もらって｝すみません。

このように、「～てくれる」は「ありがとう」、「～てもらう」は「すみません」との結びつきが一般的である。（306頁）

ただし、庵功雄・高梨信乃・中西久美子・山田敏弘による『初級を教える人のための日本語文法ハンドブック』（スリーエーネットワーク　二〇〇〇）によれば、現代語においては「～ていただいて」の場合には「ありがとう（ございます）」の使用も問題がないようである。

◆感謝の表現が後に続く場合「～てもらう」は使えず「～てくれる」が用いられます。

(18) 教えて｛×もらって／○くれて｝ありがとう。

これは主語の人物が「させた」からそのような好ましい事態が起こったわけではないことを表す（またはそのように配慮する）ためです。ただし、「～していただいて」とすると、待遇的な配慮によって「させた」と意味がなくなるために、自然な表現になります。（114頁）

敬意が入ると、それ自体に配慮が含まれているからである。さらに言えば、「ありがとう」よりも「ありがとうございます（ございました）」とすると、より自然となってこよう。ここではスミマセンを感謝の表現として認めていないので、アリガトウと「～もらう」や「～していただいて」との関係を説明するために、持って回った言い方になっているが、つまり「いただく」の補助動詞はスミマセンの他にアリガトウとも共起できる便利な形式なのである。

なおこれらの使用制約は「いただく」の補助動詞との関係のことであり、また現代のことである。したがって、本動詞の「いただく」の場合には、またスミマセンの感謝表現としての成立期においては、アリガトウとの使用制約はさらに強かったと思われる。
スミマセンと関わりあった「いただく」の補助動詞として成立は近世末期の幕末期である。

・可哀《かわひ》さうだとか不便《ふびん》だとか、思《おも》ツてさへいたゞけば　（『春色恋廼染分解』四編中　一八六二）

・何《なに》は兎《と》もあれ、早《はや》く見《み》て戴《いたゞい》たらよからう　（『七偏人』五編中　一八六三）

それは、スミマセンの感謝表現としての成立の時期とも重なっている。「いただく」の補助動詞化と感謝の発想法が〈配慮・気遣い〉になったこと、あるいは世の中の考え方が〈配慮・気遣い〉になったことと「いただく」の補助動詞化とが、どのように関わっているのかについては今後の課題としたい。

なお、スミマセンには呼びかけの用法がある。これはこれから相手に迷惑や負担をかけることの表明であり、したがって謝罪表現の一用法と位置づけられる。

日常生活では、スミマセンはよく使用されている。アリガトウよりも多いようである。しかし、もとが謝罪表現であり、また現在でも謝罪の場面で使用されていることによって、感謝表現として用いるとその印象が悪いようである。そのため、スミマセンではなくアリガトウやアリガトウゴザイマスを使用するようにと日本語教育などでは指導が行われているようである。

しかし国語辞典では、例えば『新選国語辞典』十版（小学館　二〇二二）の「すみません」の「参考」欄に「最近は「ありがとう」の意味で使うことも多い」と書かれている。そして、四十年前の『角川新国語辞典』（一九八一）の「すみません」の項には、

すみません【すみません・済みません】［謝罪・感謝・依頼などの時に用いる語　①申し訳ありません。「忘れていて—」②ありがとうございます。「いつも—」］＝すいません。

と既に感謝の用法が記されている。また柳田国男が述べていたように、アリガトウに威張った感があるため、下の立場の人間にはアリガトウが使いづらくなっているのである。それならば丁寧なアリガトウゴザイマスを用いればよいと言われそうである。確かに、客商売や、公的な場など、ゆっくり会話をする場合にはそれでもよいであろう。挨拶表現には後半部が省略されたものが多い。挨拶はとっさに発言することが多いために、短くなったのである。その点で、スミマセンはアリガトウゴザイマスよりも短い。さらに、現代の感謝の発想法が〈配慮・気遣い〉になっているのであるから、それに適しているスミマセンが日常生活で多用されるのはやむをえないのである。

ただし、スミマセンを使用すると状況によってはおかしな場合がある。それは、相手に迷惑や負担をかけていない場合である。また相手が迷惑や負担を感じていない場合であり、そのような時には相手にとっては違和感があろう。感謝表現においては、他の語における語形交替とは異なり、古い表現が残存して、様々な表現が併存している。それは、それぞれの表現によって使い分けが存在しているからと言えよう。したがって、スミマセンが使用しがたい場合には、我々はその状況に応じて他の感謝表現を用いて、その場に適した感謝を表しているのである。

第七節　ドウモについて

ドウモを感謝表現と言ってよいのか疑問である。ドウモは、感謝だけでなく、他に謝罪、また出会った際の挨拶や悔やみなど、様々な場面で使用できる大変便利なことばである。感謝の表現の場合であれば、ドウモ（ありがとう）、謝罪であればドウモ（すみません）、出会いの挨拶ではドウモ（今日は・御苦労さまです）、悔やみであればドウモ（ご愁傷さまです）といった表現の下略形的なものである。ただし、これも下略形と言ってよいのかわからない。ドウモは、挨拶表現に限らず、例えば相手に対して良くない返事する場合にも、ドウモだけで言いさす場合が多い。このように、ドウモは状況に大きく依存していて、その後に続く表現や内容を聞き手に委ねることになる。

ドウモは、もともとは否定表現と結びつくのが一般的であった。したがって、謝罪表現のスミマセンの方が、感謝表現のアリガトウよりも先にその共起関係が認められる。ただし、初期のドウモスミマセンは、現在のドウモスミマセンとは意味用法が異なっている。そのために、ドウモとスミマセンとの結びつきが一旦途切れているようである。現代のドウモスミマセンのドウモは、挨拶表現と結合する形式的なドウモであり、ドウモアリガトウよりもむしろ遅れるようである。

ドウモが肯定表現とも共起するのは江戸語の特徴であり、したがって語源意識の忘れられたアリガトウと結びついているのも江戸語によるものである。このようにして成立したドウモアリガトウは江戸東京における新しいことばであることから、年輩の人や、また他の地方出身者にとっては、このドウモアリガトウに対して違和感があったようである。このことは、柳田国男の『毎日の言葉』(創元社　一九四六)所収の「有難ウ」や、新たに『新版　毎日の言葉』(創元社　一九五六)に所収された「どうもありがたう」(初出は『言語生活』七号　昭和二十七号四月　筑摩書房)の記事における柳田の養父のことからも察せられる。養父である柳田直平(一八四九〜一九三二)は信州の飯田生まれであり、大審院判事などを務めた。

・目上の尊敬する人にだけは、今でも私などは「有難う存じます」と謂ひます。又女の人たちも丁寧にいふときには、大抵は「有難うございました」など、いひ、たゞ簡略でもい、時だけ「ありがたう」で打切り、もつと粗末に言はうとする時にはアリガツト、又はアイヤツトなど、謂つて居る地方さへあります。私の父などは、孫たちが「どうもありがたう」といふのを聴くと、いつでもをかしさうに笑ひました。昔の人はさうは謂はなかつたものと思はれます。

(「有難ウ」)

・二十年前に、八十四で亡くなられたうちのおぢい様は、毎度孫たちが集まつて来て、話をして居るのをじつと聴いてござつて、どうも有難うと誰かゞ言ふと、必ずお笑ひなされた。ドウモアリガタウか、アハハと、さも面白さうに高笑ひをせられた。
どうしてあれがあんなにおもしろかつたのでせう。ほんたうにね、私たちは平気でさう言つてゐるがねえ。今でも時々は思ひ出してかういふ話をする。
（「どうもありがたう」）

スミマセン（スマン）は、先に述べたように謝罪表現になる前からドウモとは共起している。

・この脇指ひねくるのはわりや死ぬるのか。ヤモウあれ程に思うてくれらる。姉貴の心がどうも済まぬ。われが盗みせぬことはこの長五郎がよう知つてゐる。
（『双蝶蝶曲輪日記』四　一七四九）

・内に往《い》なれぬわけは。あそこにゐるあの吾妻《あづま》。請け出さうといふ客があつて。どうも済まぬによつて、連立て駈落《かけおち》。
（『双蝶蝶曲輪日記』六）

ともに上方の浄瑠璃である『双蝶蝶曲輪日記』に見られる例である。前者は、私のことによって姉貴の心がすっきりしないという意味である。私が迷惑をかけていることで、相手が悩んでいるということになる。後者の例は、請けだそうとする客がいることによって、その事態を治めることができないようなので、ということである。このように、スマン（スマナイ）は打消形であるので、副詞のドウモと結合しやすいのである。謝罪表現としては、前節で見たように一八〇〇年前後から見え始める。

・此事も打割《うち》ていふとおまへさんへどふも済《すま》ぬことも出来《でき》るし
（『南遊記』五　一八〇〇　上方）

・ぐるで色事をさせたやうで大尽へたいしてとふもおれがすまねへ
（『疇昔の茶唐』一八〇〇　江戸）

スミマセンが謝罪表現化した初期の例を見ると、ドウモと共起していることが多い。言い換えれば、ドウモがスミマセンの謝罪表現化を促したとも言えよう。これはドウモの意味と関わっている。ドウモの意味については、『日本国語大辞典　第二版』によれば、次のようになっている。用例については、いつ頃からその用法が広まってきたのかを確認するために最初のものだけを掲示する。ただし、肯定表現での使用についてはその状況をより知りたいので、その箇所については用例の全部を掲出する。

（副詞「どう」に助詞「も」が付いてできたもの）

(1)（打消表現を伴って）いろいろと行為をしてみても、またあり得る状態を考えた上でも否定される気持を表わす語。なんとしても。どんなふうに。どう考えても。

＊虎寛本狂言・真奪（室町末〜近世初）「『ハテ、今から縄をなふて間に合ふ物か』『どうも外には御ざらぬ』」

(2)いろいろしたり考えたりして結局認める気持を表わす語。感動を伴うことが多い。何とも。いやはや。

（イ）否定的態度あるいは抵抗感のある場合。

＊咄本・くだ巻（1777）月蝕「女房、ねてゐる息子を起し、コレコレ、月蝕をみろと、親仁様がいわっしゃる。出やれ出やれ。アイアイ。どうもねむい。翌（あした）みませう」

（ロ）肯定的な場合。

＊雑俳・柳多留拾遺（1801）巻一四・中「どうもよくすると隠居の大はまり」

＊滑稽本・浮世床（1813-23）初・上「夢羅久（むらく）のは地が能（いい）。どうも情合をうまくいふぜへ」

＊花間鶯（1887-88）〈末広鉄腸〉中・三「ドウモ熟練なものジャ」

(3)判断の根拠や物事の原因が不確かであったりして、現実のあり方に疑念をもつ気持を表わす語。どうやら。なんだか。どういうものか。

＊人情本・春色梅児誉美（1832-33）初・一齣「其子が宅（うち）の近所の咄をする中で、どふもはなしの様子が、おまはんの噂のようだから」

(4)（どう申し上げようもないほど、の意から）感謝したり詫びたりする気持を含む挨拶に用いる。内容を省略し、「どうもどうも」と重ねて用いることも多い。

＊当世書生気質（1885-86）〈坪内逍遙〉一六「いやどうも倉瀬君、寔に失敬を致しました。大変にお待せ申して」

(5)あいまいな、または安易な挨拶のことばとして用いる。

＊多情多恨（1896）〈尾崎紅葉〉後・二「貴方、先日は如何（ドウ）も。熱いのね。姉さん」

先に見たように、スミマセンは謝罪表現として使用され始めた当初はドウモを伴うことが多かった。これは、ドウモのいろいろと熟慮の末にという意味を伴って、ドウモスミマセンと発しているようである。『日本国語大辞典　第二版』で言えば、基本的な(1)に該当しよう。スミマセンが謝罪表現での使用が多くなると、ドウモを必要をせずに、単独で使用されるようになってくる。したがって、明治時代によく見られるドウモスミマセンとはドウモの意味が異なっているようである。

為永春水の『春告鳥』（一八三六〜三七）にはアリガトウ（アリガタイ）と結びついている例が見られる。これは(2)のロに該当しよう。(2)のイとロとはほぼ同じ時期の出現であるから、江戸では肯定・否定の関係なく使用されるようになったものと考えられる。

・梅「サアお清どんお上り　ト出し、紙入より金を二ツほど出して、紙に捻《ひね》りてそつとお清の手にわたし　梅「お清さん、もふ一ツお重ね　トまた〳〵酒を汲《つ》ぐ　きよ「ヲヤこれは何でございますへ。ありがたふござゐます。姉さんどふぞお礼をおつしやつて　ト［もらひしかねをおくまにみせる］　くま「ヲヤどうも毎度ありがたふござりますネエ。（中略）そんなになすつては、どふも寔《まこと》にお気の毒でございますヨ。
（三編　十七章）

・新「吉兵衛さんへ、おゐらんが貴君《ぬし》にお茶を上申《あげ》すといつて、買《かい》にお遣《や》んなました　ト［かのくわしおりを出す］

吉「どふも有がたいネ。
（四編　二十章）

前者の例では、「どうも毎度ありがたふござります」や「どふも寔にお気の毒でございます」とあり、ドウモは「毎度ありがたふござります」や「寔にお気の毒でございます」を修飾している。しかし、仮名垣魯文の『滑稽富士詣』（一八六〇〜六一）では、「大きにどうも難有うごぜへました」とあり、「どうも」は副詞の「大きに」と「難有うごぜへました」の間に入っており、幕末明治初期にはドウモアリガトウという言い方が定着してきたようである。

・しやも七は五色の息を。ホツトつきて毒蛇の口を。のがれし心地にこなたへ這より二人りが前に頭を下げ　しやも「イヤ大きにどうも難有うごぜへました
（五編下）

・ヘイこれはどうも難有御坐《ありかたうござ》いまする
（三遊亭円朝『怪談牡丹燈籠』十一回　明治十七年〈一八八四〉）

・女「誠《まこと》にどうも有難《ありがた》う御坐《ござ》います
（三遊亭円朝『業平文治漂流奇談』五回　明治十八年）

ドウモは打消表現と結びつきことが多かったが、江戸時代後期には形容詞や形容動詞を修飾する用例が多く見られるようになってくる。ドウモの一用法として程度副詞的な用法が生じてきたようである。

・北八「（前略）側《そば》で手めへが気《き》をわるくして、なをの事ふさぐだろふと、それがどふもきのどくだ
（『東海道中膝栗毛』初編　一八〇二）

・北八「イヤどふもおはづかしいが、今頃わつちがこゝにまごついておつたといふわけは
（『東海道中膝栗毛』五編上　一八〇六）

・たみ「ハイありがたうぞんじますが、どふも勿体なふございます
（『春告鳥』初編　三章）

・ちやをひとくちのみて　鳥「ア、能茶《いゝちや》だぞ。夜中に茶を呑とどふも能《いゝ》ヨ

（『春告鳥』二編　八章）

程度副詞化と言っても、これらは終わったことや今後起こることについての感想であり、ドウモの基本的な意味である時間的な思慮を経た上での発言になっている。

ここで挙げた『春告鳥』や『東海道中膝栗毛』（後編　一八〇三）では、ドウモで文章が終わっている場合が見られる。

・鳥「お聞なさる通りでござゐますから今日《こんにち》はどふも　変「ハア左様《さよう》かナ。それではまた此間《このあいだ》に　トふせう〱に帰りゆく

（『春告鳥』初編　巻三　六章）

・侍「六十一文の遣《つか》はそか　北八「もちつとかいなさつて下さりませ　侍「しからば六十二文のつかはそか　北八「イヱどふも　侍「左あらば清水《きよみづ》チウ、舞台《ぶたい》どもからとんだとおもふて、六十三文のつかはすか

（『東海道中膝栗毛』後編　一八〇三）

前者の例は、変仁が鳥雅に同道しようとしていたので、鳥雅は理由をつけて断っている。その断り方としては、はっきり言わずに、その答えを相手に任せているのである。相手はそれを理解して、「それではまた此間に（近いうちに）」と言って帰っていった。後者の例は、北八は泥棒に路用を盗まれたので、侍に印伝の巾着を買ってもらおうとしている。しかし、侍があまり安い値段で交渉してくるので、「イヱどうふも」と言っただけで、その後は述べていない。この場合も、相手はその意味を理解して金額を上げている。このように、ドウモで文を終わらせる場合は、相手に失礼のないように明言せずに、その答えを相手に委ねているのである。ただし、相手がその解釈に戸惑わないような状況において使用されており、これからのことはお互いに理解されているのである。先に述べたように、ドウモは状況依存の強い語であり、この二例ともに相手の提案に対して拒否しているのである。

それでは、次の例はどのように解釈したらよいのであろうか。洒落本の『孔雀そめき』に見られる例である。この

作品は刊行が寛政期と言われている。寛政は一七八九年から一八〇一年である。断り表現などを見ていると、もう少し後の成立かとも思われる。

この［かみにぜにをつゝみ清六にやる］清ナニサこんな事をしやァわるふござりますマアお預《あつ》ケ申ます 傾吉ナニサ〳〵とつておかつせへ 清それでも こイ、から取《とつ》ておきなせへ 清是《これ》はとふも 艶巴サア一ッのまつせへ 清イ、へ大きにたべました むねきそれ切《きり》〳〵 清これはたべすぎますト［一ッすいものわんのふたてうける］あや丸ソレお肴《さかな》 清有難《ありかた》うこさりますト［のんてしまいしたくをし］ 私《わたくし》はたべ迯《にげ》に致《いた》しませふ

（草庵晒落《やどのしやれ》）

この場合は、先に見たような拒否の表現ではなさそうである。清六は既に二度もことわっている。しかし相手がしつこく渡そうとするので、ことわりきれずに、そのお金を受け取っているようである。「是は」とあるから、ドウモに続く表現が期待される。この時代はまだスミマセンが感謝の用法を持っていないから、状況から言って、後に使用されているアリガトウゴザリマスが期待されるところであろう。清六は、何度もことわっているから、はっきりアリガトウゴザリマスと言いづらかったとも思われる。しかし、時期的にドウモアリガトウの下略形とは言えず、また現代使用するような軽い感謝表現とも異なっている。この例も、ドウモの特徴である状況に依存している例と言えよう。

感謝や謝罪の表現のドウモから少し離れるが、江戸時代末期から明治初期のドウモの使われ方を見ていると、ドウモの位置を転倒させて文末に持ってきている例が見受けられる。

・宮「困り升《ます》ねへ、どうも、じやァ判然《はつきり》と云ふよ（三遊亭円朝『松の操美人の生埋』三十一　明治十九年〈一八八六〉）

・藁草履《わらざうり》は俺《わつち》との処《ところ》が一番安《いちばんやす》いので御坐います、有難《ありがた》う誠《まこと》に何《どう》も、其処《そこ》へ行《い》くんですか、チヨイと銭《ぜに》を箱《はこ》の中《なか》へ投《はふ》り込《こん》で一帖持《でふもつ》て行《い》つて下《くだ》さいまし

（三遊亭円朝『政談月の鏡』二　明治二十五年〈一八九二〉）

このような文末のドウモの用法は後の漱石の作品などにもよく見られる。

・「みんな新式な装釘《バインヂング》だ。どうも」（『虞美人草』十四　明治四十年〈一九〇七〉）

・「面白《おもしろ》いですか」「面白《おもしろ》い用ですな。どうも」「何《ど》んな所が」（『それから』六　明治四十二年〈一九〇九〉）

・「まだ理論的だね、何《ど》うも。夫で一向差支ないぢやないか」（『それから』六　明治四十二年）

・「解《わか》らないね、何《ど》うも。一体《いつたい》魚《さかな》と獣《けだもの》程違《ちが》ふんだから」（『道草』四十七　大正四年〈一九一五〉）

・「まあ、済《す》みません、何《ど》うも」（泉鏡花『湯島詣』十五　明治三十二年〈一八九九〉）

このように、ドウモはその位置が流動的である。そのことからすると、現代において挨拶表現として使用するドウモアリガトウやドウモスミマセンの場合は固定化されていると言えよう。

第八節　サトウの『会話篇』におけるドウモなどの言いさし表現

幕末明治初期におけるドウモの言いさしについては、アーネスト・サトウ（Ernest Mason Satow）の『会話篇』（KUIWA HEN Twenty-Five Exercises in the Yedo Colloquial, for the Use of Students）が参考になる。この『会話篇』には、会話の特徴である言いさしの表現が多く見られる。そして、その会話文に対する英語訳が右頁に示されている。ただし、その言いさしについては英語訳では示されていない場合もある。また、『会話篇』のPart IIのNOTESには、その言いさしの表現について、その後に省略されているであろうとサトウが考えた内容が示されている場合も多く見られる。英語訳やNOTESから、ドウモの言いさしがどのような内容を示そうとしているのかが把握できる。

この『会話篇』の言いさし表現全般を扱った論考に、兪三善「アーネスト・サトウ『会話篇』における言いさし表現について」（『実践国文学』88　二〇一五）がある。また、『会話篇』の NOTES については、櫻井豪人「アーネスト・サトウ『会話篇』Part Ⅱ　訳注稿（1）～（7）・補遺」『茨城大学人文学部紀要　人文コミュニケーション学科論集』7～14（二〇〇九～一三）があり、今回 NOTES の内容を示すにあたって適宜参考にした。なお、本文については、『Kuaiwa Hen Twnty-five Exercises in the Yedo Colloquial, for the Use of Students Parts Ⅰ－Ⅲ』（COLLECTED WORKS OF ERNEST MASON SATOW Volume 1　GANESHA PUBLISHING/ EDITION SYNAPSE 1998）を利用した。

『会話篇』は明治六年（一八七三）に刊行されているが、その編纂は一八六七年から六八年に行われていることによって、その記述に武士の活動やことばの特徴が窺える。なお、ドウモアリガトウやドウモスミマセンといった、ドウモと挨拶表現との結合は見られない。

この『会話篇』において、感謝を表していると思われるドウモの例としては次のものがある。

（1）13（前略）*Sennen wa iroiro go kô-on ni adzukarimashité.*（25課　一部　146頁）
14 *Iyé, watakushi koso dômo. Orei wa môshi-tsukusémasen!*
十三（前略）先年《せんねん》は色々《いろ〱》御厚恩《ごかうおん》に預《あずかり》まして
十四　イエ　私《わたくし》こそ何《どう》も御礼《おれい》は申尽《まうしつくせ》ません（三部(二)　百三ウ～百四オ）
13（前略）In former days I was much indebted to your kindness.
14 On the contrary, it is I who am in your debt.（一部　147頁）
13（前略）After *adzukarimashité* understand *arigatô gozaimasu.*
14 After *koso* understand *go kôsei ni adzukarimashita.*（二部　162頁）

なお、三部（PART Ⅲ）の漢字平仮名交じり文においては、句読点がないため、言い切りであることがわかりづらくなっている。ドウモが「御礼は申尽ません」を修飾しているように見えてしまう。しかし、ここでは本文のローマ字文に従って解釈をしていく。この例では、次の文に「御礼」とあり、英語訳でも「in your debt」とある。前文最後の「御厚恩に預まして」も言いさしであり、その後に「ありがとうございます」があると理解するようにと注記されている。そして、この文の「こそ」については、「御厚情に預かりました」があると理解するようにと記されており、ドウモの後には感謝の表現が続くことが意識されていると言えよう。

(2) 48 *Itsuzoya o ide kudasaimashita setsu wa hanahada o sôsô dé, moshiwaké mo gozaimasen.'* (25課 一部 152頁)
49 *Iya sono setsu wa iroiro dômo.*
四八 日外《いつぞや》御《お》出被下《いでください》ました節《せつ》は 甚《はなはだ》御怱々《ごそう〳〵》で申訳《まうしわけ》も御座《ござ》いません
四九 イヤ其節《そのせつ》は色々《いろ〳〵》何《どう》も (三部(二) 百十オ)
48 The other day when you were so good as to come to my place, I treated you so badly that I can't excuse myself.
49 Not a bit, I enjoyed myself very much. (一部 153頁)
49 After *iroiro* understand *go chisô ni narimashites.'* (二部 166頁)

英語訳では「I enjoyed myself very much」となっているが、注には「ご馳走になりましてす」とあり、感謝の意を表していることがわかる。以上、(1)と(2)のドウモの言いさしは感謝の意を表しているものである。

謝罪を表していると思われる例としては、次のようなものがある。

(3) 6 *Senjitsu wa makoto ni o kamai môshimasen' de dômo haya.* (16課 一部 68頁)
六 先日《せんじつ》は実《まこと》に御構《おかまへ》申《まうし》ませんで何《どう》もハヤ (三部(二) 六オ)

6　I treated you very unceremoniously the other day.　（一部　69頁）

5《ママ》　*Osoreirimashita,* I humbly apologize, may be undestood after *haya.*　（二部　98頁）

英語訳には示されていないが、NOTESに謙虚に謝る「恐れ入りました」があると理解するようにと記されており、謝罪表現である。なお、NOTESでは6の例文の注釈が例文5に含まれている。

(4)
40　*Osoré-irimashité gozaimasu. Hei! Tadaima mo kiu ni saisoku itashi ni yarimashita ga, dômo haya jitsu ni.*　（17課　一部　82頁）

四十　恐入《おそれいり》まして御座《ござ》いますへイ唯今《たゞいま》も急《きう》に催促《さいそく》致《いたし》に遣《やり》ましたが何《どう》もはや実《じつ》に　（三部㈡　二十一オ）

40　I humbly beg pardon, sir. I've just sent to hurry them up at once; but really I am very sorry.　（一部　83頁）

ドウモあるいはドウモハヤに関する注記はない。文頭に「恐れ入りまして」とあり、また英語訳に「I am very sorry」と補ってあり、謝罪の意を表していることがわかる。ドウモハヤでひとまとまりのようである。

(5)
48　*Oya, ôki ni, koré wa tonda sosô itashimashita, osoré-irimashité gozarimasu. Mattaku kaki-chigai de dômo! ; kori ya nan'to mo môshiwaké ga gozaimasen.'*　（19課　一部　98頁）

四八　オヤ大《おほき》に茲《これ》はトンダ過失《そゝう》致《いたし》ました恐入《おそれいり》まして御座《ござ》います全《まつたく》書違《かきちがひ》で何《どう》も是者《こりや》何共《なんとも》申訳《まうしわけ》が御座《ござ》いません　（三部㈡　四十一オ・ウ）

48　O, this is a fearful mistake. I beg your pardon humbly, sir, it's entirely an error in writing out the bill. I can't venture to excuse it.　（一部　99頁）

全体的に謝罪の文章であり、ドウモの後に、改めて「是は何とも申訳が御座いません」と謝罪している。

⑹ 19 *Oya, yô koso. Kochira e. Makoto ni migurushii uchi dé, hanahada dômo.* （25課　一部　148頁）

十九　オヤ能《よう》こそ此処《こちら》へ 誠《まこと》に見苦敷内《みぐるしいうち》で 甚何《はなはだどう》も （三部㈡　百五オ）

19 Hullo, glad to see you. Come in. It's a shabby house to ask a man into. （一部　149頁）

19 （前略） After *dômo* undestand *shitsurei de gozzaimasu.* （二部　163頁）

NOTESに、ドウモの後に「失礼で御座います」があると理解するようにと記されており、謝罪の意を表している。

次の例も同じくハナハダドウモでひとまとまりとして考えるべきものであろう。

⑺ 37 *Sekkaku o idé no tokoro nan'no o aisô mo gozaimasen'de, hanahada dômo.* （25課　一部　150頁）

卅七　折角御出《せっかくおいで》の処何《ところなん》の御愛相《ごあいそう》も御座《ござ》いませんで 甚何《はなはだどう》も （三部㈡　百八オ）

37 I am really ashamed not to have given you a better welcome, when you have come so far on purpose to see me. （一部　151頁）

37 （前略） After *dômo* understand *osoré-irimashita,* I apologaize. （二部　164頁）

英語訳には訳されていないが、NOTESに謝罪の「恐れ入りました」があると理解するようにと記されているように、この例もドウモは謝罪の意を表している。以上、⑶から⑺までは、ドウモによる言いさしが謝罪の意を表しているものであった。この本では、感謝よりも謝罪の意を表す場合の方が多い。それが実態なのかもしれない。

ドウモが言いさしによって感謝や謝罪の意を表すことは、このように幕末明治初期には普通に行われていたようである。その当時ドウモアリガトウやドウモスミマセンがまだ定型化していたわけではないので、それらの下略形とは言いづらい。またNOTESに見られるように、感謝の場合にしても謝罪の場合にしても、そのような意を表している場合に様々な表現が補われていた。したがって、ドウモの意は文脈に依存していると言えよう。ドウモで終わっている場合は、次のような困難や困惑を表す場合が多く見受けられる。

(8) 12 *Dômo taihen ni mudzukashii gakumon da, kori ya dômo.* (20課 一部 104頁)

十二 何《どう》も大変《たいへん》に六ヶ敷《むづかしい》学問《がくもん》だ是者《こりや》何《どうも》 (三部(二) 四十九オ)

12 Really, it's a very difficult study. (一部 105頁)

12 After *kori ya dômo* understand *shoen watakushi-domo ni wa manabi-kirenai to omô yô des'*, I seem to fancy that after all I cannot learn it all. (二部 127頁)

NOTESに「所詮私どもには学び切れないと思うようです」があると理解せよとあるように、ドウモは困惑の意を表している。

(9) 27 *Atsusa ni makemashita ka shité kibun ga suguremasen' dé dômo, haya.* (22課 一部 122頁)

廿七 暑《あつ》さに負《まけ》ましたかして気分《きぶん》が勝《すぐれ》ませんで何《どう》もハヤ (三部(二) 七十三オ)

27 I feel quite out of sorts with this overpowering heat. (一部 123頁)

27 (前略) alas [I am extremely uncomfortable, (*komari-kiri dé gazaimasu*)]. (二部 147頁)

NOTESが「困り切りで御座います」と記しているように困惑である。ドウモハヤが謝罪のマーカーではないことがわかる。

3 *Tokaku kawari-yasui tenki dé dômo.* (23課 一部 128頁)

三 兎角《とかく》変易《かはりやす》い天気《てんき》で何《どう》も (三部(二) 八十一ウ)

3 What a nuisance this changeable weather is. (一部 129頁)

3 After **domo** understand *komarimasu.* (二部 152頁)

英語訳に「nuisance」とあり、またNOTESに「困ります」が続くと理解するようにとあり、困惑の意を表している。

(11) 26 *Iya, tsuyoi kazé dé dômo.* （23課 一部 130頁）

廿六 イヤ強風《つよいかぜ》で何《どう》も （三部(二) 八十三ウ）

26 This strong wind is a nuisance. （一部 131頁）

26 After **domo** understand *jitsu ni komatta.* （二部 152頁）

英語訳に先の例と同じように「nuisance」とあり、またNOTESにも「実に困った」とあり、困惑の意である。

(12) 48 （前略）*Sakuban nazo wa chôdo fusettéoru uyé ga mori-hajimémashité, iya mô, yo-naka ni kaya wo tsuri-kaëru yara tatami wo ageru yara, tonto sawagi dé gozaimashita.*

49 *Ha! ha! Sori ya dômo tonda;* （23課 一部 134頁）

四八 （前略） 昨晩等《さくばんなぞ》は丁度《てうど》臥《ふせつ》て居上《をるうへ》が漏初《もりはじめ》ましてイヤモウ夜中《よなか》に蚊幮《かや》を釣替《つりかへ》るヤラ畳《たゝみ》を揚《あげ》るヤラ殆騒《とんとさわぎ》で御座《ござ》いました

四九 ハ、ア夫《そり》ヤ何《どう》もトンダ （三部(二) 八十八オ・ウ）

48 Last night the rain began to come through just over my bed, and then there was a fearful commotion what with taking down the mosquito curtain and hanging it up in another place, and taking up the mats.

49 Ha! ha! That was really unpleasant for you; （一部 135頁）

49 After *tonda* understand *o komari de gozaimashita.* （二部 155頁）

ここではドウモの後にトンダがあることからマイナス的であることが示唆されている。NOTESに「お困りで御座いました」があると理解するようにとあり、ここでは相手の困惑を察する意を表している。

⒀ 50　*Kô furi ga tsudzukiamsu to nani kara ka madé ittai ni shimeppoi yô dé, makotoni kimi ga warukuté dômo.*　（23課　一部　134頁）

五十　如此《かう》降《ふり》が続《つゞき》ますと何《なに》から彼迠《かまで》一体《いつたい》に湿《しめつ》ぽい様《やう》で誠《まこと》に気味《きみ》が悪《わる》くつて何《どう》も　（三部㈡　八十九オ）

50　When it goes on raining in this way everything seems to become damp: it is a most disagreeable feeling.　（一部　135頁）

50（前略）really［one is quite worn-out（*yowari-hateamasu*）］.　（二部　156頁）

NOTESに「弱り果てます」と注記されているように、困惑の意を表している。以上、⑻から⒀までは困難や困惑を表している例である。このように、ドウモによる言いさしは、困難や困惑の場合が多いことがわかった。言いさしのドウモが困難や困惑の意を表す場合に使用されているのは、ドウモがもともとは否定の表現と呼応していたことと大いに関係があろう。

先の謝罪の意の例文⑸（19課48）の文頭のあたりにオオキニという言いさしが見られた。この『会話篇』には他にもオオキニによる言いさしが見られるが、それらは感謝の意を表すものではなく、ドウモと同じく文脈に依存しているようである。そして、ドウモによって表わされる意よりも幅が広そうであり、江戸においてはオオキニが感謝表現として定着していなかったことが確認できる。先の例文だけではわかりづらいので、前の文章から示しておく。

⒁ 47（前略）*Shikashi, soré to mo kisama no uchi bakari kô shoshiki ga takai no ka. Doko no shiku demo konna koto wa nai.*

48 *Oya, ôki ni, koré wa tonda sosô itashimasita, osoré-irimashité gozaimasu. Mattaku kaki-chigai dé dômo;* （19課　一部　98頁）

四七　（前略）併夫《しかしそれ》とも貴様《きさま》の家許《うちばかり》如斯《かう》諸色《しよしき》が高直《たかい》のか何処《どこ》の宿《しゆく》でも此様事《こんなこと》は無《ない》

四八　オヤ大《おほき》に茲《これ》はトンダ過失《そゝう》致《いたし》ました恐入《おそれいり》まして御座《ござ》います全《まつたく》書違《かきちがひ》で何《どう》も　（三部㈡　四十一オ・ウ）

47　（前略）Allowing it to be so, have the prices of necessaries risen only in your house?
They don't charge like this at any other town.

48　O, this is a fearful mistake. I beg your pardon humbly, sir, it's entirely an error in writing out the bill.　（一部　99頁）

48　After *ôki ni*, greatly, understand *machigai dé gazaimasu*, is a mistake.　（二部　121頁）

NOTESには、「間違いでございます」があると理解するようにと書かれている。その間違いについては後に説明されているが、この段階では聞き手にはなかなかそのようには理解できない。聞き手にとっては話者の驚きあるいはさらに踏み込んで謝罪の意が感じられるだけである。聞き手は「是は」以降を聞いて、オオキニの意を明確に理解できるのである。

[15] 49　*Soré miro. Shikashi machigai nara soré dé ii. Hayaku kaki-naoshite koi.*

50　*Hei, tadaima wa oki ni, haya. Kaki-naoshite mairimashita.*　（19課　一部　98頁）

四九　夫見《それみ》ろ併《しかし》間違《まちがい》なら夫《それ》デい、速《はやく》書直《かきなほし》て来《こ》い

五十　ヘイ只今《ただいま》は大《おほき》にハヤ書直《かきなおし》て参《まゐり》ました　（三部㈡　四十一ウ）

49　See there now! But if it's a mistake, very well. Make haste and rewrite it.

50　I'm sure I apologize, sir. I've brought it back rewritten.　（一部　99頁）

50　After *haya* understand *buchôhô tsukamatsurimashita.*　（二部　121頁）

英語訳に「apologize」とあり、またNOTESに「不調法仕りました」とあるように、ここのオオキニは謝罪の意を表している。

⒃ 5　（前略）　*rokujiu nichi to kaité aru ka nai ka wo sono ba dé togamé sô na mono ja arimasen'ka.*

6　Naruhodo, ôki ni.　（21課　一部　114頁）

五　（前略）　六十日《ろくじうにち》と書《かい》て有《ある》か無《ない》かを其場《そのば》で直《すぐ》咎《とがめ》想《そう》な物《もの》ぢや有《あり》ませんか

六　成程《なるほど》大《おほき》に　（三部㈡　六十二ウ・六十三オ）

5　（前略）　and that he ought to have objected at once to the sixty days not being inserted.

6　Yes, thet's very true.　（一部　115頁）

6　After *ôki ni* understand *sayô dé gozaimasashô.*　（二部　139頁）

英語訳に「very　true」とあり、またNOTESに「左様で御座いましょう」とあるように、ここではその通りであることを強調している。

⒄ 15　*Konnichi wa chito kazé-dachimashita.*

16　*Shikashi kazé yuyé ka, tenki ni narimashité ôki ni,*　（23課　一部　130頁）

十五　今日《こんにち》は些《ちと》風立《かぜたち》ました

十六　併《しかし》風故《かぜゆゑ》か天気《てんき》に成《なり》まして大《おほき》に　（三部㈡　八十二ウ）

15　It is rather windy to-day.

16　I suppose it's on account of the wind, but I am glad it has turned out fine.　（一部　131頁）

16　After *ôki ni* understand *kékkô de gozaimasu.*　（二部　152頁）

英語訳に「glad」とあり、NOTESに「結構で御座います」があると理解するようにと記されているように、ここでは嬉しさを表している。

⒅ 38（39の誤り）（前略）　*Tonto ten no soko de mo nuketa ka to omô yô ni, ikkô hare-ma ga arimasen.'*

40　*Ha, hâ, ôki ni, ikasama.*　（23課　132頁）

三九　（前略）　殆天《とんとてん》の底《そこ》でも脱《ぬけ》たかと思《おも》ふ様《やう》に一向《いつかう》晴《はれ》間が有《あり》ません

四十　ハ、ァ大《おほき》に何様《いかさま》　（三部㈡　八十五ウ・八十六オ）

39　（前略）One would think that the bottom of the sky had completely tumbled out, for there is never a fine interval.

40　Ha! ha! Just as you say.　（一部　133頁）

40　Lity. Immensely（*oki ni*）as-you-observe（*ika-sama*）, If［one］think thus,（後略）　（二部　154頁）

例文では「oki ni」と「ikasama」との間にカンマ（,）があるが、英語訳の「just」やNOTESを見るところでは、「何様《いかさま》」を強調しているようである。

このように、オオキニは文脈によって様々な意味を表していることがわかる。ドウモが、感謝や謝罪や、そして困難や困惑といった意味に限定されていたのに対して、オオキニはその表す幅が広く、ある特定の意味用法に限定されていない。これは、オオキニが強意の副詞であることによろう。

この『会話篇』を読んでいくと、上方で使用されていたダンダンアリガトウが例文に上がっている。ただし、ダンダンについては特に訳されておらず、またNOTESにも注記はない。「着す」というような表現があることから、武士のことばであろうか。

⒆34 *Tadaima chaku itashimasita. Shiut-tatsu no migiri wa dandan arigatô. soré ni rusu chiu wa nani kado iroiro.* （25課　一部　150頁）

三四　只今《ただいま》着《ちやく》致《いたし》ました出立《しゅったつ》の砌《みぎり》は段々《だんだん》難有《ありがたく》夫《それ》に留守中《るすちう》は何角《なにかど》色々《いろ〳〵》 （三部(二)　百七ウ）

34　I have just arrived. Thanks for your kindness to me when I left, and for your goodness during my absence. （一部　151頁）

34　（前略）　After *iroiro* understand *séwa sama ni narimashita,* I have profited by your help. （二部　164頁）

文末のイロイロも言いさしであり、感謝の表現が期待される。英語訳では「for your goodness」とあり、またNOTESには「世話様になりました」を補って理解するようにとある。

以上見てきたように、談話においては様々な言いさしが行われており、ドウモもその中の一つである。それらに対して、サトウがNOTESでその後を補っているように、聞き手にとっては言いさしなのである。しかし、話者にとってはそれで言い切りなのである。ドウモは会話の文末において使用され、文脈によって感謝や謝罪、そして困難や困惑などの意を表すことが可能であった。NOTESからは、その当時ドウモアリガトウやドウモスミマセンという定型化がまだ生じていなかったようである。後に、そのような定型化が生じたことによって、挨拶表現の特徴である下略形、つまりドウモがドウモアリガトウやドウモスミマセンの下略形だと意識されるようになったのである。

第九節　ドウモと挨拶表現

ドウモについて、明治時代前期並びに大正時代・昭和時代初期の辞書においてどのように記述されているのか、まず確認してみよう。明治時代前期の辞書においては、『言海』や『日本大辞書』では打消表現との呼応だけを示しているのに対して、ヘボンの『和英語林集成』では肯定表現との結び付きをそれも一番最初に挙げている。『和英語林集成』でのドウモの登載は再版（明治五年・一八七二）からであり、三版と内容は異ならない。

DŌMO ドウモ (comp. of *dō*, how, and *mo*, even) adv. or interj. expressing admiration, difficulty, dout, quandary; — *myō da*, how wonderful! — *shiyō ga nai*. there is no help for it, (do as I may) ; — *mienai*, I can't see it (do as I may)

（『和英語林集集成　三版』明治十九年〈一八八六〉）

‡どうも（副）如何ニスレドモ「—見エヌ」（注：‡は訛語《ナマリ》、或ハ、俚言《サトビコトバ》の印）

（『言海』四巻　明治二十四年〉）

●どうも（第一上）副。ドウシテモ。＝イカニモ　—「どうもナラヌ」。—「どうも無イ」。（注：●は言専用の印）

（『日本大辞書』　明治二十六年）

『和英語林集成』では、ドウモの品詞は副詞または感嘆詞としている。肯定との結び付きとして、賞賛の意を感嘆表現で示している。他の二例は打消との呼応であり、困難（difficulty）や困惑（quandary）の用例となっている。これは前節（第八節）「サトウの『会話篇』におけるドウモなどの言いさし表現」において、言いさしのドウモにおいて困難や困惑を表す用例が多いことと一致する。大正時代・昭和時代初期の辞書においては、『大日本国語辞典』や『改修言泉』は、先の『言海』や『日本大辞書』と同じく打消表現との呼応だけである。しかし『大言海』や『大辞典』になると、「甚だ。全く」という程度副詞の用法も加わり、感嘆表現を例文に挙げており、両者の記述はよく似ている。

どうも（副）如何にしても。どうしても。いかにも。「どうも仕方がない」

（『大日本国語辞典』三巻　大正六年〈一九一七〉）

どうも　何うも〘副〙　どうしても、いかにも（俚語）

（『改修言泉』四巻　昭和二年〈一九二七〉）

++どうも（副）（一）ドウシテモ。「どうも見エヌ」（二）如何ニスレドモ。「どうも仕方ガナイ」（三）甚ダ。全ク。「どうも驚イタ」（注：++は口語（訛語《ナマリ》、或ハ、俚言《サトビコトバ》）の印）

（『大言海』三巻　昭和九年〈一九三四〉）

ドーモ　どうも副　㊀如何にしても。どうしても。いかにも。『どうも仕方がない』㊁甚だ。全く。『どうも驚いたね』

（『大辞典』十九巻　昭和十一年）

柳田国男の『毎日の言葉』の「有難ウ」の項には、ドウモアリガトウがドウモだけになることが予想されている。挨拶表現における下略の特徴を踏まえたものである。

上方の人が「大きに」といひ、又は「だんだん」といひますのも、元は「大きに有難う」、或は「重ね重ね有難う」の下略で、明治以後に始まつたものと思はれます。今に東京でも「どうも」だけで片付けるやうにならぬとも限りません。

現代の国語辞書においては、ドウモは挨拶表現との関係は切り離せない。例えば、手元にある『新明解国語辞典』第八版（二〇二〇）には次のような記述が見られる。

㊂〔挨拶《アイサツ》の言葉として〕相手に対して心からの感謝・謝罪・ねぎらいなどの気持をいだいていることを表わす。「―ありがとう（ございました）／―△すみません（申し訳ありません）／―△ご苦労（お粗末）さま」

運用㊂について、⑴親しい間柄では、「ありがとう／すみません／失礼しました」などを省略して、単に「どうも」だけで済ませることもある。例、「先日はどうも／遅くなってどうも／どうも、どうも」⑵お悔やみの言葉も「このたびはどうも」のように、後に続くべき「ご愁傷さまでした」などの語句を省略することがある。

辞書において、ドウモと挨拶表現との結びつきを示したのは、昭和二十七年〈一九五二〉の『辞海』が早いであろうか。そこには次のように、ドウモの用例に「有難う」があり、ドウモの意味として「おおきに。本当に」という程度副詞を挙げている。

どおも[1]《どう》（副）㊀どんな方法によっても。どうしても。「—解らない」㊁はっきりとはしないが、それと推定する意。なんだか。「—だめらしい」㊂おおきに。本当に。「—有難う」

ちなみに、『広辞苑』において、見出し語のドウモに挨拶表現が用例として上がるようになったのは三版（昭和五十八年〈一九八三〉）からである。再版までは②までのブランチしかなかった。

どうも『副』①（下に否定の語を伴って）どのように試みても。どうしても。「—うまくいかない」②はっきりはしないが、どことなく。何だか。何かしら。「—変だ」③全く。まことに。「—申しわけない」「—有難う」

第四版（平成三年〈一九九一〉）になると、ドウモを感動詞としても認めている。また③の「申しわけない」が「すみません」に替わっている。

どうも㊀『副』①（下に否定の語を伴って）どのように試みても。どうしても。「—どうもうまくいかない」②はっきりはしないが、どことなく。何だか。何かしら。「—変だ」③全く。まことに。「—すみません」「—有難う」
㊁『感』（㊀の用法の後段を略したもの）感動・祝福・感謝・悔みなどの意で、口頭の挨拶に広く用いる語。「先日は—」「いや——」

ドウモとアリガトウとの結びつきは、スミマセンが感謝表現化したことによって生じた用法ではない。これは先に述べたように、副詞のドウモの用法や意味の変化によるものであろう。ドウモアリガトウの影響によって、逆にそれがスミマセンにも波及して、ドウモスミマセンの固定化が生じたのである。

坪内逍遙の『当世書生気質』（明治十八〜十九年〈一八八五〜八六〉）では、書生仲間の軽い挨拶としてドウモが使用されている。

（継）はひつてもいいか。プロはアブセント〔不在〕か。（倉）然《しか》り。まづ蚊屋《かや》のなかへはひりたまへ（継）ヤアどうも、今度《こんど》ばかりは我輩《わがはい》も失敗《しつぱい》したぞ　（七回　一八八五）

ここでは取り立てて相手に負担を掛けていないので補うとすれば、アリガトウが来るのであろう。しかし、最近ではスミマセンを使用しても違和感はない。また、次のような例も見られる。

下女《げぢよ》は酒肴《しゆかう》の用意《ようい》を了《おは》りて、やうやく盃盤《はいばん》をもちいづれば（守）サア〳〵倉瀬《くらせ》。ほんの有合《ありあは》せの不馳走《ふちそう》といふんだ。一杯大《いつぱいおほ》きいので傾《やつ》てくれたまへ。これでも君《きみ》、家内《うち》でこしらへた不馳走《ふちそう》だヨ（倉）コリヤどうも。トいつたきりにて一寸会釈《ちよつとゑしやく》して盃《さかづき》をうけとる。

話し手側が謙遜して言っているのに、相手からは単にドウモの挨拶だけであった。一寸した会釈を伴っているが、「いったきり」と説明されているように、その挨拶に対して物足りなさが感じられるのである。一般に感謝表現の場合には、謝罪表現のようには動作が大きくない。そのために、感謝表現においては軽い挨拶になりがちである。より明確に感謝や謝罪であることを示すために、ドウモはアリガトウやスミマセンとの結びつきを強くしていったようである。またドウモを用いることによって、すぐにアリガトウやスミマセンと言うよりも、間が置ける分だけ、落ち着いた表現となる。明治時代の文学作品では、ドウモアリガトウやドウモスミマセンの使用がよく見られるようになる。とっさの感謝や謝罪というよりも、一つの定型的な挨拶表現になったのである。漱石の作品から挙げてみる。

・「御親切にどうも難有う存じます」　（『虞美人草』十　明治四十年〈一九〇七〉）

・「え丶、つい其先《さき》の角《かど》です」「どうも難有う」　（『三四郎』三　明治四十一年〈一九〇八〉）

・三四郎は人が好《い》いから、気の毒でならない。「どうも難有う」と云つて寝てゐる。
（『三四郎』十二）

・「地面《ぢめん》は他《ひと》のものだから仕方《しかた》がない。其代《そのかは》りおれの持《も》つてるものは皆《みん》なお前《まへ》に遣《や》るよ」
「何《ど》うも有難《ありがた》う。けれども横文字《よこもじ》の本《ほん》なんか貰《もら》つても仕様がないわね」

（『こゝろ』「先生と私」三十五　大正三年〈一九一四〉）


他に、『坊ちゃん』や『彼岸過迄』、『明暗』にも用例がある。一方、謝罪表現のドウモスミマセンは次のように使用されている。

・「何《ど》うも済《す》みません。本当に御気の毒さま」と云つて笑ひ出《だ》した。
（『門』十六　明治四十三年）

・森本は「どうも済みません御苦労様でした」と云《い》ひながら
（『彼岸過迄』「風呂の後」八　大正元年〈一九一二〉）

・長太郎は始めて座敷へ顔を出した。
「何《ど》うも済《す》みません。もつと早く来《く》る筈《はず》だつたが」

（『道草』二十六　大正四年）

・戸締《とじま》りをして夫《をつと》の後《あと》から入つてきたお延《のぶ》は寝巻《ねまき》の上《うへ》へ平生著《ふだんぎ》の羽織《はおり》を引《ひ》つ掛《か》けた儘其所《ままそこ》へぺたりと坐《すわ》つた。
「何《ど》うも済《す》みません」

（『明暗』三十八　大正五年）

・「何《ど》うも済《す》みませんでした」
彼女《かのじよ》は自分《じぶん》の専断《せんだん》で病院《びやうゐん》へ行《い》った詫《わび》を述《の》べた。

（『明暗』九十）


次のスミマセンは、次の文に「御礼」とあるように感謝表現と考えられる。湯船で那美の裸体がぼんやり見えたことを問題としている。


「ぢや昨夕《ゆふべ》の風呂場も、全く御親切からなんですね」と際どい所で漸く立て直す。

女は黙つてゐる。

「どうも済みません。御礼に何を上げませう」と出来る丈先へ出て置く。（『草枕』九　明治三十九年〈一九〇七〉）

また次の例は、「ありがとう」または「ありがとうございました」などのお礼の表現が続くことを期待していたものである。

「是《これ》は此方《こちら》のでせう。今朝《けさ》私《わたし》の家《うち》の裏《うら》に落ちてゐましたから持つて来《き》ました」と云ひながら、文庫を出《だ》した。
下女は左様で御座いましたか、どうも、と簡単に礼を述べて

ドウモは様々な語と結びついて挨拶表現を形成する。漱石の作品は次のようなものが見られる。

・「どうも御退屈様、もう帰りませう」（『吾輩は猫である』三　明治三十八年〈一九〇五〉）
・「どうも御無沙汰を致しました。暫く」とお辞儀をする東風君の頭を見ると（『吾輩は猫である』六）
・女は最後に、「どうも失礼致しました」と区切りをつけたので（『三四郎』四）
・「どうも恐れ入りました」「そんな言い訳はどうでも好いんですよ」（『それから』七　明治四十二年）
・「何《ど》うも御苦労さま。疲れたでせう」と御米は小六を労はつた。（『門』九）
・田口は「何《ど》うも御苦労でした」と叮嚀に挨拶した丈で（『彼岸過迄』報告七）
・「何《ど》うもお手数でした。ありがとう」（『道草』百二）
・帰《かへ》る時《とき》、奥さんは「どうも御気の毒さま」と会釈した。（『こころ』「先生と私」二十）
・二人《ふたり》は大きな金魚鉢の横《よこ》から、「どうも御邪魔をしました」と挨拶した。（『こころ』「先生と私」二十九）
・「何《ど》うも色々《いろ〳〵》御世話になります」父《ちゝ》は斯《か》ういつた。（『こころ』「両親と私」十七）
・「何《ど》うもお待遠《まちどほ》さま」（『明暗』四十四）

このようなドウモと様々な挨拶表現との結合を見ると、例えば『旺文社 国語辞典　第十版』（二〇〇五）は「「どう

もすみません」「どうもありがとう」の略」としていたが、ドウモはアリガトウやスミマセンだけの省略的な表現とは言い切れないようである。また、『新明解国語辞典』には運用欄には、アリガトウやスミマセンの他に「失礼しました」が上がっていたし、また「このたび」と結びつくことによって、「ご愁傷さまでした」などの語句が省略されると書かれていた。実際の言語生活においては、ドウモの後にもっと多くの表現が来ることが可能なのである。このように考えると、ドウモは挨拶の場で使用されることの多い語であり、また言いさし表現としても活用される。そして、その場合には場面に大きく依存し、聞き手にその解釈を委ねており、単に感謝表現や謝罪表現として処理することはできないであろう。したがって、ドウモ単独の場合と、ドウモアリガトウやドウモスミマセンなど挨拶表現におけるドウモとは機能も意味も異なっているのである。

なお、小林隆と澤村美幸による『ものの言いかた西東』（岩波新書　二〇一四）には、「店を出るとき、「どうも」と言う人の割合」についての全国地図が載っている。その地図を見ると、東日本、特に東北に高いことがわかる。岩手県花巻市出身で、NHKアナウンサーであった高橋圭三が番組内で「どうも、どうも」を使用していたことは有名である。関西や西日本においてドウモの割合が少ないのはオオキニが使用されているからであろう。ただし、NHKがマスコットキャラクタとして「どーもくん」を採用しているように、NHKはドウモを全国共通語として認識しているようであり、またその影響によってドウモが全国に広がっていくのであろう。

本節（九節）並びに七節八節のドウモに関わるものとして、川瀬卓に次の論考がある。用例などを参考にした。

・「近世における「どうも」の展開」（『日本語文法史研究　2』ひつじ書房　二〇一四）
・「感謝・謝罪に見られる配慮表現「どうも」の成立」（『近代語研究　第二十一集』武蔵野書院　二〇一九）

いずれも、川瀬卓『副詞から見た日本語文法史』（ひつじ書房　二〇二三）に収載されている。

第二部　「冥加」系感謝表現とその周辺

第一章　ミョウガナイ（冥加ない）をめぐって

第一節　ミョウガナイ（冥加ない）のナイについて

ミョウガナイについては、『日葡辞書』（一六〇三）に詳しい意味記述がなされている。

Miŏga ミャウガ（冥加）よい運命。例、miŏgamonai fito.（冥加も無い人）不運な人、または、不仕合せな人。¶Miŏgano tçuquita fito.（冥加の尽きた人）同上。この語は、時には、ある人が自分に相応した程度以上に、あるいは、予期した以上に恩恵や厚誼を受けたのに対して、深く感謝する場合にも用いられる。例、Miŏgamonai coto.（冥加もないこと）

ミョウガ（冥加）とは神仏の恵みである。しかし、『日葡辞書』はキリシタンの辞書であるから、そのような説明はできない。そこで、よい運命となっているのであろう。例示されているミョウガモナイヒトの意味を見ると、不運な人とあるから、ナイは素直に非存在の形容詞と解釈されよう。

このミョウガナイのナイの解釈を複雑にしているのが、後半部に書かれている、

時には、ある人が自分に相応した程度以上に、あるいは、予期した以上に恩恵や厚誼を受けたのに対して、深く感謝する場合にも用いられる。

という感謝の用法である。この感謝についての発想法が理解できなくなったことによって、近世初期から現代に至るまで、ミョウガナイのナイについて様々な解釈が展開されてきている。

ミョウガナイのナイについて、逸早く取り上げたのは一六五〇年に刊行された安原貞室の『かたこと』である。『かたこと』は日本語学ではことばの矯正書として有名である。ことばの矯正書にミョウガナイが取り上げられているということは、貞室は感謝表現としてミョウガナイを使用するのは誤った言い方だと判断しているのである。ミョウガナイはこの『かたこと』では一番最初の項目として上がっている。貞室にとっては特に気になることばであったようである。『かたこと』には次のように記されている。

一今めかしきこと成べけれと、冥加《みやうが》といふこと葉のつかひやう有べしと云り。此字訓《じきん》に付て、説々《せつ〳〵》侍るべけれど、先一儀《ぎ》を申さば、神明仏陀《しんめいぶつだ》の御恵《めぐみ》にて衆生《しゆじやう》の冥《くら》きを加護《ご》したまふといふこと〻ぞ。冥慮《みやうりよ》と申も心はかよひ侍るべし。然《しか》るを、此ころかたつ田舎《いなか》人の云るを聞《き〻》侍れば、仮令尊貴《けりやうそんき》の人の疎屋《そおく》へ御入《おんいり》あるやうのおりふし、あるじがたの人の言《こと》葉に、扨《さて》も〳〵けふの御成《なり》は、冥加《みやうが》なひ御ことにてさふらふなどいふこと侍り。是以外《これもてのほか》の僻言成《ひがことなる》べしと云り。冥加に叶《かな》ひて侍るなど〻はいふべきこと也。但冥加無《たゞしみやうがなき》の無《なき》は无《む》の字《じ》の心にはあらで、な、といへる付言葉にや。縦《たと》へば物のたらはぬことをはしたとも申し、はしたなきともいふ。又ははらぐろなる事をもきたなきなど〻いふやうのなき歟。しからば、冥加《みやうが》なひは、只冥加《みやうが》なといふ言葉なりとの遁《のが》れも侍るへし。されども冥加も御座《ござ》候はぬなどいふは陳《ちん》ずるかたなし。冥加の至《いた》りにてさふらふなど〻は幾度《いくたび》もいふべきことなりと云り

（巻一）

これによると、都を離れた田舎では高貴な人がやってきた時の感謝の挨拶として「冥加なひ御ことにてさふらふ」などが使用されているという。貞室は、これは誤りであり、このような場合には「冥加に叶ひて侍る」などを用いる

べきであろうと述べている。貞室がこのような提案をしたのは、ミョウガナイ（冥加ない）の語構成と、この語の感謝の用法とが結びつきがたかったからである。ミョウガ（冥加）＋ナイ（無い）のように、ナイを非存在を表す形容詞「無い」と解釈しては感謝の意は表せない。そこで、ナイに対して、「はした」や「はしたなき」などを例として、今日で言うところの強意の接尾辞の「ない」あるいは形容動詞の活用語尾「なり」の異形態「ない」の可能性を示唆している。ちなみに、『かたこと』において、二番目の項目は「如在ない」、七番目が「等閑ない」、そして八番目は「正体ない（勿体ない）」である。このように、ナイに関わる語が最初の方で扱われており、貞室はナイの付く語の使い方が気になっていたようである。それぞれの項目を列挙してみる。

一如在《ぢよさい》といふ言葉のつかひやうのことも誤《あやま》り来《きた》れりとかや。仮令《けりやう》人にたのまれたることなど侍る時、その事必《かなら》ずなげやりに仕るまじきぞなどいふやうのことを、如在《ぢよさい》仕るまじきぞ、向後如在《きやうこうぢよさい》なう致《いた》し侍らんぞなどいへるは、本説《ほんぜつ》に違《たが》ひて、はなはだ僻言《ひがこと》なるべし。但如在なといふことを、如在なきといふやうの、なきは前《まへ》に云る付字にて、只なといふことなり無ノ字の義《ぎ》にあらず

一等閑《とうかん》といふ言葉《ことば》のつかひやう、仮令始《けりやうはじめ》て知人《しるひと》に成《なり》ての挨拶《あいさつ》に、此後互《このゝちたがひ》にとうかん致《いた》さんなどゝいふは誤《あやま》りなり。とうかんなふ致さんとは云べし等閑なふとはなをさりなふといふこと

一正体《しやうだい》なきといふべき時《とき》に、勿体《もつたい》なしといふは誤《あやまり》たること葉なりと云り。勿体《もつたい》の二字を、体《たい》なしとよめば、勿体《もつたい》なしとはいらぬ重言《ぢうごん》かと云り

「如在ない」の場合は、ミョウガナイと同じくナイを付字（付言葉）、つまり形容動詞の活用語尾「なり」の異形態として解釈しようとしている。また「勿体ない」の場合は、「勿」も「ない」も否定であるにもかかわらず、意味的に二重否定になっていないので、ナイは必要のないものだとしている。それらとは異なり、「等閑ない」については、

挨拶する場合に「等閑なう致さん」と云うべきなのに、最近では「等閑致さん」とナイを付けずに行われていることを問題にしている。「如在ない」と「勿体ない」とについては、このミョウガナイのナイを解決させた後に扱うことにする。

近代では、金田一京助が、昭和七年（一九三二）に刊行した『国語音韻論』（刀江書院）において、ミョウガナイについても触れている。第三章「音韻変化」第六節「音韻変化にまぎれる形態の変化」の㈹「一部の容を改める形態変化」（ハ）「類推形」の「対比への類推」の項において言及している。

> 黄色いといはずに、関西では黄ないといふ。無いでは無く、これは、黄な（る）の意味で、形容動詞にして属性をあらはす形をとり乍ら、沢山ある形容詞の語尾――いに類推して、黄なイとなつたのである。
>
> 何ナイであつて、無い意味でなく、却つてなるの意味である語尾は皆かうして出来たのであらう。
>
> 冥加なきなどもさうして出来た形であるらしく、近江の賤ヶ嶽の麓の附近に、ありがたいといふことを、情ないといふ方言がある。その意味は無情どころか、厚情を感じた時にいふ語であるから、此も、無いではなくして忝い意味である。或は忝いと情なといふ語などの交錯かもしれない。（269頁）

金田一は、ミョウガナイのナイを、形容動詞の活用語尾「な（る）」が形容詞の語尾「い」に類推した結果できた異形態のナイと見ている。先の『かたこと』の付言葉（付字）の考えに近い。その翌年の昭和八年（一九三三）五月には、佐藤鶴吉による「「なし」を接辞とする形容詞について」（『国語・国文』三巻五号）が発表された。その論考では、膠着性の緊密さの程度から「なし」の分類を試みている。そして、ミョウガナイについては、近世語のミョウガナイと中世語のミョウガナシとは別の語構成によるものとしている。すなわち、中世のは非存在のナシであり、それに対して近世のナイは意味の付随しない飾りであると見ている。佐藤はかなりのスペースを費やして論じている。ここでは必要と思われる箇所を抜き出して引用しておく。なお、注的なものは引用から除いてある。

「冥加なし」といふ一語の「なし」については、近世語と中世語との間に、面白い用例の対照が見られるので、序ながら記しておく。

即ち「汝、兄に向つて弓引かんこと、冥加なきにあらずや」とは、例の保元物語の「白河殿攻落す事」の条に於ける義朝が、為朝をたしなめる言葉である。為朝は、この兄の言葉に、「兄に向つて弓引かんが冥加なしとは理なり。正しく院宣を蒙つたる父に向つて弓引き給ふはいかに」と答へて義朝をやりこめる。この「冥加なし」は言ふまでもなく「冥加が無い」といふので、仏神の罰の恐るべきを意味したのである。然るに、心中宵庚申上「結構なお若衆様の兄様とは、かたじけない〳〵、冥加ない」や、心中刃は氷の朔日上「ヤレもつたいない、みやうがない」（近松全集）の如きは、何れも、「冥加の無い」意味ではなくて、冥加のあり余るほどの有りがたさを叙したもので、正に保元物語の用例と反対である。しかし、こゝに正反対といふのは、文字で示した語形のみからその意味する所を比較した話で、保元の「冥加なし」と近松の「冥加ない」とは、その発音の状態、従つてその聴覚表象に於ては、たとひ時代を同じうしたとしても、固より相異なる趣があるべきであらう。保元の例は未だ一語でなく、近松の例は完全なる一複合語となつてゐる。

この種の「ない」の発生過程について、金田一氏の国語音韻論（二六九頁）に説がある。曰はく、

〈先に引用したので省略する〉

大体は御尤もな説で、いはゆる形容動詞となり得る如き性質の語幹についた「ない」は、いかにも、かうして成立したのであらう。近松の薩摩歌中「恋に心のふてきなく、又ふるさとに立帰り」の「不敵なく」は「不敵なる」態度を叙したのであり、聖徳太子絵詞二の「今の両足慮外なしと、花瓶かたはし取つてなげ」の「慮外な

し」は、本来ならば「慮外なり」とあるべきであり、又「無下ない」の如き例も「無下なる」で、何れも形容動詞に言ひかへられる。たゞ例の「冥加ない」に至つては、上の諸例と同じく「冥加なる」といふ言ひ方があるとは一寸考へられない。思ふに、その語本来の性質（意義）上、或は正しい慣用上、「なる」活用の形容動詞とはならない語詞があるのか。「冥加」はもと〳〵名詞で、形容詞的属性に乏しく、慣用上からも「冥加なる」とは言はなかつたであらうと思はれる。然るに、「冥加ない」といふに至つたのは如何なる心理的過程によつたものであらうか。或は、上の近松の用例からも察せられる如く、「冥加」といふ概念は常に「勿体ない」・「かたじけない」といふ心持と相伴ふので、言葉に表現する上にも、遂に、この名詞とそれらの形容詞の形が相感染して、「冥加ない」となつたのであらう。これが一つの考へ方である。

しかしそれよりも、この「なし」は、一般的に言へば、その原義がどうであらうが、それには頓着されることはなく、すでに形容詞の造語成分として遊離したもののやうに思ひなされ、又、その語幹たるべき語の本質如何も厳密には顧みられることなく、即ち単純な類推に依つて、自由に他の語に膠着せしめて用ひられるに至つたのであらうと思はれる。つまり、国語音韻論の説の如く、形容動詞の語尾「なる」の「な」から、形容詞の語尾「し」に類推して結成される「なし」と、さうした過程を経ずに、最初から既成形容詞の語尾「なし」に、単純に直接に類推して成される「なし」と、更に今一つ、感染または交錯或は混合といふ作用によつて生ずる「なし」と、この三種があると見られる。（14～17頁）

最後の方に書かれていることは、ミョウガナイのナイに限らず、否定や非存在を表さないナシ（ナイ）全般について論じたものである。このようなナシ（ナイ）の発生には三種類あるとする。

一　形容動詞の活用語尾「な」によって、形容詞の語尾「し」に類推して結成されるもの

二　最初から形容詞の語尾「なし」に類推して結成されたもの
三　意味的に似ている語形の影響を受けたり、他の語との混交によって生じたもの

そして、ミョウガナイについて佐藤鶴吉は、金田一京助の『国語音韻論』の説を引用して、形容動詞の活用語尾「な（る）」が形容詞語尾「い」への類推によって異形態「ない」に変化したとも考えられるとしながらも、ミョウガは名詞であり、形容詞性属性に乏しい。そのことから、ミョウガナルという形容動詞が存在した可能性は低いとしている。そこで、感謝を表すモッタイナイやカタジケナイにナイがあることから、意味的に似ているそれらの形容詞に感染（混交）して、ミョウガナイが形成されたという考えを示している。この佐藤鶴吉の論文は、金田一の『国語音韻論』に触発されて、自分が専門にしている近松の作品を題材にして、『国語音韻論』刊行後すぐに論じられたものである。

佐藤鶴吉の論考からかなり間があくが、一九九八年に岩村恵美子による「ナシ（甚）型形容詞続考—上代〜中世の例を中心に—」（『国語語彙史の研究』十七　和泉書院）が出た。岩村は、ミョウガナシのナシを接尾辞のナシと扱っているものの、佐藤と同様に、ミョウガナリという形容動詞が存在していないことから、その処理に窮している。そして、非存在の形容詞ナシと接尾辞ナシとの混交かもしれないとしている。

形態上名詞が上接部にくるのはナシ（無）型形容詞の特性であり、実際〝神仏に見放されるさま〟を表すナシ（無）型形容詞としての例（「汝、兄に向て弓ひかん事冥加なきにあらずや。……」古活字本保元・中）も見られる。（三九）例〈田島注：文正草子の例〉は名詞ミャウガに、神仏の加護を受けた幸福なさまの意を汲んで成ったものかもしれないが、或はナシ（無）型のミャウガナシと、先行するナシ（甚）型形容詞のナシ（甚）の混淆から成ったことも考え得る。いずれにせよこれまでの語例と等し並みに扱えない面があることから、＊印を付してお

いた。

（115頁）

このように、ミョウガナイのナイについては、近世前期頃からナイについて疑問が提示され、それ以降も論じられている。しかし、辞書の意味記述などを見るところではいまだに解決されていないようである。

第二節　ミョウガナイの二義性

ミョウガナイは、もともとは『平家物語』や『愚管抄』に見られるような、「冥加」と否定的な表現との結び付きが強まり、成立したと思われる。

・「文覚が心をやぶつては、争《いかで》か冥加もおはすべき」（『平家物語』巻十二　泊瀬六代）

・「大将軍討ッたるものは冥加のなければ、一旦いましめつるぞ」（泊瀬六代）

・謀反心ノ者ニテ候シカバ、カヽル者ヲ郎従ニモチテ候ハヾ、頼朝マデ冥加候ハジト思ヒテ、ウシナヒ候ニキトコソ申ケレ（『愚管抄』第六）

ミョウガと否定表現との結び付きが習慣化し、やがて特定の表現であるナシとの固定化が生じ一語化し、また一語化したことによって意味が変化することも考えられる。佐藤鶴吉は、中世のミョウガナシと近世のミョウガナイとは意味的に正反対であることから、中世のものと近世のものとでは別の語構成の語とすべきだと論じていた。例えば『日本国語大辞典　第二版』十二巻（二〇〇一）の「みょうがなし（冥加無）」においても、次のように二つの意味が示されている。

①神仏の加護がない。神仏からみはなされる。＊保元（1220頃か）中・白河殿攻め落す事「兄に向かって弓をひかんが冥加なきとは理也」〈田島注：保元物語のこの箇所にはミョウガナイが二例使用されている。この例を

「保元1」とし、後で扱う『角川古語大辞典』の例を「保元2」とする〉

②冥加にあまるさまである。恐れ多い。＊御伽草子・文正草子（室町末）「さやうにみゃうがなきこと、何とてか申すぞ」＊信長公記（1598）首「御団（うちは）にて冥加なくあをがせられ、御茶を給（たべ）候へと下され、忝き次第」

この挙例からは、感謝の用法も中世に見られることから、佐藤が言うような中世と近世とでは分けられないようである。

また、この辞典では、ミョウガの子見出しとして「みょうがも無（な）し」がある。そこにも、「みょうがなし」の項と同じく、二つの意味が記されている。

①神仏の加護もない。神仏から見放される。冥加なし。＊日葡辞書（1603-04）「Miŏgamonai（ミャウガモナイ）ヒト〈訳〉不幸な、つまり幸運に恵まれない人」

②神仏の加護が過ぎて、かたじけない。あまりにも恐れ多くて、もったいない。冥加なし。＊謡曲・安宅（1516頃）「汝が笈をおん肩に置かるるはなんぼう冥加もなきことにてはなきか」＊御伽草子・蛤の草紙（室町末）「若も龍女などと申す人にておはしまし候か。此賤の男の舟に上り給ふ事、みゃうがもなき事なり。帰り給へ」＊天草本平家（1592）四・一〇「ハ、コレワ カタジケナイ、miŏgamo nai（ミャウガモ ナイ）ヲチャデ コソゴザレ。ゴクト ミエマラシテ ゴザル」＊浄瑠璃・夕霧阿波鳴渡（1712頃）中「竹は悦びア、みゃうがもない有難（がた）い」

「みょうがなし（冥加無し）」と「みょうがも無し」の項において、それぞれ①と②とは神仏の加護の点から言えば全く正反対の意味を表しているように見える。このことは、①と②とを同一の語として扱ってよいのか問題となるところである。しかし、この『日本国語大辞典　第二版』では「冥加無し」と「みょうがも無し」のナシを「無」と漢字表記している。そして、①のナシと②のナシとの品詞上の違いについて述べていない。それらのことからすると、①と②ともに非存在の形容詞として、同一の語と見なしているように思われる。

ただし、この辞書では『かたこと』の用例に対しては次の二箇所に掲出されている。

・みょうがな【冥加無】（形容詞「みょうがなし」の語幹）恐れ多く、もったいないこと。また、そのさま。＊かた言（1650）「しからば冥加なひは、只冥加なといふ言葉なりとの遁れも侍るべし」＊浄瑠璃・嫗山姥（1712頃）燈籠「卑しき母が口にかけ言ひ恥しめたる勿体なさ、恐れがましみゃうがなや」

・ない『接尾』性質・状態を表わす語（多く、形容詞語幹・形容動詞語幹など）に付いてその意味を強調し、形容詞化する。「苛（いら）なし」「うしろめたなし」「切（せつ）ない」「はしたない」など。また、「大層もない」「滅相もない」など、「も」のはいった形でも用いられる。＊かた言（1650）一「扨（さて）も扨もけふの御成（おなり）は冥加なひ御ことにてさふらふなどいふこと侍り。〈略〉しからば、冥加なひは、只冥加なといふ言葉なりとの遁れも侍るべし」＊浮世草子・好色二代男（1684）二「年明（ねんあき）前の女郎の、しかもふてきない人」＊浄瑠璃・菅原伝授手習鑑（1746）四「是非に及ず菅秀才の御首討奉る。いはば太切ない御首、性根をすへて、サア松王丸、しっかりと見分せよと」

先に『かたこと』の該当箇所を掲げたが、その箇所の説明からは、安原貞室は「付言葉」と考えており、「みょうがなし」の語幹の用例として適切でないことは明らかである。

それでは、他の古語辞典におけるミョウガナイの扱いについても確認してみよう。なお、先に扱った辞書に収載されている用例については作品名だけを記して、用例を記すことは省略する。

★『古語大辞典』　冥加無し　小学館　一九八三

①　神仏の冥加を授からないさま。神仏から見放されるさま。〈用例〉保元1
②（「無し」が否定の意味を失い、肯定の強調となって）この上なく冥加の恩恵をこうむるさま。身に余るほど幸せなさま。かたじけない。もったいない。〈用例〉文正草子、止動方角「それは冥加も無い事でござる程に、早う（馬ニ）乗らせられい」、天草版平家（言葉の和らげ）「ミャウガモナイ［Miŏgamo nai］モッタイモナイトユウコト」

また見出し語「ない」の用例の中に、ミョウガナイが挙げられており、そのナイについては次のように記されている。これは金田一の『国語音韻論』（一九三二）で示されたのと同じ考え方である。なお『諸艶大鑑』の用例は、『日本国語大辞典　第二版』では強意の接尾語「ない」の用例となっている。

ない『形容動詞活用語尾「なり」「なる」の転』…だ。…な。〈用例〉浮・諸艶大鑑・二＝好色二代男、浄・博多小女郎波枕・中「はああ、冥加—有難いと夫婦わっと泣き出し」

★『角川古語大辞典』五巻　冥加（も）なし　一九九九（田島注：文正草子と止動方角の扱いに注意）
①神仏の冥加（みやうが）が得られないような道理に反するさま。おそれおおい。もったいない。〈用例〉保元・中「汝、兄に向つて弓ひかん事、冥加なきにあらずや」（この用例を保元2とする）、文正草子、止動方角
②「なし」は強調の意。神仏の恩恵をこの上なく受けるさま。仕合（しあはせ）この上もない。ありがたい。〈用例〉かたこと、信州川中島合戦・三「から衣見れば主くんてるとら公、はつとおどろき是はおそれめうがないと、いはんとせしがしさいこそ有らめと」

★『時代別国語大辞典　室町時代編』五巻　冥加（も）無し　二〇〇一　三省堂〈田島注：安宅の扱いに注意〉
①神仏から見放されて、その加護・恩恵を受けることが無いさまである。多く、その対象となる人の、とんでもない、恐れ多い行為の結果についていう。〈用例〉安宅、五家正宗賛抄・三「アンノ如ク潤州金山エ行テ、二

人ナガラ冥加ナウテ、大ニ病也」

②この上もない冥加である意で、人から受ける過分の好意を、恐れ多いものと恐縮していう。〈用例〉天草本平家物語、政基公旅引付（文亀元、四、五、同日松浦五郎次郎書状）「御家門、御下向、忝過分至候。無二冥加一被レ存候」

ナシ（ナイ）について、『古語大辞典』においては、「無し」と漢字表記しているように、非存在の形容詞ナシと解釈している。ただし、②はこの形容詞から強意の接尾辞ナシに変化したものとする。さらに、他の項目では形容動詞の活用語尾がナイに変化したものと説明している。すなわち、この辞書では次の三種類のものを認めている。

1　非存在の形容詞
2　非存在の形容詞が強意の接尾辞に変化したもの
3　形容動詞の活用語尾「なり」「なる」が「ない」に転じたもの

ミョウガナイに対して、形容詞と形容動詞の二種類のものを認めている。また②に関していえば、その変化は室町時代に終わっていることになろう。

『角川古語大辞典』では、見出し表記は「なし」と仮名表記である。①は非存在の形容詞であろう。そして、②については「強調」とあるから、強意の接尾辞である。ここでは二種類を認めているが、この②については『古語大辞典』のような変化によるものかどうかについては不明である。

『時代別国語大辞典　室町時代編』においては、見出し表記は「冥加（も）無し」であり、①と②とについては同じ語構成と考えているようである。そして、この辞典に①と②とが存在していることから、室町時代に①の用法と②の用法とが併存していたことになる。

次いで、小型の古語辞典類についても見ていく。小型のものでは「みやうが」を見出し語として立項しているものの、「みやうが（も）なし」を子見出しとして立てているものは少ない。手元にある辞書で、立項しているものを挙げてみる。

★『岩波古語辞典　補訂版』　冥加無し　一九九〇

①神仏の冥加を受けることがない。神仏の加護・恩沢から見放されるような行為についていう。〈用例〉保元2

②罰が当るほどもったいない。恐れ多い。冥加に余る。恐縮したさまにいう。〈用例〉御伽草子・万寿の前「此（こ）は、—・き次第かな。とかくこの館（やかた）には叶ふまじとて」、実悟旧記「物を下され候を—・き固辞候ひければ」

★『旺文社古語辞典　第十版』　冥加なし　二〇〇八

①神仏の加護がない。〈用例〉保元2

②（「なし」が強意となって）「冥加」を感じて感謝する。恐れ多い。もったいない。〈用例〉文正草子

★『新明解古語辞典　三版』　冥加なし　三省堂　一九九五

（組立「なし」は、形容詞を作る働きをする接尾語）

①天罰恐るべきだ。恐れ多い。〈用例〉保元2

②ありがたい。かたじけない。〈用例〉天草本平家、狂言・抜殻「いやこれは御自身のお酌では冥加もない事でござる」

『岩波古語辞典』は②のナシについての言及はない。見出し表記が「無し」になっていることから、①と②ともに非存在の形容詞と考えているようである。『旺文社古語辞典』では、②について強意に変化したとしており、『古語大

辞典』と同じ考えである。『新明解古語辞典』では、①と②ともに「形容詞を作る接尾語」とする。先に見た『日本国語大辞典　第二版』の「ない」の項からわかるように、『旺文社古語辞典』の強意の「なし」と『新明解古語辞典』の「形容詞を作る接尾語」とは同じことであり、ここでは強意の接尾辞として扱っていく。

以上見てきた辞書において、①と②とを同じ語構成とするものや、佐藤鶴吉と同じように①と②とは異なる語構成だと考えている辞書がある。異なるとする場合、いずれも②を強意の接尾辞だとしている。整理すると次のようになろう。

1　同じ語構成　ア　非存在の形容詞　『日本国語大辞典』『時代別国語辞典　室町時代編』『岩波古語辞典』

イ　強意の接尾辞　『新明解古語辞典』

2　異なる語構成　『古語大辞典』『角川古語大辞典』『旺文社古語辞典』

（①非存在の形容詞　②強意の接尾辞）

「みやうが（も）なし」を立項しているすべての辞書が二つの意味に分けている。①は神仏の恵みがない。②は神仏の恵みがありすぎる。これは、神仏の恵みの有無によって分けており、①と②とは正反対である。①の例として『保元物語』を挙げる辞書が多い。この例が①として問題がない例だからである。ミョウガナイの用例としては古いものであり、本来の姿を留めていると思われる。一方、②については『文正草子』を挙げるものが多い。しかし、この『文正草子』を始めとして、②のものを①の用例としている辞書も見られる。例えば、『文正草子』と「止動方角」については『角川古語大辞典』が、また「安宅」については『時代別国語大辞典　室町時代編』が①の用例として扱っている。このように、用例によっては①あるいは②といったように、辞書によって解釈が異なっており、簡単に分けられるものではなさそうである。このような揺れが生じているのは、ミョウガナイの使用されている状況をどのように把握するかの違いによるものだと考えられる。

第三節　②の用例に対する注釈書での扱い

②の用例として挙げられているものに対して、それを①の用例として扱っている辞書があった。また、②に対する各辞書の意味記述はよく似ているが、ナシ（ナイ）に対する文法的な扱いが辞書によって異なっていた。そこで、②の用例として各辞書に上がっているすべての用例について、それぞれの作品の注釈書における意味説明を調べてみる。なお、注釈書については以下のような略称を用いる。

「旧大系」…日本古典文学大系（岩波書店）
「新大系」…新日本古典文学大系（岩波書店）
「旧全集」…日本古典文学全集（小学館）
「新全集」…新編日本古典文学全集（小学館）
「集成」…新潮日本古典集成（新潮社）

★文正草子

「冥加なしは恐れ多い、もったいないなどの意」（旧大系）、「神仏に見放されるさまから、恐れ多い、もったいないことをさす」、訳は「そのように恐れ多いこと」（旧全集）　なお、渋川版『御伽草子』において「かたじけなくも申すとかや。さやうに冥加なきこと、何とてか申すぞ」とあるのに対して、新全集が底本にしている筑波大学附属図書館蔵絵巻『文正草子』では「かたじけなくたとへ申したるぞや」とだけであり、ミョウガナイは使用されていない。

★信長公記
「恐れ多くも、勿体なくも」（角川文庫）、「もったいなくも」（現代語訳　ちくま学芸文庫）
★安宅
「目に見えぬ神仏の加護。「冥加もなし」は、冥加にあまり、甚だもったいない意」（旧大系）、「なんと勿体ない事ではないか」（新大系）、「ここでは、「冥加に余る」と同意。すなわち、この上もなくありがたい」（旧全集）、「ここは「冥加に余る」と同意で、この上もなくありがたい、の意」（新全集）、「なんとまあもったいないことではないか」（集成）
★蛤の草子（四例ある。注は最初の「此賤の男の舟に上り給ふ事、冥加もなき事なり」に対するものである。御伽草子の注釈書では『文正草子』が一番最初に登載されていることから、『文正草子』のミョウガナイの注を参照するように指示されている）
「恐れ多い。もったいない。→文正草子」（旧大系）、「恐れ多い、もったいない。→文正草子」（旧全集）
★夕霧阿波鳴渡
「身に余る幸運。神仏の冥加（冥々の加護）にかなうの意で、「ない」は軽く添えた語」（旧大系）、「畏れ多い」（旧全集）、「あまりにも畏れ多い」（新全集）
★博多小女郎波枕
「もったいない。神仏の冥々の加護にかなう意で、「ない」は無意味に添えた語」（旧大系）、「畏れ多い」（旧全集）、「畏れ多い」（新全集）
★止動方角（三例ある。辞書の用例としては最初のものが用いられている。注釈でも同様である）
「「冥加」は神仏のお助け。その冥加をこの上もなく受けること。仕合せこの上もない。かたじけない」（大蔵虎明本狂言集の研究）、「身に余る。おそれ多い。「ハァ、コレワカタジケナイ、ミャウガモナイヲ茶デコソゴザレ、極ト見エマラシテゴザル」（ヘイケ、四・一〇）。「冥加」は神仏の御加護。日葡辞書では「ミャウガモナイ人」「ミャウガノ尽キタ人」に「不運な人、または、不仕合せな人」の意を注しているが、また、「この語は、時には、ある人が自分に相応した程度以上に、あるいは、予期した以上に恩恵や厚誼を受けたのに対して、深く感謝する場合にも用いられる。例、ミャウガモナイ　コト」と説明している。肯定と否定の意識の混同に関連するものであろう」（大蔵虎明本能狂言集）

★信州川中島合戦

「もったいない。冥加は神仏が人知れずに与え給う加護」（新大系）

★政基公旅引付

「恐れ多い。もったいない」（新修泉佐野市史）

★抜殻

『新明解古語辞典』の用例は、日本古典全書『狂言集　上』（朝日新聞社　一九五三）によっているようである。

底本は、田中允氏所蔵鷺流写本。

「仕合はせ身に余る。蛤の草子「此のしづの男の舟に上り給ふ事、冥加もなき事なり」（日本古典全書）

なお、大蔵虎明本においては、「止動方角」に見られるミョウガナイの他に、「連歌盗人」にミョウガモゴザラヌの形で使用されている。

★連歌盗人

亭主「さらは一つまいれ　男一「やれ〳〵かたじけなひ、殊におしやくで、みやうがもござらぬ

「「冥加」は知らず知らずのうちに神仏からうける加護。「ござらぬ」は「けしからぬ」「とんでもない」などと同じ用法。冥加を非常にこうむること。仕合せ身に余る。もったいない」（大蔵虎明本狂言集の研究）、「もったいないことです。「冥加」は神仏の御加護。「冥加も無し」は、そこから①神仏の加護から見放される。②冥加が過ぎて恐れ多い。の二義が生じている。ここは②の意」（大蔵虎明能狂言集）

このミョウガモゴザラヌは、『かたこと』において「されども冥加も御座候はぬなどといふは陳ずかたもなし」と記されていた表現である。

第四節　ナシ（ナイ）の正体

辞書や注釈書において、②の意のナシ（ナイ）については様々な説明がなされていた。先に扱った佐藤鶴吉の論考にはナシの分類が示されている。その分類を参考にして論を進めていく。佐藤は、次のような分類を試みている。

第一、「なし」が全く形式素化してしまつて、直ちには原義が考へられなくなつたもの。

第二、「甚シ」（または「痛し」）の意、或は「なる」の意と説かれるもの。従来、構成論的には、「助詞」・「助の語」・「添へ言葉」など称へられたが、その構成の過程は必ずしも単純ではない。

第三、「無シ」の意に、判然と受取られるもの。名詞や動詞（語幹）などに接して容易に一形容詞を構成するが、その接し方が緊密でなく、語幹との間に助詞が介在することがある。

第四、構成の過程から見て、「無」の字と複合した漢語を訓み下した為に生ずるもの。これは第三の一種と見なしてもよい。（12頁）

佐藤はこのように分類しているが、「第一乃至第四の分類によつて区別して見ることは、その各語の語源が考定されない以上、厳密に考へると決して容易なわざではない。しかし、大体は、やはり第二種に属する、則ち「甚シ」の意の接辞を有する例が多く、次に第三種の「無シ」に属するものが多いことを想はしめる」（13頁）と述べている。ここでも、第二と第三を中心に考えてみる。この分類では、第二においていわゆる強意の接尾辞ナシと形容動詞の活用語尾「なる」の異形態であるナイ（ナシ）とが一緒に扱われている。ここでは、両者を区別して、佐藤の分類をもとに語構成の面から再分類を行うと、次のようになろう。

1　強意の接尾辞のナシ（ナイ）

2　形容動詞の活用語尾ナリ・ナルの異形態ナイ

3　非存在の形容詞ナシ（ナイ）

ミョウガナシの①については、『新明解古語辞典』を除いて、他の辞書では3の非存在の形容詞ナシと判断しているようである。『新明解古語辞典』では①と②ともに「打消しでなく、形容詞を作る接尾語」としているので、この分類では1として処理できよう。②について、ナシに言及しているものの多くは、強調や強意の意があるとする（『古語大辞典』・『角川古語大辞典』・『旺文社古語辞典』）。これらの辞書では、②のナシは1の強意の接尾辞ナシに該当する。なお、『古語大辞典』では「「無し」が否定の意味を失い、肯定の強調となって」と説明し、また『旺文社古語辞典』においても「「なし」が強意となって」と述べているように、そこでは3の非存在の形容詞ナシから1の強意の接尾辞ナシへと変化したものと解釈している。また、『古語大辞典』のナイの項では、ミョウガナイの一部のものに対して2の形容動詞の語尾ナリ・ナルの異形態とも解している。『古語大辞典』では、ミョウガナイの語構成を説明するにあたって、先に挙げた三分類すべてが利用されている。なお、『日本国語大辞典　第二版』の「ない」の用例、すなわちこの分類で言うところの1の例としてミョウガナイが上がっていたのは、『かたこと』における安原貞室の考えを示しているにすぎない。

注釈書類においては、『夕霧阿波鳴渡』と『博多小女郎波枕』について、旧大系（『近松浄瑠璃集　上』）では「軽く添えた語」（夕霧阿波鳴渡）・「無意味に添えた語」（博多小女郎波枕）としている。これは、『かたこと』の言う「付言葉」的な意味合いなのであろう。「止動方角」の例に対する『大蔵虎明能狂言集』の注では、「肯定と否定の意識の混同に関するものであろう」と記されている。これは、『古語大辞典』の「否定の意味を失い、肯定強調となって」と同じことであり、3の非存在の形容詞ナシであったものが1の強意の接尾辞ナシと混同したと考えているのであろう。また、「連歌盗人」の例に対して、『大蔵虎明本狂言集の研究』では「「ござらぬ」は「けしからぬ」「とんでもない」などと同じ用法」としている。これは、打消の形式のように見えるが、実際は打消の意味ではないことを表現したいのであろう。「とんでもない」の丁寧形として現在「とんでもございません」が用いられていることと関連づけているようである。ただし、この「連歌盗人」の「ござらぬ」については、この注釈で述べられているような意味であるとは認めがたい。

このように、①と②の場合とを別の語構成の語であるとしているものが多く見られるが、はたしてミョウガナシの①と②の用法をわざわざ別の語構成の語とする必要があるのだろうか。変化したものと考えるならともかくも、もし異なる語構成の語であれば、先にも述べたように辞書において一つの見出し語のもとにまとめてよいのかという疑問が生じてくる。

先の佐藤鶴吉の論考では、私が再分類した1の「甚シ」か3の「無シ」かの違いについて、語構成上次のような違いがあるとする。

その膠着の度が緊密であつて、分析的に考察するのでなければその語幹もしくは語根が認められないやうな語、又は比較的後世の産出と見られる語については、「甚シ」と解して然るべき例が多いかと感ぜられる。これに対して、「無シ」で説かれる語には、一形容詞としての複合が緊密を欠き、寧ろ連語もしくは句などいふ名称を以て呼ばるべき例もあつて、一単語とは見られがたいものもある。

あへなし（敢無シ）、うへなし（上無シ）、うらなし（裏無シ）、おもなし（面無シ）、くまなし（隈無シ）

の如き類は、比較的古くから行はれる複合語と見られるが、その複合の度が緊密でなく、語幹と接辞との間には、「も」・「が」の如き助詞をさへ挿入して用ひられる場合がある。（10〜11頁）

佐藤が言うには3の非存在の形容詞無シの場合には、複合の度が緊密ではなく、間に「も」や「が」のような助詞が挿入して用いられることがあるという。ミョウガナシの②の意の場合にも、ミョウガモナシのように、「も」が挿入されている場合が多い。そのことによって、佐藤はミョウガナシの処理に困ったのである。佐藤のこの基準からすれば、ミョウガナシのナシは3の非存在の形容詞無シとなる。しかし、近松の用例の場合は感謝の意味であり、『保元物語』の用例とは正反対であった。そのために、『保元物語』のミョウガナシと近松の作品のミョウガナイとでは別の語構成のものとして解釈せざるを得なかったのである。

この「冥加」と「ない」との間に助詞が入ることに関しては、例えば服部四郎「附属語と附属形式」（『言語研究』一五　一九五〇、後に『言語学の方法』岩波書店　一九六〇所収）においては、附属語と附属形式とを見分ける原則として、

原則Ⅱ．二つの形式の間に別の単語が自由に現れる場合には、その各々は自由形式である。

と述べている。したがって、ミョウガナイの場合も、ミョウガとナシとの間に「も」が自由に入ることができることから、接尾辞説や形容動詞の活用語尾ナリ・ナルの異形態である可能性は排除されよう。ただし、『日本国語大辞典

第二版』では、接尾語（接尾辞）「ない」は「も」の入った形でも用いられるとしている。

またミョウガナシが感謝を表す場合に、ナシが丁寧形のゴザラヌを取ることもあり、ミョウガとナシとの結び付きは緩い関係になっている。先に見たように、大蔵虎明本狂言の「連歌盗人」に「冥加もござらぬ」という例があった。また、『細川家史料』でも細川忠利の書状に「冥加も御座無（ござなく）候」が使用されている。

・亭主「さらは一つまいれ　男一「やれ〳〵かたじけなひ、殊におしやくで、みやうがもござらぬ　（「連歌盗人」）

・在所へ参候儀ニ使者を上申候処、御前へ被召出、其上道服・御帷子拝領、冥加も無御座候ニ御座候、恐惶謹言

（阿部忠秋宛書状　寛永十三年〈一六三六〉八月二日）

このような②の用例からは、語構成においては①も②もともに同じものであると考えられる。また、①と②の用例を見ても同じ時代に併用されている。例えば、『日葡辞書』（一六〇三）においても、両方の用法が一つの見出し語の中に記述されていた。ミャウガモナイが感謝表現として使用されているのであるから、同じ時代に全く意味用法の異なる同音の形式が併用されていたなら、人々は混乱すると思われる。この点について、①と②とを別の語構成の語であるとする佐藤は何とか説明しようと努力している。

こゝに正反対といふのは、文字で示した語形のみからその意味する所を比較した話で、保元の「冥加なし」と近松の「冥加ない」とは、その発音の状態、従つてその聴覚表象に於ては、たとひ時代を同じうしたとしても、固より相異なる趣があるべきであらう。保元の例は未だ一語でなく、近松の例は完全なる一複合語となつてゐる。

（15頁）

佐藤は、発音の状態（アクセントやイントネーション）によって、両者を使い分けていたとする。しかし、意味が異なっているように見えるのは、使用されている状況の違いによるものだと考えられる。すなわち、①と②とでは同じ

語構成（「冥加」＋非存在の形容詞「無し」）であり、②はある特定の状況における意味用法であると言えよう。『時代別国語大辞典　室町時代編』では、①と②について、それぞれの使用される状況を示して説明している。

①多く、その対象となる人のとんでもない、恐れ多い行為の結果についていう

②人から受ける過分の好意を、恐れ多いものと恐縮している

①はある人の行為自体に対して、②は他人から過分の好意を受けたことに対して、用いられるのである。なお、『日葡辞書』では、②の意味について、そのようになるのは「ある人が自分に相応した程度以上に、あるいは、予期した以上に恩恵を受けたのに対して、深く感謝する場合」と明確に説明している。

多くの注釈書に見られる「恐れ多い」という意味説明は曖昧である。『時代別国語大辞典　室町時代編』では、①と②の両方の意味説明に「恐れ多い」が用いられている。ただしこの場合は、「恐れ多い」がこの語の本義と考え、①の他人に対する行為についての評価と、②の恩恵を受ける側の態度を説明するのに、必要だったのかもしれない。他の辞書では単に「恐れ多い」とだけ示されている。「恐れ多い」が語釈として①か②かのどちらで利用されているのかを示すと次のようになる。

①の説明として利用　『角川古語大辞典』『新明解国語辞典』

②の説明として利用　『日本国語大辞典　第二版』『古語大辞典』『岩波古語辞典』『旺文社古語辞典』

これを見ると、辞書による重なりはなく、各辞書の中で厳密に使い分けられているようである。辞書の数で言えば、「恐れ多い」は感謝の方での使用が多いようである。しかし、ミョウガナイが使用される場面においては、身分の異なる人たちが関わっていることが多い。身分の低い人と高い人とが関係すれば、下の人にとってはあらゆることが「恐れ多い」ことになる。そのため、①の意味説明として使用されたり、②の説明して用いられたりする。つまり、

「恐れ多い」と訳せば、どちらにも適用でき便利ではあるが、この語を用いて意味記述を行うと①と②との違いを適切に説明したことにはならないのである。

第五節　辞書における①の用例について

ミョウガナイの感謝の用法はある特定の状況で使用されることによって現れるものであり、つまり語用論的な意味と言える。そこで、ミョウガナイの本来の意味が、ある状況によって、どうして感謝の意を表せるのかについて考えてみたい。そのためには、まず本義を押さえておく必要がある。『日葡辞書』では「ミャウガモナイヒト（冥加もない人）」が例として上がっており、その意味は「不運な人、不仕合せな人」とあった。次のような例がこれに該当していよう。

人の果報《くわほう》はまちまちなりといへども、汝《なんぢ》ほどに冥加《みやうが》なき者はよもあらじ。三歳を過ごさずして、我を先に立てて、歎《なげ》かん事こそ悲しけれ　（『中将姫本地』）

辞書などに説明されているように、神仏の加護がない（神仏から見放された）という意味である。その本義に近い①は、先に挙げた辞書において用例として上がっているものは、解釈の揺れのあるものを除くと、意外に少ないのである。

『保元物語』１　二種　『日本国語大辞典　第二版』『古語大辞典』
『保元物語』２　四種　『角川古語大辞典』『岩波古語辞典』『旺文社古語辞典』『新明解古語辞典』

『保元物語』以外では『時代別国語大辞典　室町時代編』の挙げている『五家正宗賛抄』だけである。辞書では②の方に多くの用例が掲出されており、ミョウガナイというと②の意味での使用が多いように思われる。このような状況からは、本義である①の用法での使用時期は意外に短く、佐藤鶴吉の言うように①から②の感謝の用法へと移行したように見える。それも佐藤が考えているよりも早い時期に変化したように思われる。

①の例として多くの辞書が挙げている『保元物語』1・2について考えてみる。この作品にはミョウガナイが二例使用されており、両者は近い箇所に見られる。

> 義朝重て、「さてはるかの弟ござんなれ。汝、兄に向て弓引かん事冥加なきにあらずや（保元2の例）。且は宣旨の御使なり。礼儀を存せば、弓をふせて降参仕れ」とぞ申されける。為朝又、「兄に向て弓をひかんが冥加なきとは理り也（保元の1の例）。正《まさ》しく院宣を蒙たる父に弓引《き》給ふはいかに」と申されければ
>
> （古活字本　白河殿攻落事）

各辞書が使用している『保元物語』の底本が異なるために本文に多少の異同が認められる。前者の保元2の例について、例えば新大系が底本としている半井本では「兄ニ向テ弓引者ハ、冥加ノ無ゾ」となっている。話の内容は、兄（ここでは話し手である義朝自身、聞き手である為朝にとっての兄）に対して、弓を引こうとする者（為朝）は神仏の加護がないと言うのである。「はるかの弟ござんなれ」とあるように、年齢差（身分差）を匂わせている。ここでは、「年齢の離れている弟である為朝が兄である義朝に弓を引く」ことが、ミョウガナイのである。

後者の保元1の例は、先の義朝の発言を受けている。兄（下野殿＝義朝）に向かって弓を引く者（為朝自分自身）に神仏の加護がないのは当然のことであると述べている。そして、それなら正式に院宣をもらっている父（為義）に向かって子である義朝が弓を放つのはどうなのかと、相手をやり込めている。半井本では「ヤ、殿、下野殿、兄ニ向テ弓引物冥加ノ無ランニハ、父ニ向テ矢ヲ放ツ者ハ何ニ」となっている。この半井本では、保元1の例も保元2の例も「冥加ノ無」となっており、「冥加」が「無き」という語構成であることをはっきりと示している。

特に興味深いのは旧大系が底本にしている金刀比羅宮所蔵本である。そこでは、「冥加無い」に対応しているのが、「冥加尽く」であり、「冥加尽く」がマイナス的な表現であったことがわかる。

義朝「（前略）争《いかで》か勅命といひ、兄に向て弓を彎《ひき》、冥加のつきむずるはいかに」　八郎あざ笑て「為朝《ためとも》が兄《あに》に向て弓《ゆみ》を引《ひく》が冥《みやう》加《が》尽《つき》て候はゞ、いかに殿は現在の父に向て弓をひかれ候ぞ

この『保元物語』以外に、①の用例として掲出されている『五家正宗賛抄』についても見てみよう。

アンノ如ク潤州金山エ行テ、二人ナガラ冥加ナウテ、大ニ病也　（巻三）

これは南宋の希叟招曇の撰による『五家正宗賛』（一二五四）の講義録である。該当箇所は『五家正宗賛』の圓悟勤禅師の項における「師至潤州大病」（巻二）についての注釈である。潤州金山とは金山寺のことであり、二人とは圓悟懃と佛鑑懃の二人のことである。「アンノ如ク」とあるのは、既に浙中において熱病にかかっていたからである。『時代別国語辞典　室町時代編』が用例として引用している底本は『禅籍抄物集』所収の松ヶ岡文庫蔵本（岩波書店『禅籍抄物叢刊二』所収）であるが、岩瀬文庫本には「冥加ナウテ」の記述はない。この例は、『保元物語』の例とは異なり、会話文でない。講義体の文章ではあるが、地の文であり、ミョウガナイの純粋な意味を表していると言える。ミョウガガナイ（仏の加護が無い）ことによって、病になったのである。この二人が潤州金山に行き、そこで大病になったのは、仏の加護から見放されたからである。これも、①のマイナス的な意味での使用であり、①の挙例として問題はない。

第六節　辞書における②の他の用例について

感謝表現に関わるミョウガナイについては、既に第一部第三章第二節「漢語系感謝表現の源流」並びに第三節「狂

言の感謝表現」において、他の語と一緒に扱ってきた。古文書などの書きことばでの使用と、狂言などの話しことばにおける使用とにおいては、ミョウガナイの振舞が異なっていた。古文書などに収載されている書簡においては、例えば『政基公旅引付』では貴人（政基公）の訪問に対するものであった。また、『細川家史料』では家光からいただいたものへのお礼の表現として用いられていた。これらは、既に行われた上の者からの厚意などに対する感謝の意であった。一方狂言の場合には、相手の申し出に対する辞退を表す断りの表現として用いられていた。すなわち、その申し出通りに行うことは、分不相応な行為であり失礼なことであった。この場合は①の意味になろう。

辞書において、②の用例として上がっているものを扱う前に、②の意味について再度確認しておきたい。各辞書における②の意味記述は次のようになっている。

・冥加にあまるさまである。恐れ多い。（「冥加無し」の項『日本国語大辞典　第二版』）
・神仏の加護が過ぎて、かたじけない。あまりにも恐れ多くて、もったいない。冥加なし。（「冥加も無し」の項『日本国語大辞典　第二版』）
・この上なく冥加の恩恵をこうむるさま。身に余るほど幸せなさま。かたじけない。もったいない。（『古語大辞典』）
・神仏の恩恵をこの上なく受けるさま。仕合この上もない。ありがたい。（『角川古語大辞典』）
・この上もない冥加である意で、人から受ける過分の好意を、恐れ多いものと恐縮していう。（『時代別国語大辞典　室町時代編』）
・罰が当るほどもったいない。恐れ多い。冥加に余る。恐縮したさまにいう。（『岩波古語辞典　補訂版』）
・「冥加」を感じて感謝する。恐れ多い。もったいない。（『旺文社古語辞典　十版』）

・ありがたい。かたじけない。（『新明解古語辞典　三版』）

このような辞書の意味記述を見ると、（神仏の）恩恵の多さに言及している辞書が多いことがわかる。これは、『日葡辞書』の「自分に相応した程度以上に、あるいは、予期した以上に恩恵や厚誼を受ける」ことと対応していよう。『日葡辞書』と同じくキリシタンによって作成された『天草本平家物語』の「ことばのやわらげ」においては、ミョウガナイの意味説明として、モッタイナイが利用されており、ミョウガナイとモッタイナイとの関係が窺われる。

Miŏgamonai　Mottaimo naito yŭ coto.

「ことばのやわらげ」が問題にしているのは、『天草本平家物語』の次の箇所の説明である。

VM. Cono chauo nôde iquo tçuide, machitto Vocatariare.

Qi. Ha, coreua catajiqenai, miŏgamonai vochade, coso gozare.（巻四　第十〈重複〉284頁）

ここでは、カタジケナイとまずお礼を述べている。そして「ミャウガモナイお茶」と述べており、ミョウガナイがお茶にかかっている。したがって、近世前期の作品に見られるようなカタジケナイとミョウガナイとの並列使用ではない。あくまでも茶に対する〈批評・評価〉なのである。「ことばのやわらげ」がミョウガナイの意味説明に用いているモッタイナイは、『日葡辞書』では次のように説明されており、もともとはマイナス的な意味である。

Mottainai. モッタイナイ（勿体ない）　堪えがたい（こと）、または、不都合な（こと）。

Mottainasa. モッタイナサ（勿体なさ）　ある物事が、堪えがたいこと、または、不都合であること。〈補遺〉

モッタイナイと同様に、ミョウガナイも『日葡辞書』においてはマイナス的な意味で記述されていた。それが時には感謝の意を表すとされていた。すなわち、ミョウガナイも、それ自体は堪えがたいや不都合だという意味であったのである。ミョウガナイが感謝の意を表すのは、『日葡辞書』に「時には」とあるように、語用論的なものであり、

「ある人が自分に相応した程度以上に、あるいは、予期した以上に恩恵や厚誼を受けた」場合であった。この箇所のミョウガナイはここではお茶を修飾しており、そのお茶が非常によいものであり、自分にはふさわしいお茶ではないと謙遜して述べているのであろう。

ミョウガナイの本義は、「冥加」（神仏の恵み）が無いことである。先に見た①においては、その行為をした（する）ことによって、神仏の加護から見放されるのである。つまり、その動作主が神仏の加護から見放されるのである。②の用法は、『日葡辞書』に「この語は、時には、ある人が自分の相応した程度以上に、あるいは、予期した以上に恩恵や厚誼を受けたのに対して、深く感謝する場合にも用いられる」とあるように、語用論的なものであるから、①の延長線上にあると考えられる。動作はある人（高貴な人）であって、その行為が私に恩恵がある場合になる。つまり、その人が私にそのような行為をすることによって、神仏から見放されるのである。すなわち、

あなたが私のためにそのようなことをなさると、神仏の加護から見放されます

と表明することが、ミョウガナイの感謝の用法であろう。このような発想法を奇妙に思われるかもしれないが、既に柳田国男が『毎日の言葉』の「有難ウ」の項において、次のように述べている。

北陸地方から岐阜県、滋賀県などで物を貰つてウタテイだのオトマシイだのといふのは、それ（田島注：カブンのような「自分などの分に過ぎたる好意、則ち思ひもよらぬ悦だといふ意味」）から又一歩を進めて、そんな必要も無いのにあなたは無益なことをなされるといふ、批評のやうな形を取つた言葉ですが、是も後には自分でも意味を知らずに使ふやうになりました。是等は何れも自分より目上の人に対して、我身をへりくだつていふ言葉であつたのが、後には対等どうし、又時には低い地位の者にも使ふやうになつて、もとの感じが無くなりました。

しかし、辞書において①か②か解釈に揺れが生じているように、①か②かと機械的にきれいに分類できるものでは

なさそうである。身分の下から上への行為については、失礼すぎて神仏から見放されることで問題はない。問題になってくるのは、身分の高い人からの行為に関わる場合である。その行為においても話し手自身に恩恵がない場合もある。その場合、①に含めてよいのか難しい。さらに難しいのは、身分の高い人からの申し出の場合である。その場合、自分の行為もそこに関わってくる。相手の行為と判断するのか、自分の行為と判断するのかによって、②か①か異なってこよう。

各辞書が掲げている②の用例を見ると、地の文での用例は『信長公記』だけであり、ミョウガナイは会話文で使用される口語的な色彩の濃い語であったように見える。第一部第三章第三節「漢語系感謝表現の源流」で見たように、書簡などの候文にも使用されており、候文はある面においては口語的とも言えよう。

それでは、②の例について、先に挙げた辞書の用例を順に見ていこう。なお、解釈において①と②の揺れがあるものについては、次節（第七節）「解釈の揺れについて」で扱う。また、辞書の用例でも先に扱った『天草版平家物語』については、ここでは省略する。なお、辞書の用例は紙面の制約もあり非常に短い。そのために、使用されている状況や人間関係がはっきりしない場合が多い。そのような場合は、前後を補って内容をわかりやすくする。

・『信長公記』首（一五九八）太田牛一

御団《うちは》にて冥加なくあをがせられ、御茶を給候《たべ》へと下され、忝き次第

（『日本国語大辞典　第二版』）

『信長公記』（角川文庫本　一九六九）では「恐れ多くも。勿体なくも」と注が施されている。『現代語訳　信長公記（全）』（ちくま学芸文庫　二〇一七）では「もったいなくも、ご自身であおがれ、お茶を「飲まれよ」とすすめられ、かたじけないことであると」と訳されている。地の文での使用であり、津島五か村の年寄りに対する信長の行為についての作者による〈批評・評価〉である。最後に「忝き次第」とあることからも、プラス的な意味で使用されている。

ただしここでは動詞を修飾しており、いわゆる評価の副詞的な使用である。

・『蛤の草紙』（室町末）

もしも龍女などと申す人にておはしまし候か。この賤の男の舟に上り給ふこと、冥加もなきことなり。ただ御すみかへ帰り給へ」と申す。（旧全集　265頁）

この例に対して、旧大系や旧全集では「恐れ多い。もったいない」と注を施し、同じく御伽草子に収載されている『文正草子』の注を参照するようにと指示されている。この場合、素直に感謝の意を表していると考えてよいのかむずかしい。この例において、身分の高い人が卑しい人の舟に上るということは、『かたこと』における身分の高い人が訪問してきた時の状況に似ている。ただし、この場合は「ただ御すみかへ帰り給へ」と、舟に上がることを拒絶しているので、光栄なことととして感謝の意を表しているわけではない。話し手である漁師のしじらにとっては、その女性が自分の舟に上がってくることは彼にとって恩恵とは言えない。また、その女性を龍女などのように考えているので歓迎しているわけではない。「あなたのような方が、私のような賤しい者の船に上がりなさることはふさわしくないので、自分の住みかにお帰りなさい」と忠告しているのである。相手の行動に対して、客観的に〈批評・評価〉していると言えよう。

この『蛤の草紙』には他に三例使用されている。先の例も含めて、旧全集ではすべて「もったいない」と訳している。なお、旧大系では二例目の「冥加もなや」に対してだけ注を施して、「恐れ多いことよ。もったいないことだ」としている。

・しじら申されけるは、「われわれが家と申すは、ただ世の常の家にてもなく、まことに賤の男の寝屋の有様、目も当てられざる所なれば、置き奉らん所、さらになく候ふ。常の座敷に置き参らせんことは、冥加もなきことに

て候へば、家を造り参らせて置き奉らん、御待ち候へ」と申せば

・さて、わが宿へ行き著きおろしければ、やがて母出であひ見奉り、あら冥加もなや、これぞ、天人と申す人なりとて、わがゐる所にはいかがとて、にはかに棚をかき、われより高く置き奉りて、あがめさせ給ふこと限りなし。

（旧全集 267頁）

その時、しじらが母の申すやう、「冥加なき申しごとにて候へども、などしじらが妻にならせ給ふ人にておはしまし候はずや。

（旧全集267～268頁）

最初の例は、私（しじら）があなた（女房）を常の座敷に御置き申し上げるということ、すなわち身分が下であるしじらから身分の上の女房への行為である。そのようなことは神仏から見放される（神仏の罰があたる）ような失礼なことである。また同様に第三例目も、しじらの母が女房に申し上げることについて、自らが「冥加なき申しごと」と述べているように、失礼な行為である。この二例については下からの失礼な行為であり、①の例と言えよう。それに対して、第二例目「あら冥加もなや」については、先に述べたように旧大系では「恐れ多いことよ。もったいないことだ」と注を施している。ここは、後に続く内容からも身分の高い女房が自分の家に来て下さったことに対して用いられていると考えられる。これは、『かたこと』における訪問時の感謝のようなものであり、②と解釈してよいであろう。この『蛤の草紙』に関しては、辞書が用例としているものは感謝の用法としてはふさわしくないであろう。

・『夕霧阿波鳴渡』中（一七一二）　近松門左衛門

竹は悦び、ア、みやうがもない有難《がた》い

（『日本国語大辞典　第二版』）

この例に対して、旧大系では「身に余る幸運」、旧全集では「畏れ多い」、新全集では「あまりにも畏れ多い」とある。ここは、アリガタイとともに使用されており、プラス的である。ミョウガナイが他の表現とともに使用されるのは近世前期の特徴でもある。

・『かたこと』（一六五〇）　安原貞室

尊貴の人の疎屋へ御入あるやうのおりふし、あるじがたの人の言葉に、扨も〳〵けふの御成は冥加ない御ことにてさふらふなどいふこと侍り　（『角川古語大辞典』）

『かたこと』の例は先にも挙げたが、詳しい説明をしなかったので、ここで説明しておく。「御事」とあるから、「冥加ない御こと」とは「けふの御成」を指している。すなわち、高貴な人が疎屋に入らしたことである。それを光栄に感じて、あなたのような身分の高い人が私のような粗末の家に入らしたということは、（あなたは）神仏の加護から見放されるような身分につり合わない行為ですと〈批評・評価〉し、自分のことを謙遜して感謝の意を表しているのである。この表現が感謝を表していることは、ミョウガナイの語構成や感謝の発想法が理解できていない貞室が代わりの表現として「冥加に叶ひて侍るなどゝはいふべきこと也」と述べていることからもわかる。

・『信州川中島合戦』巻三（一七二一）　近松門左衛門

から衣見れば主くんてるとら公、はつとおどろき是はおそれめうがないと、いはんとせしがしさいこそ有らめと　（『角川古語大辞典』）

『新大系』は「もったいない」と注記している。「おそれめうがない」の「おそれ」はオソレガマシイの省略形と考えられる。オソレガマシイは、第一部第三章第三節「狂言の感謝表現」で見たように、その人の行為としてふさわしくないと〈批評・評価〉する語であった。この場面は、から衣のために、主君である輝虎公が身分を隠して御膳を持ってきた場面である。主君からの厚意に対するものであり、相手の行為を〈批評・評価〉して感謝の意を表そうとしていたのである。なお、オソレガマシイとミョウガナイとが一緒に使用されている例も近松の作品に見られる。

卑しき母が口にかけ言ひ恥ぢしめたる勿体なさ、恐れがましみやうがなや　（『嫗山姥』「燈籠」一七一七）

自分の子ではあるが、主君であった満仲の子でもある冠者丸に対して、冠者丸の本心を見抜けずに口汚く非難したことを後悔している場面である。身分の高い人に対して失礼なことをしたことについて、オソレガマシイ・ミョウガナイと述べている。この『媼山姥』の場合のミョウガナイは高貴な人への自分の失礼な行為について用いており、①のマイナス的なものである。

先の『夕霧阿波鳴渡』では、ミョウガナイはアリガタイと一緒に使われていた。このように、ミョウガナイがアリガタイとともに使用されている作品としては他に『博多小女郎波枕』中（一七一八）がある。

ハア、、冥加ない、有難いと、夫婦わつと泣き出し

水がほしいと思っていたところに、父親が茶碗にぬるま湯を入れて、壁越しに差し入れてくれたことに対する感謝である。次の『曽我会稽山』（一七一八）の「冥加」は、ミョウガナイの略されたものと思われる。

鬼王、ありがたしとも、冥加とも、言葉は足らず、御厚恩《こうおん》かたじけなみだつゝめども　（鎌倉への道中の場）

「御厚恩かたじけなみだ」とあり、またアリガタシとともに使用されていることから、この「冥加」はプラス的である。その他にも、近松の作品には、ミョウガナイがカタジケナイやモッタイナイと一緒に使用されている例が見られる。ただし、カタジケナイとの組み合わせと、モッタイナイとの組み合わせとでは、ミョウガナイの意味は反対になってくる。

・小一兵衛、お侍方と同座《どうざ》のならぬ奴《やつこ》めが、武士に劣らぬ魂故、結構なお若衆様の兄様とは、忝《かたじけな》い〳〵、冥《みやう》加《が》ない　（『心中宵庚申』上　一七二二）

・新七は飛びしさり、ア、勿体《もつたい》ない、冥《みやう》加《が》ない。新七を、新七と思《おぼ》し召《め》すが定《ぢやう》ならば、御夫婦《ごふうふ》心を全《まつた》うして、出世を見せてくだされば、踏み殺されても大事ないと　（『淀鯉出世滝徳』下　一七〇八）

・今日《けふ》といふ今日、うちの嬶《かか》が、緋縮緬の正体《しやうたい》を見届けて帰つた。ヤレ勿体《もつたい》ない、冥加《みやうが》ない。灰まぶれの鍛冶《かぢ》

屋の仁蔵《にざう》、身にさへ着にくい緋縮緬に、足を四本踏《ふ》んごんで、その罰《ばち》はなんとせう。身の行末《ゆくすゑ》がかはい、と、声を上げて泣きければ

（『心中刃は氷の朔日』上　一七〇九）

・色には出さず宗清も、つれなの人界《にんがい》や、譜代《ふだい》の主人に手を下げさせ、冥加《みやうが》なし、勿体《もったい》なし、痛《いた》はしとさへ言ひやらぬ

（『平家女護島』朱雀の御所の場　一七一九）

アリガタイやカタジケナイと一緒に使用されている場合は感謝表現であることは問題がない。しかし、モッタイナイとともに使われている場合はそうではなさそうである。先に見たように、『日葡辞書』にはモッタイナイはマイナス的な意味で記されていた。近松の作品においてもそのようである。『淀鯉出世滝徳』の場合は、先に挙げた文章だけではわかりづらいので補うと、新七は元の主人である勝二郎から以前お前を踏んだように私を踏んでくれと言われ、また勝二郎の愛人であるあづまからも新七の弟を殺したように私を刺し殺してくれと言われた。いわゆる上からの申し出である。それに対して、「勿体ない、冥加ない」と言って、断っているのである。申し出通りに実行することは、堪えがたく神仏から見放されることなのである。また『心中刃は氷の朔日』の例は、鍛冶屋の職人が傾城に高価な緋縮緬が買ってやり、その緋縮緬を着た傾城と一緒に寝ていることが「勿体ない、冥加ない」なのである。分不相応な振舞で、罰が当たるような行為なのである。『平家女護島』では、主人に謝罪させたことを、家来の宗清が「冥加なし、勿体なし、痛はし」と思ったのである。そして、自分が奉公人であることによって、そのような感情を口に出すこともできず、また相手にそのような行為（謝罪）をさせたことが堪えがたいのである。

このようなモッタイナイとの使用を見ると、近松の作品においてもミョウガナイにはマイナス的な意味での使用があることがわかる。佐藤鶴吉の言うような中世のミョウガナシと近世のミョウガナイとはまったく異なるものではなく、近世においてもマイナス的な用法も存在しており、中世から変わっていないのである。ただし、ミョウガナイが

プラス的な意味の語と感じられるのは、感謝を表す用法での使用が増えてきたことによるものと言える。このようにミョウガナイが他の表現と併用されているのは、ある面においてはミョウガナイがともに用いられる感謝のアリガタイやカタジケナイ、あるいは謝罪的なモッタイナイの度合いを強めているとも見えるが、別の見方をすればミョウガナイ単独では意味がわかりづらくなってきているとも言えよう。

・『政基公旅引付』（文亀元年〈一五〇一〉四月五日の記事）　（『時代別国語大辞典　室町時代編』）

就中如御状御家門御下向、忝過分至候、無冥加被存候、万事可然様御取合奉憑候、恐々謹言

（就中、御状の如く御家門御下向、忝く過分の至りに候。冥加なく存じられ候。万事然るべき様、御取合、憑み奉り候。恐々謹言）

この例については、第一部第三章第三節「漢語系感謝表現の源流」で扱った。この書状は、堺の上守護であった五郎次郎（松浦守）から室町幕府管領であった細川政元の内衆であった安富元家への返事である。ミョウガナイは『かたこと』と同じく高貴な人の訪問に対する主方の挨拶として使用されている。ここでは、ミョウガナイの前に「忝過分至候（忝く過分の至りに候）」と感謝表現が用いられており、単独ではまだ感謝表現には至っていないように思われる。

・『万寿の前』　（『岩波古語辞典　補訂版』）

島津久基編著『近古小説新纂』（有精堂出版　一九八三）の本文を用いて補う。なお本文の振り漢字を本行の漢字として利用した。

恥づかしながらみづからは、周防の判《ママ》もりとしの妻といはれしものなれど、かやう〳〵の次第にて、是まで参り候なり。情けをかけて給はれ、涙を流しの給へば、直家夫婦は肝を消し、こは冥加なき次第かな。とかく此屋

形には叶ふまじとて、新造に御所を建て、あたらし殿と申、主君と仰ぎ奉りける。

この例も、相手からの厚意に対する感謝表現とは言いがたい。直家夫婦は「肝を消し」て、「こは冥加なき次第かな」と述べていることから、「こ」の内容は「情けをかけて給はれ」ではなく周防の判官としもりの妻が語った「かやう〳〵の次第」のことであろう。それが、神仏から見放されたようなつらいことだったのである。としもりの妻のこれまでの経緯についての直家夫婦による〈批評・評価〉なのである。話者はその行為に関与していない内容であり、単なる〈批評・評価〉である。その内容はマイナス的であることから、もし分類すれば①に含まれよう。

・『実悟旧記』（蓮如常任一語記）

蓮如上人、兼縁に物をくだされ候を、冥加なきと固辞候ひければ、仰られ候。物をたゞとりて、信をよくとれ。信なくは冥加なきとて法物を受ぬやうなれども、それは曲もなきことなり。

（『岩波古語辞典　補訂版』）

兼縁は、蓮如の七男であり、次兄のもとに養子に行っている。この箇所は『蓮如上人御一代記聞書』にも収録されている。「固辞」とあるように、「冥加なき」と言って辞退しているのである。そのことは「冥加なきとて法物を受ぬやうなれども」という記述からもわかる。ここでも、ミョウガナイが断りの表現になっている。蓮如が下さったものを受け取ることは、仏の加護から見放されるようなことだったのである。『実悟旧記』の次の例も意味的には辞退の表現となっている。

蓮如上人、法敬に対せられ仰られ候。法敬と我と兄弟よと仰候。法敬申され候。これは冥加もなき御事と申され候。蓮如上人仰られ候。信を得つれば、さきにむまるゝものは兄、後に生まるゝものは弟よ。法敬とは兄弟よと仰られ候と　云々。「仏因を一同にうれば、信心一致の上は四海みな兄弟」といへり

蓮如から「あなたと私とは兄弟だ」と言われたことに対して、法敬は「冥加もなき御事」と述べている。ここでは

「御事」と敬語を用いていることから、蓮如のことばの内容を問題としている。蓮如様が私（法敬）と兄弟になることは、仏の加護から見放されるようなことだと〈批評・評価〉しているのである。

（『新明解古語辞典　三版』）

・「抜殻」（鷺賢通本、安政二年〈一八五五〉奥書の写本）

引用は古川久『狂言集　上』（古典全書　朝日新聞社　一九五三）による。

いやこれは御自身のお酌では冥加もない事でござる。これへ下されませう。

「これへ下されませう」とあり、『実悟旧記』のようには辞退していない。したがって、これは感謝表現と言えよう。他の流派の写本や刊本では次のようになっている。

・主「さあさあのめ　太郎冠者「是は又かたじけなふ御ざる　さらば一はい下されう　（大蔵虎明本　一六四三）

・いや、御酌慮外《りよぐわい》に御ざりまする。これへくだされませう。　（『狂言記』一六六〇）

・イヤ〳〵身共がついで遣らう。シテ「是は慮外に御座るが、其儀成らばつかせられて被下い　（大蔵虎寛本　一七九二）

虎明本では、その当時の一般的な感謝表現であるカタジケナイが使用されている。ただし、ここでは主人自らの御酌にはなっていない。主人自らのお酌の例は「連歌盗人」にあり、そこでは、

・亭主「さらは一つまいれ　男一「やれ〳〵かたじけなひ、殊におしやくで、みやうがもござらぬ

とあり、飲むように言われた時には一般的なカタジケナイを用い、亭主自らの御酌については「みやうがもござらぬ」とミョウガナイ系の表現を用いている。亭主自らの御酌については鷺流の「抜殻」と同じである。『狂言記』や虎寛本では、御酌の場面の感謝表現であるリョグワイが用いられている。ただし、虎寛本では「慮外で御座るが」と逆接の接続助詞「が」が続いているように、リョグワイの失礼であるという意味が窺える。

以上見てきたように、辞書においても②に分類されているものにおいても、その用法に幅があることがわかった。明確に感謝的な用法と言えるものは次のものであり、近世の作品の用例である。

『夕霧阿波鳴渡』『信州川中島合戦』「抜殻」

『かたこと』や『政基公旅引付』は貴人の訪問の際の主方の挨拶表現であり、これも②に含めることができよう。それに対して、『蛤の草紙』、『万寿の前』、『実悟旧記』は、相手からの申し出的なことが関わっており、なかなか判断しがい点がある。『蛤の草紙』において、辞書の用例として掲出されているものについては、話者にとっては恩恵がなく、また相手への忠告になっている。その行為がその人にとってはふさわしくないという単なる〈批評・評価〉である。『万寿の前』の例では、『蛤の草紙』と同じく貴人の行為に関わることである。ここでは貴人のこれまでの経緯が問題になっており、それに対する〈批評・評価〉であった。ともに、その〈批評・評価〉はマイナス的であることから、意味ブランチから言えば①に含まれよう。そして、『実悟旧記』においては、相手からの厚意を受け取ることを辞退していた。高貴な人からの厚意を受けることが失礼にあたると思っているのである。その点から、これも①に含まよう。

ミョウガナイにはこのような辞退する用例が多く見られ、感謝表現とわかるものは貴人の訪問などに限られており、中世においてミョウガナイはまだ感謝表現になりきっていないとも言える。『日葡辞書』には「この語は、時には、ある人が自分に相応した程度以上に、あるいは、予期した以上に恩恵や厚誼を受けたのに対して、深く感謝する場合にも用いられる」と記されている。したがって、申し出に対するものではなく、近松の作品に見られるような貴人からの厚意が行われた場合に主に使用されるようになり、そのことによって感謝表現としての用法を確立してきたのであろう。

第七節　解釈の揺れについて

辞書では、ミョウガナイの意味は①と②との二つのブランチに分けられている。そのために、話者が特に恩恵に関わらない場合や、また上からの厚意であっても話し手が辞退している場合などについては、①か②のどちらかに入れざるを得ない状況である。

ここでは、辞書において解釈の揺れていた『文正草子』・「安宅」・「止動方角」の用例について検討したい。『文正草子』は文章をよく読めばすぐに解決する。しかし「安宅」と「止動方角」については、解釈の揺れが生じる原因がある。つまり、どのようなことがミョウガナイであると〈批評・評価〉するかによって、①の立場にもなるし、②の立場にもなるような例である。

まずは、多くの辞書が②の例として挙げている『文正草子』から扱っていこう。

(①『角川古語大辞典』②『日本国語大辞典　第二版』『古語大辞典』『旺文社古語辞典』)

この例については、『角川古語大辞典』だけが①の例として扱っている。注釈書では、旧大系が「冥加なしは恐れ多い、もったいないなどの意」とし、旧全集は「神仏に見放されるさまから、恐れ多い、もったいないことをさす」とある。現代語の「もったいない」の意味からすると②と解しているようである。渋川版御伽草子に出てくるミョウガナイの注釈については、この『文正草子』が御伽草子の一番最初に位置づけられていることから、この用例がミョウガナイの参考の注として指示されている。

それではミョウガナイの使用されている箇所について前後を補いながら見ていく。

大宮司のたまひけるは、「文太は、まことや、限りなき長者となり、十善の君にてましますとも、われにはいかでまさり給ふべきと、かたじけなくも申すとかや。さやうに冥加なきこと、何とてか申すぞ」とのたまへば文太（文正）が「相手がたとえ天皇であっても、自分よりもまさっておられるはずはない」と言っていることについて、大宮司がその発言内容を〈批評・評価〉して「冥加なきこと」と述べているのである。その前には「かたじけなくも申すとかや」と同様な表現が使用されている。カタジケナクモというカタジケナイに関わる語があることから、感謝表現として取りたくなる。しかし、カタジケナクモは身分の高い相手に対してへりくだって言う表現であって、ここでは「失礼にも」という意味合いで使用されている。つまり、文太の行為（発言）が問題になっているのである。その発言内容も天皇を比較の対象としていて、良くないものである。したがって、ここでは大宮司が文太に対して「そのような神罰のあたるようなことをどうして申し上げるのか」と注意しているのである。この『文正草子』の用例は、『保元物語』（1・2）の用例と同じく①の例とするべきである。

次は「安宅」である。（①『時代別国語辞典　室町時代編』②『日本国語大辞典　第二版』）

『時代別国語大辞典　室町時代編』はこの例を①の用例として扱っている。それに対して、『日本国語大辞典　第二版』や、旧大系や新大系、旧全集、新全集、集成といった注釈書の注では②の意と解している。このように、この例に対しては②が大勢である。この場面は、弁慶（シテ）、義経（子方）、強力（ツレ）の三人が登場している。本文は『元和卯月本』による。

シテ「承候、如何に強力、汝が笈を御かたに置るゝ事は、なむはう冥加もなき事にてはなきか、先汝はさきへゆき関の様体を見て、誠に山伏を撰か、又左様にもなきか、関の体を懇にみて来り候

なお山本東本では、シテの「なむばう冥加もなき事にてはなきか」に対して、強力が「げにげに冥加もなき御事にて候」と、それに応じている。

現行の観世流の謡本では次のようになっている。

シテ「畏つて候、いかに強力　狂言「御前に候　シテ「笈を持ちて来り候へ　狂言「畏つて候　シテ「汝が笈を御肩に置かるゝ事は、なんぼう冥加《オミヨオガ》もなき事にてはなきか。まづ汝は先へ《サキエ》行き関の様体《ヨオダイ》を見て、真《マコト》に山伏を択《エラ》むか、又さやう《ヨオ》にもなきか。懇《ネンゴロ》に、見て来り候へ。（観世流）

元和卯月本よりも、状況が理解しやすいように、動作だけで説明していたものをことばで表すようになり、詞章が詳しくなっている。ちなみに正徳六年（一七一六）の山本長兵衛版では次のようになっており、最初の返事は現行本と同じであるが、剛力の発話がない点、元和卯月本に近い形態である。

シテ「畏て候、いかに剛力、汝か笈を御肩に置るゝ事は、なんほう冥加もなき事にてはなきか、先汝はさきへゆき関の様体を見て、誠に山伏を撰か、又さ様にもなきか念比にみて来り候へ

また、現在の宝生流や喜多流ではそれぞれ次のようになっており、観世流の現行本のように詳しくなっている。

・シテ「畏つて候、如何に強力《ゴオリキ》　シテ「汝が笈《オイ》を御肩に置かるゝ事、なんぼう冥加《ミオウガ》もなき事にてはなきか　シテ「まづ笈《オイ》を参らせ候へ　シテ「汝は先《サキ》へ行き関の様体《ヨオダイ》を見て、真《マコト》に山伏を選《えら》むか、又さやうにもなきか、慥《タシカ》かに見て来り候へ（宝生流）

・シテ「畏つて候、いかに剛力、汝が笈を和が君の御《おん》肩に置かれうずるとの御《おん》事にて候、なんぼう冥加《ミヨオガ》も無き事にてはなきか、急いで笈を参らせ候へ、また汝は先へ行き関の様体《ヨオダイ》を見て来り候へ（喜多流）

いずれの本においても、ミョウガモナキが使用されており、解決の手がかりは見つからなかった。能は、狂言とは異なり、詞章においては多少の変化は見られるものの、重要な語句については死語になっているにも関わらず、そのまま受け継がれていることがわかる。この話では、義経ら一行が安宅の関を越えるにあたって、弁慶は義経に対して

次のような提案をしている。

恐れ多き申事にて候へ共、御篠懸をのけられ、あの強力がおひたる笈をそと肩にをかれ、御笠を深々と召れ、如何にも草臥たる御体にて、我らより跡にひきさがつて御通り候はゞ、なか〳〵人は思ひもより申まじきと存候

その提案に対して、義経は次のように承諾して、先に掲げた文章につながっていく。

実是は尤にて候、さらば篠懸を取候へ

ここでは「汝が笈を御肩に置かるゝ事」がミョウガモナキ事なのである。弁慶の発話に「御肩に置かるゝ」と尊敬表現が用いられていることから、義経の行動が〈批評・評価〉の対象となっている。このミョウガモナイについて、ほとんどの注釈書が②の意味でとっている。そのような中で、『時代別国語大辞典　室町時代編』は①の立場である。この辞典では、①の説明を「神仏から見放されて、その加護・恩恵を受けることが無いさまである。多く、その対象となる人のとんでもない、恐れ多い行為の結果についていう」としている。そのことからすると、義経が強力の笈を背負うことは、義経にとってはふさわしくない、神仏の恵みから見放されるようなとんでもない行為として見ているのである。弁慶は、義経が笈を担ぐことについて不都合なことと〈批評・評価〉しているのである。そして、弁慶は自分の〈批評・評価〉について強力に対して同意を求めていることになる。

それに対して、②と解釈するのは弁慶が強力の気持ちを代弁し、義経が強力の笈を担うことは強力にとって光栄なことではないかと、強力に同意を求めているのである。

強力が笈を義経の前に持ってくるのが、この発言の前のことなのか後のことなのかが、現行の観世流と、宝生流と喜多流とでは異なっている。

現行の観世流………笈を持ってきてからの発言

宝生流・喜多流……その発言をしてから、笈を持ってくる

観世流の元和卯月本と山本長兵衛版とには、その所作の記述がないのでわからない。まず、説明しやすい宝生流と喜多流から始めると、義経が強力の笈を背負うことがふさわしくない行為であることを弁慶が強力にわざわざ同意を求めてから、強力に笈を持ってこさせるのはおかしなことである。この場合は、光栄なことだと言って、持って来させたと見る方が普通である。したがって、現行の宝生流と喜多流の詞章からは②と解せられる。それに対して、現行の観世流においては、強力の笈を目の前にしての発言となる。この場合も②で解されないことはないが、それよりは強力の笈を義経が背負わなければならないつらい状況を弁慶が〈批評・評価〉して、強力に同意を求めているのだと考えられる。この場合は①と解されよう。山本東本にある「げにげに冥加もなき御事にて候」もこの考えを補強していると思われる。すなわち、現行の観世流においては①、それに対して宝生流・喜多流では②となろう。この場面は、関所を通る際に義経だとわからないようにするために、弁慶が強力に笈を持ってこさせ、それを義経が背負うことになったのである。そのような状況からは、強力による義経への感謝の意とするよりは、義経の神仏の加護から見放されるような行為であるとした方が適していると思われる。①として解釈した方が適切であろう。

最後は「止動方角」である。（①『角川古語大辞典』②『古語大辞典』）

この例については、第一部第三章第四節「狂言における上からの申し出に対する表現」において詳しく扱ったが、ここでも少し触れておく。「止動方角」にはミョウガナイが三例見られる。辞書の用例として上がっているのは一番最初の次の例である。

・主「事の外腰をうつていたひ　太郎冠者「それへまいつてさすりたうござれども、馬がはなれまらする　主「汝は馬をとりはなすな、其のま〻のつていよ　〳〵やう〳〵おきて、下人のつてゆけと云　太「それはみやうがもなひ

事でござる程に、はやうのらせられひ

この例について、『角川古語大辞典』は①として、『古語大辞典』では②としている。、注釈書類では、『大蔵虎明本狂言集の研究』では「その冥加をこの上もなく受けること。仕合わせこの上もない。かたじけない」とし②の扱いである。また『大蔵虎明能狂言集』では「肯定と否定の意識の混同に関連するものであろう」としているので、これも②と解されよう。

この例は、主人からの命令的な申し出である。このような申し出の場合においては、主人による申し出の内容を問題とするか、下の者がその申し出通りに行うのか、どちら側の行為として判断するかによって解釈に揺れが生じてくる。主人からの「馬に乗るように」という申し出を厚意的な行為ととれば②となろう。『角川古語大辞典』が、「それはみやうがなひ事でござる」の「それ」に対して「従者ガ馬ニ乗ルコト」と説明している。そのように、従者（太郎冠者）の行為ととれば、それは失礼すぎて神仏から見放されますとなり、①となる。

この例の場合、「それはみやうがなひ事でござる程に」と、「程に」という原因理由を表す接続助詞を用いて、主人に対してあくまでも主人が乗るように勧めている。すなわち、ミョウガナイによってその申し出を断っている（辞退している）のである。このような断り表現の場合は、その行為をすることは分不相応な失礼なことであると解せられる。第一部第三章第三節「狂言の感謝表現」で扱ったように、このような場合他の演目では「それはりよぐわいで御ざる」が対応している。リョグヮイは失礼という意味であったので、ここも①と解した方がよいであろう。

以上、辞書によって解釈の揺れていた三例について考察してきた。『文正草子』と「止動方角」については、下の者からの行為なので①とするべきである。「安宅」の場合は、上の人の行為が問題となっているので、①か②の可能性が出てくるが、切羽詰まった状況であるので①と解した方がよいであろう。以上をまとめると、次のように結論づけられよう。

『文正草子』…②ではなく①である

「安宅」…②ではなく①の方が妥当であろう。

「止動方角」…②ではなく①である。

第二章　モッタイナシ（勿体なし）について

第一節　モッタイナシ（勿体なし）とシャウダイナシ（正体無し）

天草本『平家物語』『伊曽保物語』における分別しにくい語に対する「ことばのやわらげ」において、「ミャウガモナイ」に対する説明として「モッタイモナイとゆうこと」が当てられていた。また、近松の作品ではモッタイナイとミョウガナイとは一緒に用いられていた。このように、ミョウガナイとモッタイナイとは関係がある。ここでは、「冥加」系感謝表現の周辺の語としてモッタイナイを扱っていく。

『かたこと』の八番目の項目において、モッタイナシがシャウダイナシ（正体なし）との関連で扱われている。ここでは、『かたこと』の二番目の項目であるジョサイナシ（如在なし）についても、後半において一緒に検討していきたい。

モッタイナイは、『かたこと』では次のように記述されている。

一　正体《しやうだい》なきといふべき時《とき》に、勿体《もつたい》なしといふは誤《あやまり》たること葉なりと云り。勿体《もつたい》の二字を、体《たい》なしとよめば、
　勿体《もつたい》なしとはいらぬ重言《ぢうごん》かと云り

これによると、その当時「勿体なし＝正体なし」という関係が人々の間においてある程度成立していたことがわかる。ただし、それは誤用であることが指摘されている。つまり、安原貞室の考えている誤用が世間では広がっていた

のである。その使用が誤用だと判断しているのは、その後に記されている字義に基づく語構成意識によるものだと思われる。「勿体」を「体なし」というように解釈すれば、「勿体」だけで「正体なし」に対応する。したがって、「勿体」にさらに否定を表す非存在のナシを結合させることは、意味的に無意味であり余分である。そのことが、この項目の論点の中心だと思われる。

『かたこと』が述べているモッタイナシとシャウダイナシとの関係について見ていこう。古語辞典に示されているモッタイナシの意味を見る限りでは、『かたこと』の指摘しているような両者が同義であったという図式を窺うことはできない。シャウダイナシ（正体なし）は、その語構成を考えると、名詞のシャウダイ（正体）と非存在の形容詞ナシ（なし）とに分けられそうである。シャウダイの意味は、『古語大辞典』（小学館）によれば、次のように四分類されている。用例は中世や近世のものである。なお『日本国語大辞典　第二版』によれば、『左経記』や『中右記』といった平安時代の貴族の日記における用例が見られる。しかし、それは「御正体」の形で「神体」を表しており、『古語大辞典』の③に関係するものである。「正体」は『色葉字類抄』にも登載されていないので、多用されるようになったのは中世からのようである。

①　まことの体。本体。

・「院（＝後白河法皇）の御奉幣ありて、御―御経供養（＝仏神ヲ礼拝シ読経スル供養ト、経文ヲ写シテ、コレヲ納メ、ソレニ対シテ行ウ供養）あり〈盛衰記・三・一院女院厳島行幸〉

②　もとの姿。変化する前の姿。

・両人していぶして、―を現し、生け捕りにして〈虎寛本狂言・狐塚〉

③　神体。多く、「御」を冠して用い、「御聖体」とも書く。

・この笈（おひ）の中に羽黒の権現の御―、観音のおはします〈義経記・七・三の口の関を通る〉
・御正体　ミシヤウダイ〈易林本節用集〉
④本心。正気。
・酒に酔ひて、―がない〈虎明本狂言・棒縛り〉
・シャウダイモナイ〔Xǒdaimonai〕人。すなわち、ヤクタイモナイ人。シャウダイモナウ〔Xǒdaimonǒ〕酒ヲ飲ウダ〈日葡辞書〉

この中で、④は非存在の形容詞「ナイ」が述語にくる場合での用法のようである。なお、『日葡辞書』が同義語的に挙げているヤクタイモナイは、この『日葡辞書』によれば「順序もまとまりもない事、または、何の役にもたたない事」とある。虎明本では酒を飲んだ際に使用されていることから、酒に酔ってなど、気もはっきりせず、役に立たないのであろう。

一方、ナシが結合したシャウダイナシの項には次のような意味がある。

①実体がない。根拠がない。
・さてはその事―し。この人は推し言する人にこそ〈著聞集・画図〉
・暗闇に証人もなく死にたらんは―しと思ひければ、明くるを遅しと待ち居たり〈盛衰記・三七・熊谷父子寄城戸口〉
②正気もなく取り乱したさま。訳のわからないさま。
・（女ノ）人体萎（な）えて、どちつかずなれば、―き風体になる事あり〈拾玉得花〉
・あら、―しと、迷ひ惚れたや〈虎明本狂言・花子〉

・无正体　シヤウダイナシ〈易林本節用集〉

『易林本節用集』でシャウダイナシが「无正体」の表記で立項されているように、ナシは非存在のナシと意識されていたことがわかる。シャウダイの本義である〈まことの体〉が存在しないことがシャウダイナシの①の用法にあたっている。シャウダイの意味は、中世も後期になると、シャウダイナシやシャウダイモナシといった否定詞を伴って、〈人間としてのまことの体が無い〉状況、すなわち〈正気がない〉という、派生的な②の用法が確立し定着してきたのである。このような〈本心・本気〉を表す用法は、シャウダイの本義から大きく外れたものではなく、すぐに連想できるものである。

一方のモッタイナシも、シャウダイナシと同様に、語構成からいえば、名詞モッタイ（勿体）と非存在の形容詞ナシとに分けられそうである。しかし、モッタイナシの意味は、両者が結合したものとして、単純に処理してしまうには問題がある。まず、モッタイの意味を『古語大辞典』によって見ていこう。

①　ものものしい様子。重重しさ。尊大なさま。取り繕った態度。

・—潜上をさきだて、景気を繕ふ皃（かたち）なり〈色道大鏡・一〉

・少し—もつけ、むつかしく見せて物数言はぬこそよけれ〈浮・好色一代女・一〉

②　人の態度・風采・物の形。

・今はなにはのみづのえとかはる浮き名の定めなく、座につくからの—よく〈浄・甲賀三郎・三〉

（語誌）本来は物本体の意で、「物体」と表記すべきところであるが、運歩色葉集など中世の古辞書はすべて「勿体」とする。あとに否定語を伴うことが多いため「勿」を当てるようになったものか。〔細川英雄〕

一方、「勿体なし」は次のように記述されている。

《妥当な状態を失うの意。「もたいなし」とも》

①　不都合だ。ふとどきだ。妥当ではない。

・〈盗品ヲ探スタメニ裸ニスルトハ〉あはれ、—き主かな〈宇治拾遺・一・一五〉

・これは言語道断、—きお言葉かな〈虎明本狂言・右流左死〉

・人々坊主の殺生—しと言へば〈仮名・片仮名本因果物語・下〉

②　恐れ多い。ありがたい。

・ああ—い。その手を取つて立たしめ〈虎寛本狂言・武悪〉

・御手足に胝（ひび）きれて、御爪も欠損じ、あるにもあらぬ御有り様、—くも痛はしし〈浄瑠璃・釈迦如来誕生会・四〉

③　惜しい。

・大家の一跡、この時断亡せん事—く候〈太平記・三五・北野通夜物語〉

この『古語大辞典』では、モッタイの本義を〈物の本体〉と解釈し、本来の表記を「物体」とする。一方、否定を伴ったモッタイナシについては〈妥当な状態を失う〉が中心的な意味であると解釈している。この意味解釈からすると、モッタイの意味は〈妥当な状態〉となる。〈妥当な状態〉と〈物の本体〉との間に、関係があるようにも、また無いようにも思われる。しかし、モッタイとモッタイナシの用例を対照させると、それぞれの使用され始めた時期の点から、モッタイナシはモッタイとナシとが単純に結合したものであると、短絡的に考えることには無理がある。モッタイナシの用例が中世初期から見え始めるのに対して、モッタイの方は近世より古くは遡れない。これは、他の古語辞典にあたっても同様である。

ところで、新村出が「「勿体ない」といふこと」で指摘していたように、『伊呂波字類抄』に「物体」という表記を見ることができる。この「物体」がモッタイナシのモッタイの本来の表記だと考えられる。これは第一部第三章第二節「漢語系感謝表現の源流」で述べたように、東寺百合文書などにおいて「物体」と表記されていることからも確認できる。ただし、これが近世初期に使用されるようになったモッタイと直接結びついているかというと疑問である。したがって、『古語大辞典』の「もったい（物体・勿体）」の項の（語誌）は、近世以降に使用されるようになったモッタイよりも、モッタイナシに関わる説明として適していよう。

なおこの『伊呂波字類抄』によれば、モッケの表記も「勿怪」ではなく「物怪」ということになる。

物怪　〻躰　（も　畳字）

モッケについては、古語辞典では「物怪・勿怪」と二種類の表記を示しているものが多い。これに倣えば、「勿体」も「物体」にすぐに辿り着くことができそうであるが、別の動きをしてしまったようである。モッケの場合は、「もののけ（物怪）」との関連や『平家物語』の「物怪之沙汰」の巻などによって、「物怪」の表記が意識されており、抄物においても「物怪」の表記が使用されている。

一方モッタイナイは、室町時代の『下学集』（ここでは東京教育大本）で既に「勿体」になっている。しかし『下学集』においては、「勿体」というよりは「無勿体」の表記を問題としている。

勿《モッ》躰《タイ》
―体體皆同字也　―ハ無也　――二字即無レ正躰義也
然日本俗書状云　無レ――者ハ大失レ正理也　子細可レ思レ之

モッタイについてのこのような記述は、『下学集』から少し成立が遅れるが、同じ室町時代の辞書である『節用集』においても見ることができる。ただし、『節用集』では見出しが「無勿体」となっている。『下学集』の場合も、その記述内容からその当時においてはモッタイという形式での使用ではなく、『節用集』が見出し語としているモッタイナシであったようである。

この『下学集』の記述に注目すれば、「モッタイ＝シャウダイナシ」という図式が浮かんでくる。ここには、『かたこと』の記述にある「モッタイナシ＝シャウダイナシ」とは異なる関係が示されていることになる。つまり、次のような図式が見られるのである。

『かたこと』　モッタイナシ＝シャウダイナシ

『下学集』『節用集』　モッタイ　＝シャウダイナシ

『かたこと』では、この図式がその当時広くなされていたことを指摘し、ただしそれは誤りだとしている。それでは、何が正しいと考えていたのであろうか。『かたこと』の後半に記されていた「勿体の二字を、体なしとよめば、勿体なしとはいらぬ重言かと云り」という内容から推察するところでは、『下学集』や『節用集』に見られる図式を正しいものと考えているのであろう。

『下学集』や『節用集』におけるモッタイ＝シャウダイナシという図式の後に記されている記事には興味深い点が見出される。この部分には、日本の俗の書状で使用されているモッタイナシ（無勿体）は「大失正理也」ということが述べられている。この「大失正理也」という記述は、ジョサイ（如在）の項にも使用されており、両者での使用方法からおおよその意味が推定できる。

如《ジョ》在《サイ》　此二字即尊敬ノ義也　然日本俗書状云不レ存レ――ヲ大失レ正理也
論語曰祭――祭如レ神在云　可レ思レ之

ジョサイナシも、『かたこと』においては、モッタイナシと同様にナシが問題となっている。

一如在《ぢよさい》といふ言葉のつかひやうのことも誤《あやま》り来《きた》れりとかや。仮令《けりやう》人にたのまれたることなど侍る時、その時必《かなら》ずなげやりに仕るまじきぞなどいふやうのことを、如在《ぢよさい》仕るまじきぞ、向後如在《きやうこうぢよさい》なう致《いた》し侍らんぞなどいへるは、本説《ほんぜつ》に違《たが》ひて、はなはだ僻言《ひがこと》なるべし。但如在なといふことを、如在なきといふやうの、なきは前《まへ》に云る付字にて、只なといふことなり無ノ字の義《ぎ》にあらず

ここでは、ミョウガナシと同じように、ナシを非存在の形容詞ではなく、付字（付言葉）、すなわち形容動詞の活用語尾「なり」の異形態と考えている。

『下学集』における「勿体」と「如在」とに対する記述からわかるように、「大失正理也」とは本来の用法とは異なっていることを示している。つまり、モッタイナシの場合で言えば、日本で使用されているモッタイナシの意味用法は、本義から外れた誤ったものであることを指摘しているのである。『下学集』やそれを継承した『節用集』に見られる記述から、その当時の識字層における「勿体」の本義は、次のように解釈されていたことがわかる。

「勿」は「無」であり、「体」とは「正体」のことである。したがって、「勿体」の意味は「正体無し」である。これは、モッタイの本義を字義に基づいた解釈によって定義づけているのである。識字層の考えているモッタイの本義は「正体なし」であるから、日本の俗の書状で使用されているモッタイナシの意味用法は本義から外れており、それは誤用だということになる。どのような誤用かと言うと、『かたこと』が述べているように、俗の書状ではモッタイナシをシャウダイナシ（正体なし）と同義に見なしていることであろう。つまり、識字層の考えているモッタイ〈勿体〉の意味を、世間ではモッタイナシ（勿体無し）によって表現しているのである。

『下学集』における「勿体」の記述は、「如在」のものとよく似ている。両者はそれぞれ三部構成になっている。

〈勿体〉　①　勿無也。勿体二字即無正体義也。

② 然日本俗書状云、無勿体者、大失正理也。

③ 子細可思之。

〈如在〉

① 此二字尊敬義也。

② 然日本俗書状云、不存如在、大失正理也。

③ 論語曰祭如在祭神如神在云、可思之。

まず①では語の本義を提示している。次の②は日本での使用が誤用であることの指摘である。最後の③では、（本来の意味用法を熟慮して）日本の用法を検討するようにとの示唆である。ここで注目したいのは、②の「大失正理也」の前に来ているそれぞれの表現である。

「如在」の場合 ― 不存如在

「勿体」の場合 ― 無勿体

ともに否定詞を伴った表現になっている。①では、「如在」の場合は「如在」の本義が、また「勿体」の場合には「勿体」の本義が提示されており、ともに見出し語の否定詞を伴わない形式が扱われている。それに対して、この②では、それぞれ否定詞を伴った形式が挙げられている。そして、その形式の意味用法が「大失正理也」ということなのである。

それではどのような点で「大失正理也」なのだろうか。まず「如在」の場合から見てみよう。③の箇所に記されているように、この語の出典は『論語』「八佾」であり、そこでの意味用法に基づいている語である。そして、その意味は神・主君などが目の前にいるかのように、つつしみかしこむことである。①において、それを「尊敬義」としている。この語の場合、中世頃から本義から外れ出し、悪い意味で使用されるようになってきた。そのことは、中世の文献にしばしば指摘されている。

・塵添壒嚢抄・四「人に懈怠なるをば如在也とてわろき事に思へり」
・応永本論語抄・三「俗に粗末なる事を如在なりといふは誤れり。粗末になき事を如在といふなり」
・日葡辞書・補遺「Iozai または Iosai あやまちまたは欠点」

そして、中世後期頃から否定詞と呼応する形で「如在」の本来の意味を表すようになってきたのである。

・東寺百合文書・明応七（一四九八）年三月十四日・家盛書状「於以後者、如在之儀有間敷候」
・日葡辞書「ただし、話しことばでは、反対の意味に取られる。Iosaini xenu, l, vomouanu（如在にせぬ、または、思はぬ）」
・色道大鏡・四「我ために女在（ヂヨサイ）なき人を、密によびたててくはしくとふべし」

この語の意味変化について、『古語大辞典』の「如在・如才」の語誌の項（小山登久執筆）では次のように説明している。なお、引用中の〈　〉の内容は、辞書の各ブランチに示されている意味を田島が補ったものである。

漢語としての本来の意味は、目の前に神がいらっしゃるように考えるの意であるが、その際の恭敬の意のみをとって②〈敬い、慎むこと〉の意となり、転じて、③〈形式的。形ばかり〉の意に用いられ、ついに、中世以降は④〈いいかげんにすること。疎略。手落ち。手抜かり。油断〉の意となって、当初の意味と反対のものとなってしまった。

このような意味変化を考えると、『下学集』の「如在」の記事は次のように解釈できよう。
「如在」の意味を「不存如在」というような否定形式を伴った表現で使用することは、日本での誤用なのである。
この「如在」の解釈方法を「無勿体」に適応してみると、「勿体」の意味である〈正体なし〉を「無勿体」と否定詞を伴った表現で使用するのは日本での誤りであるとなろう。つまり、『下学集』の記事からは、誤用ではあるが、その当時に、既に「正体なし＝勿体なし」という関係があったことが見えてくるのである。

近代の辞書にはこの説を補強すると思われるものがある。例えば、上田万年・松井簡治による『大日本国語辞典』や大槻文彦の『大言海』、平凡社『大辞典』のモッタイナイの項には、それぞれ次のように記されている。

『大日本国語辞典』（第四巻　大正八年〈一九一九〉）

もったいなし　物体無（形一）〔一〕正体なし。不都合なり。不正なり。盛衰記［卅六、通盛請小宰相局事］「帯紐解き広げて思ふ事なくおはする事、勿体なし」甲陽軍艦「今川衆、家康表裡と申す事、一向無勿体儀なり」〔二〕畏れ多し。辱けなし。かしこし。狂言記［こんくわい］「斯様の恐ろしき獣などを、わごりよ達賤しき分にて釣り括る事、勿体ない事」［大蔵流］同［悪坊］「勿体ない、尊い御出家を、何と後にさるるものぢや」〔三〕惜しむべし。惜し。

『大言海』（第四巻　昭和十年〈一九三五〉）

もッたいなし（形、一）無物体・無勿体（一）高貴ノ人、神仏ニ対シ、正理ヲ失ヒ、正体ナシ。以テノ外ナリ。不都合ナリ。フトドキナリ。様体崩ルルナリ。体面ヲ失ヒシナリ。（京都ニテ、勿体なしト云フハ、正体ナシノ意）盛衰記、三十六、通盛請小宰相局事「（用例省略）」（二）正体ナク破滅スルヲ惜ム事。アタラシ。太平記、三十五、北野通夜物語事「大家ノ一跡、此時、断亡セン事、無勿体候」（三）惜ム意ヨリ転ジテ、尊シノ意。（四）更ニ転ジテ、恐レ多シ。辱ケナシ。己レガ及バザルコトヲ、又ハ、上ノ己レヲ厚ウスルコトヲ恐懼スルニ云フ。不畏天耶

『大辞典』（第二十四巻　昭和十一年）

モッタイナシ　物体無し・勿体無し［形ク活］㊀正体ない。不都合である。不正である。以ての外である。盛衰記、三六、通盛請㆓小宰相局㆒事「（用例省略）」甲陽軍艦、二「（用例省略）」㊁正体なく破裂するを惜しむ。太平記、三五、北野通夜物語事「（用例省略）」㊂畏れ多い。辱けない。かしこい。己れの及ばないこと、又は上の己れを厚くすることを恐懼するにいふ。狂言、こんくわい「（用例省略）」釈迦誕生会、四「御手足に胝されて、御爪も欠損じあるにもあらぬ有様、勿体なくも、悼はしく」㊃尊い

三つの辞書ともに、一番最初のブランチの意味記述において「正体なし」という語が使用されている。『大言海』の（一）に括弧でくくられた記事は、先に挙げた『かたこと』によっていると思われる。『大辞典』は、先行の辞書を利用していることは明白である。『大日本国語辞典』や『大言海』における「勿体無し＝正体なし」という解釈は、『下学集』や『かたこと』などによっていよう。

『大言海』の意味記述に、「高貴ノ人、神仏ニ対シ」という表現が見られる。これはこの語の使用される対象が限定されており、ショウダイナシとの使用場面の違いを示している。ただし、『大日本国語辞典』や『大言海』の用例からは、わざわざ「正体ナシ」のように解釈したり、「正体ナク」と修飾したりする必要はなさそうである。現代の辞書である『日本国語大辞典　第二版』では、（一）の用例に対しては「あるべきさまをはずれていて不都合である」としている。そして、そこには「正体ない」という記述は見られない。

なお、（二）以降については、先に挙げたように、『大日本国語大辞典』と『大言海』、『大辞典』とでは扱いが異なっている。

『大日本国語辞典』	『大言海』	『大辞典』
［一］正体ない、不都合	㊀正体ない。不都合	㊀正体ない、不都合

㈡ 畏れ多い、辱けない	㈡ 惜しむ	㈡ 惜しむ
㈢ 惜しむ	㈢ 尊い（㈡の転義）	㈢ 恐れ多い、辱けない
	㈣ 恐れ多い、辱けない（㈢の転義）	㈣ 尊い

なお『日本国語大辞典　第二版』は、「②おそれ多い。身に過ぎてかたじけない。③使えるものが捨てられたり、働けるものがその能力を発揮しないでいたりして、惜しい感じである」とあり、基本的には『古語大辞典』と同じである。さらに遡れば、『大日本国語辞典』と同じ順序になっており、『大日本国語辞典』の後継辞書という性格が窺われる。

先に述べたように、『大日本国語辞典』や『大言海』が「勿体なし」に「正体なし」の意味を込めた記述を行ったのは、中世の古辞書や近世の『かたこと』のような書物の影響によるものと考えられる。以上の事例から、『かたこと』の述べている「正体なし＝勿体なし」の関係が、中世後期から近世初期にかけて人々の意識において成立していたことが証明できた。そして中世後期から近世にかけて、確かにモッタイナイとシャウダイナイとが同義で使われていたようである。

『日葡辞書』では「Xŏtai（正体）」の見出しで「まことの実体（本体）」とある。また「正体無い」についてはXŏdainai coto（シャウダイナイ　コト）と連濁形になっており、そこには次のような記述がなされている。

Xŏdainai coto　シャウダイナイコト（正体ない事）むちゃな締まりのない事。例、Xŏdainai fito（正体もない人）すなわち、Yacutaimo naifito（益体もない人）生活の乱れた、だらしのない人。¶Xŏdaimonŏ saqeuo nŏda（正体もなう酒を飲うだ）すなわち、きりもなく、むちゃくちゃに酒を飲んだ。

シャウダイナイは、狂言においても酒に酔った場合に使用されている。その他に、人に惚れたり、物に夢中になったり、またくたびれたりした時など、様々な場合に用いられている。

さけにようてはあくぎやく仕たるが、此ほどしやうだいもなくたべようて、のばらにふしていたれは　（悪太郎）

あふをわかれとはたれかおしやりそめつらふ、あら、しやうだひなしと、まよひほれたや　（花子）

是にいなかものとみえて、うり物にほめいつて正体もなひ　（長光）

ながのたびにくたびれて正体がなひよ　（磁石）

これらのことから、シャウダイナイとは、いつもの自分とは異なっていることを表しているようである。

先に扱った『政基公旅引付』では、モッタイナイの「あるべきさまをはずれていて不都合だ」（『日本国語大辞典第二版』）の意味に近い用法での「正体無い」の使用が認められる。

・召定雄之処、為遊山罷出了、仍直ニ召長法（照）寺、不事問可切棄事無正体之由仰付処江、定雄又参了、仰付此子細、只先生取也　（永正元年〈一五〇三〉三月二十八日）

（定雄を召すのところ、遊山のため罷り出で了んぬ。よつて直ちに長法（照）寺を召し、事問はず、切り棄つべきの事、正体なきの由、仰せ付くるのところへ、定雄また参り了んぬ。この子細を仰せ付け、ただまづ生け取るべきなり。）

・既被捨置御領之条、以外様候き、其後御無正体候処、御家門様依不慮□□（御下）向、于今被相拘候

（永正元年七月二十五日）

（既に御領を捨て置かるの条、もつての外の様に候き。その後、正体なく候ところ、御家門様不慮の御下向により、今に相拘へられ候。）

『政基公旅引付』を読み下し、また注釈を施している『新修泉佐野市史　五』では、前者に対しては「正当な理由がない、不当であるということ」、後者に関しては「実態がともなわず正常ではない」と頭注が施されている。この

ような意味は、「無正体」以外に「不可有正体（正体あるべからず）」という表現でも用いられている。

・抑日根野東方之儀、自地□《(下)》国方ヲ扱子細条々也、仍如此令沙汰者不可有正体之条、以一行委仰付了

（文亀二年〈一五〇二〉十月九日）

（そもそも日根野東方の儀、地□《(下)》より国方を扱ふ子細、条々なり。よつて此の如く沙汰せしめば、正体あるべからざるの条、一行をもつて委しく仰せ付け了んぬ。）

・相調群勢可放火也、一日二日延引ハ不苦、只今小勢ニテ差懸令不覚者、自余之郷内成敗不可有正体

（文亀三年七月九日）

（群勢を相調へ、放火すべきなり。一日、二日、延引は苦しからず。只今、小《(少)》勢にて差し懸け不覚せしめば、自余の郷内の成敗、正体あるべからず。）

前者には「正当な行為ではない」、後者には「有名無実になること」という注が施されている。またシャウダイナイの用例には、次のような「一人前ではない（人間として十分ではない）」のような意味での使用も見られる。頭注では「頼りない」となっている。地下人とは百姓のことである。

於科条者雖不軽、地下人ハ一人モ乍正体無《(マヽ)》ヲシキ也、地下案堵事可宥免之由仰了

（永正元年七月十九日）

（科条においては軽からずといへども、地下人は一人も正体無きながらを《(惜)》しきなり。地下安堵の事、宥免すべきの由仰せ了んぬ。）

このように、シャウダイナイは様々な意味で使用されているが、本来の意味は漢字表記の示す通り「そのものの本来の姿でない」ということになろう。これもモッタイナイ（物体無い）の本来の意味である「物のあるべき姿でない」と通じるものと言えよう。

第二節　モッタイナシの意味と表記

否定詞を伴わないモッタイ単独の使用は、中世の辞書にその見出しは見られるものの、実際の用例は様々な古語辞典類を見ても近世初期を待たなければならない。近世初期とは、モッタイナシに関連してモッタイ（勿体）の意義解釈を行った『下学集』や『節用集』が中世後期から引き続いて次々と制作され出板されていた時代である。このような時代に、今まで見られなかったモッタイが単独で出現してきたことには、『下学集』や『節用集』の記述の影響があるのではないかと思われる。つまり、『下学集』や『節用集』における字義解釈に基づくモッタイの語義説明が、今まで使用がなかったモッタイ単独の出現を近世初期に促したとも言えよう。あるいは、俗語がたまたま語形変化を起して漢語らしく振舞ったのかもしれない。そのような例が近世にはよく見られるのである。

ここで問題となってくるのはモッタイの意味である。モッタイは、『日本国語大辞典　第二版』では次のように意味ブランチがなされている。

(1)有様、態度がいかにももののしいこと。また、そのような有様、態度。もってい。

(2)人の態度や品格。また、物の品位。風采。風格。

最初は遊廓で使用されたようであり、『色道大鏡』（一六七八）にはモッタイの意味が記されている。

もつたい　潜上をさきだて景気を繕う㒵なり、もつたいらしきなどいふ詞なり

この(1)と(2)の意味は、ともに『下学集』や『節用集』に見られる「モッタイ＝シャウダイナシ」とはなっていない。また、日本での俗の使用である「シャウダイナシ＝モッタイナシ」から「シャウタイ＝モッタイ」の図式を生じさせることは可能であるが、モッタイの意味はシャウタイの表す意味とも合致していない。

このように、モッタイとモッタイナシとはなかなか結びつけがたい点がある。しかも、遊廓で使用されるようになったモッタイはモッタイナシよりも後の成立である。『角川古語大辞典』の「もつたいなし」の項では、「勿体（もつたい❶を打ち消した語」とある。その勿体❶とは「威厳のある様子。重々しいこと」とあり、用例として『下学集』の記述や西沢一風の浮世草子『新色五巻書』を挙げている。確かにモッタイナシのナシは打消であることに問題はないが、『角川古語大辞典』のモッタイナシの項に示されているようなモッタイを打ち消したものではないのである。ここでは、遊廓で使用されていたようなモッタイの意味から、モッタイナシの意味が成立したものではないことを確認しておけばよいと思う。モッタイがモッタイナシによって成立したかどうかについては保留としておく。

モッタイナシの意味についてもはっきりしない。ミョウガナイの②の感謝の意を表す場合の意味説明にモッタイナイが使用されていた。『日本国語大辞典　第二版』の「もったいない」の二番目の意味説明は、「恐れ多い。身に過ぎてかたじけない」として、中世の『空華日用工夫略集』や虎明本狂言、そして近世の『醒睡笑』や近松の『釈迦如来誕生会』を用例としている。

モッタイナイは、中世や近世初期においては『下学集』や『かたこと』においてシャウダイナシと類義的な語とされていた。また『日葡辞書』においても、「堪えがたい（こと）、または、不都合な（こと）」とあった。後で扱う表記の用例として挙げている『齊東俗談』（一六八五）や『志不可起』（一七二七）においてもマイマス的な意味が記述されている。本居宣長の『歴朝詔詞解』ではカタジケナシの意味を二つに分け、「此言は、恐れ憚る意にて恥《ハヅ》る意をも帯《オビ》たり。俗言に、恐れおほい、物体ない、などいふにあたれり。今俗にかたじけないといふは、音の転れる意にて」とあるように、モッタイナイと感謝の意のカタジケナイとは別の意味とされていた。

明治時代になっても、例えばヘボンの『和英語林集成』（三版　明治十九年〈一八七六〉において、

MOTTAINAI, -KI, -KU -SHI モッタイナイ　無物體　adj. Wrong, improper, unbecoming, indecent: gokoku wo tsuiyasu koto wa —, it is wrong to waste grain; mottai shigoku mo nai, exceedingly unbecoming.

とあり、悪い、不適切、不穏な、卑劣なといったマイナス的な意味が羅列されている。『言海』四巻（一八九一）では「畏《カシコ》シ。恐レアリ」、『日本大辞書』（一八九三）では「恐レアル」とあり、感謝の用法は見られない。『ことばの泉』（一八九八）では「恐れおほし。かたじけなし」とあり、また『辞林』（一九〇七）でも「畏れ多し。かたじけなし」と、カタジケナシが意味記述に現れるようになる。そして、『大日本国語辞典』（一九一九）においても「畏れ多い、辱けない」とあった。オソレオオイについては先に現代の辞書における意味記述での利用を見たが、上の人と関われば、自分の失礼な行為も、また上からの厚意も、それで表せてしまう。なお『大言海』四巻（一九三五）では、「恐レ多シ。辱ケナシ」に続いて、「己レ及バザルコトヲ、又ハ、上ノ己ヲ厚ウスルコトヲ恐懼スルニ云フ」とある。

国語辞典ではなかなか意味が判断できないので、ヘボンの『和英語林集成』のような和英辞典を利用すると、ブリンクリ氏の『和英辞典』（一八九六）や、和田垣謙三『新和英辞典』（一九〇二）、井上十吉『新訳和英辞典』（一九〇九）では、ヘボンの『和英語林集成』と同じくマイナス的な語の羅列である。しかし、竹原常太『スタンダード和英大辞典』（訂正増補版　大正十五年〈一九二六〉）では「分に過ぎる」と意味が示されている。

mottainai（勿体ない）adj. ❶［不敬］impious; sacrilegious; sinful. ★勿体ないことをする *to commit sacrilege*（神仏に対して）

此霊地で勿体ないことをしてはならぬ　You should not *profane* this sacred place.

こんな事を考へては天道様に勿体ない　It is *sin against* heaven to think such a thing.

❷［分に過ぎる］unworthy of; undeserving; too good.

こんな親切に預かっては勿体ない　I am *unworthy of* your kindness.
君には全く勿体ないやうな娘と婚約してゐるのかね You are engaged ro a girl who is several times *too good for* you. — *Record* (*Glasgow*).
❸［不経済］wasteful; extravagant. ★そんなに水を使つては勿体無い　*it is simply a waste to use so much water.*

また、『齋藤和英大辞典』（昭和三年〈一九二八〉）でも、（＝不敬な）、❷（＝善過ぎる、惜しい）、❸（＝あたら惜しい）があり、感謝の用法に近いのは、❷の次の例ぐらいである。この例から「分に過ぎる」意が読み取れる。

●さうお賞めに与つては勿体ない　Such praise is more than I deserve — I do not deserve such praise — I am unworthy of such praise — It is undeserved prise.

和英辞典類においても感謝の用法と言い切れるものはなかった。戦後の国語辞典になると、例えば『辞海』（昭和二十八年〈一九五三〉）では、「㊀【中】正体がない。ぶざまである。㊁【中】不都合である。ふとどきである。もっての外である。㊂恐れ多い。かたじけない。目上から受ける厚意に対し恐縮していう。㊃尊い。けだかい。㊄非常に惜しいことである」とある。㊀と㊁には中世語という注記があるから、㊂以降が現代の意味となろう。㊂に明らかに目上からの厚意と記されているから、『辞林』や『大日本国語辞典』『大言海』も同様に解釈してよさそうである。『広辞苑』初版（岩波書店　一九五六）では「①神仏、貴人などに対して不都合である。罰があたる。②畏れ多い。かたじけない。ありがたい。③むやみに、費すのが惜しい」とあり、それまでの辞書に記載されていた「畏れ多い。かたじけない」に、「ありがたい」が付け加わっている。このように見てくると、モッタイナイにおける感謝の用法は明治以降になって確立したと思われる。少し早い例としては、第一部第五章第五節「配慮を伴った感謝表現」で扱った『仮名文章娘節用』（一八三二）に、「有がたい」とともに使用されているものがある。

かへつてやさしいそのおことば、もつたいないとも有りがたいとも、申さうやうはござりませぬ。

モッタイナイが感謝表現として扱われるようになったのは、感謝の発想法が〈配慮・気遣い〉になったことが大きいと思われる。なお『日本国語大辞典　第二版』においては、②「おそれ多い。身に過ぎてかたじけない」の用例として、中・近世の用例を挙げている。「おそれ多い」は、前にも述べたが目上との関わりがあればプラスであってもマイナスであっても当てはまり曖昧なので除外し、それと一緒に挙げてある「身に過ぎてかたじけない」の方に重点をおいて、各用例を確認していきたい。

中世の用例としては、『空華日用工夫略集』と虎明本狂言が利用されている。『空華日用工夫略集』は五山の僧侶義堂周信の日記である。永和四年（一三七八）九月十六日の管領であった細川頼之からの回書に書かれていた内容である。

其れ今に於ては一向公方に対し敵と成らるるにたり。甚だ勿体無し

五山から十刹に格下げになった臨川寺の復位の活動に関して、義堂たちが公方に対して敵のような状態になっていることを、頼之が「甚だ勿体無し」と〈批評・評価〉している。それは本来のあるべき姿ではなく不都合なことだと述べているのである。

虎明本では「右流左死」が用例に上がっている。この用例については第一部第三章第三節「狂言の感謝表現」において扱った。少し前から補って引用しておく。

女「なふうるさや、あのやうな事はきゝ、たうもなひ　藤三「是は言語道断もつたいなきお言葉かな、すいさんなる申事なれども、今よりしてうるさしと申事仰られな、ぶつきやうなることばにて候

女性が「うるさや」ということばを用いたことに対して用いている。「うるさし」とは「物狂な（とんでもない）ことばであり、あなたのような人が使うようなことばではないと注意しているのである。高貴な女性にはふさわしくないのである。なおこの例については、『古語大辞典』では先に見たように①「不都合だ。ふとどきだ。妥当でない」の用例として扱われている。

近世の用例としては、まず『醒睡笑』（一六二八）が挙げられている。巻二の「貴人の行跡」に含まれている話である。

かたち殊《こと》に痩《や》せくろみてわたらせ給ふお大名《だいみやう》ありしが、近習《きんじゆ》の侍《さむらひ》にむかはせたまひ、「予《よ》が顔が猿《さる》に似たと、人みないふと聞いたが、まことか、うそか」。臣《しん》うけたまはりて、「これは勿体《もつたい》なき御錠《ごぢやう》に候。たれやの人さやうの事をば申し上げけるぞ。世上《せじやう》にはただ猿が顔が、殿様に似たとこそ申し候」

臣下にとっては答えがたい仰せであり、「たれやの人さやうの事をば申し上げけるぞ」と、そのようなことを言う人を非難している。殿様が質問するにはふさわしくない内容だと述べているのである。

その次は、『宗祇諸国物語』（一六八五）の巻二「高野登五障雲」である。宿屋の亭主の話に出て来る。

誠に遠《とを》く思ひ立たる　志《こゝろざし》　はすせうながら勿体《もつたい》なく、仏をあざむき奉りし我意の所為《しよゐ》こそ　愚《をろか》なれとかたりければ皆舌《した》をまきておそる

女人堂より奥へ一歩も入っていけないのに、この女は「腹《はら》あしき者にてはる〳〵心づくしの海上《かいしやう》を詣《まふで》たるかいなく、寺院の有様さへ拝《をが》ます帰らん事口惜《くちをしく》も心うし」と思って、山に入ろうとした途端に、空が荒れ、行方不明になり、後日聞いたところでは和泉《いづみ》の坪坂《つぼさか》の辺《ほとり》の松の枝に二つに裂かれてかかっていたと言う。

板本ではここに示したように「勿体なく」の後に読点があるが、文脈的には「勿体なく」の前に読点があるべきで

あろう。「志は殊勝ながら、勿体なく仏をあざむき奉りし」となり、志はけなげであるが、失礼なことに仏をあざむき申し上げたと解釈でき、マイナス的な〈批評・評価〉である。

近松の作品では「釈迦如来誕生会」が上がっている。この作品は、『大日本国語辞典』で採用され、『大辞典』や『日本国語大辞典　第二版』などでも利用されている。

むかしは五天の御あるじきんくは帳の内にして、月卿雲客《げつけいうんかく》にかしづかれ給ひし身の、御手足に胝《ひゞ》きれて御爪《つめ》もかけそんじ、あるにあられぬ御有さま勿体《もつたい》なくもいたはし、　（四）

悉達太子は剃髪して難行苦行をしている。これまでの優雅な生活とはうってかわって、手足は胝がきれ、爪もかけて、そのようなあるまじきありさまは、太子にはふさわしくないいたいたしいのである。

『古語大辞典』では虎寛本の「武悪」の例が示されていた。主人の命令によって成敗に行った太郎冠者が手打ちにすることをやめた場面である。

シテ「偏に命の親と存ずる。　太郎冠者「ア、勿体無い。其手を取つて立しめ。シテ「心得た。

虎明本では次のようになっており、太郎冠者の返答はない。

武悪「扨々かたじけなひ、是こそまことの命のおやじや、日比とうかんなひ故じや、此御おんはいつくの浦にゐ共わすれおくまひ　〈手を合おがむ也

武悪が、太郎冠者に対して「命の親と親」と言ったことに対して、「ア、勿体無い」と言って、「其の手を取つて立たしめ」と述べているように、太郎冠者はそのように言われる人物ではないと述べているのである。

このように見てくると、辞書が示すような「身に過ぎてかたじけない」と解釈できる用例はなかった。

最後にモッタイナシの表記の歴史について扱っていく。モッタイ（ナシ）は、『伊呂波字類抄』には「物体」、また

中世の古文書には「無物体」という表記も見られた。しかし、『下学集』や『節用集』において、「勿体」あるいは「無勿体」が見出し表記になっていたことから、「（無）勿体」が一般的な表記になっていた。しかし、近世中期以降は「物体」という表記も多く使用されるようになる。近世における漢字研究は、『下学集』で問題となっていたモッタイナイの意味と漢字表記との齟齬について、解答を提出することができた。中国の書物にその手がかり求めていたところ、元代の周伯琦による『六書正譌』に参考となる記事があるのを見つけたのである。例えば、松浦交翠の『齊東俗談』（延宝七年〈一六七九〉序、九年跋、貞享二年〈一六八五〉刊行）の「勿体《モッタイ》」の項には、先に挙げた『下学集』の記事を引用したあとに、次のように『六書正譌』を引用している。

按、六書正譌ニ、事物ノ之物、本《モト》只勿《モツ》ノ字ナリ、後人加テレ牛ヲ以別《ワカツ》レ之ヲ。然ルトキハ物勿本ト同字ナリ。俗語ノ勿《モツ》体ハ即チ物体ナリ。人物ノスベヨキヲ、物体ノアルト云。君父ヲ蔑《ナイカシロ》ニシ、神明ヲ侮《アナトル》等ハ、人物ノ正《セウ》体《タイ》ニアラサルユヘニ、コレヲ無シ二物体一ト云コト、却リテ文理アルニ似タリ（巻三　二一オ）

『六書正譌』の記事の後に、モッタイナイと近世から使用されるようになったモッタイとを同じ語源のものだとしている。そして、モッタイの表記を「物体」と考えると、「ショウダイナイ＝モッタイナイ」という関係がよく説明できると言う。またその記述内容から、モッタイナイは「君父ヲ蔑ニシ、神明ヲ侮ル」場合などに使用されていることからマイナス的な意味であったことがわかる。

この『六書正譌』に基づいた「勿体＝物体」説は、人々に受け入れられ、貝原好古の『諺草』（一六九九）や箕田喜貞の『志不可起』（一七二七）にも見られる。ただし『諺草』の記述は、『齊東俗談』の「六書正譌ニ……俗語ノ勿体即物体ナリ」の箇所を提示しているにすぎない。『志不可起』によると、『六書正譌』の記事が『字彙』（梅膺祚編一六一五）に所収されていることがわかる。

もつたいなし　無㆓勿体㆒ト書　勿ノ字コ、ニテハなかれト云義ニテハナシ　字彙ニ六書正譌ニ曰事物ノ物本勿ノ字也後人加ㇾ牛別ㇾ之云々　シカレバコ、ハ人物ノ体ナシト云ノ義也
サテもつたいなしノ詞ヲ　今ハタヾ神仏又尊貴ノ人ヲ疎末ニスルヲノミ云ト見ヘタリ　最是モサアレドモソレニハ限ラズ　トカク人ノ人タルベキ義ヲクヅシヌルト見ヘテ（巻七）

ここでも「物体」説が受け入れられている。また、モッタイナイの意味についても詳しく記述されており、『齊東俗談』と同じくマイナス的なものであった。そして、最後の方で「モッタイナシ＝ショウダイナシ」がやはり意識されている。

このように、近世になってモッタイナシの漢字表記が問題となったのは、遊廓でのモッタイが一般語化したことにより、その表記に関わってモッタイナシを「勿体」を用いて書き表すことに違和感があったからであろう。

辞書では、『書言字考節用集』（一七一七）が見出し表記を「無㆓物體㆒」とし、割注で「本朝ノ俗語。又下学集作ㇾシ勿躰㆒」と記し、「物体」を正しい表記としている。谷川士清の『倭訓栞』（一七七七）では「物体」（「かたじけなし」の項）、本居宣長の『歴朝詔詞解』（一八〇三）は「物躰」とあり、「物体」が使用されており、国学者の間では「物体」を正式の表記として認めていたようである。一方庶民の活用する早引節用集では、例えば『早引節用集』（村上伊兵衛他　一七五七）や『大全早引節用集』（柏原与左衛門　一八三六）、山下重政臼案・浅田観三訂正『大全早引節用集』（一八六四）では「無勿躰《もつたいなし》」となっており、『節用集』の見出し表記である「勿体」が強い。なお、国学者の山崎美成の編になる『早引永代節用集大全　改正大増補』（明治五年〈一八七二〉）では、「無物體《もつたいなし》、無勿躰《同》」となっており、「物体」と「勿体」の両方の表記を認めている。

ヘボンの『和英語林集成』は初版（慶応三年〈一八六七〉）から「物體」である。明治時代の辞書では、モッタイの

子見出しでモッタイナシが扱われることが多い。『言海』四巻（明治二十四年）は「物體（或ハ勿體）」、『日本大辞書』（明治二十六年）でも「物體（勿體トモ書ク）」とある。『大日本国語辞書』など大きな辞書になれば、先に示したように、モッタイとは別の見出しになる。『大日本国語辞典』では「物體無」のみである。『改修言泉』（昭和三年〈一九二八〉）では「物體無し」と「勿體無し」の二表記並記であり、『大言海』や『大辞典』においても同様である。「物躰」という表記が『伊呂波字類抄』にあることを示した新村出が編集した『辞苑』（昭和十年〈一九三五〉）では、モッタイとモッタイナとは別見出しになっている。モッタイに関しては「物體」と「勿體」の二表記を示す。しかしモッタイナシはモッタイナ（物體無）の子見出しで、「物體無し」しか認めていない。『明解国語辞典』（昭和十八年〈一九四三〉）では、モッタイナシはモッタイの子見出しであるが、モッタイについては「物體・勿體」と両表記を挙げながら、モッタイナイに対しては現代と同じく「勿體無い」しか掲出していない。

戦後の辞書では、『明解国語辞典』と同じ編者（金田一京助）であり同じ出版社（三省堂）の『辞海』（昭和二十七年〈一九五二〉）では、モッタイナイはモッタイ「物体・勿体」の子見出しで「―無い」となっている。『辞苑』の後継辞書である『広辞苑』（昭和三十年〈一九五五〉）では、モッタイとは別の見出し語として扱われている。モッタイに対しては「勿体・物体」の二表記であるが、モッタイナシについては「勿体なし」だけである。新村出の考えが継承されていないと言えよう。なお第二版（昭和四十四年〈一九六九〉）から「なし」が漢字表記「無し」に変わる。現代の辞書が「勿体」しか掲出しないのは、『明解国語辞典』やこの『広辞苑』の影響によるのであろうか。「物体」という表記が消えたことによって、モッタイナイに対する不必要な語源詮索を再び行わせることになってしまった。せめて、注記として「物体」についても触れるべきであろう。また、モッタイナイをモッタイの子見出しとして扱ってよいのだろうか。

最後に繰り返しになるが、モッタイナイの「ナイ」がミョウガナイのナイと同じく非存在の形容詞「ナイ」であることは、抄物の次のような例からも察することができる。

・住持ノ師ノ死ナシタホトニ、ア、勿躰モ、サフヌトテ、慰スルソ　（両足院本『百丈清規抄』二　二十三オ）

・カマイテ、其様ナ事ハ勿躰モナイ事テサフソ　（同二　四十三オ）

第三章　近世前期におけるミョウガ（冥加）に関わる表現

『かたこと』に見られるように、その当時の人々にはミョウガナイの語源について理解できなくなっていた。しかし、ミョウガ（冥加）自体は人々の日常生活に密接に関わっていた。そこで、ミョウガナイに替わる、より理解しやすい様々な表現が生み出されてきたのである。そのあたりを、『かたこと』より少し後の、西鶴や八文字屋本などの浮世草子に使用されているミョウガに関わる表現を取り上げ、それぞれの表現の意味用法や表現の変化について見ていくことにする。

西鶴の作品にはミョウガナイの使用は一例しかない。しかも「冥加なき仕合」とあり、「仕合」を伴って使用されている。

> 其まゝ梅《むめ》之助《すけ》に、「只今《たゞいま》登城《とうじやう》すべし。しばしの内《うち》、叶《かな》はざる御用《よう》あり。もし病中《びやうちう》といはゞ、乗物《のりもの》にて迎《むか》ひ来《きた》るべし」と、歩行《かち》六尺数《す》十人、御手医者《ていしや》坂川玄春《さかがはげんしゆん》、御使者《ししや》には今の御物《ごもつ》甲斐品之丞《かひしなのぜう》をつかはされけるに、内《く》蔵《ら》、「是《これ》は冥《みやう》加《が》なき仕合《しあはせ》」と、早々《さう〳〵》梅《むめ》之助《すけ》を送り
>
> （『武道伝来記』五・二　一六八七）

『日葡辞書』ではミョウガモナイコトで感謝の意を示すことが記述されていたが、ここではミョウガナイが「仕合」を修飾している。「仕合」はその当時は中立的な語であったから、ミョウガナイが「仕合」の内容を示していることになる。ミョウガナイの語源については特に意識されずに、感謝の度の高いものとして意で用いられているのであろ

う。「冥加なき仕合」は後の八文字屋本にも見られるが、藩の上層部に対する感謝表現の一形式になっていたようである。

西鶴の作品には、ミョウガに関わる表現としては、ミョウガナイの他に、ミョウガアル（冥加ある）、ミョウガオソロシ（冥加おそろし）、ミョウガニツク（冥加に付く）、ミョウガニカナウ（冥加にかなふ）の四つの表現が見られる。ミョウガアル（冥加ある）は、ミョウガナイとは語源的にはミョウガに関して有無の関係にあるように思われる。しかし、ミョウガナイのようには一語化はしておらず、文字通り「冥加」が「ある」という主述関係になっている。

此時《とき》のうれしさ、「あの君《きみ》七代まで大夫冥加《めうが》あれ」とぞ願ふ。（『好色一代男』七・六　一六八二）

世之介が軒下に隠れていることに気づきながらも、それを見逃してくれたなか津に対して、世之介が感謝している場面である。ここではミョウガの前に「大夫」が付加されている。これは、なか津がいつまでも大夫として全盛を続けられるようにと、ミョウガをある面に限定しているのである。このようなミョウガの前に名詞が付加して限定する用法が次第に増加してくる。現在ではミョウガではなくミョウリの形であるが、「役者冥利」「教師冥利」のように使用されている。次の例も、ミョウガの前に「命」が付加されている。

おのれは、六波羅の高藪のうちにかくれてゐて、ここ、夜盗の学校とさだめ、命冥加のある盗人に、この一通り指南をさせ（『本朝二十不孝』二・一　一六八六）

石川五右衛門が、盗人（泥棒）学校を作って、「命冥加のある盗人」に盗人としての一通りの指導をさせたとある。この後に段階に応じた指導が記されている。かこさとしの『どろぼうがっこう』（偕成社　一九七三）のようである。「命冥加のある盗人」とは、これまで捕まらずに生きながらえてきた経験の長い人を指していよう。「冥加ある」に関連した二例ともに、限定されたミョウガとなっている。

次はミョウガオソロシ（冥加おそろし）である。西鶴の作品には二例ある。ともに商家の妻の贅沢さを表すのに使用されている。

・襠《ゆぐ》も本紅《ほんもみ》の二枚がさね、白ぬめの足袋《たび》はくなど、むかしは大名《だいみやう》の御前《ごぜん》がたにもあそばさぬ事、おもへば町人の女房の分《ぶん》として、冥加《みやうが》おそろしき事ぞかし　（『世間胸算用』一・一　一六九二）

・殊《こと》に妻子《さいし》の衣服《いふく》、また上《うへ》もなき事共、身の程《ほど》しらず、冥《みやう》加をそろしき。高家貴《かうけき》人の御衣《ぎよい》さへ、京織《きやうをり》羽二重《はふたへ》の外《ほか》はなかりき　（『日本永代蔵』一・四　一六八八）

商家の女房の服装が派手になり、大名の御前や高家の貴人でさえ着なかったものを身につけており、分を過ぎた行いをしているのである。そのことに対してミョウガオソロシと表現している。ミョウガがオソロシというように主述関係になっている。ここでは、ミョウガの本来の意味である神仏の加護というより、神や仏による罰が恐ろしいとなろう。あくまでも神仏の加護にこだわれば、「冥加（ないことが）おそろし」というような意味合いになろう。そのような行為は、神仏の加護から見放されてしまい、罰があたるようで恐ろしいのである。

次はミョウガニツク（冥加につく）である。現代では「～冥利につきる」という形で用いられる。例えば『新明解国語辞典』（第八版　二〇二〇）では、「教師―に尽きると言うべきだ／男―女―」を用例として、「冥利」について「［それ以外のものでは決して味わうことの出来ない］人間としての最高のΔ充足感（幸福感）」とあり、プラスの意味合いで記されている。しかし、次節（第四節）「ミョウリニツキル（冥利に尽きる）の意味変化」で述べるように、ミョウガニツキルはもともとはマイナス的な意味であった。プラス的な意味に転じたのは昭和に入ってからのようである。西鶴の作品での用例は、時代的にもマイナス的な意味である。

・勿体なくも、親達《たち》に足《あし》をさすらせ大小便《べん》とられ、冥加《みやうが》につきし身のはて、親のばちあたりと、名のりける。

・思ひもよらぬ事に、独《ひとり》残り給ひし母まで刃《やいば》にかけ、年来の敵《かたき》は打ずして、いやましにうきめをかさぬる事、

（『本朝二十不孝』五・三）

是程《これほど》、侍《さぶらひ》冥加《みやうが》にも尽きぬる者か。よし〳〵是迄」と、すでに自害《じがい》と見えしが

（『武道伝来記』四・三）

前者の『本朝二十不孝』の例は、両替屋の才兵衛という男のことである。才兵衛は、力自慢で、高松の荒磯と名乗って相撲をとり四国一番の取り手になった。ところが、ある山里で夜宮相撲があった時、地元の強力と組み合った際に、投げられて骸骨《あばらぼね》がくだけてしまった。そのために、両親に看病してもらう身になったのである。神仏の加護が終わり、神仏に見放されてしまったのであり、マイナス的な意味で使用されている。後者の『武道伝来記』の例は、母を相手の刃にかけられて、さらにその上敵が討てないのは、侍としての命運が尽き果ててしまったのである。このような身分や職業がミョウガを修飾する場合は、「神仏の加護」というよりもある身分や職業における命運、すなわちこの場合で言えば「侍」としての命運ということになろう。ただし、その命運の背後には神仏の加護が当然関わっている。前者の例の才兵衛は「高松の荒磯」という四股名で相撲をとっていたが、怪我をしてからは「親の罰あたり」と四股名風に呼ばれているように、罰があたったのである。

次はミョウガニカナウ（冥加にかなふ）である。『かたこと』にも記載されていたようにプラス表現である。「かなふ」とは、目的や趣旨に合致するとか、願文が実現する意を表す。この場合は、ミョウガの前に「武士の」というように限定のことばが置かれている。

橘山刑部とて、奥州福島にて、出頭この一人、殿《との》の御心底我《ていわが》物にして、御機嫌《きげん》よろしければ、栄華《えいぐは》の時を得て、武士《ぶし》の冥《みやう》加にかなひ、一家《か》中この人に思ひ付《つく》事、御威光《ゐくはう》ばかりにあらず

（『武道伝来記』一・二）

橘山刑部は、殿のお気に入りであったことによって、武士としての望みが実現したのである。

このように、ミョウガは近世前期においては背後にある神仏の加護よりは直接関わっている身分や職における命運という意味合いが強くなってきている。ミョウガの前に名詞が上接してミョウガの範囲を規定する用法が増加したことによる。これは、第一部第四章第三節「近松作品におけるアリガタイ」で見たように誓言と関わりがあろう。

ミョウガに替わるように、新たな表現としてミョウリ（冥利・冥理）が生まれてきた。西鶴の作品では、「冥理」が一例使用されている。『日本国語大辞典　第二版』では、「冥利」と「冥理」とは別の見出しになっている。「冥利」は仏典に典拠のある由緒ある語である。それに対して、「冥理」は仏典や漢籍に典拠は認められないようである。またこの辞典では、「冥利」に対しては「①仏語。仏菩薩が知らず知らずの間に与える利益。②転じて、人が知らず知らずの間に、神仏や他人などから与えられる福利・恩恵。③ある状態であることによって、おのずから受ける恩恵。「商売冥利」「男冥利」④身分、職業などを表わすことばの下に付けて、「自分の身分・職業にかけて」と誓いの意を示すのに用いる」とある。そして、「冥理」には「人の目には知られない神仏の考え。また、隠されている道理」という語釈を施している。ところで、西鶴の作品では次のようにある。

　されど共、父《ちゝ》滝《たき》之進《しん》、武士《ぶし》の本意《い》に背《そむ》きたる冥理《めうり》の程、弓矢神《ゆみやがみ》にも見はなされし、天罰《てんばつ》のがれずして、角之丞《かくのぜう》に酬《むくひ》て、只今《たゞいま》御手にかゝりたり　（『武道伝来記』六・三）

滝之進が五助を毒殺したことによって、滝之進の息子である角之丞は五助の息子の五七郎に討たれた。それは、滝之進が武士の本意に背いたことによって、武芸に関わる神の加護から見放された天罰が息子の角之丞に降りかかったのだと、角之丞の母が説明している。『日本国語大辞典　第二版』では、この用例や漢字の「利」と「理」の違いに基づいて「冥理」の語釈を施しているようである。文脈的に「冥利」のような「利益」といったプラスの意にすることはできないので、「考え」や「道理」としたのであろう。新日本古典文学全集（小学館）は、「因果」と訳して、語自体をマイナス的な意味合いにしている。近世前期において、ミョウガに関わる表現がプラスにもマイナスにも使用されているように、この「冥理」も中立的な語と見た方がよいであろう。新大系（岩波書店）は、この「冥理」を「「冥利」の宛字とも見られる」としている。なお弓矢神とあるように、武士の身分においては常に弓矢神が関係している。これまで見てきたように、ミョウガやミョウリの前に身分や職がきた場合には、その身分や職に関わる神が関与していて、その神に見放されると天罰が下るのである。

『日本国語大辞典　第二版』では『好色二代男（諸艶大鑑）』（一六八四）の「名利」の例を「冥利」の中に入れている。そして、「冥利」の中の④の「身分、職業などを表わすことばの下に付けて、「自分の身分・職業にかけて」と誓いの意を示すのに用いる」の用例として利用している。この場合も、先の新大系が「冥理」を「冥利」のあて字としているのと同様に、「名利」を「冥利」のあて字として見ているのである。この箇所は、各遊女屋の口癖が記されていて、その当時の社会がわかる興味深い記述である。

　其家《いへ》の姉《あね》女良のまねをするにや、聞《きゝ》とがむれば、定《さだ》まつてくせあり。新《あたらし》屋のあゝしんき、木村《このむら》屋の百癩《びやくらい》、扇子《おふぎ》屋のあゝゑず、八木《やぎ》屋のつがもない、金田《かなだ》屋の名利《みやうり》、明石《あかし》屋のうるさ、丹波《たんば》屋の無下《むげ》ない、藤《ふぢ》屋のてんと、堺《さかい》屋の下卑《げび》た、松原《まつばら》屋の気の毒《どく》、伏見《ふしみ》屋のにくやの、塩屋《しほや》のそれとても、京屋の何が扨《さて》、大坂《ざか》屋のみぢん、住吉《すみよし》屋の今にかぎらず、槌《つち》屋のけりやう、湊《みなと》屋の神《かみ》ならぬ身、茨木《いばらぎ》屋のそもや、此外《ほか》遣手《やりて》禿《かぶろ》までも、口《くち》ぐせあれども、書《かく》につきず。大かたの事は人も見ゆるせかし　（二・五）

遊女屋の口癖にはマイナス的な悪いことばが多い。その中で、金田屋は「名利」が口癖であると言う。注釈書によると、『日本国語大辞典　第二版』と同様に、この例は「冥利」に相当するものと考えられている。新大系は、「約束を背けば神仏の加護が尽きてもかまわないと、自分で誓って言う語」と注を施している。この店では客にむやみやたらに誓っていたのであろう。

西鶴作品に見られるミョウガに関わる表現を見てきたが、中世のミョウガとは異なり、単なる神仏の加護という意味合いは薄れてきている。ミョウガの前に身分や職業の語が結合し、その語がミョウガを修飾している。その場合には、その人の身分や職業に関わる命運というように限定され、漠然とした神仏ではなく、その身分や職業に関わる神の加護というふうになっている。また「冥理」という表現も見られるが、これは後に使用が多くなる「冥利」と関わりがあるものと思われる。

西鶴の作品から始まったとされる浮世草子は八文字屋本に継承されていく。八文字屋本とは、京の書肆八文字屋から刊行されたものということである。一七〇一年（元禄十四）に刊行された江島其磧の『けいせい色三味線』に始まり、一七七〇年代までの作品を指す。時代的には西鶴の作品よりも十年ほど後のものから百年近く後までの長い期間のものを含んでいる。八文字屋本におけるミョウガに関わる表現についてこれから見ていくが、用例の検索にあたっては汲古書院から刊行された『八文字屋本全集　索引』（汲古書院　二〇一三）を利用した。西鶴一個人とは異なり、それぞれの表現について多くの用例を拾うことができる。この八文字屋本を利用することによって、各表現の使用状況をより明確にできると思われる。

西鶴が使用していた、ミョウガナイ（冥加ない）、ミョウガオソロシ（冥加おそろし）、ミョウガニツク（冥加につく）、ミョウガニカナウ（冥加にかなふ）に加えて、八文字屋本では新たにミョウガニアマル（冥加にあまる）とミョウガシラズ（冥加しらず）が見られるようになる。またミョウガに替わる表現として、西鶴にも見られたミョウリに関わる表現の使用も多くなっている。

各表現について見ていくことにしよう。ミョウガ関係の表現の用例数は、先の索引によるとミョウガナイが十一例、ミョウガオソロシが四例、ミョウガニックが十一例、ミョウガニカナウが二十七例、ミョウガニアマルが十四例、ミョウガシラズが七例ある。そしてミョウリに関わるものが六例である。かなりの数になるので、すべての用例を扱う余裕はない。そこで、ミョウガナイにはプラスとマイナスの用法があるので全十一例すべての用例を掲出する。またミョウリに関わるものは、ミョウガとの関わりを見るために、これも六例すべてを扱う。他のものについては、各表現において時代的な用法の違いが認められないので、五例以上あるものは五例にとどめる。なお、各表現の用法を理解するためにその使用されている状況を説明する。それによって、それぞれの表現がどのような意味合いで使用されているのかを考えてみたい。

★ミョウガナイ（冥加ない）

ミョウガナイが感謝表現として使用されるのは、上の人から厚意ある行為をしてもらった場合である。逆に、上の人に対して、自分あるいは他の人が行ったことについてミョウガナイを使用するのは、その行為が失礼なことを指す場合である。八文字屋本ではその両用法とも認められる。まず感謝表現の場合としては次のようなものがある。

①益左衛門父子にあひ、御意《ぎよゐ》の趣《おもむき》を述《のべ》身にくもりなきにおゐては神文《しんもん》を書《かき》て上らるべしと申しければ、益之丞承り誠《まこと》に有難《ありがたき》御上意《ゐ》冥《みやう》加《が》なき仕合かしこまつて神文《しんもん》をした丶めさし申べきが

（『武道近江八景』四　一七一九）

②沖之進不便《ふびん》に思ひ、コレ修理之助。幼少《ようせう》より律儀《りちぎ》なる生れつき。少々の仕損《しそん》じは、宥免《ゆうめん》して勘当許《かんどう》してやつてたも。身が詫《わび》するぞとありければ、冥加《めうが》もない御まへの御言葉《ことば》にかけらる丶やうな奴《やつ》めにてはなく候。やい不届《とゞき》者め。

（『契情お国䩲妓』五　一七三〇）

③冥加《めうが》ない。御世話《せわ》にあづかる忝いと。しらぬが仏有りがたがる

（『曦太平記後楠軍法鎧桜』三・七　一七三二）

④平家無二の忠臣《ちうしん》との御詞《ことば》。梶原頭《かじはらかうべ》をうなたれ、有難《ありがた》き御錠《ごぢやう》の趣《おもむき》。不慮《ふりよ》の事にてかゝる御錠《ごぢやう》を承《うけ給る》事、誠《まこと》に武運《ぶうん》に叶《かな》ひ、冥加《めうが》なく覚《おぼへ》候と。謹《つゝしん》で述《のべ》ければ

（『敦盛源平桃』二　一七四二）

⑤ほんに命の親と申も、お腹が立ませふが、生たほとけさま。ハイお冥加《みやうが》もござりませぬと。二念なくよろこぶてい

（『風流庭訓往来』二　一七六三）

ミョウガナイの用例の内、感謝の表現として使用されているのは約半数である。①は、大殿の御上意に対して「冥加なき仕合」と述べている。西鶴の用例と同じように、ミョウガナイが「仕合」を修飾する形になっている。ここでは、その後でそのありがたいおことばに従えないことを述べている。②は、沖之進が修理之助に対して、浮世又平を勘当することを思いとどまるように頼んだ。そのことに対して、沖之進の言葉自体は又平に対してとてもありがたいおことばであると修理之助は述べ、その後でそのようなおことばをかけられるような奴ではないと答えている。①②ともにその後にそのことばには従えないことが述べられており、心からの感謝とは言えない。上の人からのことばに対してすぐには反論できないので、ひとまず丁重に感謝の意を述べているようである。

それに対して、③④⑤は心からの感謝と言えよう。③は、実は相手に騙されているのであるが、その相手に対してミョウガナイの他に、「御世話にあづかる」「忝い」とも述べ、三つもの感謝表現が並べられており、感謝の度が高いとも言えよう。しかし、その一方で、このように感謝表現を重ねることはミョウガナイやカタジケナイの感謝の敬意度が逓減したとも言える。④は、経盛卿からのありがたいおことばに対して、「誠に武運に叶ひ、冥加なく覚候」と、挨拶ことばの形式に従って感謝の意を述べている。そして、⑤は病気である乞食に対して勘解由が薬を与えた。そのことによって病気が回復したことに対する感謝の表明である。「お冥加もござりませぬ」と、敬意をこめた表現によって感謝の意を述べている。ナイの丁寧形であるゴザリマセヌが使用されていることから、ナイは強意の接尾辞や

形容動詞の活用語尾「なり」の異形態ではなく、非存在の「無」を表す形容詞であると意識されている。これらの例から、近世中期においてもミョウガナイが感謝の表現として使用されていたことが確認できる。

　このような感謝の表現としてのミョウガナイに対して、⑥から⑪は上の人に対する行為が失礼であることを表すミョウガナイの用例である。

⑥うぬめらは兄《あに》河津殿をいかなる意趣《いしゅ》にて射《ゐ》ころせしぞ。まつすぐに申せとあれば、両人けうとき顔《かほ》をして、我々はいやしき町人。いかで殿様へさやうな冥加《めうが》なき事を仕るべき。定而人のいひあやまりにて候べしと陳《ちん》じければ　（『当世御伽曽我』二　一七一三）

⑦輦《てぐるま》姫は正《たゞ》しき白河院の御孫の姫宮成を、賤《いや》しき伊勢平氏が娘なりときらはるゝは、もつたいないといふべきか。冥加《めうが》ない事共と。景清にきけがしのひとりごとこそいぶかしき　（『御伽平家』四　一七二九）

⑧いかにしらぬ身なればとて、父のそとばに足をかけ、踏《ふみ》たる我はつたへ聞。阿闍世太子《あじゃせたいし》に百倍《ばい》の十悪罪《あくざい》の不孝《ふかう》もの。ゆるさせ給へとそとばを拝《はい》し、冥加《めうが》ないもつたいない　（『御伽平家後風流扇子軍』二・七　一七二九）

⑨朱渓斎に申けるは、主人信吉御来駕《らいが》を浅からず存。御馳《ち》走の為是に休み所をしつらはせ置候。屋かたまではいまだ道の程もさふらへば、暫《しばらく》是へ御入有て、御休息《きうそく》なさるべしといひければ、ハレヤレ御丁寧《ていねい》成御事いたみ入。折角《せつかく》御心ざしにて仰付られたる休息《きうそく》所。のり打には冥加《めうが》なし。成ほど休み参るべしと　（『富士浅間裾野桜』四　一七三〇）

⑩頼義公誅伐《ちうばつ》の綸旨《りんし》を似せてくれとの頼み。冥加《めうが》ない事とは思ひながら、三百両下されなば、したゝめて進ずべしと、かたく約《やく》して好《この》みの文段《ぶんだん》、識事《しきじ》の筆を似せ、綸旨を書てつかはしぬれば　（『風流東大全』三　一七三一）

⑪ヤイまがきよ。けふよりわらはに成かはり、殿《との》のおねまの上《あげ》おろし、おのへの前を産《うみ》の子と思ひ、大切《たいせつ》ニそだて

あげて、くれ〴〵たのむと仰せられし時、こなたはの、顔《かほ》まつかいにし、もつたいない何事を仰出されます。そもやお姫様をうみの子とは。冥加《めうが》ないといろ〳〵しんしやくの詞をお聞入れなく（『風流東大全』四）

⑥の用例は、河津殿を射殺すことについて、「いかで殿へさやうの冥加なき事を仕る」と答えている。殿を射殺すという上に対しての失礼な行為である。⑦は、清盛は白河院の子であるから輦姫は実は白河院の孫である。その輦姫を清盛の娘だということで、左大臣家が花嫁として不相当だと嫌っているのは、私（五十の年寄り）からすれば「もつたいない」というべきか「冥加ない事共」と述べているのである。つまり、分相応な失礼な振舞だと非難しているのである。⑧は、有王は（多田）行綱が自分の主人である俊寛を流人にしたことによって憎んでいた。ところが、その行綱が本当は自分の父であることを初めて知り、その父のそとばに足をかけて踏んだことを後悔して、「冥加ない。もつたいない」と述べているのである。

⑨では、信吉長者は、我々（朱渓斎ら）をもてなすために作った休息所を無視して通り過ぎる（のり打ち）のはミョウガナイと述べ、休息をとったのである。⑩は、菖軒は、今まで誓文を立てて止めていたにせ物作りを、娘を助けるためにその誓文を破って、「にせ物の頼義公誅伐の綸旨」を書こうとしている。そのことに対して、「冥加ない事」と思っているのである。そして、偽の綸旨を書いたが、菖軒は殺された。その亡魂は「御綸旨を似せ」たことに対して「悪《あし》き」と述べている。⑪は、辞退の表現（しんしやくの詞）とともに使用されている。辞退の場合には、相手の申し出を自分が実行することが失礼だと考えているのである。ここは、死にかけている奥様から、まがきに対して姫を産みの子と思って大切に育ててほしいと言われた。それに対して、「もつたいない」と言い、姫様を産みの子とすることとは「冥加ない」と言って、いろいろ斟酌（辞退）のことばを述べている。自分が姫様を産みの子とすることは失礼なことなのである。⑥から⑪までは上の人への失礼な行為に関わることである。そのために、モッタイナイと併用さ

れていることが多い。これらのことからも、モッタイナイがプラスの意でないことがよく理解できる。

★ミョウガオソロシ（冥加おそろし）

⑫私近々笠《かさ》や町で色茶や仕ります。女道のまけたを悦びお祝《いわ》ひの金《かね》をもらふては、冥加《みやうが》がおそろしいと身をふるはすれば

（『遊女懐中洗濯』風流之巻　一七〇九）

⑬めのとの小侍従《じじゆう》す丶み出、私などのやうな数ならぬ女の、御前ちかふ罷出、殿様へ申上るはもつたいないと申さふか、冥加《めうが》の程もおそろしい事ながら

（『御伽平家』一　一七二九）

⑭かりそめながら御位《くらゐ》高き君達《きんだち》。我等風情《ふぜい》が恋奉るは冥加恐《めうがおそろ》しく、今生にては叶はぬ事と、それより思ひしづみ

（『愛護初冠女筆始』五　一七三五）

⑮もつたひなひ私風情《ふぜい》のものが、先祖《せんぞ》よりの御主を僕《でつち》にして、どふせいかふせいと申はあまり冥加《めうが》おそろしけれども

（『雷神不動桜』四　一七三三）

ミョウガオソロシはこの四例だけである。「おそろし」とあるように、この四例を見ていくと、マイナス的な表現で使用されている。西鶴の用例と同じように、神仏の加護の状態において恐ろしい。すなわち、神仏から見放されることが恐ろしいのである。西鶴の「冥理」の例にあったように、神仏の見放されると天罰が下さるのである。この表現は、中世においては⑬の用例のように「みやうがの程もおそろし」という形式で使用されており、「冥加」と「おそろし」との関係がより理解できる。

・あさましかな、宮などの止事《やんごと》なき御事をかやうにさたしぬれば、冥加《みやうが》の程も恐ろしく、不思議なりし事どもなり。

（『太平記』巻二十一　道誉妙法院を炒く事）

・かやうの事多かる中にも、殊《こと》に冥加《みやうが》のほども恐ろしく、如何《いかが》と覚えてうたてかりしは、二条前関白殿《にでうさきのくわんぱくどの》の御

妹、深宮《しんきゆう》の内に冊《かしづ》かれて、三千の列にもと思《おぼ》し召したりしを、師直盗み出だし奉り

（『太平記』巻二十六　師直師泰奢侈の事）

⑫は、女道と衆道（男色）との争いにおいて、衆道が勝った。そのことにより、衆道方の大尽が皆にお金を振舞ったが、忠兵衛はそれを断った。忠兵衛は色茶屋を経営していたからである。そんな自分が、女道が負けたのを悦んだ、そのお祝いの金をもらっては「冥加がおそろしい」のである。⑬は、右馬助家盛の乳母である小侍従が、清盛公の近くに出て、清盛公に対して直接申し上げることは「冥加の程もおそろしい事」なのである。古い時代を題材としているので、それに合わせて古い表現を用いているのであろう。この表現の前には「もつたいないと申さふか」とあるが、そのように身分差が大きすぎて失礼なのである。⑭は、一介の浪人である半内が二条の蔵人の若君である愛護を恋い申し上げることは、「冥加恐ろし」いことなのである。⑮は、先祖から小野家に仕えている大原万九が医者退安を名乗って、そして芝山伝内と名乗っている主人である小野春道を自分の草履取りにしていること、つまり主人と身分を取り替えていることが「冥加おそろし」いのである。

⑫を除いた⑬から⑮は、下のものが上の者に対して、そのようなことを行為をすることがミョウガオソロシと表現されている。身分差がありすぎる相手にそのようなことをするのは失礼であり、神仏の加護において、見放されて天罰を受けるのが恐ろしいのである。⑫は、女道によって生活させてもらっている忠兵衛にとって、衆道がその女道を破ったお祝いのお金を受け取ることは、神や神仏の道に背くことになり、天罰が下るのである。

★ミョウガニツク（冥加につく）

⑯是がくらはれる物かと足《あし》にて膳《ぜん》を踏《ふみ》かへすは、めうがにつきるおごりもの　（『けいせい竈照君』四　一七一八）

⑰私儀《わたくしぎ》は大殿様の御寵愛《てうあい》にほこり冥加《みやうが》につきかやうの姿《すがた》に成はて申せしなり　（『武道近江八景』五　一七一九）

⑱そちは虚病《きよびやう》をかまへ禄《ろく》は給はりながら奉公もせずして、其冥加《みやうが》につきてあほうばらひにあひし、轟雲《とゞろきうん》右衛門にてはなきか　（『楠三代壮士』四　一七二〇）

⑲かく手に握《にぎ》りし敵をば、恩《をん》ある養父《やうふ》の述懐《じゆつくわい》によつて、討《うつ》事ならぬ時宗が、運《うん》の程こそつたなけれ。弓矢の冥《めう》加《が》につきぬるかと、鬼をあざむく血気の五郎、大地を打てなげきしは　（『記録曽我女黒船』二　一七二八）

⑳人迄に大分の損をかけ、其上に大坂のすまゐもならぬ身の果《はて》主の冥加《みやうが》につき、天道ににくまれ、生死の知レぬ身の仕舞　（『世間手代気質』三　一七三〇）

ミョウガニツクは十一例ある。いずれも格助詞は「に」になっている。なお、『日葡辞書』では「冥加の尽きた人」とあった。「冥加の尽きた」、すなわち「冥加（が）尽きる」である。それが、西鶴の時代には既に「冥加に」となっていた。これは後に扱うミョウガニカナウ（冥加にかなふ）やミョウガニアマル（冥加に余る）などの影響によるものであろうか。それらとは関係なく、「に」は「おいて」の意味であろうか。現代では「冥加に尽きる」は、先に述べたように、最大限のしあわせに恵まれることであり、プラスの意、それも最大限のプラスの意である。しかし八文字屋本では、西鶴の用例と同じく、マイナスの意味で使用されている。

⑯は、山枡大夫が足で食べ物の膳を踏みかえしたことは、「めうがにつきる」ことになる思い上がった人の所作である。⑰は、左衛門の子息益之丞は大殿である佐々木高頼の寵愛を誇り、その結果としてこのような出家の身になってしまったのは「冥加につき」たからだとする。⑱は、轟雲右衛門が俸禄を貰いながら仮病をつかって奉公しなかったために追放されたのは、「冥加につき」たからなのである。⑲は、時宗（五郎のこと）は、親の敵である工藤祐経《すけつね》を目の前にしていながら、恩のある養父祐信《すけのぶ》の述懐（愚痴や嘆き）によって敵討ちができないのは、自分の運の悪さであり、武士としての「冥加につき」てしまったのだろうかと嘆いているのである。⑳は、主人の遺言によって分家

した手代二人の内、三郎兵衛の方は相場に失敗して大損をして人にまで迷惑をかけて大坂に住めなくなった。それは、店の主としての「冥加につき」て、天道にまで憎まれてしまったからだとする。

このように、ミョウガニツクとは、マイナス的な意味であり、神仏の加護が終わってしまい、すなわち神仏から見放された結果、落ちぶれたり望みが叶わなかったりすることである。

★ミョウガニカナウ（冥加にかなふ）

㉑若旦那おらん殿に御執心《しうしん》のよしさゝやけば梅薫悦び、我ら式《しき》の娘御目に入りし事、誠に冥《みやう》加に相叶ひ、忝じけなく存入候　（『風流曲三味線』四　一七〇六）

㉒身にとつての面目《めんぼく》かゝる事ならずは頭《かう》の殿《との》のいやしき我等に供《とも》仕れと御詞《ことは》のかゝるべきや。冥加《みやうが》に叶《かな》ふ仕合と悦びいさみ　（『義経倭軍談』六　一七一五）

㉓身不肖《しやう》の某を、人がましく思召、たのむとあつて御入くだされ候段、生前《しやうぜん》の面目《めんぼく》弓矢の冥加《めうが》に叶《かな》ひ、ありがたく存じ奉ると、平伏《へいふく》して申しければ　（『曦太平記後楠軍法鎧桜』三・八　一七三二）

㉔かゝる手がらのさなだを打は、そちも商《あきなひ》冥加《めうが》にかなふたと思ふて、間《ま》にあふやうに随分《ずいぶん》と精《せい》出して打せてくりやれ　（『三浦大助節分寿』二　一七三四）

㉕此猿を指上をけば、みづからは以来御屋形出入自由なれば、願てもなき幸《さいわい》と悦、誠ニ冥加《めうが》にかなひ有難《がた》き仕合。成程指上申べし　（『愛護初冠女筆始』一・三　一七三五）

ミョウガニカナウは二十七例あり、その当時よく使用された表現である。「かなふ」とあることからもわかるように、プラス的な表現である。この表現のあとに「忝じけない」や「仕合」、「有難き仕合」、「ありがたく存じ奉る」といった感謝や、ミョウガニカナウの前後に悦びの表現を伴うことが多い。ミョウガニカナウは、それらの感謝や悦びの理由を述べているのである。つまり、神仏の加護によって相手の行為が自分の思いを遂げさせ、よい結果をもたらせたと感謝したり悦んだりしているのである。

㉑は、若旦那の竹五郎が梅薫の娘のおらんに執心であることを聞き、梅薫が我ら如きの娘が若旦那の御目にかなったのは「冥加に相叶」ったからであり、「忝じけなく存じ入り候」と若旦那に感謝の意を述べている。㉒は、頭の殿である義朝が、その辺りの道に詳しい、美濃の国あふさかの長者大炊《おほゐ》の弟である鷲の巣の玄光《げんくわう》に対して、供をするようにとことばをかけた。そのようなおことばがかかったのは、玄光らにとっては「冥加に叶」い、仕合わせだと悦んでいるのである。㉓は、大塔の宮様が、私（竹原）を一人前だと思って、私に頼むと言って仲間に入れて下さったことは、武士における「冥加に叶」ってうれしいことであり、武士の名誉だとして感謝を述べている。㉔は、俣野五郎景尚が石橋山合戦の功の祝儀としてさなだ織を褒美とするために、長尾新吾を通して六郎大夫の店に注文した。そのことを、使いである新吾が店の主人である六郎大夫に対して、商売の「冥加に叶ふた」ことだと思って、すなわち光栄なことだと思って、期日までに完成させるようにと発破をかけているのである。㉕は、二条蔵人清平の若殿である愛護は、田畑之介の女房を連絡係としたいために、その女房が猿回しで使っている猿をほしいという。それに対して、田畑之介はこの猿を差し上げれば、屋形に自由に出入りできるので、愛護のことばは「冥加にかなひ」て「有難き仕合」だったのである。

このように、ミョウガニカナウとは、身分の高い人の行為によって自分の運が開けることである。本人ばかりでなく、自分の身内などにとって良いことが生じた場合にも用いられる。また、親やその話を聞いた人が、本人の気持ちとは関係なく、悦んだり感謝を述べている場合もある。この表現の場合、「仕合」やカタジケナイ、アリガタイなどの感謝の意を表す語を伴うことの多いのが特徴である。

★ミョウガニアマル

㉖比類《ひるい》なき働《はたらき》と数〳〵御褒美《ほうび》あそばし、主膳手疵随分養生《てきずずいぶんようぜう》仕れと、有りがたくも御手医者《いしや》まで付けられ、冥加《めうが》にあまる仕合《しあはせ》。引こもりて保養《ほうよう》いたしぬ

（『楠三代壮士』二　一七一〇）

㉗兼て隠居《いんきよ》の願ひを相立候所に、今日我君冥加《めうが》にあまる御上意にて、来年富士《ふじ》の夏狩《なつかり》の、惣警固《けいご》の司《つかさ》を申付るの間、首尾《しゆび》よく相勤《つとめ》、直《たゞち》に隠居《いんきよ》仕候へとの仰付られ

（『記録曽我女黒船後本朝会稽山』五・十　一七一八）

㉘是は〳〵御心ニかけられ御見舞として、貴殿を下さる、段冥加《めうが》にあまる仕合。一両日は心よきかたにて、満足いたし候

（『風流大全後奥州軍記』二・七　一七三一）

㉙一太刀成共打て父が孝養にせよ。重盛が孝心を感《かん》じて、ほうびに刀をくれるぞと、近習《きんじゆ》の若《わか》侍をめして、しか〳〵仰られ、一腰《こし》を取よせられて、伊豆次郎に下さるれば、近比冥《めう》加にあまる有がたき仕合と、三度てうだいしければ

（『略平家都遷』六　一七三五）

㉚在京の武士に仰付られ、大江左衛門幷ニ佞臣《ねいしん》流左衛門を打て獄《ごく》門の木にさらすべしとの勅定。冥《めう》加にあまり有りがたき仕合と対王はじめ要人主税植竹おみき悦びいさむぞことはり也

（『咲分五人娘』五　一七三五）

ミョウガニアマルも十四例あり、ミョウガニカナウと同じく、その当時よく使用されていた表現と言えよう。アマルとは十分すぎることであり、プラス表現である。ミョウガニカナウもプラス表現であったが、その語の場合はその結果として悦びや感謝を示す様々な表現が続いていた。それに対して、このミョウガニアマルは主に「仕合」を修飾していることが多く、「仕合」の内容を表すものとなっている。

㉖は、御家老兵庫殿から、十五ヶ条の罪科を犯した車坂悪右衛門を討つようにと、和木主膳と高浜民四郎に仰せが下った。そこで、悪右衛門を討ちに行き、主膳は肩先を切りつけられたが、両人で首尾よく討ち果たした。そして、

多くの褒美をいただき、主膳に対してはありがたいことに医者まで付けられたので、「冥加にあまる仕合」と感謝の意を述べている。㉗は、祐経が曽我兄弟との勝負のために、ご奉公を引いて隠居したいとの願いを出していた。今日頼朝から来年の富士の夏狩の警固の棟梁を首尾よく勤めたらすぐに隠居するようにとの上意があったので、それは「冥加にあまる」上意だと述べている。㉘は、家衡は、鳥海弥三郎の娘しのぶが病気だと聞き、家臣である藤原千任を見舞いに遣わせた。そのことに対して、弥三郎が「冥加にあまる仕合」と感謝の意を表している。弥三郎は、千任に対しては「満足いたし候」と上からの感謝表現を用いている。㉙は、伊豆次郎が敵である国春禅門を討って親の勘気を許されたいと述べた。重盛公はその孝心に感じて次郎に刀を与えた。次郎は、そのことに対して「近比冥加にあまる有がたき仕合」と感謝の意を述べて、その刀を三度頭の上まで押し頂いたのである。「近比」という強意の副詞が、単なる「仕合」ではなく「有がたき仕合」を修飾しており、悦びの度合いが大きいのである。㉚は、天皇が謀計を図っている大江左衛門を打つようにと勅定を出した。そのことによって、国の敵、身の怨と思っていた、対王や要人、主税、植竹、おみきは大江左衛門を打つ大義名分ができたので、「冥加にあまり有がたき仕合」と述べているのである。

これらの用例からわかるように、ミョウガニアマルの場合、勅定や御意、上意に対しての感謝である。それらは主君から出されたものであるから、主君への感謝と言えよう。この「冥加にあまる仕合」というのが、主君からの命令に対する典型的な感謝の挨拶であったのであろう。ただし、その程度によって「近比」とか「有りがたき」という修飾語を伴って用いられていた。また、主君に対する感謝表現であるから、ミョウガニカナウに見られたような、自己に関わる限定的なミョウガは用いることはできない。このミョウガニアマルの場合は、神仏の加護（冥加）以上ということである。すなわち、予想以上というような意味合いである。

★ミョウガシラズ（冥加しらず）

㉛つき〴〵の女房達《たち》、お姫さまの盃を土《つち》の上へなげ捨《すて》し、みやうがしらずの太鼓持《たいこもち》。おわびを申上ずば、たゞ置事にあらずと、口〴〵にの丶しりければ　（『桜曽我女時宗』一　一七二二）

㉜大名多《おほ》い中に、今火の出の工藤《くどう》左衛門様の、御提灯《ちやうちん》の火でたばこくらふとは、冥加《めうが》しらずめ。今一言いふて見よ。ほうげたを切さげてくれんとねめつくるを　（『記録曽我女黒船』二　一七二八）

㉝貞房《さだふさ》が首筋《くびすぢ》もとを引つかんで引よせ、をのれは入道が身にかへぬほどのひさうの仏御前を、ゐころさんとはいたせしぞ。冥加しらずの老ぼれめ　（『御伽平家後風流扇子軍』三・八　一七二九）

㉞師《し》を執《しう》する事七尺去《さつ》て影《かげ》を踏《ふま》ずとさへいふに、蔭《かげ》にゐて枝《えだ》を折。天に向《むか》つて血をふくむ。逆悪《ぎやくあく》をしらさるゐのころにおとりし冥加《めうが》しらずの人非人《にんひにん》　（『鬼一法眼虎の巻』三・三　一七三三）

㉟此節《このせつ》喜世七世上《せじやう》の取沙汰《とりさた》あしければ、先《まづ》拾五貫目御返済《へんさい》なさるべしと、証文《しやうもん》をさし出せば、おやぢ喜三郎は明《あい》た口をふさぎもせず、奥《おく》にかけゆきめうがしらずのばちあたりめ。　（『哥行脚懐硯』四　一七六一）

ミョウガシラズは七例ある。この表現は自分の行為に関わるものではない。身分の高い人や話し手本人に対して失礼なことを行った人に向かって、投げかける表現である。例として挙げてある五例を見ても、「冥加しらずめ」「老いぼれめ」「人非人」「ばちあたりめ」といった表現がその後に続いている。「め」はののしる意の接尾辞であり、相手を非難しているのである。これらのことから、ミョウガシラズはマイナス表現であることがわかる。

㉛は、蛙が蛇に襲われそうになっていたので、それを助けるために時介が姫君から頂いた盃を投げ捨てたことについて、お付きの女房達が非難している。㉜は、五郎が工藤左衛門の家の提灯の火でたばこに火をつけたことについての非難のことばである。㉝は、私（清盛）の秘蔵の仏御前をお前（貞房）が射殺そうとしたことに対しての、清盛の

怒りの表現である。㉞は、御恩のある師匠であるあじゃりに対して、鬼若がこちらから勘当だと言ったことに対する鬼次郎からの非難である。㉟は、息子の喜世七が遊女と駈け落ちしたばかりでなく借金もあることによって、勘当だと宣言している場面である。以上の例からわかるように、身分の高い人や自分に迷惑をかけた時に、失礼な行為をした人に向かって、本人あるいは身分の高い人の周辺の人々が非難するのに用いられる表現である。

★ミョウリ（冥利・冥理）

㊱誠に存生《ぞんじやう》にては本懐《ぐわい》をとげ、死《し》ては神にいはる〻事、是ひとへに武勇《ぶゆう》の徳とはいひながら孝行《かう〱》の冥利《みやうり》なり。千秋万歳目出たかりける神霊《しんれい》なり　（『当世御伽曽我後風流東鑑』十　一七一三）

㊲親殿御腹立《ふくりう》によつて、御勘当《かんどう》の旨《むね》个条書《かでうがき》を読《よみ》たて、是非《ぜひ》もなき御使者《ししや》を蒙《かうふ》り候段、武士《ぶし》の冥理《めうり》につきしやうに存ると、両使涙をうかめ申上れば　（『高砂大嶋台』一　一七三三）

㊳あちらの間へきこへる。大きな声をしてくれなと手をあはさる〻、比丘をうごかさず、コレこの起請《きしやう》は何ンのためにか〻んした、仏祖冥理《ぶつそめうり》にかけてとは、うそでござんすか　（『鎌倉諸芸袖日記』巻三　一七三四）

㊴此義は貴公の御心ニ計御持なされて、口外《こうぐわい》なされ下さる〻な。御心得の為お咄《はなし》申と、心底《しんてい》を明し申せし時、尤〱成程こなたの内証《ないしやう》咄、武士の冥理《めうり》をかけて他言《たごん》せぬと仰せられて　（『其磧諸国物語』四　一七四四）

㊵忠見《たゞみ》はたゞ和哥《わか》の冥理《みやうり》にかけて立《たち》あふすまふなれば、男《おとこ》の大小《だいせう》ちからの多少《たせう》にはよるべからずと　（『忠見兼盛彩色哥相撲』一　一七四七）

㊶もし此哥合《うたあはせ》にまけ申さば哥道《かだう》の冥理《みやうり》につきたりと生《いき》ては居《ゐ》ぬ忠見《たゞみ》が覚悟《かくご》　（同前　二）

八文字屋本では、「冥利」が一例、「冥理」が五例である。先にミョウリ（冥理・冥利）をミョウガ（冥加）の後継と述べた。それは、ミョウガが現代では使用されていないこと、またミョウガニツク（冥加につく）が現代ではミョウリニツキル（冥利につきる）となっていることによる。確かにミョウリニックは、ミョウガニックよりも、その使用は遅れる。しかし、ミョウガニックにも一七三〇年代や先には挙げなかったが五〇年代の用例もあり、両者による併用期間も長い。また、八文字屋本の「冥理」や「冥利」の用例を見ていくと、ミョウガと重なるのは、「冥理につく」だけである。「冥理（冥利）おそろし」や「冥理（冥利）にかなふ」、「冥理（冥利）にあまる」、「冥理（冥利）しらず」といった表現は認められない。ただし、辞書類には「冥理（冥利）にかなふ」の例を見ることができる。

・常の人のいはぬこと、かごかきみやうりにかなふた　（『百合若大臣野守鏡』二　一七一一頃）

ミョウリにおいて、ミョウガに見られない表現として「～（の）冥理にかけて」と「～の冥理をかけて」とがある。西鶴の『好色二代男（諸艶大鑑）』にあった金田屋の「名利」は自誓のことばのようであった。先の『日本国語大辞典　第二版』の説明に、「冥利」は「身分、職業などを表わすことばの下に付けて、「自分の身分・職業にかけて」と誓いの意を示すのに用いる」と記されている。したがって、ミョウガに比べて、どうしてもその使用される範囲が狭くなるのである。

用例を見ていこう。㊱は単独の使用であり、この例だけが「冥利」という表記になっている。ここでは曽我兄弟のことを述べている。生きている時に親の敵討ちという本懐を遂げて、死んでからも神として祀られるのは武勇の結果とは言っても、その背後にある孝行によって神仏の加護を受けられたのである。㊲と㊶は「冥理につく」の用例である。㊲では、大殿からその息子である友成公に勘当を知らせる使者が、友成公に対して、このような役目を受けたということは武士として神からの加護も終わったように思われますと述べている。一方㊶では、この歌合わせに負けたなら、歌の神の加護も終わり歌人としての自分の命運も終わったのだと思って、死ぬ覚悟で戦うという自誓のことばになっている。それぞれに関わる神に見放され、その身分や職業の命運が尽きるということであり、意味合いとしてはミョウガニックと同じである。㊳の「仏祖冥理にかけて」とは、快禅律師が白拍子に対して書いた起請文に記されていた文句である。㊴は、越浦団四郎が布川織部に語ったことについて、織部が「武士の冥理をかけて」他言しないと誓っているのである。ここでは、「冥理をかけて」と格助詞が「を」になっている。㊵は、奉納する一首を忠見にするか兼盛にするかを決定するために、二人の相撲取りをそれぞれ忠見方、兼盛方として、勝った方の歌を奉納することになった。忠見方の相撲取りはやせ肉の中男、一方の兼盛方は中より肥え、背は五尺九寸もある大男である。そこで、忠見は自分は「和哥の冥理にかけて（歌人としての命運にかけて）」いるから、大きさや力は関係ないとしている。いずれも誓いのことばとして用いられている。

ミョウリは、ミョウガに比べて、それに関わる表現が少ないことや、ミョウガにない自誓の用法があることからすると、ミョウガに替わる表現と言うよりも、ミョウリが自誓表現として使用されたことによって、類似表現であるミョウガの一部の用法を受容したと考えた方がよさそうである。「冥理」と「冥利」とにおいては、「冥理」の場合は、「冥理」の前に「武士」（二例）や「仏祖」「哥道」といった身分や職業の語が来ており、また「冥理にかけて」という表現からも、自誓表現として使用されていることがわかる。これは『日本国語大辞典　第二版』の「冥利」の③や④の説明と一致する。そこでは「冥利」の項に入れるために、③では八文字本と同時期の作品では仮名表記のものを、④では先に挙げた『好色二代男』の「名利」の例や仮名表記の作品を選んでいる。八文字屋本を見る限りにおいては、「冥理」の方がふさわしいと思われる。それに対して、「冥利」の場合は「孝行」の結果であった。このように見て行くと、「冥理」と「冥利」とは別の語であったようである。しかし、ミョウリニツキルという表現が多くなると、利益的な面に視点が置かれるようになり、「冥利」の表記の方がふさわしくなったようである。

なお、八文字屋本以降に、ミョウリに関わる表現として、新しく「ミョウリが悪い」が出現してくる。

・女良のきつねだから、竹むらでもまぐそをうりそうなものなれど、それではめうりがわるひといつて
（『玉磨青砥銭』一七九〇）

浮世草子である西鶴の作品や八文字屋本の作品におけるミョウガに関わる表現について考察してきた。その結果、次のようなことがわかってきた。

まず、それらの表現がプラス的な表現なのか、マイナス的な表現なのかについては、次のようになっている。

プラス的な表現　　ミョウガナイ（上から下への行為に対して）　ミョウガニカナウ　ミョウガニアマル

マイナス的な表現　ミョウガナイ（下から上への行為に対して）　ミョウガオソロシ　ミョウガシラズ

ミョウガニツク（ミョウリニック）

ミョウガナイが使用される状況によってプラスにもマイナスにも働く場合があるように、ミョウガに関わる他の表現においても、プラス的なものもあれば、マイナス的なものもある。そして、プラス的な表現の場合は、目上からの行為に対する感謝の表現である。それに対して、マイナス的な場合は主に目上に対する失礼な行為の場合に用いられている。

次に、ミョウガの前に身分や職業に関わる語を伴うことがあるかどうかについては、次のようである。

伴うことがある……ミョウガニツク（ミョウリニック）　ミョウガニカナウ　ミョウリニカケテ

伴うことがない……ミョウガナイ　ミョウガオソロシ　ミョウガニアマル　ミョウガシラズ

限定的な語を伴う場合は、その身分や職業に重点が置かれている。それがその人物にとっては大変重要なのである。一方伴うことがないものは、自分では限定することができない一般的なことである。

ミョウガナイについては後で述べることにして、それ以外のものの意味用法を先に説明する。

ミョウガオソロシは、西鶴の作品においては、商家の女房の服装が大名の御前や高家の貴人さえ身に付けないような分の過ぎたものであることに対して批判的に使用されていた。八文字屋本では、身分差がありすぎる相手に、そのような振る舞いをすることは失礼である場合での使用であった。このような例から、ミョウガオソロシとは分不相応なことをすると、神仏から見放されることになり、その罰が恐ろしいという意味である。

ミョウガニック（ミョウリニック）の場合は身分の高い人との関わりはない。現在の落ちぶれてしまった状況や、どうにもならない状況の時に使用されている。そのような状況に至ったのは、神仏の加護が終わり、神仏から見放されてしまったことによるのである。ツクとは、近世においては尽きるということであり、終わってしまったという意味である。ミョウガやミョウリの前に、その身分や職業を表す語が来る場合は、その身分や職業に関わっている神の加護に見放されてしまい、その身分や職において命運が終わってしまったというように使用される。

ミョウガニカナウとは、身分の高い人からの厚意によって、自分の思っていたことが叶った場合に用いられる。近世中期によく用いられた表現である。単なるアリガタイやカタジケナイではなく、ミョウガという語を伴うことによって、神仏の加護がその背後にあり、喜びの大きさを表しているのであろう。ミョウガナイのプラス的用法に代わってよく使用されるようになるが、この表現の後に「仕合」やカタジケナイ、アリガタイなどの感謝を表す表現を必要とする。したがって、感謝表現というよりは、感謝している理由を説明する表現とも言える。

ミョウガニアマルとは、神仏の加護以上、すなわち予想以上ということで、大仰な表現である。それは、この表現が主君からの上意や御意に対するものであったからであろう。この場合も、その後に「仕合」という語を必要としており、主君に対しての感謝を表す形式的な挨拶表現だったと思われる。

ミョウガシラズは、身分の高い人や自分への失礼な行為に対して、その人を非難することばとして使用されている。

罰当たりという意味である。

さて、ミョウガナイについて考えてみよう。この語の本義は、神仏の加護がなく、神仏から見放されることである。身分の高い人からの厚意に対して使用される場合は、あなたの厚意は私にとっては分不相応であり、あなたは神仏から見放されてしまいますと表明することによって、相手に対して感謝の意を伝えているのである。逆に身分の高い人に対しての行為の場合は、その行為は失礼すぎて、神仏から見放されて天罰が下るだろうとなろう。後者の場合は、ミョウガシラズと同じような意味合いの表現であるが、ミョウガシラズが他人の行為に言及するものである点、主に自分の行為について述べるミョウガナイとは一致しない。

ミョウガナイは、状況によってプラス的にもマイナス的にも使用されていたが、状況によって意味が異なってくるため、『かたこと』に見られたように、その用法が次第に理解できなくなってきた。そこで、プラス・マイナスが明確にわかる表現が出現して、それらが好んで使用されるようになった。プラスの場合にはミョウガニカナウやミョウガニアマルが、一方マイナスの場合には狂言などによく見られたリョグヮイが使用されるようになってきたのである。ただし、プラスの場合の二つの表現は、それ自体は感謝表現というより、感謝や喜びの理由を説明したり、またどのような運命やめぐりあわせであるかを説明するものになっており、ミョウガナイの代替表現とまでは言えないであろう。

ミョウリニカケテは感謝表現とは関係のない表現である。この表現の場合、主に身分や職業がミョウリの前に置かれる。そして、相手に対して、もしそれが偽りであったら、私の身分や職業におけるミョウリが尽きてもよいということを誓言するものである。ただし、浄瑠璃では「かけて」という表現を伴わないでも、そのような誓言の意味を表していたようである。

・仏神三宝番屋めうり、何事隠さず、勿論他言致すまい　（『曽我扇八景』中　一七一一）

・男冥利商ひ冥利虚言ござらぬ　（『博多小女郎波枕』長者経　一七一八）

・これ小春。さいせんは侍冥利。今は粉屋《こや》の孫右衛門、商ひ冥利。女房限つて此文《ふみ》見せず。我一人披見《ひけん》して、起請《きしやう》とともに火に入る丶、誓文《せいもん》に違《ちが》ひはない　（『心中天の網島』上　一七二〇）

ミョウガに関わる表現は、中世においてはミョウガナイとミョウガニツク（ミョウガガック）、ミョウガノホドモオソロシだけのようであった。そして、それらはマイナス的意味であった。近世になると様々な表現が出現し、プラス的な表現も加わってきた。これらのミョウガに関わる表現の意味については、辞書では他のミョウガに関わる表現に同じというような形式で記されていることが多い。しかし、その基になっているミョウガナイの意味記述さえ十分になされていない現状からすれば、適切な記述になっているとは言えないであろう。また、「～に同じ」とあるが、それぞれの表現が同時代に併用されているのであるから、そこには何らかの用法の違いがあったはずである。

近世の特徴としては、ミョウガに身分や職業に関わる語が上接している表現が多く見られるようになり、特定の神の加護に限定されるようになる。それに伴って、ミョウガに関わる表現が衰退していくように見える。それは、自誓表現のミョウリ（冥理・冥利）の使用が多くなったのが一番の原因であろう。ミョウリはミョウガとよく似た語形であることにより、ミョウガが徐々に淘汰されていったのであろう。また近世中期頃から、神仏の加護を得るためや、その加護の御礼として、寺社に金銭を奉納することになった。それを「冥加金」と言う。神仏の加護が金銭と関わるようになり、ミョウガ系の表現が感謝表現として使用しづらくなったのかもしれない。

第四章　ミョウリニツキル（冥利に尽きる）の意味変化

ミョウリニツキル（冥利に尽きる）は、現代では「多くの卒業生や在学生に囲まれて、定年退職の日を迎えられるとは、教師冥利に尽きる」のように使用される。この語句の意味は、「その立場にいる者として、これ以上の幸せはないと思う」（『大辞泉』）ことであり、プラス的な意味である。「冥利」とは、「冥加（目に見えない神仏の加護）」による「利益」であり、「冥利に尽きる」は古くはミョウガニツクと表現されていた。このミョウガニツクは、『日葡辞書』では「ミャウガノツキタヒト」とあり、これは「ミャウガモナイヒト」と同義となっており、「不運な人、または、不仕合せな人」という意味での使用である。このように、この表現の意味を歴史的に辿っていくと、これまで見てきたようにマイナス的な意味であった。辞書では、例えば『日本国語大辞典　第二版』では、次のようにプラスとマイナスの二つの意味ブランチになっている。そして、マイナス的な意味が最初にあり、またその意味での用例の方が多く掲出されている。

①神仏の加護から見放される。

＊浮世草子・本朝二十不孝（1686）五・三「勿体なくも親達に足をさすらせ大小便とられ、冥加につきし身のはて」

＊浄瑠璃・大経師昔暦（1715）下「大事のお慈悲の此銀を此方と私が急度だかへて死ねばとて、人の宝になす

事はめうがにつきると思ひ」
＊読本・椿説弓張月（1807-11）後・一七回「終には冥加に尽はてて、子孫跡なくなりゆくもの多し」
②「みょうが（冥加）に余る」に同じ。
＊浄瑠璃・五十年忌歌念仏（1707）中「それ程に此男を不便に思召るるかや、みゃうがにつきん勿体なやと取付」

②の意味説明で用いられている「冥加に余る」は、『日本国語大辞典　第二版』では「冥加を過分に受けて、まことにありがたい。幸せすぎる」とある。また、先に見た浮世草子の例においてもプラス的な意味であった。②の意味は、この辞書のブランチの順序のように、後に発生したことになる。ただし、渋川版御伽草子の『文正草子』の次の例を、注釈書ではプラス的に解釈している。

「なんぢ知らずや、かたじけなくも殿下《てんが》殿の御子に、二位中将殿と申て、並ぶ方なき御人なり。さても冥加につきなん」

旧大系…あまりもありがたすぎて、神仏に見放されるくらいだ。非常にもったいない。恐縮すぎることをいう。
旧全集（訳）…それにしても、あまりにありがたくて身に過ぎるほどだ」と

該当箇所は、大宮司から文正への発言である。大宮司が文正の家に二位の中将が居ることを聞き、文正に告げた場面である。文正は家にいる男が二位の中将であることを知らないので、中将にふさわしいような待遇をしていない。また、大宮司はこの段階では文正の娘と中将との仲をまだ知らない。そのような状況を考えれば、高貴な人をそのように待遇していると、お前は神仏から見放されて罰を受けるだろうというように、マイナス的にとるべきであろう。
①に関しては、一つのまとまった句の形式にはなっていないが、中世頃から用例が見え始める。ただし、ミョウガ

とツク（尽ク）とを結ぶ格助詞をどのように考えるかが問題になってくる。

・争《いか》でか、勅命《ちよくめい》と云ひ、兄に向ひて弓を引くべき。冥加《みやうが》の尽《つ》きんずるは何《いか》に」。八郎、あざ咲《わら》ひて、為朝が兄に向ひて弓を引き、冥加尽き候はば、いかに、殿は、現在の父に向ひて弓をば引かれ候ぞ

（金刀比羅宮本『保元物語』中　白河殿攻め落す事）

・心の中に思ひけるは、「昼だにも、小さき鳥なれば得がたきを、五月の空闇《やみ》深く、雨さへ降りて、いふばかりなし。われ、すでに弓箭《きゆうせん》の冥加《みやうが》、尽きにけり」と思ひて、八幡大菩薩《はちまんだいぼさつ》を念じ奉りて、声をたづねて、矢を放つ。

（『十訓抄』十巻「頼政のぬえ退治」）

・また、時宗《ときむね》が冥加《みやうが》や尽き候ひぬらん、甲斐《かひ》なく召し捕られ候ひぬ」と申しければ

（『曽我物語』九巻）

このような中世の用例や『日葡辞書』のおける「ミャウガノツキタヒト」という記述を見るところでは、意味的には「冥加が尽きる」というような主格のガ格的なものであったと思われる。それが、近世になってからニ格を取るように変化しているのである。

意味の問題に戻るが、『日本国語大辞典　第二版』の用例では、近松門左衛門の作品にプラスとマイナスの両用法が上がっている。しかし、同時代にまったく逆の意味が併用されていたら、コミュニケーションにおいて支障を来たすはずである。

ミョウガニツキルについて、まず近松の作品で確認していく。そして、この表現がどのようにして現代のようなプラス的な意味へと固定化してきたのかを探ってみよう。

近松門左衛門の作品には、ミョウガやミョウリの用例が多く見られる。その使用は、世話物あるいは時代物の一方に限定されておらず、両者に共通している。その用例も、単にミョウガやミョウリといった使用ばかりでなく、八文

字屋本にも見られたが、ミョウガニツク以外に、ミョウガ（ガ）オソロシ、ミョウガニアマル、ミョウガニカナウ、ミョウガナイ、ミョウガシラズといった、多様な表現形式が使用されている。ミョウガに関わる表現の中で、辞書の意味記述において、プラスとマイナスの相反する意味が認められるのは、これまで扱ってきたミョウガナイと、このミョウガニツキルの他に、ミョウリガワルイ（冥利が悪い）がある。先に、この表現について解決しておきたい。

ミョウリガワルイは、『日本国語大辞典　第二版』では次のように記述されている。

①神仏のご利益がない。また、あまりにひどいことをするので、神仏の加護を受けられない。

＊黄表紙・玉磨青砥銭（1790）「女郎のきつねだから、竹むらでもまぐそをうりそうなものなれど、それではめうりがわるひといって」

＊化銀杏（1896）〈泉鏡花〉一五「何でも負債を返さないでは、余り冥利（ミャウリ）が悪いで無いか」

②あまりにありがたすぎてばちがあたる。冥利に尽きる。

＊黄表紙・莫切自根金生木（1785）上「そのやうにいただきますと、めうりがわるふござります」

＊私の浅草（1976）〈沢村貞子〉こんにちさま「とにかく、生きてるからには働かなけりゃ、冥利（ミョウリ）がわるくてねえ」

①と②の用例ともに十八世紀の後半に出現しており、十八世紀後半という同時代に併用されていたことになる。その次は、①は明治時代、②は第二次世界大戦後である。ワルイとあるから、マイナス的な意味が本義であろう。②の『莫切自根金生木』の用例を見ると、上からの厚意に対するお礼であるように見える。ただし、この用例の前後を記すと次のようになっており、①の意味で解釈できるものであり、相手からの厚意を辞退している。

私どもは、荒銭《あらぜに》を取りやすから、そのやうに頂きますと、冥利が悪ふござります。御慈悲でござりますから、モウ酒手《さかて》は御めんなされまし。

それでは『私の浅草』の例はどうなるのであろうか。これは、①の『化銀杏』と同じように、ある状況においてあることを行わないと、神仏の加護が悪くなるという意味であり、これも①で解釈できよう。

それでは、ミョウガニツキルについても、はたして同時代にプラスとマイナスの両用法が存在したのであろうか。近松の作品について、岩波の旧大系と新大系、小学館の旧全集を調査したところ、十二例見つけることができた。この十二例の中で、プラス的な意味と考えられているのは、『日本国語大辞典　第二版』に挙げられている一例だけである。この用例については、どの辞書においてもプラスの意味として掲出されている。

〈プラス的意味〉

＊清十郎は身を擲ち手を合せ。涙がこぼれて忝し。それ程に此の男を不便に思召さる丶かや。冥加に尽きん勿体なやと。取付。拝めば手にすがり。女房を拝むことかいの　（『五十年忌歌念仏』中　一七〇七　大系上一三九頁）

〈マイナス的意味〉

・喉渇してよろ〳〵と一足も引かればこそ。「エ、冥加に尽きたり口惜し丶」と歯噛みを。なして立たる所に　（『せみ丸』　一六九三　新大系上九四頁）

・惜し、とは思はねども。七歳の時より今日までつひに脇指一本で。他所に行たこと知らぬ身が刀の冥加に尽きたかと。涙は雨や鮫鞘の脇指ばかりで奥に入る後姿を。身送りておいとしや〳〵　（『けいせい反魂香』中　一七〇八　大系下一五二頁）

・冥加に。尽きたる我身かな。人こそ多きに親の刀を盗むといひ。只一討ちにと抜きかけて真似にも親を打たんとせし。天罰の恐ろしや死して地獄に落るとも　（『百合若大臣野守鏡』）一七一七頃　新大系上二一三頁）

・悪事と知らぬ主の慈悲。あたと成たる身の果ての冥加に尽きしも道理なり

（『今宮の心中』　一七一一頃　新大系上三〇七頁）

・大事のお慈悲の此の銀をこなたと私が急度抱へて死ねばとて。人の宝になす事は冥加に尽きると思ひ今寄つて申したれば。追附持つて行かうと申す

（『大経師昔暦』中　一七一五　大系上二四四頁）

・忝いと言はうか、悲しいことと言はうか、これで結句嘉平次が、親の冥加につきるわいの、そりやこなさんの不孝といふもの

（『生玉心中』中　一七一五　全集⑵二九五頁）

・さてはお前も私も人間外れの畜生に成つたか。いかなる仏罰三宝の冥加には尽果てた。浅ましい身に成果てたか。はあつとばかりにどうと臥消入る

（『鑓の権三重帷子』　一七一七　大系上二七三頁）

・今まで身にまとひし襦子縮緬。そなたに着せた綾錦の冥加に尽き。菰被る身に成果てた

（『博多小女郎波枕』中　一七一八　大系上三五二頁）

・さはなくして畜生の腹を切。二腰の銘の物末代武士の手に取らず。長く日本の廃り道具となさん事。よつく太刀の冥加にも尽きたりなァ

（『津国女夫池』　一七二一　新大系下一二八頁）

・よつく天道にも見放され。弓矢の冥加に尽きたるか。エ、口惜や腹立や

（『津国女夫池』　新大系下一六二頁）

・こはそもいか成天罰にか。朝敵に与し家来に搦られ給ふ。源氏の名折れの弓矢の冥加に尽き給ふか

（『関八州繋馬』　一七二四　新大系下四〇二頁）

プラス的な意味が極端に少ない。このような比率からすれば、ミョウガニツキルのその当時の意味はマイナス的な意味であったと考えるべきであろう。近松の作品に限らず、『日本国語大辞典　第二版』に上がっている西鶴の『本朝二十不孝』の例も、先に扱ったように確かにマイナス的な意味であった。

そのような当時の状況からは、プラス的な意味で解釈されている『五十年忌歌念仏』の用例は、近松の誤用によるものか、あるいは現代の我々による解釈の誤りによるものかのどちらかであろう。この例をプラス的に見るのは、先にカタジケナイとあり、後にモッタイナイがあるからだと思われる。しかし、モッタイナイについては、これまで見てきたようにマイナス的な意味での使用であった。この文章を分析していくと、お夏にカタジケナシとまず感謝を述べている。ミョウガニツキルに関しては、他の用例とは異なり、「冥加に尽きん」とある。すなわち、推量の助動詞「ん」が接続している。文脈を見ていくと、「それ程に此の男を不便に思召るゝかや」とあり、その動作主はお夏である。したがって、神仏の恵みがなくなってしまうのは、話し手の清十郎本人ではなく、聞き手であり動作主である恋仲のお夏となる。これは、先に扱った『文正草子』の「冥加に尽きなむ」と似ている。この場合、「此の男（話し手の清十郎本人）をふびんに思うことは良くないことであり、あなたの冥加が尽きるだろう、堪えがたいことだ」と述べているのであろう。つまり、清十郎が相手（お夏のこと）を思い遣っているのである。ここは、決して「まことにありがたい」「幸せすぎる」という意味ではないのである。②はこの一例しかない。辞書や注釈書が②の意味とするのは、この用例から帰納したのだと思われるが、この用例は意味的にも①である。

江戸時代の前期や中期頃において、マイナス的な意味であったミョウガニツキルが、どのようにして現代のようにプラス的なミョウリニツキルへと変化してきたのであろうか。もとよりこれはミョウガとミョウリとの意味の違いによるのではない。まず、辞書類での「冥利に尽きる」並びに「尽きる」の項における「冥利に尽きる」の扱いを確認しておきたい。

『日本国語大辞典　第二版』第十二巻（二〇〇一）

「冥利に尽きる」……自分の身分や商売などによって受ける恩恵が、あまりにも多くてありがたい。

「尽きる」……④そのほかに言いようがないさまである。それですべてを言い尽くしている。「かわいいの一言に尽きる」「男冥利に尽きる」など。

『角川古語大辞典』第五巻（一九九九）

「冥利に尽きる」……ある状態や身分・職業などによって受ける恩恵があまりに多く、罰が当るのではないかと心配なほどありがたい。

『大辞林』三版（二〇〇六）

「冥利に尽きる」……立場・状態などによる恩恵が多く、ありがたいと思う。「男―きる」

「尽きる」…③（「…に尽きる」の形で）限度にまで達し、他には何も残らない。きわまる。「幸運の一語―きる」「楽しみはここ―きる」「今日の試楽は、青海波に事皆―きぬ／源 紅葉賀」〔「尽くす」に対する自動詞〕

『大辞泉』増補・新装版（一九九八）

「冥利に尽きる」……その立場にいる者として、これ以上の幸せはないと思う。「教師として―きる」

「尽きる」…㊂（「…につきる」の形で）㋐それで全てが言いつくされる。その極に達する。…にきわまる。「感服の一言に―きる」「教師冥利に―きる」

辞書における「冥利に尽きる」の意味はすべてプラスの意味である。八文字屋本ではミョウリニックがマイナス的な意味であった。その点から言えば、古語も扱っている『日本国語大辞典　第二版』や、古語辞典である『角川古語大辞典』がマイナス的意味の用例を掲げずにプラス的な意味しか挙げていないのは疑問である。なお、そこに掲出されている用例については後で確認する。

先に述べたように、ミョウガとミョウリとはほぼ同義であるから、その変化の要因は動詞ツキルの意味にあることになる。つまり、ツキルの意味が近松の時代とは現代とは異なっているのである。近松や西鶴作品でのツキルの意味は無くなるの意味であり、ミョウガニツキルとは「冥加が無くなる」ことである。ただしツキルをこのように解釈すると問題になってくるのは、格助詞「に」である。ツキルがなくなるの意であれば、それが要求する助詞は、例えば、

・此方《こなた》のことで此の在所は大坂から犬が入り。代官殿から詮議がある剣の中へ昼日中。運の尽きたお人ぢや此方《こなた》のふりを見つけたやら。（『冥途の飛脚』下　一七一一　大系上一八七頁）

・そこまでどうぞ退《の》きませうそれまでに運尽きて。死ぬる期に極つたらば。日比申す通り悪縁と思うて下されませ。（『大経師昔暦』下　一七一五　大系上二四四頁）

のように、当時なら助詞がなくてもかまわないし、助詞を付けるなら、「が」や「も」が考えられるところであり、「に」は特殊なように思われる。

ミョウガニツキル以外に、ツキルが格助詞「に」をとっている次のような例がある。

・いとしやいかう肌薄な路銭に尽きて脱ぎやつたの（『大経師昔暦』中　大系上二三八頁）

このような「に」の用法はやはり特殊であったようである。昭和初期の辞書では、「冥利」の項目に、「冥利が尽きる」（『改修言泉』昭和五年〈一九三〇〉）、「冥利ガ尽キル」（『大言海』昭和十年）、「ミョーリガツキル」（『大辞典』昭和十一年）のように、格助詞を「が」とする子見出しや例文が上がっている。近現代の小説にも、「冥利が尽きる」「冥加の尽きる」の使用が見られる。

・折角の毎日々々を台無しにしてゐて、それぢやお前、ものの冥利が尽きると云ふものだよ。（島田清次郎『地上』第二部「地に叛くもの」大正九年〈一九一〇〉）

・何もかも一遍にわが思ふやうにと望んでは、冥加の尽きることだといふやうなことを云つた。

・黙つて見ていちや、御用聞冥利が尽きますよ。

（島木健作『生活の探求』二部　昭和十二年〈一九三七〉）

このように、近現代小説の用例におけるミョウリガツキルの意味はマイナス的である。ただし、次の例はプラス的に使用している。この作品の時代から見て、後で扱うところのミョウリニツキルとするべきものであろう。

「筆、お前よく演ったなあ」

「へえ、おかげさんで、冥利がつきます。でも旦那、打ち上げかと思うと、名残りが惜しゅうござんすねえ」

（野村胡堂『銭形平次捕物控』五「吹矢の紅」　昭和十六年）

（有吉佐和子『地唄』「黒衣」　昭和三十六年）

辞書では、ミョウリガツキルを子見出しとしている『改修言泉』では、「「冥利に尽く」に同じ」とあり、「冥利に尽く」の項を見ると、「「冥加に尽く」に同じ」とある。「冥加に尽く」は「行ふ所、神仏の意に背き、冥加に預かるを得ざらんとす。神仏に見放される。冥利に尽く」とあり、マイナスの意味である。この辞書では、「冥利が尽く」と「冥利に尽く」との違いはなく、ともにマイマスである。『大辞典』では「勿体なさ過ぎて罰があたるやうな気がする」とある。「勿体なさ過ぎる」とあることから、こちらはプラス的なのであろうか。

ミョウガやミョウリに関する慣用的表現には、ミョウガニカナウやミョウガニアマルのように、格助詞として「に」が使用されている。カナウ（叶う）やアマル（余る）の場合には「に」が一般的である。これらにおける「に」は対象や基準を示す働きを示しているようである。しかし、ミョウガ（ミョウリ）ニツキルの場合は、ミョウガ（ミョウリ）が主語の働きをしていて、「に」を用いるのは文法的に一般的ではないように思われる。

ミョウリニツキルの意味がマイナス的からプラス的に変化した原因は、「に尽きる」の意味にあると考えられる。「に尽きる」の現代における意味は、『大辞林』や『大辞泉』に記述されているように、「きわまる」や「その極に達する」という意味で解釈される。それではミョウリニツキルがプラス的に使用され始めたのはいつ頃からであろうか。辞書類において、プラスの意味として掲出されている用例は多くなく、次の三例だけである。

・町人の冥利に尽きて刀さす　（雑俳『卯の花かつら』一七一二）『日本国語大辞典　第二版』『角川古語大辞典』

・俺を其様に大事に思つてくれるといふは、余り有難い女房だ。俺や女房冥理に尽きねば良いが　（歌舞伎『男伊達初買曽我』二　一七五三）『角川古語大辞典』

・まことに光栄でござんす…冥利につきまするする　（真船豊『見知らぬ人』一九三六〈昭和十一年〉）『日本国語大辞典　第二版』

『卯の花かつら』の用例は、雑俳なのでその当時の世情を知らないと解釈しづらい。先に、『男伊達初買曽我』の方から扱うと、文章全体から見ると、女房に感謝しており、プラス的な文脈に見える。しかし、「女房冥理に尽きねば良いが」の部分を文法的に解釈してみると、打消の助動詞「ず」の仮定形「ね」が使用されている。「女房冥理がこのことで尽きなければ（消えなければ）良いが」となる。すなわち、ミョウリニツキル自体の意味としてはマイナス的であり、近松の場合と同じくマイナスの意味で扱うべきである。

このような状況からすると、近松と同時代の『卯の花かつら』の用例をプラスとして解釈するのは疑問に思われる。この用例に関しては、『日本国語大辞典　第二版』も『角川古語大辞典』もともにプラス的な意味として解釈している。すなわち、町人の身にとって刀を差すことをプラスと考えているのである。しかし、近松門左衛門の『博多小女郎波枕』の次のような例を参考にすると、

毛剃九右衛門が海賊に組し、今まで身にまとひし繻子《しゆす》、縮緬《ちりめん》。そなたに着せた綾錦《あやにしき》の冥加《みやうが》に尽き、菰被《こもかぶ》る身になり果てた　（下）

やはりマイナス的な意味であると思われる。町人として身を持ち崩して、刀を差すようなやくざものになったと、解釈すべきなのではないだろうか。

昭和における『見知らぬ人』の用例は、光栄であるという内容から、プラス的と判断できよう。ここで、初めてプラスの用法を確認できたのである。近世中期頃の次の用例が昭和十年代となり、一八〇年ほど空いてしまう。その間を埋める用例としては、古い表現形式であるが、ミョウガニツキルが馬琴の『椿説弓張月』に見られる。『日本国語大辞典　第二版』に掲出されている用例である。再掲する。

・終には冥加に尽はてて、子孫跡なくなりゆくもの多し　（一八〇八　後・一七回）

冥加が無くなってしまい、それによって子孫がまったくなくなってしまう人が多いということであり、この場合もマイナス的な意味である。明治時代から昭和十年までの間を、CD－ROM版『新潮文庫の100冊』『新潮文庫　明治の文豪』『新潮文庫　大正の文豪』で検索してみたが見出せなかった。『新潮文庫の絶版100冊』で、ようやく昭和に入ってからの用例を確認できた。

・わが主君ながら、男冥利につきた源三郎！と思ふと、嫉妬にわれを忘れた門之丞、ガラリと障子を引きあけ　（林不忘『丹下左膳』「こけ猿の巻」　昭和八年〈一九三三〉）

・男前がよくって金のある人物の妻になれたら、女の冥利につきるというもので　（石坂洋次郎『石中先生行状記』「嫉妬は禁物の巻」　昭和二十九年）

・「たとえ誤解にしても、そんなに耕さんをやきもきさせたと思うと、うれしいわ。ありがたいと思うわ。女冥利につきるわ」　（丹羽文雄『顔』「仮の嫉妬」　昭和三十四〜三十五年）

・郡司道子からこれほど、自分の今後のことについて心配していてもらえようとは、思いもよらなかったのである。

（男冥利につきる…）

・あなたぐらい熱心なファンがいたら、シベリウスも冥利に尽きるわね　（源氏鶏太『停年退職』酒場　昭和三十七年）

・これほど誘われちゃあ、男冥利につきるな。　（福永武彦『死の島』「午後」　昭和四十六年）

（藤原審爾『さきに愛ありて』　昭和五十三年）

最初の例はこの箇所だけではわかりづらい。説明すると、源三郎は門之丞の主君である。源三郎の許嫁である荻乃に門之丞は恋心を抱いている。荻乃が源三郎のことを思い、源三郎の名を声に出していたのである。他の例は読めばわかるように、いずれもの例もプラス的な意味での使用である。これまで扱ってきた近現代の小説の用例から察するところでは、昭和初期においては、プラス的な意味の場合にはミョウリニツキルが使用され、一方マイナス的意味の場合にミョウリガツキルが使用されている。このように、助詞の異なりによる用法の違いが見られる。ただし、この二つの表現形式を併用する作家はいなかった。

プラス的意味………「冥利＋に＋尽きる」

マイナス的意味……「冥利＋が＋尽きる」

昭和初期の辞書における子見出しにおいて、先に見たようにミョウリガツキルが『改修言泉』・『大辞典』・『大言海』の三辞書に掲出されていた。それに対して、ミョウリニツキルを掲出しているのは『改修言泉』だけである。しかも、その意味はミョウリガツキルの項目同様に「「冥加に尽く」に同じ」とあり、マイナス的意味になっている。昭和初期においては、辞書によると、ミョウリガツキルの方が規範的なことばであったようである。これは小説の用例とも一致する。

江戸時代においてはマイナス的な意味であったミョウリニツキルが、プラス的な意味で使用されるようになった背景を窺わせる用例がある。

況んや、涙の名人を拉し来つて聴衆をホロリとさせ、最後の止めを刺さうとするにいたつては世をあざむく政治業者の冥利もまた此処に尽くると言えるかも知れぬ。（尾崎士郎『人生劇場』残侠編　昭和十一年〈一九三六〉）

この用例はミョウリニツキルの用例に含めてもよいかもしれない。この用例はプラスの意味で使用されている。それは「此処に尽きる」という表現によって、「尽きる」の意味が「無くなる」から「きわまる」「その極限に達する」に変化しているのである。この意味は、「（Aは）Bに尽きる」という構文によって生じたものであり、大正時代頃より多く見られるようになる。

・兄の答へを想像すると斯の言葉に尽きて居た。（島崎藤村『新生』第二巻八十六　大正八年〈一九一九〉）

・之迄の歌舞伎狂言と云へば、傾城買のたはいもない戯れか、でなければ物真似の道化に尽きて居た為に（菊地寛『藤十郎の恋』六　大正八年）

・それ等は大体上に書いた数十行の文章に尽きてゐるであらう。（芥川龍之介『文芸的な、余りに文芸的な』一　昭和二年〈一九二七〉）

ミョウリニツキルの場合も、Aの部分が長かったり、また曖昧であったりはするが、大略的には「（Aは）冥利に尽きる」という構文になっており、ツキルの意味が「きわまる」「極限に達する」になる条件を備えていると言えよう。

ただし、ここで問題となってくるのは、近代においてはミョウリガツキルの方が大正時代から使用されていて、それも現代のミョウリニツキルとは意味がまったく逆である。このような状況で、ミョウリニツキルが再び出現してきたのはどうしてなのであろうか。考えられるのは、ミョウリニツキルが江戸時代から使用されていた由緒正しい表現だということであろう。

昭和に入り、近世文学の研究が盛んになり、その当時使用されていたミョウリガツキルという表現は文法的に解釈された新しい表現形式であると認識され、古くからのミョウリニツキルが再び復活したのであろう。そこまではよかったが、その当時においては「〜に尽きる」の意味は「きわまる」「極限に達する」であったことから、「神仏の恵みにおいてきわまっており、この上なく幸せである」というように、江戸時代の意味とは異なる現代的な解釈によってプラス的な意味で使用されるようになったものと思われる。特に「女冥利に尽きる」「男冥利に尽きる」という表現が慣用的な表現として広まり、さらに教師や役者などにもその範囲を広げていったのである。

付章　別れの挨拶表現の成立とシステム変化

挨拶表現の中で感謝表現と同じく興味深いと思われるのが、別れの挨拶表現である。ここでもシステムの変化と下略によるある品詞の挨拶表現化が見られる。別れの挨拶表現であるサラバにしてもサヨウナラにしても、もともとは接続詞である。つまり、接続詞が別れの挨拶表現になったのである。それは、その接続詞に続くことばが省略されて、その全体の意味をその接続詞が担うことによって、その結果別れの挨拶表現として成立したのである。このように、接続詞が別れの挨拶として使用されれば、サラバとサヨウナラと同じような用法を持つ他の接続詞も、同じ発想法によって、別れの挨拶表現として使用されるようになる。これは、謝罪表現のスミマセンが感謝表現として利用されたことによって、謝罪表現のゴメンやワルイも感謝表現として使用されているのと同じことである。

それでは、別れの挨拶表現がどのようにして成立してきたのか見てみよう。『日本国語大辞典　第二版』などの辞書によると、挨拶表現としてのサラバは平安時代から用いられているとしている。

・後撰・離別・一三四一「さらばよと別れし時にいはませば我も涙におぼれなまし（伊勢）」

『日本国語大辞典　第二版』『古語大辞典』『角川古語大辞典』

・源氏・浮舟「さらばとてこの人を返し給ふ」

『古語大辞典』

・源氏・夢浮橋「うちつけに炒られんも、様悪しければ、さらばとて、帰り給ふ」

『日本国語大辞典　第二版』

ただし『日本国語大辞典　第二版』は注記として「中世以降感動詞的用法が多くなる」と述べ、また『古語大辞典』は「平安時代には[一]接続詞の意が強いと解される」とする。一方小型の古語辞典類においては、以前は別れの挨拶として確実な中世後期以降のものを挙げることが多かった。例えば、手元にあるものでは、「咄・昨日は今日の物語」（『岩波古語辞典　補訂版』一九九二）、「狂言・仏師」（『新明解古語辞典　第三版』三省堂　一九九五）、「狂言・末広がり」（『旺文社古語辞典　新版』一九八一）が上がっている。しかし、『旺文社古語辞典』も改訂新版九版（一九八八）からは、『源氏物語』の「夢浮橋」における用例に変わっている。二〇〇〇年以降、この「夢浮橋」を用例とする小型の古語辞典が増えてくる。二〇〇〇年以前において、『源氏物語』の他の箇所を用例としている辞書には、一九七四年刊行の『新選古語辞典　新版』（小学館）がある。一九八三年刊行の『古語大辞典』と同じ「浮舟」の箇所である。

　さらばとて、この人を返したまふ。

『新選古語辞典　新版』の編者は中田祝夫であり、また出版社も同じ小学館である。この箇所については、新編日本古典文学全集本が「それでは、早く帰るがよいとおっしゃって、この女房をお帰しになる」と訳しているように、匂宮が浮舟の女房を帰らす場面で使用されており、見送る側のことばである。また『源氏物語』の諸本において「さらばはや」とあり、「さらば」の後に「はや（早く）」が続いていることから、接続詞のままの方が適切であろう。

最近の辞書が用例としている「夢浮橋」においては、薫が浮舟らしい人物が横川にいることを聞きつけ出かけて行き、浮舟に会いたいと思ったが、僧都のさまたげによって思うようにいかず、帰る際のことばとして用いられている。

　いと心もとなければ、なほなほとうちつけに焦《い》られんもさまあしければ、さらば、とて帰りたまふ。

この用例は『日本国語大辞典』（初版　一九七四）に上がっているが、小型の辞書において早く取り上げたのは、

『旺文社古語辞典　改訂新版』（一九八八）や『学研新・古語辞典』（一九八六）であり、先に述べたように二〇〇〇年以降は主流になる。後撰集の用例については、「さらばよと別れにし時に」とあることから、別れの挨拶表現のように感じられる。

しかし、これらの用例を現代語の「さようなら」と対応させることには問題があろう。後で詳しく扱っていくが、中世に「さらば暇申して」という用例が多く見られるようになってくる。もし「さらば」が別れの挨拶として定着していたなら、わざわざ「暇申して」を伴う必要はない。言語変化から見ておかしな変化である。したがって、平安時代の「さらば」はまだ別れの挨拶になっていないと考えられる。文脈的に「さようなら」と解釈できるが、それは接続詞「さらば」が言いさし表現になっていて、単にそのように読み取れるだけであり、意味的には接続詞の「それでは」と見るべきであろう。

別れの挨拶表現サラバについての歴史的研究としては、濱田啓介「日本文学における別れの時の言い方―さらば考」（『解釈』五九巻十一・十二号　二〇一三）がある。その論考には多くの用例が挙げられており、ここでもそれを利用している。濱田の論考によれば、サラバが感謝表現として使用されるようになるのは中世後期まで待たなければならないようである。濱田は、別れの場面における言い方について詳細に検討して、

・王朝文学の上には、「さらば」を訣別の感動詞として用いるものは見当らなかった。（52頁）

・中世期前期文学の中に、未だ「さらば」の感動詞としての用法は見られないという事を確認しておく。（53頁）

と述べている。すなわち、大型の辞書類が示すような平安時代からサラバが別れの表現して用いられてきたことを否定し、これまで別れの表現として見なされていた用例は通常の接続詞であると判断されたのである。それらは、第一部で扱ったドウモと同じく文脈に依存した解釈であったのである。そして、別れの挨拶表現として最初に用いられた

のは「暇申して」であるとしている。

・いとま申てとて出でにけり　（『平家物語』覚一本　二・西光被斬）

・いとま申てとて出られければ　（覚一本　三・法印問答）

「暇申して」は連用形中止であるが、連用形中止になっていることについて、濱田は、

言い方の上で余情を残して断言を避け、相手に譲る思いを托した言い方として慣用化されるに至ったものであろう。　（54頁）

と述べている。別れにおいては、断言を避け、余情を伴って、相手に思いを託すことが効果的なのである。「いとま申して」は、別れを切り出す接続詞である「さらば」「されば」「さ候はば」とともに使用されるようになる。特に、サラバと結び付くことが多かったようである。

・さらばいとま申てとて馬にうち乗り……西をさいてぞあゆませ給ふ　（覚一本　七・忠度都落）

・さらばいとま申してとて終に出させ給ひぬ　（御伽草子　しぐれ）

これまで見てきたように、挨拶表現においては、ある表現が多用されると、文頭だけでその意味を担うようになる。いわゆる下略による挨拶表現化である。すなわち、サラバだけで「さらばいとま申して」の意味を担うようになったのである。このように、単なる接続詞が別れの挨拶表現として用いられることになり、別れの挨拶表現としてサラバが成立してきた。

・さらばといひて出舟の伴ひ申し帰るさと　（謡曲　楊貴妃）

・さらばといひて客僧は、大僧正が谷を分けて雲を踏んで飛んでゆく　（謡曲　鞍馬天狗）

「さらばいとま申して」とは語の順序が逆である「いとま申してさらば」という例も謡曲や幸若、御伽草子などに

見られる。これはサラバが別れの挨拶表現として確立したことによって、逆の順序も可能となったのである。

・暇申してさらばとて、勅使は都に帰りにければ　（謡曲　楊貴妃）

・暇申てさらばとて、熱田をば立ち出で　（幸若　景清）

「いとま申してさらばとて」が七五調の慣用句になっていることについて、濱田は、

談義唱導・節談説教が関係するかとも思うことである。（55頁）

と、語りの音律との関係によるものだとしている。サラバが挨拶表現、すなわち感動詞となったことから、感動詞の一特徴である繰り返し表現のサラバ〳〵という形でも使用されるようになる。

・かたじけなひ　さらば〳〵　（大蔵虎明本　麻生）

江戸時代前期は別れの挨拶表現サラバの定着した時代である。

・世之介様さらばといふこそこゝろつよき女　（『好色一代男』七・一　一六八八）

・数年なじみの清十郎、わるい様にはいたすまじ。いづれもさらば　（『五十年忌歌念仏』上　一七〇七）

サラバ〳〵も別れを惜しむ場合によく用いられている。また、互いに分かれる場合の挨拶表現でもあったようである。

・又いつかめぐりあふべし。さらば〳〵　（『西鶴織留』四・一　一六九四）

・さらば〳〵と両方へ、立ち別れてぞ急ぎ行く　（『仮名手本忠臣蔵』五　一七四八）

サラバは「さらば暇申して」から下略されて独立したものであるが、「暇申して」という去る立場によるものであることが次第に意識されなくなる。それにより、去る立場に限らず、別れの思いを抱いた人から去る人への挨拶表現ともなり、見送る側からの挨拶にもなっていく。これは、後で扱う遊里などにおいて、別れの挨拶が双方向の挨拶になったこととも関係していよう。

次の例は見送っている側からの発話であるが、別れの思いを抱いている人物によるものである。

本意を遂げて又おいで、さらば〳〵と門送り

（『ひらがな盛衰記』三　一七三九）

サラバは、「さらばでござんす」のように、名詞としても使われるようになる。

そんなら旦那さま、内儀さまもうお目にかかりますまい。さらばでござんす。内衆さらば〳〵と、よそながら暇乞ひして、閨に入る

（『曽根崎心中』　一七〇三）

サラバが名詞として活用されたり、この例のように心中に思うだけで実際には発話することをせず、また聞き手を目の前にしなくても、使用できるようになった。これも「暇申して」の意識がなくなったからであろう。

遊里では、接頭辞「お」を付加したオサラバの形がよく使用され、また女郎詞として終助詞「え」を伴ったオサラバエが多く用いられた。

・嶋原の別も、吉原のおさらばといふ声も、同じ物うき朝

（『諸艶大鑑』一・四　一六八四）

・門に見送り、おさらばへといふ

（『諸艶大鑑』四・四）

「門に見送り」とあるように、遊女が客を見送りながら、客に対してオサラバエと言っている。終助詞「え」は親しみを込めた表現である。これまでの別れの挨拶は、主に去る側からの辞去の表明であった。しかし、遊里という客商売においては、見送る側からの別れの挨拶表現も必要になってきた。これによって、別れの言語行動のシステムに大きな変化が生じたのである。

遊女のことばにはサラバヤの使用も見られる。

・あたまをひしやりほんとたゝいて、さらばやおかへりを

（『風流曲三味線』四・五　一七〇四）

・葛城様。さらばや。さらばでござんす

（『傾城反魂香』上　一七〇六）

ともに遊女のことばであるが、前者は客への親しみを込めた挨拶ではない。客が他の大夫のことを言うので、怒っての発言である。また後者は落籍された仲間の遊女を見送る別れの挨拶である。商売上の挨拶であるサラバエを使うのではなく、このサラバヤには彼女らの心情が吐露されていよう。いずれもサラバ系のことばである。なお、このサラバヤの使用は遊女に限らない。近松の作品には次のように使用されている。

・物にて顔をおしつゝみ。さらばやといふ所へ　（大店の娘　『五十年忌歌念仏』中　一七〇七）

・詳しいことは冥土にて、先それまではさらばやと　（武士　『碁盤太平記』　一七一〇）

サラバよりも丁寧なオサラバが、遊里に限らず、広く使用されていく。挨拶表現に敬意の接頭辞「お」が付加されるのは、これまで見てきたように感謝表現においても生じていた。相手を意識した表現になってきたのである。コンニチワやダンダン、オオキニが遊里から広がったのと同様に、遊里のことばの一般化と言えよう。

・おさらばさらばと引き別れ、二人は旅宿へ立ち帰る　（『仮名手本忠臣蔵』十　一七四八）

・気遣いあるなおさらばと、待宵姫を引立て、思ひ切てぞ急ぎ行く　（『源平布引滝』二　一七四九）

・徳兵衛殿、おさらば〳〵と、皆ちり〳〵にわかれ行　（『当世下手談義』四　一七五二）

サラバサラバもオサラバオサラバになっていく。

江戸時代後期になると、別れの挨拶表現としてゴキゲンヨウ（御機嫌よう）が出現してくる。茶屋や遊里で客を見送る場合に用いられている。いわゆる客への気遣いである。

洒落本の『甲駅新話』（一七七五）では、ゴキゲンヨウは次のように使用されている。頁数は『洒落本滑稽本人情本』（新編日本古典文学全集　小学館　二〇〇〇）による。

①　五郎八「左様なら、御きげんよふ」（68頁）　茶屋の若い者が遊女屋に出かける客を見送る際の挨拶

② 後家「ハイさよふなら、御きげんよふ」 二人「おさらば〳〵」（68頁）
遊女屋に客を送った茶屋の後家が店に戻る際の挨拶
③ 綱木「ハイあなた、おやすみなんし」 金公「あゐ。御きげんよふ」（70頁）
友人の谷粋が相方の綱木と一緒に二階へ行くのを見送る挨拶
④ 半兵衛「御きげんよふ。又おちかい内に」（76頁）
遊女屋の若い者による帰る客への見送りの挨拶
⑤ 五郎八「どなたも御きげんよふ」（77頁）
茶屋の若い者による帰る客への見送りの挨拶

ゴキゲンヨウは、主に店の者が客を見送る際に使用していることがわかる。先に述べたように客への気遣いである。客である金公が用いている例があるが、これは友人やその相方を見送る挨拶として使っている。②の例は、茶屋の後家が客を遊女屋へ送って店に戻る際の挨拶であり、茶屋の後家が客を見送っていると言えよう。このような去る者が、相手を気遣って見送っている例は、他の作品にも見られる。

ゲイシヤ二人 さやうなら旦那御きげんよふ キヤク二人 御くろう〳〵 げいしや帰る
（『古今馬鹿集』一七七四）

これらは店側の人間の挨拶である。遊里においては客が仲間同士で用いることがある。次の例は、仲間の部屋からそれぞれが相方と別の部屋に行く場面であり、相手を気遣っているのである。

忠幸長 さよふなら。ご機嫌よふ 里琴 お休みねんしよ
（『南閨雑話』一七七三）

遊廓のことばであったゴキゲンヨウが次第に一般語化していくのである。
①と②を除いて、ゴキゲンヨウは単独で使用されているから、別れの挨拶表現として確立していたことがわかる。それなら、サヨウナラはどうだろうか。サヨウナラは、①と②ではゴキゲンヨウとともに出現している。サヨウナラ

の使用で、ゴキゲンヨウを伴わないのは次のものだけである。これは⑤に関わる箇所である。

谷粋「そんなら、おさらば」　後家「ハイ左様なら、又どふぞ　おちかい内にお出《いで》なさりまし」　金公「アイおせわに成りやした」　五郎八「どなたも御きげんよふ」　後家「モシお羽織《はおり》のお衿《えり》がまだ折《お》れません」　金公「アイ、さあ、おさらば〳〵」

サヨウナラの単独での使用は茶屋の後家のことばの中に見られる。先の④の半兵衛の「ごきげんよふ。又おちかい内に」と近い表現である。このサヨウナラは挨拶表現のようにも解釈できそうであるが、『甲駅新話』ではサヨウナラはまだ接続詞の性格が強いようである。接続詞としては、例えば次のように使用されている。

・後家「サアお一ツ上《あが》りまし」　谷粋「マアはじめなせへ」　後家「ハイ、左様《さよう》ならお燗《かん》を見て上《あげ》ませふ。へヱあなた」　（61頁）

・半兵衛「ハイ、左様なら、どなたも緩《ゆる》りとあがりまし　（66頁）

このような状況からは、「さようなら、ごきげんよう」は、「接続詞＋別れの挨拶表現」であった可能性が強い。あるいはもう一歩進んで「さようならごきげんよう」というひとまとまりで、ゴキゲンヨウと同様な別れの挨拶表現になっていたのかもしれない。この『甲駅新話』のサヨウナラの表記を見ると、仮名の表記は先の②の用例だけである。他の用例は①のように「左様なら」と漢字表記になっており、意味的にも接続詞として働いているようである。ただし、仮名表記が一例しかないので、表記によって用法が区別されていることの証拠としてははなはだ弱い。もし漢字表記と仮名表記で役割が異なっているとしたら、②の「ハイさようなら、御きげんよふ」はひとまとまりで別れの挨拶表現であったと考えられる。これに従えば、後家の「ハイ左様なら、又どうぞおちかい内に」は漢字表記になっていることから、接続詞となろう。また、この「ハイ左様なら」は、前の谷粋の発言「そんなら、おさらば」の「そんなら」と対応していることからも接続詞と考えた方がよさそうである。したがって、まだこの段階においては、サヨウナラは単独で別れの挨拶表現になっていないと言えよう。

ソンナラもサヨウナラも順接の仮定条件を表す接続詞であった。ゴキゲンヨウはサヨウナラを伴うことが多かったが、オサラバもソンナラを伴うことが多い。サヨウナラゴキゲンヨウもソンナラオサラバも、次第にその形でひとまりで慣用的な表現として定着していく。

・さやうなら御きげんよう（『古今馬鹿集』一七七四）

・はい左様なら御きげんよう（『粋町甲閨』一七七九頃）

・「そんならおさらばよ」と二人とも立て出る（『粋町甲閨』）

・きせるをしまゐ「そんならおさらばよ」と下へおりる（『山の下珍作』一七八二）

サヨウナラゴキゲンヨウも、ソンナラオサラバヨもともに長い形式である。丁寧にゆっくり挨拶する場合にはこれでもよいであろう。しかし、急いでいる場合には不都合である。そこで、挨拶表現の特徴である下略が生じて文頭の方だけでその意味を担うことになる。すなわち、サヨウナラだけでサヨウナラゴキゲンヨウの意を、またソンナラでソンナラオサラバの意を表すようになったのである。文頭だけの方が、余情を残し相手に思いを託す、別れの挨拶としてはふさわしい。ダンダンやオオキニといった副詞が感謝表現として使用されているように、接続詞のサヨウナラもソンナラも別れの挨拶表現として活用されていく。サラバが「さらば暇申して」から独立したのと同じ状況がサヨウナラとソンナラにも生じたのである。

別れの挨拶表現のサヨウナラの成立において、サヨウナラゴキゲンヨウという段階を立てずに、サラバとサヨウナラとはともに順接の仮定条件を表す接続助詞であることから、サラバから直接にサヨウナラへの交替を考えてもよいかもしれない。しかし、サラバがオサラバになったことは、サラバが接続詞であることが忘れられたことを意味していよう。接続詞という意識がなくなったからこそ、接続詞のソンナラと一緒に使用されることが可能となったのである。またサラバが見送り側でも去る側でも使用できるのに対して、サヨウナラはサヨウナラゴキゲンヨウのように見送る側の挨拶として成立している。このようなことから、サヨウナラがサラバと同じ接続詞であることによって、単純に別れの挨拶表現として成立したとは言えないであろう。ただし、ともに順接の仮定条件であったことから、サヨウナラが別れの挨拶表現として定着しやすかったことは確かである。

別れの挨拶としてのサヨウナラの定着を見てみよう。式亭三馬の『浮世風呂』ではサヨウナラが単独で使用されている例が多く見られる。サヨウナラは主に女性や店側の人間が使用し、ソンナラは男性が使用している。銭湯という場所の関係から、挨拶は手短かである。

(1)たい「ハイおゆるりと［ト駒下駄をおろしてかどぐちへかゝる］　さみ「ちつとおよんなはいましな、宿《やど》に母《はゝ》が居《を》りますよ。ハイさやうなら［ト捨てぜりふにて風呂へいる］　（二編　巻上）

(2)辰「さやうならお静《しづか》に　巳「ハイさやうならお宿《やど》へよろしくおつしやつて下《くだ》さいまし。存《ぞんじ》ながら御《ご》不沙汰《ぶさた》［ト別れる］　（二編　巻上）

(3)ばゝ「アゝ。あの子《こ》は病気《びやうき》だはな。おめへ見舞《みめへ》に行《いつ》てやんな　ばんとう「ヤレ〳〵そりやアほんに。フウ、道《だう》理《り》か久《ひさ》しくお見えなさらねへ。私《わし》が見舞《みめへ》に行《いつ》たら直《ぢき》に本復《ほんぷく》さ。ハイさやうなら　三人「アイ［ト出てゆく］　（三編　巻上）

(4)▲ハイさやうなら　●おゆるりと［トわかるゝ、折《をり》から時《とき》の鐘《かね》と共《とも》に］　（三編　巻下）

(5)けち「ヤしからば　ばんとう「ハイさやうなら　（四編　巻中）

(6)むだ「鬢《びん》が話《はなし》で思《おも》ひ出《だ》した。おいらも床《とこ》へ行《いか》う。アイそんなら［ト出て行。此浮世風呂の隣《となり》は、浮世床《うきよどこ》といふ髪結床《かみゆいどこ》なり。（後略）　（四編　巻上）

(2)の例は、接続詞か挨拶表現か判断に迷う点があるので、あとまわしにする。(1)は花柳界の女性同士の会話である。去る側が「おゆるりと」と言ったことに対して、「ハイさやうなら」と述べて見送っている。その後に割書で「捨ぜりふ」と注記されている。「捨ぜりふ」とは、別れる時に相手に返答を求めていないことばという意味である。相手が既に「ハイおゆるりと」と言っていることから、さらにその返答は必要ないはずである。(3)は、三人の芸者が帰る時のばんとうとのやりとりである。「ばゝ」とは先に出た婆文字という芸者である。ばんとうが見送る場面で「ハイさやうなら」が使用されている。(4)は、▲は義太夫語りから太夫の妻となった人であり、一方の●は義太夫語りである。●が「おゆるりと」と述べており、▲が後に残ることがわかる。後に残る人が「ハイさやうなら」と述べているように、見送りの挨拶として使用されている。(5)の「ヤしからば」と言っているのは、話の続き方からすると、けちな上方の商人である。その商人に対してばんとうが「ハイさやうなら」と見送っているのである。「しからば」は武士が使用することの多い別れの挨拶表現である。上方では町人でもシカラバを使用していたのであろうか。例えば、近松門左衛門の『心中宵庚申』（一七二二）において、八百屋半兵衛が「しからばお暇」と立ち去る場面で使用している。ただし八百屋半兵衛は、今は町人ではあるが、もとは武士であった。したがって、この例だけでは判断がつかない。

しからばお暇。千代も同道。いざお立やれ　（中巻　山城上田村島田平右衛門宅の場）

(1)(3)(4)(5)のサヨウナラは見送る側の挨拶で使用されている。(6)はソンナラの用例である。これは三馬の新作である『浮世床』の宣伝をかねたものである。ここでは、「そんなら」は去る立場の人が用いている。

後に残してきた(2)について見ると、両者がサヨウナラを用いている。話を見ていくと、辰の下女が迎えに来て辰が急いで帰る場面である。「お静かに」は、方言書などを見ると、客を見送る場合に使用されていることが多いとある。しかし、この作品の場合は先に帰る辰が用いており、方言の用法とは異なるように思われる。「お静かに」は、『浮世風呂』ではう一例使用されている。

［此内ば、文字はじめ三人とも、ぬかぶくろを水ぶねのわきであけよくすゝいでしぼり、みな〴〵ゆかたになりてあがりきものを着《き》かへて］三人「おかさんお静《しづか》かに　かこ「おさらばよ後《のつち》に必《かなら》ずよ　（三編　巻上）

かこも芸者であり、あとからやってきたのである。三人が立ち去る時に、「お静かに」と言い、それに対して見送る側のかこは、遊里でよく使用される見送りのことばである「おさらばよ」を用いている。⑵の「さやうならお静かに」のサヨウナラは立ち去る側（辰）が使用しており、立ち去る挨拶表現の「お静かに」とともに用いていることから、この場合のサヨウナラは接続詞的な意味合いが強いと言えようか。それでは巳の方のサヨウナラはどのように考えられるであろうか。「ハイさやうなら」と感動詞「ハイ」を伴っていることから挨拶表現のようにも見える。さらに、句読点があれば別れの挨拶表現と断定できる。しかしこの場合は、句読点がなく続いているように見え、判断に困る。サヨウナラで終わらずに、その後にも文章が続いていることから、ここではひとまず接続詞としておきたい。

次に、式亭三馬の『浮世風呂』に続く作品である『浮世床』（一八一三～一四）での別れの挨拶を見てみよう。先のソンナラで挙げた箇所が『浮世床』の宣伝であった。『浮世床』はタイトルにある通り床屋が舞台であり、そこに来る客や出入りの業者が店に出たり入ったりする。そのことによって、様々な人々の挨拶表現を見ることができる。『浮世床』の別れの挨拶表現を扱ったものに、濱屋方子『日本語における「挨拶」の諸相』（台湾・致良出版社　二〇〇七）がある。濱屋の論考も参考にするが、ここでは主に自分の調査結果に基づいて述べていく。なお、挨拶表現が使用されている箇所について、その応対がある場合にはそれも抜き出してある。頁数は『甲駅新話』と同じく『洒落本滑稽本人情本』（新編日本古典文学全集）による。

1　孔糞「（前略）イヤしからば　ト帰る　（259頁）

2　旦那「（前略）ハイどなたも　［ト行過る］　熊公「ハイさやうなら［トまじめになる］　（268頁）

3　仇文字「ハイさやうなら　トこしをかゞめる　（271頁）

4　仇文字「（前略）藤さんお大事になさいましヨ。ハイあばよ　（271頁）

5　二人（熊公・伝法）「行くべい〳〵［トびん五郎にむかひ］ヲイおさらば　鬢五郎「行《いっ》て来《き》ねへ　（273頁）

6　櫛八「ホイ、あの儘《まんま》か。ハイさやうなら［ト跡じさりにしきゐをまたぐと（後略）］　（274頁）

7　作兵衛「ヤヤ最《も》う往《いの》〳〵。兎《と》に角咄《かくはなし》が長《なご》なつてならんハ。しからば、イヤ皆さんこれに　（287頁）

8　中右衛門「（前略）アイそんなら［トわかれる］　（289頁）

9　三人（徳太郎・聖公・賢公）「アイそんなら　鬢五郎「ハイ明日《みやうにち》［ト三人は帰る］　（291頁）

10　飛助「ヲイすんなら［ト出てゆく］　（297頁）

11　土龍「（前略）ヤしからば［トはきものをはく］　（341頁）

12　銭右衛門土龍両人「アイどなたも　内にゐるもの「アイそんなら［ト別れる］　（341頁）

13　長六短八「松さん。竹さん。アイすんなら　松「ヲイ帰《けへ》るか　竹「もつと遊《あす》ばつしナ　両人「アイ［ト立帰る］
（341頁）

14　両人（松・竹）「アイそんなら　鬢五郎「アイお帰《かへ》り　（351頁）

15　櫛吉「アイさやうなら［ト出行《いでゆく》］　（351頁）

16　鬢五郎「アイお出《いで》。まだござへいやせん　も、引がけの男「ハイ〳〵。さやうなら、又此間《こないだ》に［ト出行しは、

油の垢《あか》買ひと見へて、かごをかたげて走りゆきぬ」　（351頁）

17　銅助「内へよく云てくんな　鬢五郎「ハイ〳〵　［ト出行］　（352頁）

18　金鳴屋のお袋「（前略）ホンニ〳〵一寸《ちよつと》参つてどうせうかうせうと歌《うた》にばかり唄《うた》つてやう〳〵今日《こんにち》参じました。ハイさやうなら折角《せつかく》御きげんよう　鬢五郎「まアよろしうございます　（355頁）

19　金鳴屋のお袋「ハイさやうなら　両人（鬢五郎・女房）「ハイさやうなら　［ト立かへる］　（355頁）

サヨウナラもソンナラも、ともに単独で使用されており、挨拶表現として定着していたことが確認できる。ということは、サヨウナラは、『甲駅新話』では見送る側の挨拶であったが、ここでは去る側の挨拶でも使用されている。しかし、あの場合はやはり『浮世風呂』の(2)における帰っていく辰の「さやうならお静かに」もその可能性がある。「さやうならお静かに」という一まとまりで別れの挨拶と見た方がよいであろう。

見送りの挨拶としては2と19がある。2では勇み肌の熊公が使用している。出入り先の旦那に出会い、仕事をさぼっているところを見られてしまった。そのため、旦那の別れのことばに対して恐縮してサヨウナラを用いている。サヨウナラの後に、「まじめになる」とト書きがある。またその後すぐに伝法が「熊めヱ、毒気をぬかれたア」と言っているように、本来ならば熊が使うようなことばではなかったのである。つまり、サヨウナラは丁寧なことばと言えよう。19は、金鳴屋のお袋が去る際に述べたサヨウナラに対して、鬢五郎と女房がそれに応じて見送りの挨拶として用いている。

去る側の挨拶としてのサヨウナラの使用は、3の芸者の仇文字、6の櫛八、16の油買い、17の遊里の文遣い銅助、19の金鳴屋のお袋である。このように去る側の挨拶として使用されていることから、サヨウナラは見送る側・去る側の区別なく使用されるようになったようである。またその使用者を見ると、出入りの業者、芸者や遊里関係、裕福な商家のお袋といった人々であり、丁寧なことば遣いが求められている人々である。
18では、サヨウナラはゴキゲンヨウとともに使用されているが、両者の間に「折角」が入っている。「折角」とは「十分に気をつけて」という意味である。ここのサヨウナラは接続詞と考えた方がよいであろう。ゴキゲンヨウはここでは去る側の挨拶になっている。ゴキゲンヨウとウ音便になっていることからわかるように、もとは動詞述語を修飾するものであった。例えば、『浮世床』で、女房が夫を見送る際に言ってほしい文句として、

ハイ、御機嫌《ごきげん》ようお遊《あそ》びなさいまし、トいはねへばかりにして出すのだはな　（322頁）

とあるように、遊里などで茶屋の人々が見送りの挨拶として使用していたゴキゲンヨウはこのような意味であったと思われる。その一方で、ゴキゲンヨウは見送りの挨拶だけでなく、客を迎える際の挨拶としても使用されていたようである。

若者善二「是は〳〵お揃なすつて　女房「どつち風が吹きやしたかホンニきつひもので御さりやす　善二「どなたも御きげんよふ　（『駅舎三友』刊行年不明）

『浮世床』においても、ゴキゲンヨウは出会いの挨拶としても使用されている。

・銅助「此間は御無沙汰《ごぶさた》いたしました。御きげんよろしう。是《これ》は［トばかりさし出す］　（351頁）
・金鳴屋のお袋「扨先《さてまづ》、おまへさんにもお揃《そろ》ひなされまして御きげんよう　（353頁）

このような場合のゴキゲンヨウは、「御機嫌よくお過ごしですね（お過ごしでしたか）」という意味合いであろう。ゴキゲンヨウは、このように別れの挨拶表現ばかりでなく出会いの挨拶表現としても使用されている。つまり、ゴキゲンヨウは単なる相手に対する〈配慮・気遣い〉の表現なのである。したがって、ゴキゲンヨウを別れの挨拶として用いるにはサヨウナラの助けがあった方が都合がよい。そのことによって、別れの挨拶表現としてのサヨウナラの定

着を促す要因にもなったのである。『甲駅新話』において、茶屋の後家が店に戻る時や芸者が座敷から下がる際に、ゴキゲンヨウを用いるのは、客を次の場へと見送るのに加えて、相手に対する気遣いの意味も強かったのであろう。

ソンナラには、その訛形であるスンナラがある。ソンナラを使用するのは、8の年輩の中右衛門、9の若者三人、12の床屋の内に居る人たち、14の松と竹の両人である。スンナラは、10の居候で酔っ払いの飛助、13の長六と短八の両人である。長六と短八は松と竹に対してスンナラを用いている。その松と竹は床の主人である鬢五郎にはソンナラを使用している。これらはすべて去る側の挨拶である。12のソンナラは見送る側の挨拶ともとれそうである。しかし、11の土龍の「ヤしからば」、そして12の銭右衛門と土龍の「アイどなたも」に対して、その床にいる人々が応えているものであるから、ソンナラの後にト書きで「別れる」とあるように、お互いに別れるという意識なのであろう。これは、先に『浮世風呂』において問題としていた、

(2)辰「さやうならお静《しづか》に」巳「ハイさやうならお宿《やど》へよろしくおつしやつて下《くだ》さいまし。存《ぞんじ》ながら御不沙汰《ごぶさた》

[ト別れる]　（二編　巻上）

にも当てはまると思われる。

『浮世床』の用例を見ていると、まだその当時は去る側の挨拶に対して見送りの挨拶をすることは必要ではなかったようである。多くの場合において、去る側だけの挨拶で終わっている。また見送る場合においても、5「行て来ねへ」、9の「ハイ明日」、13「ヲイ帰るか」、14「アイお帰り」、17「内へよく云てくんな」といった様々な表現が対応しており、定型表現がまだ確立されていなかったようである。去る場合においても、挨拶表現を用いずに去っていくこともある。去る側の挨拶では、スンナラ→ソンナラ→サヨウナラの順で丁寧度が増していく。

サヨウナラが『甲駅新話』において接続詞として利用されていたことを述べたが、ソンナラも『甲駅新話』や『浮

世床』において接続詞として活用されている。なお、『浮世床』では接続詞としてのサヨウナラの用例は見られない。『浮世床』に接続詞のサヨウナラがないのは、そのような丁寧な接続詞を用いる場ではなかったのであろう。

・後家「そんならお見立てになさりまし　（『甲駅新話』64頁）

・金公「そんならどふぞ、茶を一盃《いっぺへ》持《もっ》て来てくんな　（『甲駅新話』72頁）

・熊公「そんなら是《これ》は　（『浮世床』272頁）

・竹「そんなら又、足を早く入《いれ》たが能《いゝ》はさ。　（『浮世床』304頁）

接続詞のサヨウナラがその当時消滅していないことは、後の人情本などに多くの例が見られることからも確認できる。ただし、接続詞の場合にはサヨウナラバと接続助詞の「ば」が接続している場合も多い。接続詞と別れの挨拶との分化が生じていたようである。サラバの場合は、挨拶表現の方に、サラバエ、サラバヤ、オサラバといったように、終助詞や接頭辞の付加が行われていた。

・くま「どふぞ明日《あした》にしておくれといつておくれな　トいふをお元は直《ぢき》に聞付《きゝつけ》　もと「左様《さよう》なら明日《めうにち》参りませう。　（『春告鳥』三編　巻八　493頁）

・りき「左様ならばお羽折を出しませうか　（『春告鳥』四編　巻十一　539頁）

『浮世床』では、先の例のように、その当時接続詞であったサヨウナラやソンナラが単独で別れの挨拶表現として定着している。サヨウナラは、これまでの見送る側の挨拶表現であったことに加えて、去る側の挨拶表現にもなれたのは、「ソンナラ（オサラバ）」の影響によるものと思われる。接続詞で別れの挨拶を行うことが一般化したことによって、サヨウナラはソンナラよりも丁寧な去る側の挨拶表現としても位置づけられたのであろう。

サヨウナラやソンナラ以外の表現として、1では孔糞はシカラバを用いている。シカラバも順接の仮定条件の接続詞である。サヨウナラやソンナラは、これまで見てきたように、町人の話しことばとして用いられるものであった。書きことばの文体的な点から言えば、サラバが和文体で使用されるのに対して、シカラバは漢文訓読体で用いられる語であった。『浮世床』でシカラバを使用しているのは、孔糞の他には、7の上方者の作兵衛、11の土龍であった。孔糞は素読指南の先生である。また、土龍は読本や講談好きの男であるから、彼らが漢文訓読体で使用されるシカラバを用いるのは理解できる。上方者の作兵衛に関しては、『浮世風呂』でもけちな上方の商人がシカラバを使用していた。式亭三馬の作品においてはシカラバは上方者のことばの特徴ともされている。

このようにシカラバが別れの挨拶表現として利用されるのも、ソンナラやサヨウナラといった接続詞が別れの挨拶表現として活用されるようになっていたからである。現代でも、「それでは」や、その省略形である「では」や「じゃあ」が別れの際に用いられるのも、その流れにあると言えよう。

4において、仇文字はアバヨを用いている。アバヨのアバは別れの挨拶の幼児語である。ここでは、鬢五郎の子どもである藤さんに向かって言っている。仇文字はその子に合わせて幼児語を使用したのである。このアバヨは後には大人も使用するようになる。

5のオサラバは、勇み肌の熊公と伝法が鬢五郎に対して使っている。『甲駅新話』でよく使用されていたオサラバの挨拶語としての使用は、『浮世床』ではここだけである。もう一例あるが、それは名詞であり、銭右衛門の所の居候である飛助の話の中に出てくる。

本《ほん》の事《こつ》たが、おれだから居《ゐ》て遣《や》るのだ。ホンニヨ飛助《とびすけ》さんなればこそ、居候にゐて遣《つか》はさるのよ。気のきいた居候はおさらばだ。（296頁）

オサラバは遊里で発生した表現であり、それが広く使用されるようになったが、ソンナラの使用が多くなったことから衰退したのであろうか。飛助も、また熊公や伝法も遊里に出入りしている。この当時においては、オサラバは再び遊里語に戻っていたのかもしれない。熊公や伝法が、他の人々の用いる親しみのあるソンナラやスンナラを使わずに、オサラバを用いたのは勇み肌としての意地なのであろう。

先の例では挙げなかったが、巫女《いちこ》の口寄せで呼ばれた現れた霊が再び去っていく時に、「さアらばだア」（犬の霊）、「さアらばぢやア」（神隠しにあった爺様の生き霊）と叫んでいる。霊ということで、わざと古めかしく、また敬意のないサラバを用いるのであろう。

2と12に見られる「どなたも」や、7の「皆さんこれに」は、別れの際にはよく使用される表現である。いずれも、最後まで言わずに途中で終わっており、別れの挨拶の特徴が現れている。

これまで見てきたように、別れの挨拶表現は、中世に出現してきたが、近世初期までは去る側からの一方向であった。見送る側は去る側からの挨拶に対して特段の挨拶表現を用いなかった。

去る人　↓　見送る人

「暇申して」や「さらば暇申して」は、このような去る側からの一方的な挨拶であった。しかし、「さらば暇申して」からサラバが独立したことによって、「暇申して」の意を次第に意識しなくなり、別れの思いを抱く人の表明ともなった。すなわち、去る側、見送る側にかかわらず、別れの挨拶表現が使用されるようになったのである。また、心中で思ったり、相手が目の前にいなくても、用いることができるようになった。

近世になると、商業社会の発達によって、客をもてなす必要性から、例えば遊里の世界では、見送る側からの挨拶表現も必要になってくる。また、客と店の人間との間で別れの挨拶が取り交わされるようになる。そのことによって、別れの挨拶が双方向的になったのである。さらに、これまでとは逆に見送る側から先に発する場合や、見送る側からの一方的な場合も生じてきた。この場合、見送る側からの挨拶の方が丁寧なものであった。また、お互いに別れ合う場合では、両者が同じ表現を用いた。これは去っていく側の挨拶表現であった。

去る人　↑↓　見送る人　（異なる表現）

去る人　↑　見送る人　（丁寧な表現）

去る人　⇕　去る人　（同じような表現）

去る側はオサラバやオサラバオサラバ、一方見送る側は女郎であればオサラバエ、芸者も含め店の関係者はゴキゲンヨウやサヨウナラゴキゲンヨウを用いた。

双方向のシステムが次第に定着してくると、商売とは関係なしに、また上下関係なしに単なる応対として、別れの挨拶が取り交わされるようになる。先に挙げた『浮世床』における用例18に見られる金鳴屋のお袋と床の主人鬢五郎や女房との間で交わされるサヨウナラの応対はそのような例の一つであろう。

見送り表現として使用されていたサヨウナラが、去る側の丁寧な表現としても使用されるようになると、両者ともに同じ表現を用いることが可能となったのである。

去る人　⇕　見送る人　（同じ表現）

これは、ある面では去る人どうしの挨拶の拡張とも言えるが、ゴキゲンヨウが意識されていた時にはお互いに相手を気遣っていたのであろう。

以上、サヨウナラの成立について歴史的な観点から考察してきた。サヨウナラの成立にあたってはゴキゲンヨウが大きく関わっていた。また、サラバとサヨウナラとは連続していないことがわかった。順接の接続詞サラバが別れの挨拶表現になれば、同じ機能を持つ接続詞もサラバと同じく別れの挨拶表現として利用されてもいいはずである。しかし、そうはならなかった。それは、サラバが別れの挨拶表現になったために、サラバが担っていた順接の仮定条件の接続詞を補うためにサヨウナラが必要であったからであろう。しかし、このサヨウナラも最終的にはサラバと同じく別れの挨拶表現になってしまった。

サヨウナラは、最初は見送る側の挨拶であったが、ソンナラオサラバから独立したソンナラの影響によって、去る側の挨拶表現としても利用できるようになった。そのような接続詞によって別れの挨拶表現として活用できたのは、文頭の最初だけでその文全体の意味を担わせる下略という挨拶表現の特徴によるものである。また、余情を残して相手に思いを託す別れの挨拶表現としてふさわしかったのである。

最後に再度まとめておく。別れの挨拶表現のシステムにおいては、去る側からの一方向的であったものが、近世の商業社会によって客をもてなすために見送る側からの挨拶表現も必要となり、双方向の挨拶表現になった。その際、見送る側からは去る側よりも丁寧な表現を用いていた。しかし、別れの挨拶において双方向のシステムが次第に浸透することによって、丁寧な挨拶表現であるサヨウナラが、これまでの見送る側の挨拶に加えて去る側からも利用された。このような両者が同じ表現を用いたことが、他の挨拶表現にも影響を与えた。例えば、「おはよう・おはよう」、「おやすみなさい・おやすみなさい」など、同じ表現を言い交わすような挨拶のシステムが成立したのである。

なお、サヨウナラが別れの標準的な挨拶表現とされているのは、「それなら（そんなら）」、「それでは（では、じゃあ）」に比べて、接続詞としての性格が弱いからであろう。それに加えて、去る側からもまた見送る側からも使用できる表現であることにもよろう。

おわりに　感謝表現の歴史と方言の分布

本書で述べてきた文献に見られる感謝表現の発想法の歴史については、「はじめに」において述べたので、ここでは繰り返さない。筆者の今後の課題を述べることによって、本書のまとめとしたい。

次頁に掲げる図は、国立国語研究所編纂による『方言文法全国地図』の「ありがとう」の総合図（第五集　二七〇図）を、大西拓一郎が略図化したものである。言語地理学においては、中心部から周辺部への伝播が基本である。したがって、日本全体を扱うには文化の中心であった都（京）からの伝播として考えていく。第一部第五章「近世後期から近現代にかけての感謝表現」で扱ったダンダンやオオキニについては、この分布図から上方からの伝播であることが一目瞭然である。しかし、この図を見ると、全国には感謝表現として文献には出現してこなかった語も多く見られ、またそれらが広く分布しており、解釈する上でも複雑な分布になっている。それらの語がすべて、京や大坂といった上方や、近世後期以降の江戸（東京）から伝播されたものとは考えづらい。言語地理学において、ある地域を対象とした微細言語地図に中央語には見られない語が分布していることは不思議ではない。感謝表現においても、これと同様であって、それぞれの地方でその地方独自の感謝表現が生み出されているのである。それらがある程度広い分布を持っていることは、人々の交流において感謝表現が欠かせないものであり、その表現が地域共通語的な性格を帯びていたことを意味している。

図　ありがとう

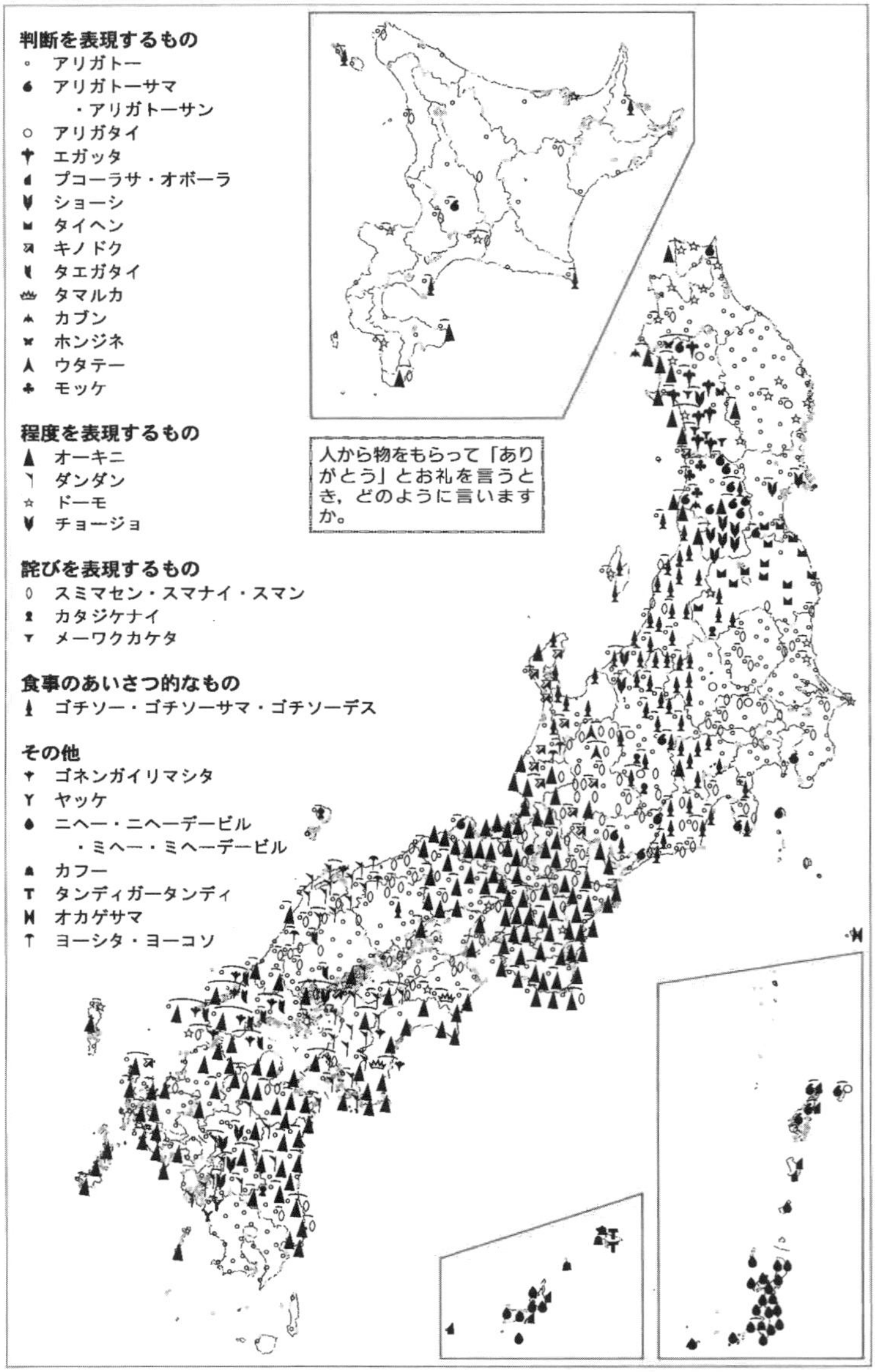

（『方言文法全国地図』第5集270図より　略図作成：大西拓一郎）
〈佐藤亮一「ありがとう」『月刊　言語』35巻12号　2006〉より

（『方言文法全国地図』第5集　二七〇図の略図・116頁の再掲）

柳田国男が『毎日の言葉』の「モッタイナイ」の項に記していたように、感謝表現として使用されている語はもともとは感謝とは関係のない意味を表す語であった。それも、それ自体はよくない意味の語であった。そのようなマイナス的な意味の語が感謝表現として使用されているのである。それらの語が感謝表現となったのは、第一部で述べてきたように、ある時代にその語の意味用法がその時代の感謝の発想法と合致したからである。感謝の発想として、〈困惑・恐縮〉から〈批評・評価〉、そして〈配慮・気遣い〉という大きな流れがあった。「はじめに」において述べたように、方言の感謝表現においては、〈配慮・気遣い〉という現代の発想法が影響しているために、それぞれの地域における人々のその語に対する語源意識は参考にはならない。その語自体の意味用法を考えることによって、その語が感謝表現として活用された発想法が確認できよう。そのような目で各地の感謝表現を分類していくと、大まかには次のように分類できよう。

〈困惑・恐縮〉タエガタイ、タマルカ、ナンノコッタロ、ショーシ、メヤグ　など

〈批評・評価〉アリガトー、ゴチソーサマ、カブン、モッケ、ダンダン、オーキニ　など

〈配慮・気遣い〉キノドクナ、スミマセン、ワルイ　など

しかし、例えば福島県に分布しているタイヘンについては、〈批評・評価〉なのか〈配慮・気遣い〉なのか、なかなか決めがたい。方言にはこのようなものがいろいろと見られる。判断がつかないのはそれぞれの発想法が連続しているからである。これは、〈批評・評価〉に含めたダンダンやオーキニについても言える。

方言の世界では、エガッタやウレシーなどの喜びの表現も感謝表現として使用されており、上からの表現という制約も見られない。それは方言の世界では身分差があまり意識されていなかったからであろう。琉球や奄美においては、琉球王国の建国や薩摩藩との関わりで、逆に下からの感謝表現や上からの感謝表現という区分けが改めて必要となっ

てきた。

この分布図を見ると、〈困惑・恐縮〉の発想法に基づく語が周辺部に分布していることが確認できよう。ただし、その語の意味が中央語において意味変化が生じている場合にはわかりづらいことがある。〈困惑〉の語は〈気遣い〉へと意味を変化している。山形県や宮城県で感謝を表すショーシは、感謝表現として使用されている地域では本義の「恥ずかしい」の意味を持っている。それに対して、感謝表現になっていない新潟県では「かわいそうだ（気の毒）」という意味になっているようである。それに関連して、北陸地方に広く分布しているキノドクナは、この語のもともと意味は自分の気の毒、つまり〈困惑〉であった。それが、相手の状態について言及するようになり、〈気遣い〉の用法に変わってきている。先の分類では、〈配慮・気遣い〉に分類したが、北陸地方では最初は自分の気の毒、すなわち〈困惑・恐縮〉の発想のもとで感謝表現として受容したのかもしれない。また、庄内地方に分布しているモッケナは、江戸時代後期に作成された『庄内浜荻』には、江戸語のキノドクナに対する語として記されている。その内容を読むと、感謝の場合の表現のようである。しかしモッケはもともとは意外さを表す語であったようである。したがって、『庄内浜荻』においてモッケナが江戸語のキノドクナに対応しているのは、〈配慮・気遣い〉という発想法とは関係なく、感謝の表現での対応ということによるのであろう。庄内におけるモッケナの分布の周辺には、秋田県にカブン、山形県にショーシ、新潟県や長野県にゴチソーサマなどが分布している。特に、モッケよりも京に近い新潟県や長野県に広く分布しているゴチソーサマの発想法をどのように考えるかによって、モッケナが〈配慮・気遣い〉の発想法による表現なのか〈批評・評価〉による表現なのかの解釈も変わってくるであろう。

このように、感謝表現の分布においては、語形による伝播ではなく、感謝の発想法が中央から伝播して、それぞれの地域において、その発想法に適した語が感謝表現として利用されていると考えられる。このような方言における感謝表現の分布と、感謝の発想法の歴史との関係について、今後十分に検討していきたいと考えている。

ちなみに感謝表現として使用されている語は、場合によっては出会いの挨拶表現として使用されている。日本放送協会による『全国方言資料』では、石川県白山市、岐阜県飛騨市古川、島根県浜田市金城町において、アリガトー系の表現が出会いや辞去の挨拶表現として使用されている。また、文化庁の事業として昭和五十二（一九七七）年度から六十（一九八五）年度にかけて全国で行われた「各地方言収集緊急調査」の資料を見ていくと、熊本県で感謝表現として使用されているダンダンが別れの挨拶表現として使用されるという注記がある。出会いの挨拶については少し考える必要があるが、別れの挨拶の場合については第一部第五章第四節「京におけるオオキニ」においてヨウコソを扱った際にも述べたように、現在の我々の日常生活でもごく普通に行われていることである。友達と別れる場合に、（今日は）アリガトー（ネ）と言って別れる場合も多くある。このように、感謝表現は感謝に限らずその使用される場面が広い。

また、第二部の付章「別れの挨拶表現の成立とシステム変化」で扱った、サラバやサヨウナラといった別れの挨拶表現は、もともとは接続詞であった。このような事例を見ると、挨拶表現は語用論研究の宝庫と言えるだろう。その中でも、特に感謝表現は時代的な発想法の変化と関わっているので、歴史語用論の研究における興味深いテーマとなろう。感謝表現は、本書のように発想法と歴史的変化の関わりや、また今後の課題として挙げた方言における感謝表現の発想法、さらに発想法の歴史と方言の分布との関係についてなど、様々な観点からの追究が可能である。そこには人々の感謝に対する意識や意識の変化が見られ、歴史的にもまた地理的にもおもしろいテーマである。

参考文献

はじめに

土井八枝（一九一九）『仙台方言集』（私家版）
森川信夫（二〇〇二）『面白くて為になる山口弁よもやま話（増補版）』（私家版）
柳田国男（一九四六）『毎日の言葉』（創元社）

第一部　感謝表現の歴史

第一章　感謝表現研究の先覚者

菊地暁（二〇一一）「ツバメ、カモメなどの展望車にてよみあぢはいしことありけり：新村出旧蔵柳田国男著作の書入を読む」（『人文学報』一〇一　京都大学人文科学研究所）
菊地暁（二〇一二）「〈ことばの聖〉二人　―新村出と柳田国男―」（横山俊夫編『ことばの力』　京都大学学術出版会）
小林隆編（二〇一四）『柳田方言学の現代的意義―あいさつ表現と方言形成論―』（ひつじ書房）
新村出（一九三四）「「ありがたい」といふこと」（『静坐』昭和九年一月号）後に、新村出（一九四三）所収
新村出（一九三五）「「勿体ない」といふこと」（『静坐』昭和十年一月号）後に、新村出（一九四三）所収
新村出（一九四三）『国語学叢録』（一條書房）
新村出（一九七一～七三）『新村出全集　全十五巻』（筑摩書房）
新村出（一九九三）『新村出自筆　東西語法境界線概略』（新村出記念財団・岩波書店）
新村出記念財団（一九八三）『新村出全集索引』（新村出記念財団・筑摩書房）

西村亨編（一九六四）『柳田国男方言文庫目録』（慶應義塾大学言語文化研究所）
日本放送協会編（一九五六）『ことばの生い立ち　―ことばの研究室』（大日本雄弁会講談社）
柳田国男（一九三〇）『蝸牛考』（刀江書院）
柳田国男（一九四二～四三）「毎日の言葉」（『婦人公論』昭和十七年九月号～昭和十八年八月号〈連載〉中央公論社）
柳田国男（一九四六）『毎日の言葉』（創元社）
柳田国男（一九五六）『新版　毎日の言葉』（創元社）
柳田国男（一九六二～一九七一）『定本柳田国男集　全三十一巻別巻五巻』（筑摩書房）

第二章　上代・中古のカタジケナシ

宇治谷孟（一九九二）『続日本紀　全現代語訳（上）・（中）』（講談社学術文庫）
宇治谷孟（一九九五）『続日本紀　全現代語訳（下）』（講談社学術文庫）
岡田希雄（一九四一）『新訳華厳経音義私記倭訓攷』（『国語国文』別冊）
北川和秀編（一九八二）『続日本紀宣命　校本・総索引』（吉川弘文館）
小柳智一（二〇一四）「奈良時代の配慮表現」（野田尚史・高山善行・小林隆編『日本語の配慮表現の多様性―歴史的変化と地理的・社会的変異―』くろしお出版）
佐佐木隆（二〇一四）「散文と韻文のミ語法」（『国語国文』八三―一）後に、佐佐木隆（二〇一六）に所収
佐佐木隆（二〇一六）『上代日本語構文史論考』（おうふう）
根来麻子（二〇一三）「続日本紀宣命「天地の心を労み重み」「天地の心も労く重く」をめぐって」（『美夫君志』八六）後に、根来麻子（二〇二三）に所収

根来麻子（二〇一三）『上代日本語の表記とことば』（新典社）
藤原浩史（一九九三）「平安和文の謝罪表現」（『日本語学』一二―一二　明治書院）
藤原浩史（一九九四）「平安和文の感謝表現」（『日本語学』一三―八　明治書院）
前田富祺監修（二〇〇五）『日本語源大辞典』（小学館）
三澤薫生編著（二〇〇八）『谷川士清自筆本　倭訓栞　影印・研究・索引』（勉誠出版）
柚木靖史（一九九六）「和化漢文における「念」「思」の用字法」（『広島女学院大学国語国文学誌』二六）

第三章　中世の感謝表現

池上禎造（一九五三）「近代日本語と漢語語彙」（『金田一博士古稀記念言語民俗論叢』三省堂）後に、池上禎造（一九八四）に所収
池上禎造（一九八四）『漢語研究の構想』（岩波書店）
池田廣司・北原保雄（一九七二〜八三）『大蔵虎明本狂言集の研究　本文篇上・中・下』（表現社）
泉佐野市（二〇〇一）『新修泉佐野市史5　資料編　中世Ⅱ』
大塚光信（一九九六）『抄物きりしたん資料私注』（清文堂出版）
大塚光信編（二〇〇六）『大蔵虎明能狂言集　翻刻註解』（清文堂出版）
国立国語研究所（二〇〇二）『方言文法全国地図』第五集
ことばの中世史研究会編（二〇〇七）『「鎌倉遺文」にみる中世のことば辞典』（東京堂）
新村出（一九三五）「「勿体ない」といふこと」（『静坐』昭和十年一月号）後に、新村出（一九四三）所収
新村出（一九四三）『国語学叢録』（一條書房）

田島優（二〇一一）「北陸地方など日本海側に見られる感謝表現」（『人文学会誌』一二　宮城学院女子大学大学院）
田島優（二〇二〇a）「佐渡の感謝表現」（『明治大学教養論集』五四六）
田島優（二〇二〇b）「山形県鶴岡市の感謝表現」（『明治大学教養論集』五四七）
田島優（二〇二二）「津軽方言の感謝表現メヤグ（迷惑）をめぐって」（『明治大学教養論集』五六一）
中世公家日記研究会編（一九九六）『政基公旅引付　本文篇・研究抄録篇・索引篇、影印篇』（和泉書院）
土井忠生訳註（一九五九）『ロドリゲス　日本大文典』（三省堂）
日本放送協会編（一九六五〜六七）『全国方言資料』（日本放送協会）
芳賀幸四郎（一九六〇）『三条西実隆』（吉川弘文館）
欒竹民（二〇〇〇）「「慮外」の意味変化について」（『日本と中国ことばの梯　佐治圭三教授古稀記念論文集』（くろしお出版）
柳田征司（一九六六）「大蔵流狂言に見える、お礼のことば『有難い』と『忝い』について」（『国語学』六七）後に、
柳田征司（一九九一）に所収
柳田征司（一九六七）「虎明本狂言と虎寛本狂言との語彙の比較　─困惑の気持を表わす感情語彙に就いて─」（『安田女子大学紀要』一）後に、柳田征司（一九九一）に所収
柳田征司（一九九一）『室町時代語資料による基本語詞の研究』（武蔵野書院）

第四章　近世前期の感謝表現

荻野千砂子（二〇〇四）「お礼のことば「ありがたい」について」（『語文研究』九八　九州大学国語国文学会）
大塚光信（一九九六）『抄物きりしたん資料私注』（清文堂出版）

佐藤亮一（二〇〇五）「ありがとう」（『月刊　言語』三五巻一二　大修館書店）
染谷智幸・畑中千晶（二〇一八）『全訳　男色大鑑（武士編）』（文学通信）
土井忠生（一九五九）「貴理師端往来について」（『キリシタン研究』第五輯　吉川弘文館）
中村聡美（一九九八）「平安から近世にかけての感謝表現について―カタジケナイとアリガタイを中心に―」（『学苑』七〇一　昭和女子大学光葉会）
柳田国男（一九四六）『毎日の言葉』（創元社）
柳田征司（一九六六）「大蔵流狂言に見える、お礼のことば『有難い』と『忝い』について」（『国語学』六七）
柳田征司（一九六七）「虎明本狂言と虎寛本狂言との語彙の比較―困惑の気持を表わす感情語彙に就いて―」（『安田女子大学紀要』一）
柳田征司（一九九一）『室町時代語資料による基本語詞の研究』（武蔵野書院）
庵功雄・高梨信乃・中西久美子・山田敏弘（二〇〇〇）『初級を教える人のための日本語文法ハンドブック』（スリーエーネットワーク）
第五章　近世後期から近現代にかけての感謝表現
頴原退蔵（一九四七）『江戸時代語の研究』（臼井書房）
影山史子（一九八九）「挨拶の言葉　―「どうも」について―」（『日本文学ノート』二四　宮城学院女子大学日本文学会）
川瀬卓（二〇一四）「近世における「どうも」の展開」（『日本語文法史研究２』ひつじ書房）後に、川瀬卓（二〇二三）に所収
川瀬卓（二〇一九）「感謝・謝罪に見られる配慮表現「どうも」の成立」（『近代語研究　第二十一集』武蔵野書院）

後に、川瀬卓（二〇二三）に所収
川瀬卓（二〇二三）『副詞から見た日本語文法史』（ひつじ書房）
倉持益子（二〇一二）「「こんにちは」の履歴書　遊里言葉から代表的あいさつ言葉へ」（『言語と交流』一五　凡人社）
倉持益子（二〇一三）「あいさつ言葉の変化」（『明海日本語』一八）
国立国語研究所（二〇〇二）『方言文法全国地図』第五集
小林勇（一九八九）「『風俗三石士』板本の錯丁に就いて」（『親和国文』二四）
小林隆・澤村美幸（二〇一四）『ものの言いかた西東』（岩波新書）
櫻井豪人（二〇〇九～一三）「アーネスト・サトウ『会話篇』part II　訳注稿（1）～（7）・補遺」（『茨城大学人文学部紀要　人文コミュニケーション学科論集』7～14）
佐藤亮一（二〇〇五）「ありがとう」（『月刊　言語』三五巻一二　大修館書店）
田島優（二〇二〇b）「山形県鶴岡市の感謝表現」（『明治大学教養論集』五四七）
東条操（一九三一）「浪花方言題解《ママ》」（『片言　物類称呼　浪花聞書　丹波通辞』日本古典全集刊行会）
西村啓子（一九八一）「感謝と謝罪の言葉における「すみません」の位置」（『日本文学ノート』一六　宮城学院女子大学日本文学会）
樋渡登（二〇〇一）「鶴岡市郷土資料館本「庄内浜荻」について―翻刻」（『都留文科大学　研究紀要』五四）
前田勇（一九六四）『近世上方語辞典』（東京堂）
柳田国男（一九四六）『毎日の言葉』（創元社）
柳田国男（一九五六）『新版　毎日の言葉』（創元社）
柳田征司（一九六七）「虎明本狂言と虎寛本狂言との語彙の比較　―困惑の気持を表わす感情語彙に就いて―」（『安

田女子大学紀要』一）
柳田征司（一九九一）『室町時代語資料による基本語詞の研究』（武蔵野書院）
矢野隼（一九七六）「近世後期京阪語に関する一考察」（『国語学』一〇七）
山内良子（一九八六）「動詞「すむ」の語史―謝罪のことば「すみません」に至るまで」（『日本文学ノート』二一
宮城学院女子大学日本文学会）
山田敏弘（二〇〇四）『日本語のベネファクティブ―「てやる」「てくれる」「てもらう」の文法―』（明治書院）
兪　三善（二〇一五）「アーネスト・サトウ『会話篇』における言いさし表現について」（『実践国文学　八八』）
第二部　冥加系感謝表現とその周辺
第一章　ミョウガナイ（冥加無い）をめぐって
岩村恵美子（一九九五）「ナシ（甚）型形容詞　―否定性接尾語を有する形容詞の考察―」（『語文』六四　大阪大学
国語国文学会）
岩村恵美子（一九九八）「ナシ（甚）型形容詞続考―上代～中世の例を中心に―」（『国語語彙史の研究』十七　和泉書
院）
金田一京助（一九三二）『国語音韻論』（刀江書院）
小林賢次（二〇〇〇）『狂言台本を主資料とする中世語彙語法の研究』（勉成出版）
佐藤鶴吉（一九三三）「「なし」を接辞とする形容詞について」（『国語・国文』三-五）
服部四郎（一九五〇）「附属語と附属形式」（『言語研究』一五）後に服部四郎（一九六〇）に所収
服部四郎（一九六〇）『言語学の方法』（岩波書店）
柳田国男（一九四六）『毎日の言葉』（創元社）

第二章　モッタイナシ（勿体なし）について
新村出（一九三五）「「勿体ない」といふこと」（『静坐』昭和十年一月号）後に、新村出（一九四三）所収
新村出（一九四三）『国語学叢録』（一條書房）
夏目邦男「「物体」と「勿体なし」―その負相性をめぐって」（『國學院雑誌』七八―一一）
第三章　近世前期におけるミョウガ（冥加）に関わる表現
八文字屋本研究会編（一九九二～二〇〇〇）『八文字屋本全集　第一巻～第二十三巻』（汲古書院）
八文字屋本研究会編（二〇一三）『八文字屋本全集　索引』（汲古書院）
第四章　ミョウリニツキル（冥利に尽きる）の意味変化
新潮社（一九九五）『CD-ROM版　新潮文庫の100冊』（NECインターチャネル）
新潮社（一九九七）『CD-ROM版　新潮文庫　明治の文豪』（NECインターチャネル）
新潮社（一九九七）『CD-ROM版　新潮文庫　大正の文豪』（NECインターチャネル）
新潮社（二〇〇〇）『CD-ROM版　新潮文庫の絶版100冊』（NECインターチャネル）
付章　別れの挨拶の表現の成立とシステム変化
濱田啓介（二〇一三）「日本文学における別れ時の言い方―さらば考」（『解釈』五九巻十一・十二号）
濱屋方子（二〇〇七）『日本語における「挨拶」の諸相』（台湾　致良出版）
おわりに　感謝表現の歴史と方言の分布
国立立国語研究所（二〇〇二）『方言文法全国地図』第五集
佐藤亮一（二〇〇五）「ありがとう」（『月刊　言語』三五巻一二　大修館書店）

本書の基盤となっている論考

・「「冥加無い」考」（『説林』四〇　愛知県立大学国文学会　一九九二）
・「「勿体なし」「勿体」考―『かたこと』を読む―」（『東海学園国語国文』四一　東海学園女子短期大学国文学会　一九九二）
・「お礼表現史研究序説」（『名古屋大学国語国文学』九四　名古屋大学国語国文学会　二〇〇四）
・「「冥利（冥加）に尽きる考」（『日本文学ノート』三九　宮城学院女子大学日本文学会　二〇〇四）
・「感謝表現から見た発想法の変化」（『台大日本語文研究』一七　台湾大学日本語文学会　二〇〇九）
・「漢語系感謝表現の源流」（『日本文学ノート』四七　二〇一二）
・「あいさつ表現の変遷　感謝のあいさつ」（『日本方言研究会研究発表会発表原稿集』九五　二〇一二）
・「「冥加ない」再考」（『人文学会誌』一四　宮城学院女子大学大学院　二〇一三）
・「感謝のあいさつ表現」（小林隆編『柳田方言学の現代的意義』ひつじ書房　二〇一四）
・「困惑（自己）から同情・配慮（他者）へ―感謝表現の発想法の変化―」（『近代語研究　第十九集』武蔵野書院　二〇一六）

以下は、科研費（課題番号16K02740）「発想法による挨拶表現の歴史的変遷と地理的分布の総合的研究」（二〇一六年四月から二〇二二年三月まで）による成果である。

・「さようなら・ごきげんよう」（『銘傳大学２０１８国際学術研討会　日文組』二〇一八）
・「さようなら考　―その成立と別れの挨拶表現のシステム変化―」（『東海学園言語・文学・文化』一七　東海学園

大学日本文化学会　二〇一八）
・「人情本を利用した挨拶表現研究（序説）」（『近代語研究　第二十集』　武蔵野書院　二〇一八）
・「オーキニ考（補説）」（『明治大学教養論集』五三七　明治大学教養論集刊行会　二〇一八）
・「浮世草子における「冥加」に関わる語彙について」（『明治大学教養論集』五四五　二〇一九）
・「感謝の双方向化と感謝表現の双方向性─近松世話物を資料として─」（『近代語研究　第二十二集』　武蔵野書院　二〇二一）
・「感謝表現「おおきに」の誕生」（『明治大学教養論集』五五三　二〇二一）
・「宣命におけるカタジケナシ」（『明治大学教養論集』五五五　二〇二一）
・「上方のオーキニの発生と定着」（『近代語研究　第二十三集』　武蔵野書院　二〇二二）
・「感謝表現の歴史から見た「すみません」」（『銘傳大学２０２３国際学術研討会』　二〇二三）
・「感謝表現の歴史から見たスミマセン」（『銘傳日本語教育』二六　銘傳大学応用日語学系　二〇二三）

あとがき

計画よりもかなり時間がかかってしまった。最初の予定では、五十代の仕事のまとめとして六十になったらすぐにでも刊行するつもりでいた。五十代後半で勤務先を仙台から東京へと変え、そのことによる新しい環境への慣れや、研究室の引越に伴う図書の整理などの影響もその原因の一因ではあるが、一番大きかったのは感謝表現についてまとめていくにつれ、まだまだ調べていない時代や地域がたくさん残っているのに気づいたことにある。そこで、自分をたきつける意味で、科学研究費に応募した。幸いなことに、二〇一六年から二〇二一年三月（コロナウィルスのために一年延長となった）まで、「発想法による挨拶表現の歴史的変遷と地理的分布の総合的研究」（課題番号16K02740）というテーマで助成を受けることができた。コロナウィルス蔓延の影響で、フィールドワークは思うようにできなかったが、その代わりに様々な書籍を購入して文献調査を行うことができた。本書は、この研究テーマにおける主に文献に関わる部分についてまとめたものである。書いていきながら、感謝表現における柳田国男の偉大さをつくづくと感じた。柳田の『毎日の言葉』を読んでいなかったら、解決できなかった問題が多くあった。柳田の示唆のおかげでなんとかまとめることができた。

なお、一冊のまとまった体裁にするために、足りないと思われるところを新たに書き下ろした。また流れをつけるために、既発表の論文についてもかなり書き直してある。したがって、もとの論文一本程度の内容がそのままで一つの章や節を構成していることもある。そのため、論文の際に設けた細かい節を省略してひとまとまりにしてあり、区切れのない長文になっている。最近の論文に慣れている方には、読み慣れるまで苦労されると思う。お許し願いたい。

また、文末注は思考の妨げになるので、必要と思われる点については本文中に組み入れてあり、重要とあまり思われないものについては省いてある。それによって、本書では注のない体裁になっており、学術書としては特殊な体裁になっている。

二〇二二年度に勤務先の明治大学の在外研究制度によって、台湾において調査研究に携われる機会を得た。これもコロナウィルスの影響で当初の予定よりも一年遅れた。さらに、出発予定の四月になっても訪問学者についてはビザが下りなかった。そこで、ゴーデンウィーク明けに、港区白金台にある台北駐日経済文化代表処に赴いて相談をした。ここでは居留ビザは出せないので、台北で居留ビザを申請できるようにと二ヶ月間の停留ビザを発給してもらい、六月十七日に台北に赴いた（その当時は、全日空、日本航空ともに羽田からの台湾便は週一便であった）。空港に着くと、隔離の確認のための台湾での携帯電話のＳＩＭカードの購入やＰＣＲ検査を経て、出国ゲートを出ると、すぐに待っていたタクシーに乗って隔離ホテルへ直行であった。隔離ホテルで八泊九日を過ごし、ようやく研修先の桃園にある銘傳大学に辿り着くことができた。それから、居留ビザの申請や居留証の申請を終えて、やっと研究を始めることができた。隔離生活は退屈であったが、今となってはいい思い出である。ただし隔離ホテルは高かった。

台湾では、日本の文献、特に古典の文献については調査を十分に行えないことから、在外研究のテーマ（日本語学習者における日本の新字体についての意識調査）の調査と並行して、感謝表現についてこれまでに執筆した論文を再度読み直して入力作業を行った。その作業の段階で、帰国してから調査すべき課題を洗い出した。帰国後、すぐにそれにとりかかるつもりであった。しかし六十代も後半に入り、以前のように講義と研究とを同時並行させることは、かなりきつく感じるようになってきた。そのため、時間の十分とれる休みにしか、文献調査や執筆に集中できず、さらに遅れてしまった。

本書は上代から現代までを扱っているので普段読み慣れていない文献についても多く利用した。それらの文献についての先行研究を十分に追えず、また基本的な知識がないために、初歩的な誤りなども多いと思う。自分でも不安な箇所がある。誤っている箇所があればぜひ指摘していただきたい。

今回扱った「感謝表現の発想と歴史」というテーマは、若い時にそれぞれ別に行っていた研究がようやくここで一つにまとまったように思われる。大学院生時代に、江戸時代の人々のことばに関する意識を調べようと思い、以前から関心のあった語源辞書の『志不可起』や『かたこと』を読み始めた。『かたこと』については学部時代の恩師である池上禎造先生の講義の中でよく出てきていた。『志不可起』については、漢字表記の意識という面で興味があった。その当時も、現在と同じく課程博士の制度があったようであるが、博士は五、六十代になってから取るものだと思っていた。修士課程を終え博士課程に進み、精神的にも時間的にも余裕ができ、『志不可起』と『かたこと』の各項目について、『日本国語大辞典（初版）』の用例と突き合わせながら読んでいた。調べた項目の中でも『かたこと』の一番最初の項目である「冥加無い」に興味が引かれ、大学に勤務するようになってから、「「冥加無い」考」（『説林』四〇　愛知県立大学国文学会　一九九二）を発表した。今読むと、現代の感謝の発想である〈配慮・気遣い〉によって解釈したものであった。発想法の観点から感謝表現についてアプローチをするようになり、再度解釈をし直して、「冥加ない再考」（『人文学会誌』一四　宮城学院女子大学大学院　二〇一三）としてまとめた。しかし、最初に書いたものの方が良い点もあり、常に解釈の不十分さを感じていた。今回改めて考え直して、現在での解答を本書の第二部に示した。より良い答えを出すためには、辞書における①と②の意味ブランチから一旦離れて考えてみる必要があると思われる。

このミョウガナイと結びついたのが、フビン（「不便」）の意味変化である。三遊亭円朝の速記本やジュール・ヴェルヌの翻訳本を読むのが好きだったので、そのついでに明治初期の文献の漢字について調べるようになった。その際に、「ふびん」の漢字表記が「不便」から「不憫」へと交替が生じており、現代普通に用いる「不憫」があて字であることに気づいた。その関係で、「不便」の表記の歴史を辿ってみた（「不便考―同表記衝突―」『愛知県立大学文学部論集（国文学科編）』三七号　一九八八）。その際に、「ふびん」の意味が、自己に関わる困惑から他者に対する気遣いに変わっていることを知った。これと同様なことが、感謝表現においても生じていることに気づき、感謝表現においてその発想法の歴史的変化に関心を持つようになった。

修士論文は言語地理学で執筆した。そこでは同音衝突と意味変化との関わりについて論じた。その関係で、ことばを扱う際には、どうしても言語変化の過程や変化の要因に関心が向いてしまう。感謝表現の歴史は、言語変化の観点から見ると、かなり特殊な現象である。言語変化においては、新しい語が出現すると古い語が消滅するのが一般的である。感謝表現の場合には、古い語形がしつこく残り併用されているのである。また感謝表現はそのために新しく生み出されたことばではなく、既存の語が感謝の表現として利用されていることも、言語の変化の観点からいうと特殊であった。

感謝表現についての研究は、恩師である田島毓堂先生の退職記念号である『名古屋大学国語国文学』九四号（二〇〇四）に「お礼表現史研究序説」を発表したことに始まる。そして、二〇〇九年に台湾大学において集中講義を行う機会があり、その際に明治時代の漢字表記の問題、漱石のことば、そして感謝表現の発想法の歴史について、お話をした。明治時代の漢字表記と漱石のことばについては既に活字にしていたので、感謝表現の発想法の歴史について扱った「感謝表現から見た発想法の変化」を台湾大学の学会誌である『台大日本語文研究』一七（二〇〇九）に寄稿した。その際に、中世に漢語系の感謝表現が多いことに気づき、「漢語系感謝表現の源流」を勤務先の紀要である『日本文学ノート』四七（二〇一二）に発表した。

感謝表現の方言については、月刊『言語』三五巻一二号（二〇〇六）の特集「地図に見る方言文法」に掲載されていた「ありがとう」の地図を見て、日本海側に様々な感謝表現が分布していることに興味を持った。そこで、日本放送協会から刊行されていた『全国方言資料』を資料として、そこから全国の感謝表現を抜き出し、「北陸地方など日本海側に見られる感謝表現」（『人文学会誌』一二　宮城学院女子大学大学院　二〇一一）として論文にまとめたりしていた。

台湾大学の学会誌に発表した「感謝表現から見た発想法の変化」に目を通して下さった、当時東北大学教授であった小林隆先生から、日本方言研究会第九五回大会（二〇一二）における「柳田国男没後50周年記念シンポジウム　あいさつ表現の方言学―『毎日の言葉』を読む―」のパネリストとして招いていただいた。そのことによって、柳田国男の感謝表現研究にも目を向けるようになった。シンポジウムの内容は、小林隆編『柳田方言学の現代的意義』（ひつじ書房　二〇一四）として纏められている。

五十代の仕事として最初は別のことを考えていたが、このシンポジウムあたりから、感謝表現の発想と歴史について本にまとめようと考えた。そこで、先に述べたように科学研究費に応募して、それに専念することにした。（ただし、いろいろなことに興味があるため、実際には様々なことに手を出している。）そして、上代から通史的に眺める作業に取りかかった。特に近世以降については、近代語学会による『近代語研究』（武蔵野書院）の場を借りて執筆してきた。『近代語研究』は、三年に二冊というペースなので、重要なことはそれに発表することにして、それをまとめる準備段階として細かいことは大学の紀要の『明治大学教養論集』に発表していた。

台湾滞在中に、中国文化大学におけるEurasia財団の講座や、東海大学と台湾大学において大学院生を対象とした特別講義で、感謝表現の歴史について話す機会に恵まれた。また、帰国直前の三月に開催された銘傳大学２０２３国際学術研討会において講演することになり、「感謝表現の歴史から見た「すみません」」というタイトルで話をした。そのお蔭で一つ内容を加えることができた。帰国後の二三年度の夏休みに行った広島大学大学院人間社会学研究科日本語教育学プログラムの集中講義において、主に近代以降の感謝表現の流れについて話すことができた。このように今考えている内容について話す機会が与えられたことによって、考えがまとまり内容を充実させることができたと思っている。

本書の出版にあたって『近代語研究』でお世話になっている武蔵野書院さんにお願いすることにした。代表社員である前田智彦氏には御快諾をいただき、編集を担当して下さった本橋典丈氏には編集作業においていろいろとお世話になった。歴史仮名遣いによる引用文が多く、また振り仮名の多い文章であり、さらに横文字もあるといった様々なスタイルであるため、印刷において大変なお手間や迷惑をおかけした。それに対応してくださった武蔵野書院の皆様、並びに三美印刷の皆様には厚くお礼を申し上げる。

本書の二〇一六年度以降の成果については、JSPS科学研究費・基盤研究C（課題番号16K02740）「発想法による挨拶表現の歴史的研究と地理的分布の総合的研究」（二〇一六年度〜二一年度）の助成によるものである。

また本書の刊行には、令和六年度科学研究費補助金（研究成果公開促進費）学術図書（課題番号：24HP5051）「感謝表現の発想法と歴史」の助成を受けている。税金を基金にしている科学研究費で研究できるありがたさを感じている。

二〇二四年十二月　柳田国男が『毎日の言葉』を執筆した成城にて

田島　優

著者紹介

田島　優（たじま　まさる）

1957年6月愛知県一宮市に生まれる。

南山大学文学部国語学国文学科卒業。名古屋大学大学院文学研究科（国語学専攻）満期退学。愛知県立大学教授、宮城学院女子大学教授を経て、現在明治大学法学部教授。

博士（文学　名古屋大学）。

著書に、『近代漢字表記語の研究』（和泉書院　1998）、『現代漢字の世界』（朝倉書店　2008）、『漱石と近代日本語』（翰林書房　2009）、『「あて字」の日本語史』（風媒社　2017）、『あて字の素姓』（風媒社　2019）がある。

感謝表現の発想法と歴史

2024年12月1日 初版第1刷発行

著　　者：田島　優
発 行 者：前田智彦
装　　幀：武蔵野書院装幀室

発 行 所：武蔵野書院
〒101-0054
東京都千代田区神田錦町3-11 電話 03-3291-4859　FAX 03-3291-4839

印　　刷：三美印刷㈱
製　　本：東和製本㈱

ISBN 978-4-8386-0799-0 Printed in Japan